新版二版

教育カウンセラー標準テキスト

初級編

特定非営利活動法人　日本教育カウンセラー協会 編

図書文化

まえがき

『新版 教育カウンセラー標準テキスト』にこめる私の思い

NPO 日本教育カウンセラー協会
会長 國分康孝 Ph.D.
（カウンセリング・サイコロジスト）

教育カウンセリングとは「教育者だからこそできるカウンセリング」「教育者でなければできないカウンセリング」のことである。

具体的には次の4つの特色を意味している。

(1) 教育カウンセリングは教育のプロフェッショナルが行う教育方法である。
(2) 教育カウンセリングの主たる内容はガイダンスカリキュラム（企画立案された教育プログラム）をグループ対象に展開することである。
(3) 教育カウンセリングは1人のプロフェッショナルの単独プレイではなく，学校内の連携ある共同活動である。
(4) 教育カウンセリングを支える知識体系はキャリア心理学，リハビリテーション心理学を含むカウンセリング心理学である。

以上の4つの特色を教育カウンセラー全員の共有の認識にしたいと願って，2004年に出された従来のテキストを改訂して新たに作成したのが本テキスト全3冊（初級編，中級編，上級編）である。 ※初級編は2023年に新版二版を発行。

本テキストを介して以上4つの特色への認識を共有することにどんな意味があるのか。教育カウンセラーの資格を有するものは「何をすることが許容されているか，何をすることを期待されているか」という2点を自覚するという意味がある。

この自覚があるがゆえに，自分のなすべきことをできるようになりたいと欲し，勉強への意欲がわくのである。プロフェッショナルにとっては，勉強することは職業倫理である。もしこの自覚がなければ，すなわち自分は何ができないか，何を知らないかを知らなければ，他と連携して問題に対応しようという姿勢が生まれない。いわゆる業務独占に陥る。

結論。教育カウンセラーは，何を目的に（予防・開発・問題解決），どのような守備範囲のなかで（発達課題），何を行うのか（個別対応・グループアプローチ・コラボレーション・アセスメント），その際の判断・行動基準は何か（カウンセリング心理学）。これらのことを本テキストを介して確認していただけると幸いである。

初級編

新版二版　教育カウンセラー標準テキスト

目　次

●カリキュラム対照表

分野	科目	テキストタイトル	初級	中級	上級
教育カウンセリングの原理・基礎	教育カウンセリング概論	教育カウンセリング概論	○		
		学校教育のＡＢＣ	○		
	発達の理論	発達の理論	○		
		生涯発達理論		○	
	アセスメント	アセスメントの基礎	○		
		アセスメントの実際		○	
	哲学的基礎	哲学概論			○
	リサーチの方法	リサーチの ABC		○	
		実践者が行うリサーチの方法			○
	教育カウンセリング理論の比較研究	カウンセリング理論の比較研究			○
	ガイダンスカリキュラムの原理	ガイダンスカリキュラムとは	○		
		ガイダンスカリキュラムの実際		○	
		アメリカにおけるガイダンスカリキュラム			○
カウンセリングの理論	精神分析理論	精神分析理論	○		
	自己理論	自己理論	○		
	行動理論	行動理論	○		
	論理療法	論理療法		○	
	交流分析	交流分析		○	
	内観	内観		○	
	アドラー心理学	アドラー心理学		○	
	実存主義的アプローチ	実存主義的アプローチ			○
	ブリーフカウンセリング	ブリーフカウンセリング			○
教育カウンセリングの方法とスキル（実習を含む）	個別面接	個別面接の基本技法	○		
		個別面接の技法モデル		○	
		個別面接の諸形態と技法		○	
	事例研究・スーパービジョン	事例研究・スーパービジョンの基礎知識		○	
		事例研究・スーパービジョンの行い方			○
	構成的グループエンカウンター	構成的グループエンカウンター	○		
		構成的グループエンカウンターの留意点と実際		○	
		構成的グループエンカウンターのリーダー養成			○
		構成的グループエンカウンターの応用			○
	サイコエジュケーション	サイコエジュケーション（心の教育）	○		
	アサーショントレーニング	アサーショントレーニング		○	
	ソーシャルスキル教育	ソーシャルスキル教育		○	
	キャリアカウンセリング	キャリアカウンセリング		○	
	芸術療法	音楽療法			○
	ピアサポート・ヘルピング	ピアサポート・ヘルピング		○	
		大学でのピアヘルピング			○
	リーダーシップ	リーダーシップ			○
	コーディネーション	チーム支援			○
教育カウンセリングの扱う領域・問題	キャリア探索	キャリアガイダンス入門	○		
		キャリア探索		○	
		キャリア理論			○
	個人的・社会的発達	個人的・社会的発達	○		
	対話のある授業	対話のある授業	○		
	学業発達	学業発達	○		
		よりよい学習者を育てる		○	
	学級・学校経営	学級経営	○		
		学級集団のアセスメントと学級経営		○	
		学校経営			○
	マネジメント	マネジメント			○
	問題行動への対応	問題行動概説	○		
		非行	○		
		いじめ	○		
		不登校	○		
	ライフスキル教育	ライフスキル		○	
	特別なニーズへの対応	特別なニーズへの対応		○	
		教室で行う特別支援教育	○		
	家族・対保護者の問題	保護者対応	○		
		家族・対保護者の問題			○
	教師のメンタルヘルス	教師のメンタルヘルス	○		
	クライシス・カウンセリング	クライシス・カウンセリング			○

第1章 教育カウンセリング概論

國分　康孝

教育カウンセリングとは教育の役に立つカウンセリングという意味である。通俗的にいえば教育者だからこそできるカウンセリング，教育者でなければできないカウンセリングということになる。

なぜいま，この教育カウンセリングが注目されだしたのか。教育カウンセリングの守備範囲（目的，領域，方法）とはどんなものか。教育カウンセラーの職業倫理の主たるものは何か。教育カウンセラーに不可欠の心構え，または努力目標，あるいは子どもに対する姿勢として何を提唱したいのか。

これら教育カウンセリングの基本問題を本章で取り上げたい。

1 教育カウンセリングの必要性

なぜいま，教育カウンセリングなのか。

結論からいえば，これまでのカウンセリングでは教育の役に立たないことに，教育の実践家が気づきだしたからである。これまでのカウンセリングとはロジャーズの**来談者中心療法**（Client-centered therapy）のことである。

昭和20年代の終わりころに日本に導入されたロジャーズ理論（正確には**自己理論**という）は30年代，40年代にわたり日本の教育相談の世界を支配した。しかし，これは意外に教師の世界に普及，定着しなかった。その理由を2つ述べ，教育カウンセリングの必要性を説明したい。

理由(1)ロジャーズの来談者中心療法とは，「非審判的・許容的雰囲気をつくれば子どもは自ら自己概念を変える。自己概念の変容が成長ということである」という骨子の自己理論に支えられている。それゆえ「ああせよ，こうせよと子どもに指示しないほうがよい。ひたすら共感的に理解せよ」と教える。すなわちロジャーズ理論に基づく指導法は受け身的である。それゆえ，ロジャーズに傾倒した教師はアドバイスしたり，教訓めいたことを語ったりするのを押しとどめる傾向が極端に強かった。

しかし傾聴だけでは教育の役には立ちにくい。一般教育では「**社会化 socialization**」の促進が主となるから，どうしても教師による禁止・指示・自己開示が必要になる。それにこたえるのが教育カウンセリングである。したがって教育カウンセリングの特長の1つは能動的になること（例：指示，課題，強化，情報提供，助言，自己開示，自己主張）をためらわないところにある。

理由(2)ロジャーズ理論は**現象学**に立っている。客観的な事実（5W1H）よりも，当人の認知の世界，受け取り方の世界，特に自分自身についての認知（これを自己概念という）が人間のあらゆる言動の源泉であると考える。

しかし教育では認知さえ変えればよいというわけにはいかない。おじぎやあいさつの仕方，あるいはレポートの書き方や断り方などは教えなければ身につかない。つまり**ソーシャルスキル，コーピングスキル**などは認知の変容だけで身につくわけではない。そこで行動の仕方を訓練・教育する方法も取り入れた教育カウンセリングが教育現場では現実の役に立つと考えられる。

ところで，1995年ころから臨床心理学がスクールカウンセリングの主流になり始めた。教育カウンセリングはこれに警鐘をならしたい。

なぜ警鐘なのか。それはこうである。

臨床心理学は病理的心理の治療をめざす知識体系と技法体系の総称である。ところが学校は治療の場ではなく教育の場である。心理療法と教育は違う。にもかかわらず，**心理療法家**が教育の専門家であるかの如く，「心の専門家」と称して学校に登場してきた。これに対して，「**教育の専門家**」というプロフェッショナル・アイデンティティを提唱しているのが教育カウンセリングである。

臨床心理学あるいは心理療法は，学級経営，授業の改善，学校経営，教員研修，キャリア教育，構成的グループエンカウンターに策を提供するものではない。そのような教育になじみの薄い臨床心理学の出身者でないと教育の場でカウンセラーになれないという現在の制度または風潮に対して，「ノー」と答えるのが教育カウンセリングである。

「教育カウンセリング」とは，「教育」と「カウンセリング」を1つに統合した知識体系と技法体系の総称である。「**発達課題**を解きつつ成長するのを援助するのに役立つように，知識と技法を構成する」という意味である。

これをイメージでいえばこうなる。教育の現実原則（父性原理）と，カウンセリングの快楽原則（母性原理）を，状況に応じて適切に調合して対応する。これが教育とカウンセリングの統合された教育カウンセリングのイメージである。

以上を要約すると，教育カウンセリングの特長は，①グループ志向が強く，②能動的で，③病理的現象よりは発達課題をターゲットにして，④面接室外の教育指導のなかで，⑤問題解決・問題発生の予防・教育開発を目的に使われることが多いことといえる。

2 教育カウンセリングの理論的背景

教育カウンセリング（発達課題の解決を通して成長を促すための援助活動）の知識体系・技法体系を構成するのに必要な知識体系（いわゆる学問）を列挙しておきたい。

①カウンセリング心理学
②キャリア心理学
③発達心理学
④リハビリテーション心理学
⑤ソーシャルワーク（社会福祉学）
⑥教育学（特に学習指導，生徒指導，教育哲学，教育社会学，健康教育）
⑦学校心理学
⑧社会心理学
⑨グループ心理学・組織心理学

以上のように，心理療法のそれとは異なる目的と方法を教育カウンセリングはもっているということである。

換言すれば，「病理現象の治療」か「発達課題の克服」かの相異（目的），「治療者と患者の1対1の面接」が主か「指導者とグループの人間関係とグループメンバー間の相互関係」が主になるかの相異（方法）があるとの共通認識である。したがって「教育カウンセラーは認定された教育の専門家である : Educational Counselor is a Certified

Professional Educator」という**プロフェッショナル・アイデンティティ**が，多様な学問的背景をもつ教育カウンセラーを統合するためのキーコンセプトになっている。

2013年現在の日本のスクールカウンセラーは，臨床心理学出身者が主流になっている。これに対して，教育カウンセリングは教育志向（発達課題をめぐる能動的なかかわり方式）である。これはアメリカのスクールカウンセリングに示唆を得ている。

以上，教育カウンセリングを提唱する理由をあげてきたが，これらの理由の共通項は「**心理療法（サイコセラピー）**」と「**カウンセリング**」の識別を強調する点である。心理療法は「治す」，カウンセリングは「育てる」をそれぞれ目標としている。「治す」と「育てる」を理論的に識別しておかないと，教育者は治療者のようになり，学級や学校は教育機能を弱めることになる。

そこで心理療法とカウンセリングの識別を説明するために，それぞれの主たる学問的母体である臨床心理学とカウンセリング心理学を対比させたい。

3 「育てる」とは何か

臨床心理学の主要な構成要素は，①神経心理学，②精神病理学（精神医学），③アセスメント，④心理療法である。心の病理現象には生物学的根拠が推論されることもあるので，生物学と心理学の接点（神経心理学）を必要科目にするが，カウンセリング心理学は病理現象ではなく発達課題を扱うので，発達心理学やキャリア心理学を必要科目にしている。

心の病理現象に対応する臨床心理学では精神病理学（psychopathology）が必要科目になるが，カウンセリング心理学は健常者の発達課題の解決が主たる目的になるので，問題行動の原因論（etiology）が必要科目になる。例えば「抑圧」「定着」「葛藤」は精神分析理論でいうetiologyである。また，「学習不足」「過剰学習」は行動理論からのetiologyである。

臨床心理学では問題の状況やパーソナリティを読み取る手段として「投影法」を用いることがある。しかしカウンセリング心理学では，ロールシャッハ検査のように他者の無意識界を探索はしない。クライエント本人が自分を客観的にみるテスト（例：YGテスト，エゴグラム）が主になる。病理現象の原因は無意識にあることが少なくないので，無意識を推論するアセスメントの技法（投影法検査）が必要である。カウンセリング心理学の対象になる人々に対しては，現時点で，どのような原因で，そのような行動（例：親と不和で家出）をとるのかを推論することが多いので，無意識よりは意識・前意識レベルでのアセスメントで事たりることが多い。

最後に臨床心理学とカウンセリング心理学の相異として，インターベンション（介入法）の違いをあげたい。前者は**心理療法**，後者は**カウンセリング**という介入法を有している。心理療法の介入技法として催眠療法，夢分析，箱庭療法などが知られているが，カウンセリングの介入技法は課題を与える，対決する，グループでシェアリングするなど，素人にでもすぐできる印象をもたれがちな技法が多い。しかしこの印象はある**イラショナル・ビリーフ**に由来しているように思われる。「心理療法のほうがカウンセリングよりも高級（プロフェッショナル）である」と。

このイラショナル・ビリーフを修正するのは教育カウンセラーの任務の1つである。

以上を要約すると，「治す」プロフェッショナルと「育てる」プロフェッショナルとでは，その養成カリキュラムに相異があるということである。そして「育てる」プロフェッショナルの代表例が「教育カウンセラー」である。

では教育カウンセリングのキーコンセプトである「育てる」とは何か。それは「発達課題を乗り越えるのを言語的および非言語的なコミュニケーションを通して援助すること」である。

したがって教育カウンセリングの第二のキーコンセプトは「発達課題」である。発達課題とは人間がそれぞれの年代で遭遇する問題のことである。幼児なら離乳やトイレットトレーニング，児童なら現実原則の学習，青年なら人生計画や異性関係，壮年なら育児（家庭）と仕事の両立，老年なら被介護などが発達課題の例である。

4 教育カウンセリングが扱う発達課題

教育カウンセリングが対応すべき子どもの発達課題，換言すれば教育カウンセリングの領域とはどんなものか。

子どもの発達課題は６つある。これが教育カウンセリングの守備範囲といえる。まず列挙してから説明したい。

①学業　academic development
②人生設計　career development
③自立　personal development
④人間関係　social development
⑤健康　health-related development
⑥グループ・組織　development through group and organization

1 学業

「読み書きそろばん」はすべての子どもが通過する発達課題である。この課題につまずくと自己肯定感や自己効力感が育たないので進路選択の意欲も減退する。やがて怠学から非行に走ったり，不登校になったりする。それゆえ，知的作業（授業）を指導するときに，カウンセリングを導入したほうが問題発生を防げる。例えば，学習意欲を高めるのにグループ体験を介入法として用いる，自学自習の要領を身につけさせるためにスタディスキルを教えるなど。学習指導法とカウンセリングをドッキングさせた授業を「対話のある授業」と私はいっている。子どもと子どものふれあい，教師と子どものふれあいのある授業という意味である。

特にここ数年来，学級のなかでADHDやLD，あるいは高機能自閉症などのいわゆる発達障害をもつ子どもをケアしなければならない状況になってきたので，伝統的な学習指導法だけでは対応できなくなってきた。これもまた教育とカウンセリングの両方になじみのある教育者が必要になる１つの理由である。

2 人生設計

周知のように，2013年のいま，これまでの「進路指導（学校や職業の選択，つまりマッチングにウエイトをおいた指導）」から「キャリア教育」へと発想の変化がみられるようになった。つまり「職探し」から「自分探し」にウエイトがシフトしてきた。

したがって「自分はどんな人間か:Who am I ?」「自分はどんな生き方をしたいか，どんな人生をつくりたいか：Where am I going ?」
「その人生を実現するために自分はどうすればよいか：How can I get there ?」の３つの問いに答えるための教育が提唱され始めた。これがキャリア教育である。

そしてこのキャリア教育は小学生時代から始めるべきものである。すべての教育者はキャリア教育に関心をもってほしい。教育カウンセリングのカリキュラムにキャリア関係の科目を用意したのはそのためである。

人生設計のある子どもは，トレランスが高く，キレることも少ない。また学業成績もよいといわれている（日本ではまだ実証研究がないようであるが）。

3 自立

人生とは愛の対象からの分離の連続である。親から分離して入学，友人と分離して卒業，家族と分離して就労，……といったぐあいにである。それゆえ成長することは分離不安に耐えられるようになることである。

4 人間関係

人間関係とは①感情交流（personal relation）と②役割交流（social relation）の総称である。このように人間関係をつくり維持することはすべての人の発達課題である。この発達課題を乗り越えておかないと，友人関係・結婚・育児・社交・職場で将来困ることになる。

5 健康

3度の食事をとる，歯を磨く，夜は就寝する，左右を見てから横断するといったステレオタイプの行動を基本的生活習慣という。これが心身の健康のもとである。これが問題行動になると，例えば体力減退，常習的な遅刻などになる。それゆえ教育カウンセリング側からの養護教諭に対する期待は大きい。

6 グループ・組織

グループ（例：班活動）にも，組織（例：学校）にも，1つのルール（集団の規範）がある。この規範のなかで生きるすべてを学ぶのが第6の発達課題である。精神分析用語でいえば，現実原則に従いながら快楽原則を満たし得る能力の学習は人生の一大事である。

子どもたちが以上6つの発達課題をこなしていくのを支援する教育活動が教育カウンセリングである。それゆえ教育カウンセリングのキャッチフレーズは「**カウンセリングの発想と技法を生かした教育**」あるいは「教育者の行う育てるカウンセリング」となる。

では教育カウンセリングはこれから6つの発達課題にどのように取り組むのか。心理療法志向のカウンセリングとどこが違うのか。

抽象的にいえば，①面接室外で行われることが多い，②能動的にかかわることが多い，③グループアプローチ，④予防・開発的アプローチが多いといえる。

これを具体的にいうと次のようになる。

5 教育カウンセリングの方法

心理療法に催眠療法，箱庭療法，夢分析などの方法があるように，教育カウンセリングにもいくつかの方法がある。まず列挙したい。

①構成的グループエンカウンター（以下SGEと表記）
②キャリア教育・進路指導
③サイコエジュケーション（例：健康教育・人権教育・ソーシャルスキル教育・音楽療法）
④グループワーク（教科外活動）
⑤対話のある授業（例：授業後のシェアリング）
⑥個別面接・簡便法（例：家庭訪問・チャンス面接）
⑦マネジメント（学級・学校経営）
⑧コーディネーション（チーム支援）
⑨クライシスカウンセリング（例：事故）
⑩特別なニーズへの対応（例：発達障害）
⑪システムサポート（例：職場の活性化）
⑫サポートグループ（ピアサポート・ヘルピング）
⑬ガイダンスカリキュラム（年間計画）

2013年のいま，主要な方法を13列挙したが，今後も方法を開発研究していく必要があるので，2002年秋に「日本教育カウンセリング学会」が設立された。実践を通して開発した方法・技法を互いに交換しフィードバックし合う学会である。すなわち教育カウンセラーは「研究心のある実践家」をめざしている。これをPractitioner-Scientistという。

6 教育カウンセラーの職業倫理

教育カウンセリングの13の方法について述べた。方法を活用する場合，職業倫理にそうことである。

教育カウンセラーの職業倫理とは具体的にはどのようなものか。それは次の5つの責任（義務）のことである。すなわち，①児童・生徒に対する責任，②保護者に対する責任，③同僚に対する責任，④学校・地域に対する責任，⑤職業に対する責任である。これら5つの責任が教育カウンセラーの職業倫理の内容である。

その骨子をNPO法人日本教育カウンセラー協会は次のように明示している。

1 児童・生徒に対する責任

(1) 教育カウンセラーは，自分の職務範囲（発達課題の解決と人間成長への援助），あるいは能力範囲を超える問題には深入りせず，しかるべき他の機関あるいは専門家にリファーすること。

(2) 教育カウンセラーは，自分の職務範囲あるいは能力範囲の問題であっても，時間的・体力的・心理的に1人で長期にわたり背負うのは無理があると思うときは管理職，先輩，同僚の援助を受けることをためらわないこと。いまはチーム支援の時代である。

(3) 教育カウンセラーは，カウンセリングプログラム（例：SGE，キャリアガイダンス）を実施するときは，事前に**インフォームドコンセント**の手順を踏むこと。

(4) 教育カウンセラーは，自分の思想関係に児童・生徒を勧誘しないこと。

(5) 教育カウンセラーは，公の研究発表の際には，当該人物（児童・生徒および保護者）の了承をとっておくこと。

(6) 教育カウンセラーは，児童・生徒が自他の生命を傷つける恐れを感じたときには，「しばらく様子をみよう」という態度を捨て，ただちに校長に連絡すること。

(7) 教育カウンセラーは，個人やグループに介入するときは（注意・解決・助言・指示・自己開示・罰），心の中で3回自問自答すること。

①これは介入したほうがよい場面か
②介入した結果，状況は変わったか
③介入をやめてもよい状況か

要するに感情に流されないことである。

2 保護者に対する責任

(1) 児童・生徒の人生には，その保護者が責任と権利をもっていることを教育カウンセラーは認めること。「保護者から子どもを預かっているのだ」と考えること。

(2) 保護者は，学校文化とは異なるそれぞれの文化の代表者であると考えること。すなわち，教育カウンセラーは文化人類学者の心構えをもつこと。

(3) 教育カウンセラーは，保護者を子どもへの援助協力者と考えること。保護者をクライエント扱いしないこと。

3 同僚に対する責任

(1) 教育カウンセラーは，同僚の有する資格・見解・体験に対して敬意を払うこと。自分の学派や流儀だけが正しいと思い込まないこと。

(2) 教育カウンセラーは，同僚や他の職種の人々がアセスメントや介入をするときに役立つであろう情報は提供すること。守秘義務の美名のもとに「黙して語らず」にならぬこと。

(3) 教育カウンセラーは，児童・生徒が他の援助者からもサービスを受けていることを知ったときには，他の援助者と連携すること。「ふたまたをかけるべきではない」というイラショナル・ビリーフにとらわれないこと。

4 学校・地域に対する責任

(1) 教育カウンセラーは，児童・生徒が学校や地域に害を加えるおそれを感じたときには，所属長（責任者）に連絡すること。

(2) 教育カウンセラーは，自分の役割遂行が妨害される状況におかれた場合は，そのことを所属長に申し出ること。

(3) 教育カウンセラーは，自分の職務範囲内，あるいは能力範囲内の仕事のみ引き受けること。例えば，カウンセリングの学習をしていない退職校長などがカウンセリングを行う職に就くのは職業倫理に反する。

(4) 教育カウンセラーは，児童・生徒の成長に役立つ学校・地域のプログラムに協力的であること。

5 職業に対する責任

(1) 教育カウンセラーは，実践・研究で発見したことは独占しないで，研究会や論文・報告書などで発表すること。

(2) 教育カウンセラーは，私的利益のためにその地位を利用しないこと。

(3) 教育カウンセラーは，研究会や研究発表会にはなるべく参加して，専門知識の刷新を心がけること。

(4) 教育カウンセラーは，仲間の言動が職業倫理に反すると思ったときには，自分の偏見かどうかを確かめるために2人の仲間に意見を聞くこと。しかる後に当該人物に個人的に警告を発すること。

(5) 個人的レベルの警告が奏功しないときは，倫理委員会に相当する校内の委員会に連絡すること。それでも事態が変わらないときは，NPO法人日本教育カウンセラー協会に連絡すること。

以上の教育カウンセラーの職業倫理は，1999年に日本教育カウンセラー協会を設立したとき，憲法の草案を仕上げる意気込みで私が提唱し，発起人の賛成を得たものである。アメリカのスクールカウンセラー協会の職業倫理綱領を参照にした。

ここでも，教育カウンセラーの職業倫理と心理療法家の職業倫理とでは違いがある。すなわち，治療者と教育者の役割の違いがそこにある。それゆえ教育者が心理療法家気どりで，治療家の職業倫理で自分を律するようになると，教育者としての自分を疎外することになる。これは子どもを損なうことになる。

7 教育カウンセラーの不可欠条件

最後に提唱したいことがある。子どもと生活を共有する教育カウンセラーが，これを実践しないことには教育カウンセラーと称する意味がない。それは，子どもと「**心のふれあい**」をもとうとする姿勢のことである。

サティ（イギリスの精神分析学者。故人）のいうように，人はふれあい（サティは愛といっている）を求めており，それが得られないから問題行動が生じるのである。例えば次のようなぐあいである。自分は人に好かれない人間である（人がふれあいを求めて近寄ってこない人間である），それゆえダメ人間であると落ち込む（自己否定的）。あるいは自分を無視あるいは拒否する他者や外界に「私を認めてほしい」と攻撃的に打って出る（反社会的）。あるいは人の注目・ストローク・ふれあいがほしいがゆえに，必要以上に派手にふるまう（例：ささいなことに歓声をあげる，泣く，八方美人）など。

日常生活にふれあいがあれば，このような問題行動（効果的でない愛のもらい方）は予防できる。また予防だけではなく，ふれあいを通じて人は変容し成長するのである。それはSGEの研究者・実践者が論証しているとおりである。

では「ふれあい」とは具体的にはどのような対応により生まれるのか。おもな方法が３つある。

ワンネス（Oneness），ウイネス（Weness），アイネス（Iness）である。次に，この３つをそれぞれ説明したい。この３つの発想の原点は，クラーク・ムスターカス（アメリカの実存主義的心理学者）にある。妻がムスターカスの教え子であったので，その縁で私も大きな影響を受けた。

1 ワンネス（Oneness）

ワンネスとは相手の内的世界を相手と共有することである。たとえば友田不二男（日本にロジャーズ理論を導入した心理学者）と対面した非行少年が20分沈黙したままであった。来たくて来たわけではなかったからである。判事の指示に逆らえず，義理でやってきたからである。20分が経過したとき友田はこう言った。

「君，たいくつだろうねぇ」

非行少年は少しスマイルを見せたが，その後もずっと沈黙を続けたままその日の面接は終わった。ところが，やがて母親がやってきて「おかげさまで息子がよくなりました」とあいさつした。

これだけの面接でなぜ少年は変わったのか。友田はこう解説した。「この人生で１人でもぼくの気持ちをわかってくれる人がいるという体験が人をいやすのだ」と。これを私は次のように翻訳している。曰く「馬は伯楽（馬の専門家）に会いていななき，人は知己に会いて死す」と。私たち教育者は，児童・生徒や学生にとっての伯楽でなければならない。伯楽になる第一の方法がワンネスである。

ところが，伯楽になる教育者とそうでない人がいる。その差は次の２点にある。

１つは感情体験の幅の大小である。愛情の苦労，金銭の苦労，仕事の苦労，人づきあいの苦労を体験した人は，そういう苦労をしている人への察しがよい。つまり伯楽になれる。わがままな人生，ぬるま湯人生を経てきた人は苦労（フラストレーション）がたりない分だけ人のこころへの察しが悪い。

伯楽か伯楽でないかの違いは，特定の考え方（ビリーフ）に固執しているかどうかである。「子どもは従順であるべきだ」という考えに固執しているから，反逆する子に腹が立つ。固執していないときは「僕の何かが気に食わないのか」「不機嫌なようだがどうしたの？」といったセリフが言えるので，子どもとの心の交流が生まれるのである。

2 ウイネス（Weness）

ウイネスとは「われわれ意識」「身内意識」のことである。互いに味方だ！　という感覚のことである。夏目漱石の『第五高等学校生徒に与えられた訓示』の中に，次のような表現がある。

「師の弟子を見ること路人の如く，弟子の師を見ること楚越の如し」

ウイネスとはこの漱石の言葉の逆を行えという提唱である。教育者は自分の教え子は自分の味方であると思い，教え子は自分の師匠を自分の味方であると思う。そういう師弟関係，親子関係，上司部下関係がウイネスである。

この**ウイネスを育てるツボ**が３つある。

1つは児童・生徒や学生を「愛（め）でる」ことである。つまり「見る」ことである。教師に「見られている」という感覚は，「私は教師に好意をもたれている」という受け取り方を子どもに生む。教師に無視されている子どもは「私は教師に好かれていない」と受け取るからウイネスは生まれない。

ウイネスを育てる第二のツボは，子どもをほめることである。劣等感が強い人は「引き下げの心理」が働くので，ほめるよりはけなすことが多くなる。有能な教育者ほどほめ上手である。すなわち相手の長所を発見する能力が高い。ただし有能なわりには，ほめるのが下手な人がいる。これは複数の観点をもたないがゆえに，リフレーミングがしにくい人である。

ウイネスを育てる第三のツボは相手のために物理的にアクションを起こすことである。

例えば，欠席した子どもの家に「どうした？」と電話を入れる。いじめられている子どもを守るためにクラス全員に「いじめを絶対許さない」と宣言するなどである。

3 アイネス（Iness）

アイネスとは教育者が**自己開示**と**自己主張**を用いて子どもに対して自分を打ち出すことである。戦後の教育は，子どもの個性尊重，子どもの自己決定を損なわないという美名のもとに，教育者はひたすら「傾聴」と「子ども理解」に努める傾向が過度であったように思われる。教育とは社会化（世の中のことを学習すること）であるから，「シルバーシートにきみたち若いもんが座っちゃいかんよ」「6センチ以上のナイフを持っていると銃刀法違反になるのを知っているか？」と禁止・指示・自己開示をためらってはならない。

子どもにとっては，是々非々を明示できない教師は依存と畏敬の対象にならない。それゆえ，状況をみて教師は**自己開示**と**自己主張**をする勇気をもたなければならない。子どもを路人の如くに遇さないためである。

自己開示とは，自分の考え・感情・行動（事実）をオープンにすることである。教師の自己開示にふれた子どもは，「ぼくたちの先生はそういう人だったんだ」と①親近感をもち，②先生を模倣して自分も開示的になる。さらに，③教師の自己開示から自分の人生のヒントを得るようになる。

自己開示ができる教師が，人間的な教育者，魅力のある人物である。自己開示のできる人とは，あるがままの自分および自分の人生を許容している人（自己受容の人）である。

自己主張とは，相手の立場を認めつつ，自分の立場や権利や感情を認めてもらう能力のことである。自分の役割に自分で敬意を表することである。学生運動が激しかったころ，三島由紀夫は全共闘の学生たちに「君たちの言動にどんな意味があるのか」と対決姿勢を示したがゆえに，「さすが三島さんはえらい！」と学生たちに評されたのである。教育者には「我石になりても叫ばん！」という気概が必要である。

最後に，結論としてこう言いたい。いま教育現場で求められているカウンセリングとは，日常生活でのワンネス・ウイネス・アイネスの展開を志す教育カウンセリングである，と。

《補足1》

「NPO法人日本教育カウンセラー協会（JECA）と日本教育カウンセリング学会（JSEC）の関係」

JECAは1999年に創設され，「研究者の素養を有する実践者」である教育カウンセラーの養成を主たる目的にしている。JSECは「practitioner-scientistモデル」をめざしている。本学会はリサーチすなわち「1. 事実の発見（例：SGEはメンバー相互の自己肯定感を高める，失愛恐怖と非論理的思考との間に相関関係がある），2. 事実の説明・解釈や新しい概念・理論の創造，3.方法・プログラムの開発（例：SGEを生かしたキャリア教育プログラムの開発，いじめ・自殺予防の教育プログラム）」を目的としている。以上を換言すれば，JECAとJSECは同行二人の関係といえよう。

《補足2》

「教育カウンセリングとガイダンスカウンセリングの異同・関係，教育カウンセラーとガイダンスカウンセラーの異同・関係」

JECAは「スクールカウンセラーは臨床心理士である」という当時の風潮に対して，実存主義的な気概をもってコンフロントしつづけてきた。アメリカスクールカウンセラー協会ASCAのスクールカウンセリング（成長・発達志向，インターパーソナル志向）をモデルにし，「教育カウンセリング」を提唱した。これは「プログラム志向のカウンセリング」あるいは「授業型カウンセリング」といえよう。以下にあげるものは教育カウンセリングの主要プログラムである。SGE，Q-U，サイコエジュケーション，キャリアSGE，シェアリング方式サポートグループ，危機対応などである。

2009年文部科学省の示唆を受けて「スクールカウンセリング推進協議会（略称SC協）」が発足した。これは6資格の認定機関とそれを支持する学会・団体によって組織された。ガイダンスカウンセラー資格（ガイダンスカウンセリングの実践者）がSC協の連合認定資格として創設された。

ガイダンスカウンセリングは「治療・心理療法」ではなく，「成長・発達」というコンセプトを有する。すなわち学業，学級経営，キャリア教育，心の教育，グループワーク（特別活動），友人関係といった教育現場の抱える問題に取り組む「授業型カウンセリング（ガイダンスカリキュラム）」を展開する教育方法である。ここには「治療・心理療法」に対する「建設的・創造的なコンフロント精神」が込められている。ガイダンスカウンセラーは「教育の専門家 certified professional educator」である。

ガイダンスカウンセラーは授業型だと述べた。すなわちガイダンスカリキュラムを展開する人である。児童・生徒の発達課題（学業・進路・人格形成・社会性・健康）にそったガイダンスカリキュラムを構成・編成し，関係の校務分掌と連携（コラボレーション collaboration），調整（コーディネーション coordination），情報提供・助言（コンサルテーション consultation）の3Cをする。

教育カウンセリングやガイダンスカウンセリングに共通していえることは，相談室での個別面接中心ではなく，リーチアウト型（アウトドア型）ということである。

※本稿の補足の項については片野智治の協力を得た。感謝を表したい。

第2章
学校教育のＡＢＣ

石黒　康夫

教育カウンセリングは，教育の役に立つカウンセリングであり，子どもの発達課題の解決を通して人間的な成長を援助するものである。そして，教育カウンセラーの認定証には，Professional educator とある。つまり教育の専門家である。したがって，教育カウンセラーは，心理教育的援助の専門家であり，教育の専門家でもある。教育の専門家として，教育法規・教育課程・学校組織・学校事務など，学校教育がどのように成り立っているのかを熟知しておくことは，学校の中に入り他の教職員と連携してその職務を円滑に遂行するうえで極めて重要なことである。

教育カウンセラーは，学校職員として学校に入れば，法律に基づいた立場として，法律に基づいてその職務にあたることになる。つまり教育に関する諸法規にのっとって職務を行わなければならない。この章では，教育法規や教育課程など，学校が何によって成り立っているかを概観して解説する。実際に職務に就くにあたっては，ここで解説した以外の諸法規についても十分に学んでおいていただきたい。

1　教育

1　教育の目標と目的

そもそも教育は何のために，何をめざして行われるのか？　教育基本法第１章に教育の目的および理念が述べられている。第1条に，「教育は，人格の完成をめざし，平和で民主的な国家および社会の形成者として必要な資質を備えた心身ともに健康な国民の育成を期して行わなければならない。」とされている。第２条には，教育の目標としての項目が掲げられている。さらに，学校教育法には，幼稚園・小学校・中学校・高等学校・特別支援学校・大学と校種ごとにその教育の目的と目標が示されている。自分が勤務する校種について，その教育の目標や目的を十分に理解しておくことは重要なことである。

2　義務教育

義務教育について，日本国憲法第26条では「すべて国民は，法律の定めるところにより，その能力に応じてひとしく教育を受ける権利を有する。」，「すべて国民は法律の定めるところにより，その保護する子女に普通教育を受けさせる義務を負う。」とある。義務教育といわれるものは，子どもの保護者に課せられた義務を指しているのである。

明確な理由がなく子どもが登校しない場合，保護者が子どもの就学義務を果たしていない可能性がある。その場合，教育委員会は保護者に対し就学の督促をすることができる。就学義務の履行の督促を受け，なお履行しない者には罰則規定もある。

2 教育行政

1 教育委員会について

教育委員会は，地方公共団体の執行機関として，権力集中の排除，運営の公正化，中立的な運営の確保，民主化の確保などの理由から，首長とは独立した地位・権限を有する委員会として設置されている。平成26年に「地方教育行政の組織及び運営に関する法律」を改正し，地方教育行政における責任体制の明確化，迅速な危機管理体制の構築，地方公共団体の長との連携強化，国の関与の見直しを図った。

教育委員会は，教育長と４人の教育委員で構成される。教育長および教育委員は，首長が議会の同意を得て，任命・罷免を行う。教育長の任期は３年間で教育委員の任期は４年間である。教育長は常勤であるが，教育委員は非常勤の職員であるため教育長が第一義的な責任者である。

教育委員会の会議は教育長が招集するが，委員定数の三分の一以上の委員から会議に付議すべき事件を示して会議の招集を要請された場合は，直ちに招集しなければならないとされており，いじめなど緊急の案件にも対応できるようになっている。原則として会議は議事録を作成・公表することとしているが，誰でも手続きを行えば傍聴することができる。教育委員会は首長から独立した地位にあるが，首長が招集し，首長・教育委員会により構成される「総合教育会議」を通して，首長は教育条件の整備等重点的に講ずべき施策，緊急の場合に講ずべき措置について協議・調整を行うことができる。また首長は，地域の実情に応じ，当該地方公共団体の教育，学術及び文化の振興に関する総合的な施策の大綱を定めるものとされている。

教育委員会の事務局には，指導主事と呼ばれる職員がいる。指導主事は教育に関して識見を有し，教育課程，学習指導その他学校教育に関する専門的事項について教養と経験がある者でなければならないとされている。そのため，指導主事は公立学校の教員をもって充てることができるとされている。

3 学校の設置・職員

1 学校の設置について

学校の定義は，学校教育法第１条に示されている。「この法律で学校とは，幼稚園，小学校，中学校，高等学校，中等教育学校，特別支援学校，大学および高等専門学校とする。」とある。学校教育法の中で「学校」といえばこれらを指す。幼稚園も学校の１つである。幼稚園は文部科学省の管轄であり，文部科学省から「幼稚園教育要領」という幼稚園で行う教育の基準が示されている。ちなみに保育園（法的には保育所）は，保育のたりない子どものための福祉施設という位置づけである。保育所に関しては，児童福祉法に定められている。ただし，近年では，教育保育などを総合的に提供する施設として認定こども園の設置が認められている（就学前の子どもに関する教育，保育等の総合的な提供の推進に関する法律）。

次に，学校の設置者であるが，設置者は，国，地方公共団体，学校法人である。国が設置した学校は国立学校，地方公共団体が設置した学校は公立学校，学校法人が設置した学校は私立学校である。

2 特別支援教育について

特別支援学校は，視覚障害者，聴覚障害者，知的障害者，肢体不自由者または病弱者に対して，幼稚園，小学校，中学校または高等学校に準ずる教育を施すとともに，障害による学習上または生活上の困難を克服し自立を図るために必要な知識技能を授けることを目的としている（学校教育法第72条）。また，同法第80条では，都道府県に特別支援学校の設置義務があるとしている。さらに，同法第81条では，幼稚園，小学校，中学校，高等学校，中等教育学校には，特別支援学級をおくことができるとしている。

3 教員の配置について

学校教育法第7条には，「学校には校長および相当数の教員をおかなければならない」とあり，「公立義務教育諸学校の学級編成および教職員定数の標準に関する法律」にそれが定められている。従来，小学校の学級編成は1学年が35人，2学年から6学年は40人であった。しかし，法の改正により令和3年から令和7年3月31日までの間に，第2学年から第6学年までを段階的に35人とするとしている。また，中学校の生徒数は1学級40人と定められている。

児童生徒数に対して学級数が定まり，学級数に対して教員が配置される。児童生徒に対する教育的配慮の観点から，市町村別の教職員定数等の範囲内で学級編制の弾力的な運用が可能であるとされていたり，指導方法の改善として少人数編成指導のための教員加配や，不登校，日本語指導のための教員加配が認められていたりして，地方自治体により教員の配置数が異なる場合がある。自分が所属する自治体がどのような施策を行っているかを知っておくことも大切である。

4 所属職員について

学校に所属している職員は任命権者が異なる場合がある。教員は都道府県の職員（県費負担職員などという）であり，事務や用務，調理，警備主事などは学校を設置した市区町村が任命権者である。最近では，これら主事を民間委託している場合もある。スクールカウンセラー（以下SC）も都道府県採用のSCと市区町村採用のSCの場合がある。このように学校という1つの機関のなかに，任命権者の異なる職員が一緒に働いているのである。しかし，任命権者が異なっても，学校に所属している職員は校長の監督下にあり（民間委託の場合は多少異なる場合もある。），校長が職務命令を発することができる。

5 教員の身分上の権利と義務，禁止，制限

公立学校の場合，教員は教育公務員である。したがって，地方公務員法のほかに教育公務員特例法の適用を受ける。

地方公務員は地方公務員法により，服務に関しての次のような義務や制限，禁止事項がある。法令等および上司の職務上の命令に従う義務（第32条），信用失墜行為の禁止（第33条），秘密を守る義務（第34条），職務に専念する義務（第35条），政治的行為の制限（第36条），争議行為の禁止（第37条），営利企業等の従事制限（第38条）。

また，教育公務員特例法では，第21条で，「教育公務員は，その職責を遂行するために，絶えず研究と修養に努めなければならない」として研究・研修の義務を述べていると同時に，第22条では，「教育公務員には研修を受ける機会が与えられなければならない」として，授業に支障のないかぎり，本属長の許可を受けて研修を行うことができると，研修の機会が保証されている。

では，私立学校の教員は研修を行う義務がないのであろうか？　教育基本法第9条には，「法律に定める学校の教員は，自己の崇高な使命を深く自覚し，絶えず研究と修養に励み，その職責の遂行に努めなければならない。」とされている。教員は，公務員であるなしにかかわらず，研究･研修の義務がある。また，宗教教育について，教育基本法第15

条で「国および地方公共団体が設置する学校は，特定の宗教のための宗教教育その他宗教活動をしてはならない。」と宗教教育は禁止されている。私立学校はこの限りではない。これは，教員個人に課せられている禁止事項ではないが，児童・生徒の指導の際，宗教に関する話をしたり，お札やお守りを渡したりすると保護者から宗教教育ととらえられる場合もあるので，十分に注意が必要である。

「職務上の秘密を守る義務」は，誤解されることがある。地方公務員法第34条には,「職員は職務上知り得た秘密を漏らしてはならない」と規定されている。また，カウンセラーもそれぞれの認定機関の倫理綱領などで守秘義務が定められている。このことにより，SCが生徒や保護者と面談した内容を，守秘義務を理由に担任や管理職に話さないことがあり，これにより適切な対応ができないことがある。秘密は，学校という組織のなかで保たれていればよい。外部の関係のない人間に情報が漏れることは問題だが，学校内でその子の指導に生かすためであれば，互いに情報を共有することで解決できることが出てくることもある。逆に，伝えなかったために十分な対応ができないことは残念なことである。

6 教員の職層，職種とその職務

学校教育法第37条には，小学校の職員について述べられている。中学校・高等学校についてもほぼ同様である。同条によれば,「小学校には，校長，教頭，教諭，養護教諭および事務職員をおかなければならない。」,「小学校には前項に規定する者のほか，副校長，主幹教諭，指導教諭，栄養教諭その他必要な職員をおくことができる。」とされている。

「校長は，校務をつかさどり，所属職員を監督する。」とある。校務とは何であろうか？学校で行われるすべての職務のことである。しかし，すべての職務を校長１人で行うことはできないので，校長には分掌権があり，職務を職員に分掌（分担）することができる。校長の職務は，四管理二監督と呼ばれる。四管理とは，教育の管理，所属職員の管理，学校の施設設備の管理,学校事務の管理であり，二監督とは，所属職員の職務上，身分上の監督を指す。教育の管理とは，後に説明をするが，教育課程の管理のことである。

副校長と教頭という職名がある。副校長の職務は，校長を助け，命を受けて校務をつかさどることである。教頭の職務は，校長を助け，校務を整理し，および必要に応じて児童の教育をつかさどることである。最近では，教頭ではなく，副校長を配置している場合も増えてきている。

主幹教諭は，校長および教頭を助け，命を受けて校務の一部を整理し，ならびに児童の教育をつかさどる。指導教諭は，指導の教育をつかさどり，ならびに教諭その他の職員に対して，教育指導の改善および充実のために必要な指導および助言を行うとされている。副校長・主幹教諭・指導教諭の導入については都道府県によって異なっている。

7 学校の組織

学校には，校長を最高責任者としてさまざまな職員が勤務している。校長は校務を職員に分担する。学校内で必要な業務分担のことを「校務分掌」と呼ぶ。その分担を図で表したものを「校内分掌組織図」などと呼んでいる。教員は，自分が担任したり，おもに教科指導したりする学年に所属している。これを「学年分掌」という。したがって，教員には大きく学年と校務の二種類の分担がある。

校務分掌は，地域により名称や分担が異なる。おもな分掌として，教務部・生活指導部・進路指導部・事務部などがある。大きな学校では，これ以外に庶務部・保健給食部・教育相談部などをおく場合もある。保健給食部や教育相談部は生活指導部の係としておく場合もある。SCも所属職員として，生活指導部や教育相談部などに所属する場合がある。

これ以外にも，特別委員会などと呼ばれるものもある。体育的行事委員会や文化的行事委員会など必要に応じて設置されている。特別支援教育の校内委員会などは，特別委員会として設置されている場合もあれば，生活指導部の中に分担されている場合もある。

8 児童生徒の懲戒と体罰について

学校教育法第11条で，「校長及び教員は，教育上必要があると認められるときは，文部科学大臣の定めるところにより，児童，生徒及び学生に懲戒を加えることができる。」とされている。しかし，同時に体罰の禁止を述べている。では，懲戒と体罰はどのように異なるのか。「身体に対する侵害，被罰者に肉体的苦痛を与えるような懲戒は体罰に該当する」（昭23・12・22法務庁調査二発一八法務府法務調査意見長官）としている。1949年の法務府の通達では，トイレに行かせない，遅刻した生徒を教室に入れず授業を受けさせない，授業中に教室外へ出すなどは体罰にあたるなどとし，体罰に該当する例，該当しない例について通達が出されている。

体罰をした教師が，教育上の必要性を述べても，その教師の感情的行為と区別することが困難である。児童・生徒指導は，児童生徒と信頼関係を築き，その信頼に基づいた指導を行うことが大原則である。体罰は教育カウンセラー自身にあってはならないし，自分が勤務している学校で行われていれば見過ごすことのできない問題である。

学校教育法第35条には，児童の出席停止について述べられている。市町村の教育委員会は，性行不良であって条件に示される行為が繰り返しあり，他の児童の教育に妨げがあると認める児童があるとき，その保護者に対して児童の出席停止を命ずることができる。条件とは①他の児童に傷害，心身の苦痛または財産上の損失を与える行為。②職員に傷害または心身の苦痛を与える行為。③施設または設備を損壊する行為。④授業その他の教育活動の実践を妨げる行為。としている。懲戒と異なるのは，出席停止を行うのは校長ではなく，教育委員会が行うということである。

このように法律では，教育委員会は，児童生徒の出席停止を児童生徒の保護者に対して行うことができる。しかし，問題はそれだけで解決できるものではない。出席を停止している間，その児童生徒の学習をどのように保証するのか？　出席停止にすることで，その児童生徒の行動が変容できるのか？　その児童生徒の保護者に協力が得られるのか？　その家庭に教育力があるのか？　など課題が少なくない。また，ガイダンスカリキュラムの視点から考えれば，児童生徒を出席停止にせずともすむようなそれまでの指導が期待される。さらにいうならば，ガイダンスカリキュラムの実践こそ，学校をこのような状態にしないために有効な手段である。

4 教育課程について

教育の内容については，学校教育法の第25条・第33条・第48条に幼稚園・小学校・中学校（以後高等学校，中等教育学校・特別支援学校）の教育課程についてふれられている。ここでは，その内容は述べられておらず，それぞれの校種における教育の目的，教育の目標の規定に従い，文部科学大臣が定めるとしている。そして，学校教育法施行規則には，校種ごとの教育課程の内容（扱う教科）が示されており，その基準として，学習指導要領によるものとするとされている。さらに，各校種ごとに年間で実施される授業時数が，別表として示されている。ちなみに，年間の授業時数は，小学校1学年850時間，2学年910時間，3学年980時間，4･5･6学年1015時間，中学校は各学年とも1015時間である。各学校はこの時間数を上回るように教育課程を編成しなければならない。

小学校の場合，各教科は，国語，社会（3学年以降），算数，理科（3学年以降），生活（1・2学年），音楽，図画工作，家庭（5・6学年），体育，特別の教科である道徳，外国語（5・6学年），外国語活動（3・4学年），総合的な学習の時間（3学年以降），特別活動である。中学校の場合，国語，社会，数学，理科，音楽，美術，保健体育，技術・家庭，外国語，特別の教科である道徳，総合的な学習の時間，特別活動である。学習指導要領は，それぞれの校種ごとにあり，教科ごとに発達段階に応じてどの学年でどのような内容をどの程度扱うのかが示されている。学習指導要領の内容は，標準的な内容でありどの児童生徒も身につけるべき内容としている。また，児童生徒の負担過重とならず，さらに各教科の目標や内容の趣旨を逸脱しない範囲で，学習指導要領に示されている内容以上のことを教えてもかまわないことになっている。

5　ガイダンスカリキュラムとのかかわり

ここでは，教科以外の教育活動について解説し，ガイダンスカリキュラムとのかかわりについて中学校を例として述べていきたい。

1　道徳教育と道徳科について

道徳教育は，平成29年度に告示された現行の学習指導要領から扱いが変わった。これまで道徳教育は，週に1単位時間「道徳の時間」を設け，「道徳の時間」を要として学校の教育活動全体を通じて行うものとされてきた。しかし，現行の学習指導要領では「道徳の時間」がなくなり，新たに「特別な教科である道徳（以下「道徳科」という。）」とされ，教科として扱っている。

教育の目標は，「人格の完成を目指し，平和で民主的な国家及び社会の形成者として必要な資質を備えた心身ともに健康な国民の育成を期して行われる（教育基本法第1条）。」である。これまでも，人格の完成及び国民の育成の基盤となるものが道徳性であり，道徳教育はその道徳性を育てるうえで重要なものと位置づけられてきた。しかし一方で，これからの社会は，より一層グローバル化が進み，多様な文化，価値観の他者と互いに尊重し合いながら，協働して解決困難な課題に向き合い，一人一人の幸福と社会を発展させていくことが重要な課題となる。そのためには，社会を構成する一人一人が，高い倫理観をもち，人としての生き方や社会の在り方について，主体的に考え，価値観の異なる他者と対話し協働しながら，よりよい方向を目指す資質・能力を備えることが，これまで以上に求められる。こうしたことから，より一層道徳教育に力を入れて取り組むために教科化された。教科であるから「評価」がある。注意したいことは，「評価」であり「評定」ではないということである。いわゆる「評定」は，54321の数値を用いて学習の達成度を示すものであり，入学試験で選考資料として用いられることがある。道徳教育ではこのような評定はなじまない。道徳科の評価は，児童生徒の学習状況や成長の様子を児童生徒個人内の成長の過程を重視して行われるものであり，記述により表現されるものとしている。

学校における道徳教育は，道徳科を中心として学校の教育活動全体を通じて行われる。道徳教育は，道徳科だけで行うのではなく，各教科，外国語活動，総合的な学習の時間及び特別活動のそれぞれの特質に応じて，児童生徒の発達の段階を考慮して，適切な指導を行うこととされている。道徳科では，道徳教育の中心的役割として，道徳教育として行われるものを補ったり，深めたり，相互の関連を考えて発展させたり統合させたりする。

道徳科の目標は，学習指導要領総則第１の２の⑵で示されるように，「自己の生き方を考え，主体的な判断の下に行動し，自立した人間として他者と共によりよく生きるための基盤となる道徳性を養うこと」である。道徳科では，道徳性を養うために，○道徳的諸価値についての理解を基にする○自己をみつめ，物事を広い視野から多面的・多角的に考え，人間としての生き方についての考えを深める○道徳的な判断力，心情，実践意欲と態度を育てる，などのことについて学習する。特に，二つ目の点については，さらに(1)自己見つめる(2)物事を広い視野から多面的・多角的に考える(3)人間としての生き方についての考え方を深める，としている。人間としての生き方とあるように，道徳教育はキャリア教育や進路指導とも深く結びついている。

次に道徳科の内容であるが，これは従来と同様に道徳教育の目標を達成するために指導すべき内容項目として，次の四つの視点に分けて示している。「A 主として自分自身に関すること」，「B 主として人との関わりに関すること」，「C 主として集団や社会との関わりに関すること」，「D 主として生命や自然，崇高なものとの関わりに関すること」である。道徳科の内容項目は，これら四つの視点に基づいて22項目にまとめられている。ここでは詳細を省くが，概観すると，私たちが他者と協力して社会生活を営む上で必要な事柄が発達段階に応じて示されている。例えば，「A 主として自分自身に関すること」では，善悪の判断や生活習慣から始まり，人としての生き方にもふれている。内容項目のＢやＣは，ガイダンスカリキュラムの得意とする分野である。道徳教育は「全体計画」と呼ばれる計画がある。その中で学校の教育活動全体との関わりや，学年ごとの計画，他の教科や総合的な学習の時間，特別活動との関わりなどが示されている。自分の所属する学校で，これらの計画を確認して，道徳教育本来の目標を妨げることなく，どの部分でガイダンスカリキュラムと関連づけていくかが大切である。

2 総合的な学習の時間

総合的な学習の時間の年間授業時数は，小学校では，第３学年以上で年間70時間，中学１学年で年間50時間，第２・３学年で年間70時間，高等学校は，総合的な探究の時間として，卒業までに３～６単位に見合う標準授業時数105～210単位時間を確保し，実施しなければならないとしている。

総合的な学習の時間では大変重要なことを学んでいるのだが，それを児童生徒が気づきにくい現状がある。これは総合的な学習の時間の性質のためである。総合的な学習の時間の目標は，「探究的な見方・考え方を働かせ，横断的・総合的な学習を行うことを通して，よりよく課題を解決し，自己の生き方を考えていくための資質・能力を次のとおり育成することを目指す。」とされ，育成する３つの資質・能力が以下のように示されている。

⑴探究的な学習の過程において，課題の解決に必要な知識及び技能を身に付け，課題に関わる概念を形成し，探究的な学習のよさを理解するようにする。

⑵実社会や実生活の中から問いを見いだし，自分で課題を立て，情報を集め，整理・分析して，まとめ・表現することができるようにする。

⑶探究的な学習に主体的・協働的に取り組むとともに，互いのよさを生かしながら，積極的に社会に参画しようとする態度を養う。

この目標を達成するために，児童生徒は，①日常生活や社会に目を向けた時に湧き上がってくる疑問や関心に基づいて，自ら課題を見付け，②そこにある具体的な問題について情報を収集し，③その情報を整理・分析したり，知識や技能に結び付けたり，考えを出し合ったりしながら問題の解決に取り組み，④明らかになった考えや意見などをまとめ・表現し，そこからまた新たな課題を見付け，更なる問題の解決を始めるといった学習活動を発展的に繰り返していく。

探究的な学習とは，児童生徒が，何かを探究する力，自らの興味関心や疑問に対し，課題を設定してそれを解決するために，情報を集め，整理・分析し，まとめ・表現することを，身につける練習をしているのである。そして，情報の集め方，整理・分析の仕方，まとめ・表現する方法は，各教科で学んだことを当てはめて活用するのである。そのまま使えるものもあれば，教科独自の物事の捉え方や考え方を当てはめたりする。総合的な学習の時間は，各教科での学びの集大成とも言える。このような力は，社会に出て必要とされる力である。学習活動のプロセスを通して資質・能力を育てているのであるが，学校ではこのプロセスを児童生徒に学ばせるために，様々なテーマを取り上げている。

テーマは学校や児童生徒の実態に応じて各学校で決めることができる。学校によって扱うテーマが異なるため，同じ総合的な学習の時間でも出身校が異なると，児童生徒には違うもののように感じるのである。どんなテーマを扱ったかではなく，探究するプロセス自体が学びなのである。児童生徒にこのプロセスを実感させることが大切である。

探究的な学習における見方・考え方には，二つの要素が含まれる。一つは前述したように各教科等における見方・考え方を総合的に働かせるということである。各教科等の学習においては，その教科等の特質に応じた見方・考え方を働かせながら，教科等の目標に示す資質・能力の育成を目指すが，総合的な学習の時間における学習では，各教科等の特質に応じた見方・考え方を，探究的な学習の過程において，適宜必要に応じて総合的に活用する。二つは，総合的な学習の時間に固有な見方・考え方を働かせることである。それは，特定の教科等の視点だけで捉えきれない広範な事象を，多様な角度から俯瞰して捉えることであり，また，課題の探究を通して自己の生き方を問い続けるという，総合的な学習の時間に特有の物事を捉える視点や考え方である。

そこで必要なことが，カリキュラムマネジメントである。各教科での学びを総合的な学習の時間に集約させていくように学校全体で教育課程を構成することが求められている。学校が扱うテーマよって，ガイダンスカリキュラムと関連づけて実施していくことができる。総合的な学習の時間も，学校全体計画が作られている。その学校の計画がどのようになっているのか，また，次年度以降にどのように進んでいくのかを把握したうえで教育カウンセラーとして総合的な学習の時間の趣旨に沿った適切な提案ができるとよい。

3 特別活動

特別活動とは，学級活動，児童（生徒）会活動，クラブ活動（小学校のみ），学校行事のことである。学校行事は，儀式的行事，文化的行事，健康安全体育的行事，旅行・集団宿泊的行事，勤労生産・奉仕的行事に分けられる。クラブ活動は小学校のみであり，部活動は教育活動ではあるが，教育課程には含まれていない。小学校の特別活動の目標は，次の様に示されている。

集団や社会の形成者としての見方・考え方を働かせ，様々な集団活動に自主的，実践的に取り組み，互いのよさや可能性を発揮しながら集団や自己の生活上の課題を解決することを通して，次のとおり資質・能力を育成することを目指す。

⑴多様な他者と協働する様々な集団活動の意義や活動を行う上で必要となることについて理解し，行動の仕方を身に付けるようにする。

⑵集団や自己の生活，人間関係の課題を見

いだし，解決するために話し合い，合意形成を図ったり，意思決定したりすることができるようにする。

⑶自主的，実践的な集団活動を通して身に付けたことを生かして，集団や社会における生活及び人間関係をよりよく形成するとともに，自己の生き方についての考えを深め，自己実現を図ろうとする態度を養う。

特別活動が他の教科などと異なるのは，特に集団や社会の形成者としての資質能力を育成することを目標にしていることである。将来社会に出たとき，多様な他者と協働していくための力を育成している。学校生活の中には様々な集団がある。子どもたちは，学級，縦割り班，委員会，クラブ活動（部活動），行事の係など，学級以外にも複数の集団に属している。そうした集団では，様々な問題が生じる。集団のなかで生じた問題を話し合って解決したり，集団内の人間関係をよりよくしたりすることを通して，その解決方法や人間関係のつくり方を学ぶのである。

この構造は総合的な学習の時間の学び方と同じである。以前より「特別活動は為すことによって学ぶ」と言われてきたように，活動のプロセス自体が学びなのである。特に学級活動では，家庭や職場内など身近な人間関係をよりよく築いたり，男女が互いに理解しあい協力したりする力の育成を目指している。解決するために必要なことは，各教科や道徳科などで学んだ物事の捉え方や考え方などを用いるのである。集団内の課題解決やよりよい人間関係づくりは，社会では日々必要なことである。子どもたちにはあまり意識されていないが，特別活動ではこうした重要なことを学んでいる。したがって，日々学校や学級で起きている問題は教材なのである。例えば，クラスの中で他者の悪口を言うなどと雰囲気が悪くなってきたとする。それを教師が一方的に指導するのではなく，大切な学びの機会として子どもたちに解決させるのである。こうした内容は，ガイダンスカリキュラムの得意とする分野である。

課題解決の方法やよりよい人間関係づくりなど，年間を通して特別活動の中で計画的に育成するためにはどのようプログラムがあるか，教育カウンセラーとして提案できることが求められる。

4 進路指導・人権教育などについて

進路指導などは，項目として学習指導要領の中には示されていない。では，取り組まれていないのであろうか。いや，どの学校でも進路指導は行われている。進路指導は，そのための時間が定められていないが，特別活動を要として，教育活動全般を通して実施することになっている。

進路指導は，いわゆる進学指導だけではなく，職業について学んだり，自分の生き方について考えたりするものである。各教科の指導内容で進路に関連づけできる内容があれば進路についてふれることができる。また，道徳科，学級活動，総合的な学習の時間のいずれも生き方に関する事柄を扱うことができる。進路指導は学校教育のどの部分でも扱うことが可能だということである。

したがって学校として進路指導をどのように進めるかを明確にする必要がある。中学校であれば，3年間を見通して，いつ何の時間をどれだけ使って生徒にどのような力をつけていくのか計画する。つまり，教育課程の中でどのように進路指導を位置づけるかである。そのために，進路指導の全体計画や学年ごとの年間計画を作成する。人権教育やその他の教育についても同様である。

進路指導は各教科でも可能であるが，特に道徳科，総合的な学習の時間，特別活動では，学校の特色を出して行うことができる。そういう意味では，教育カウンセラーとして，ガイダンスカリキュラムの提案をしていく上で適切な領域であるといえる。学校の大きな目標は，教育目標の達成である。また，学校の実態に応じてそのときそのときの課題がある。教育目標の達成やそのときの学校の課題解決を目指して教育課程は編成される。その方針が示されているのが，校長の経営計画である。校長の経営計画，教育目標，学校の課題などを把握したうえで，それらの達成や解決に適したガイダンスカリキュラムを提案していくことが，教育カウンセラーとしての重要な役割のひとつである。

5 教育相談について

『生徒指導提要』(2022年度改訂）では，教育相談を生徒指導の一環として位置付け，重要な役割を担うものとしており，生徒指導と教育相談を一体化させて，全教職員が一致して取組みを進めることが必要であるとしている。つまり，教育相談は生徒指導と同様に，学校内外の連携に基づくチームの活動として進められるものである。

教育相談はSCや特定の教師だけが行うものではなく，教師ならば誰でもどこでもできるものである。一般のカウンセリングの場合，クライエントが相談に来なければ支援は始まらない。しかし，学校で行う教育相談は，日頃の生徒理解を元に，教師が生徒に違和感を持ったら，いつでも教師が声をかけて始めることができる。これは学校で行う教育相談の大きな強みである。

教育相談は，生徒指導と同様に2軸3類4層構造を元に分類できる。個々の児童生徒の成長・発達の基盤をつくる「発達支持的教育相談」，ある特定の問題や課題の未然防止のために行われる，あるいは問題や課題の兆候が見られ特定の児童生徒に対して行われる「課題予防的教育相談」，そして，困難な状況において苦戦している特定の児童生徒，発達上の課題のある児童生徒を対象とした「困難課題対応的教育相談」である。

教育相談は，相談室の中で教師と生徒が一対一で行うものだけでなく，ガイダンスカリキュラムの内容が多く含まれている。その手法として，構成的グループエンカウンター，ピア・サポート活動，ソーシャルスキルトレーニング，アサーショントレーニング，アンガーマネジメント，ストレスマネジメント教育，ライフスキルトレーニングなどがある。教育相談を中核で支える教育相談コーディネーターには，教育以外にも心理学的知識や理論，カウンセリング技法，心理面に関する教育プログラムについての知識・技法，医療・福祉・発達・司法についての基礎的知識を幅広くもつことが求められる。教育カウンセラーだからこそできる，教育相談コーディネーターとして各学校の実態を把握し，児童生徒の課題に即した適切なガイダンスカリキュラムを提案していくことが大切である。

6 家庭訪問について

家庭訪問は，児童生徒宅の場所，家族や家庭の状況を知ることができ，児童生徒理解を行う上で有効なものである。不登校児童生徒の場合，家庭に訪問し，面接をすることで，その児童生徒を支援することも家庭訪問の重要な役割である。家庭訪問は，年度初めに一定の期間をさいて放課後に実施していたが，授業時数確保や，保護者に時間がとりにくいなどの理由から，三者面談に代えている学校や，家庭訪問を廃止している学校もある。家庭訪問は，特定の児童生徒の指導のために臨時に行うものと，年度初め学校で一斉に行うものと2種類ある。公立学校の教員の場合は家庭訪問は「出張」扱いとなるが，自治体によってはSCの出張を，教育委員会で行う研修や面接以外には認めていない場合がある。その場合は，家庭訪問に必要な交通費は支給されず，途中で事故に遭った場合の保証もない。したがって，SCが家庭訪問をできない場合があるので注意しなければならない。

第3章
発達の理論

新井　邦二郎

教育カウンセリングの目的は子どもの発達への支援にある。それゆえカウンセリングでは子どもの発達に関して，子ども自身の成長の実際とその子どもを取り巻く環境の実際を調べアセスメントすることが必要となる。発達についての理論や知識は，このアセスメントに役立つのである。

発達理論は，どのような条件がそろえば発達が健全となり，反対にどのような条件が欠ければ発達が停滞したり歪んだりするのかについての知識が中核となる。一般的にいえば，自己の能力やエネルギーを発揮しているかどうか，環境側がそうした姿をサポートしているかどうかの２つの条件が健全な発達の条件になることが多い。これはフロイト（Freud,S.）の言葉「人間に必要なことはarbeiten（働くこと）とlieben（愛すること）」（エリクソン，1950）と符合する。このようにして発達理論は，発達が停滞する前の予防としてどのようなことに配慮したらよいのか，また発達が停滞した場合に，どのような回復の仕方があるのかについても重要な示唆を提供できるといえよう。

1　気質と環境との適合

英国の経験論哲学者ジョン・ロック（John Rocke）の**白紙説（タブラ・ラサ）**は，人はだれもが白紙の状態で生まれてくるので発達の違いは誕生後の環境の下での経験の違いに起因すると考える。この説は環境の影響が大きいことを強調したことは評価できるが，どの人も同じ内部条件をもって誕生してくると考えることに疑問がある。例えば，いつも体を動かしている赤ちゃんと反対に体の動きの少ない赤ちゃんの違い（**活動水準の高低**）や激しく泣く赤ちゃんと反対におとなしく泣く赤ちゃんなどの違い（**感情反応の強弱**）などは，環境や経験の違いではなく生まれもった違いである。ほかにも，初めてのことやものに接近するか,それとも回避するかの違い（**新奇物に対する接近・回避**），慣れるのが早いか遅いかの違い（**順応性の早さ・遅さ**），感覚や神経が敏感か非敏感かの違い，気分の質（機嫌）が陽気か陰気かの違い，生理的リズム（食事や排泄，睡眠など）が規則的か不規則的かの違い，注意の範囲は広くて持続性が短いか，それとも範囲は狭くて持続性が長いかの違いなどは，生まれつきの違いである。このような身体の生理や機能と結びついた人の基礎的な心理過程についての生得的な個人差を気質という。人の性格は，この気質を基礎にして環境との相互作用によってつくられていくと考えられる。

アメリカのトーマスとチェス（Thomas, A. & Chess,S.）たちは，**ニューヨーク縦断研究**を実施し，上述のような気質的特性の違いが生後２，３か月においてはっきりと現れること，およびそれらが10年後でも，約65%の子どもに持続していくことを見いだした。またこれらの気質的特徴から気質の類型として，**イージー・チャイルド（楽な子ども）**が40%，**ディフィカルト・チャイルド（むずかしい子ども）**が10%，その中間のスロー・トゥ・ウォームアップ・チャイルド（時間のかかる子）が15%みられたと報告している。さらにその研究では，子どもたちの10年間の成長過程のなかで，イージー・チャイルドは，そのうちの18%の子どもしか専門家の相談と治療を必要とするような問題行動を起こしていないのに対して，ディフィカルト・チャイルドは70%の子どもが同種の問題行動を起こしていることを見いだした。ディフィカルト・チャイルドの社会適応のむずかしさと育て方のむずかしさが浮き彫りにされたといえるが，残りの30%の子どもが適応を示したことは，もっと重要な着目点だ。

トーマスとチェスたちは，子どもの発達が健全に進むか否かは気質だけで決まるのでなく，**気質と環境との適合**（fitness）のよしあしが重要であると強調している。この適合がよければ子どもの健康な精神が維持され健全な発達が得られるが，反対にその気質に対して環境の負荷が大きすぎると，それに圧倒されて精神が不安定になり問題行動を引き起こす。それゆえ子どもの気質に適合した環境を配慮することが子どもの健全な発達を保障する（章末コラム：「幼稚園になかなか慣れないA子ちゃん」参照）。

この適合説の考えは，子どもの年齢に関係なく，どの年齢の発達にも当てはまる。例えば，学校卒業時での職業決定において体を動かすことが好きな人とその反対にじっとしていることが好きな人の適切な仕事は異なると考えられる。その人が心身ともに最も満足できる仕事を見つけようとするとき気質を無視することはできない。

また，気質は変わる可能性があるものの，すぐには変わらない。社会的に不適応を起こしやすいディフィカルトな気質に配慮しながら，それを適応しやすい気質に変えていくには長い時間を要する。実際，幼少時に引っ込み思案であった子どもが，小学校や中学校の友達とのよい関係のなかで積極的で活発な人に成長していくことは，よくみられることである（その反対もある）。

適合説は人の内部条件と外部条件との適合・不適合によって適応・不適応が規定されるという一般的な考えに拡張できるので，その適用範囲は広い。例えば不登校の原因についての考え方として，子ども自身の弱さ（脆弱性，例：自立の不足）に起因するとする個人病理説と子どもを抑圧する学校システムや教師の体質に起因するとする学校病理説とが唱えられてきた。しかし今日，これら2つの考え方を統合して，子どもと学校との適合の悪さが不登校の原因と考える適合説が有力といえる。つまり子どものなかのある種の脆弱性と学校，教師，学級・友人の不合理な部分とが出会い，その適合の悪さを解決できない状態が子どもに大きな負荷を与え，その結果，不登校が起きると考えられるのである。

2 愛着・信頼感－乳児期以降の発達課題

無為徒食という言葉は，「為（な）すこともなく，ただ徒（いたずら）に食する」の意であることから，たいした働きもせずに食べることだけは一人前の人をこう呼ぶ。まさしくひと昔前までは，生まれてから1年くらいまでの乳児期がこの無為徒食の時代と考えられていた。しかし，今日その認識は180度変わって，人は赤ちゃんから生涯に通用するような重要なことを学ぶと考えられている。その学びの内容が愛着と信頼感であるが，意識に残るような学習ではなく，この時期に発達する感情や感覚レベルでの学びである。

精神分析学者のエリクソン（Erikson,E.H.）は乳児期を“I am what I am given.（私は与えられているものである）”の発達段階と性格づけている。自分1人の力では生きることのできない乳児は，親のぬくもりのある養護を受けつづけるなかで，安心して生きることが与えられる自分やそれを支えてくれている他者を実感する。この和やかな関係のなかで，「自分は（幸せに）生きていくことが許されている」という**自己への信頼**と「周りの人も自分を支えてくれる」という**他者への信頼**を学んでいく。しかし反対に安心を与えない不適切な関係のもとでは「自分は（幸せに）生きてはいけない」という自己への不信や「周りの人は自分を支えてくれない」という他者への不信を学んでいく。このようにエリクソンは各発達段階において人が健全な発達に進むか，それとも不健全な発達をたどるかの危機（岐路）に直面しながら成長していくと考える。

また児童精神科医ボウルビィ（Bowlby,J.）は，母性的な養護を受けるこの時期に愛着（アタッチメント）をつくると考える。**愛着**は「乳幼児が母親などに対してもつ情緒的結びつき」のことであり，平たくいえば「ママ大好き，パパ大好き」といった感情形成物である。母性的な刺激に囲まれ育つときに，この愛着がつくられていくが，それが著しく欠如した場合は，愛着がつくられないため情緒の安定や人間関係づくりに問題が残る。とりわけ，子どもに対する長期間の無関心や無視あるいは虐待などは，この愛着形成に深刻な影響を与え子どもの発達に傷跡を残す（愛着障害）。

エリクソンやボウルビィなどは，人間が誕生後最初に経験する母親との人間関係を重視する。子どもにとって母親は人類の代表選手である。母親との諸経験が赤ちゃんの自分や他者についての感情や感覚の原型を形づくり，その後の人生に大きな影響をもち続けていくと考えるのである。他方，親との関係のみから，その後の人生の人間関係のあり方を説く考え方に疑問がある。幼少時から児童期にかけて同じような年齢の子どもたちと楽しく親密な関係をつくることも，親との関係以外に，その後の人生において重要な役割を果たすと考える（**社会的ネットワーク理論**）。後者の考え方によれば，3歳まで母親がもっぱら自分の手許で子どもを育てることが必要と信じる三歳児神話は問題であり，むしろその時期に同年齢の子どもたちとの遊びによる交わりが欠けた場合に，その後の健全な発達が損なわれると考える。現在，保育所は保育に欠ける家庭の子どものみを保育の対象としているが，どの子どもも，なるべく早い時期から子どもどうしの交流体験をもつことが必要といえよう。

繰り返すが，乳児期に親と安心のできる関係を経験することは愛着や信頼感をつくる。この結果，子どもに**親への同一視や同一化**が生まれ，次の幼児期以降において親の行動様式や価値観の取り入れを促進する。こうして言語の発達や基本的な生活行動の確立がスムーズに進行する。

どんなにかわいがってもかわいがりすぎることはないといわれる乳児期を卒業すると，**しつけの幼児期**が待っている。その幼児期にしつけ（しつけは親の価値観のもとに子どもに特定の行動を押しつける行為ともいえる）がうまくいかずに子どもから大きな抵抗を受けるようなときは，その原因として親への愛着や信頼感が形成されていない可能性を考えてみる必要がある。

3 自律感と自己コントロールーおもに幼児前期以降の発達課題

“I am what I will.（私は意志するものである）”がエリクソンによる3歳ごろまでの幼

児前期の性格づけである。身体の運動を支配する神経の中枢が間脳などの脳幹部から大脳に移り，また神経の**髄鞘化（ミエリネーション）**に伴い神経が速く効率よく伝導するようになるなどの神経系の成熟により，誕生後１年を過ぎると子どもは自分の身体を随意に動かすことができるようになっていく。この**随意運動**の発達は，これまで親や大人に依存して生きてきた子どもに，自分の力で行動し生きていく自己実現の可能性とその喜びを与えてくれ，それまで親や大人にしてもらっていたことを自分の力で行おうと試みるようになる。まず体の移動について，自分の足で立ち，歩き始める。立ち上がって足を踏み出そうとしたときに，たとえバタンと転倒しても，あきらめたりしないで何度でもトライする。

人間には，それぞれの発達段階で開花しようとする心身の機能を実現させたいという欲求が潜んでいるともいえよう（自己実現欲求)。今日の少子化の時代，子どもが床に倒れることを見つづけることができず，すぐに手を出す親も少なくない。その場合でも親の手を振りほどき自分の力で立ち上がり歩くようになる子どもと，なかには親の手に身を任せてしまう子どももいる。前者の子どもには自分の体を自分で動かしているという感覚をもつことができるが，後者の子どもにその感覚をもつことはむずかしい。

一事が万事であるかもしれない。この時期に子どもは，自分で飲食するための行動を始めたり衣服の着脱，排泄なども自分の力でやり遂げようとしたりする。これらの場面で，下手でも，また失敗をしても自分の力で何とかやり遂げるなかで，自分の身体を動かしているのは自分だという**自律感**を形成することができる。このようにして子どもはまず自分の体の主人公になることを学ぶ。しかし，上記のようなことについて何事にも親が手を出しすぎていくと自分の身体は親によって動かされるものであり自分で動かすものではないという感覚を子どもは身につけていく。その結果，意志を働かせて体を動かすことが苦手となる。例えば，食事や衣服の着脱など身辺全般にわたり親任せとなったり，片づけや掃除なども人任せとなったりする。生活環境が複雑になる大人の場合は単純ではないが，過食やアルコール，タバコなどの摂取の問題行動は，自分の身体にかかわることにもかかわらずコントロールできないので，体の自律感の不足が原因の１つと指摘することもできる。

自分にできることは自分でしようとする子どもの意志的行動をなるべく尊重しながらも，何でも自分の思いどおりにしようとする子どもに対し「思いどおりにならないこともある」ことをこの時期の子どもが経験することはもう１つの重要な発達課題である。

このことを**親子の綱引き**という言葉で説明しよう。この時期の子どもはイタズラ盛りといわれているが，随意運動の発達のなかで「手がムズムズ，胸のなかがウズウズした状態」といえるだろう。特に男の子のいる家庭では障子やふすまなどは破かれタンスやドレッサーの取っ手もはずれてしまうなどさんざんな情景になる。子どものイタズラやそのほかの意志的行動に対し，子どものやることだからしかたがないと何でも認めてしまう状況は，親子の綱引きで「子どもが常に勝ち親がいつも負ける」ケースとなる。この結果，子どもの体と感覚に「この家は何でも自分の思いどおりになる」ことが刻み込まれていく。その子が長じて，学校に入学したとき，あるいは社会に出たときに「自分の思いどおりにならない世界」に大きな違和感をもつので，それを原因とする不適応が発生していく可能性は軽視できない。

では，イタズラなどをがっちりと抑えたほうがよいかというと，親子の綱引きで「親がいつも勝ち子どもが常に負ける」ケースも，健全な発達につながらない。子どもはイタズラをしなくなる代わりに，親の顔色だけで行動を開始したりやめたりする**自発性の欠如**状態を呈するようになる。そのようなことから長じても全般的に積極性に欠け意欲を自ら示すことなく命令や指示がないと動けないようになる。また思春期あたりのある時期に，親の命令や指示だけに従って生きてきた自分への嫌悪（または反動）から，逆に親を自分の支配下におこうとする行動が生じる可能性もある。そのような例として，物理的暴力や言語的暴力で親を支配しようとする**家庭内暴力**や食事をとらないことにより親を支配しようとする**摂食障害**などがあげられる。

この時期の「親子の綱引き」の適切な形は「ときに親が勝ち，ときに子どもが勝つ」ような丁々発止の攻防である。親も子どもも簡単には引き下がらない，しかしどちらか一方に偏らない勝ち負けの結果となる。このようにして，子どもは自分の思いどうりになる世界と思いどうりにならない世界の両方を経験することで自発性を損なうことなく家庭のルールにそった**自己コントロール**も学んでいくことができるのである。

この親子の綱引きは，幼児前期が最初となるが，児童期・思春期・青年期においても必要となる。子どもは親とは別人格の存在であるから，どの時期でも親は腕力・財力・威圧で子どもを自分のいうとおりに従属させるべきではない。しかし自分の思いどおりに行動しようとする子どもに対して親は綱引きを放棄してはいけない。親の思い，親の考えを**アイ（I）-メッセージ**のような形でしっかりと伝え，子どもといつまでも綱引きを続けていくことが親の役割だ。同様に教師にも，子どもとのこの綱引きは必要である。

4　自主性と内発的動機－おもに幼児後期以降の発達課題

“I am what I can imagine I will be.（私は～であろうとイメージできるものである）”がエリクソンによる幼児後期の性格づけである。3歳ごろになると，子どものイメージが花開くのである。子どもの**イメージ**は，ピアジェ（Piaget,J.）がいうように生後1歳半ぐらいから現れ始めて3歳ごろからは**ごっこ遊び**が活発に行われるように子どもの心の機能の中心的役割を果たし始める。過去に経験した出来事をイメージするばかりではなく，これから起きる未来のことやこれから自分が行おうとすることも頭の中に思い浮かべることができるようになる。例えばママゴト遊びで土や砂を使っておまんじゅうを作るとき，子どもは頭の中に大好きなおまんじゅうのイメージを思い浮かべている。また砂場遊びで山や川を作ろうとしているとき，やはり山や川をイメージにもっている。このように子どもの遊びでは，自分がこれからしようとする事柄をイメージして，そのイメージを実現することに子どもは胸をときめかすのである。それゆえ，そのときの子どもの目は輝き声が弾み動作もいきいきしてくる。

やはり一事が万事かもしれない。遊びに限らず子どもの生活行動全般をとらえても，この時期あたりからイメージが重要な役割を果たしている。夏の暑い日，ひとしきりの外遊びから家に戻った子どもの頭の中は冷たい飲み物かアイスクリームがイメージされる。ところが親の頭は，まず手洗い，そしてうがいなどのイメージで占められているので「手を洗いなさい，うがいをしなさい」と言う。それに対して，別のイメージでいっぱいになっている子どもは「イヤ，イヤ」を連発してくる。

これは「自我の芽生え」といわれる**第1反抗期**のひとコマであるが，ともあれ子どもは親のものとは別のイメージをしっかりともち始めること，そのイメージの実現に胸のときめきを感じながら意欲的に行動するようになる。**自主性**とは，他者のイメージではなく自分でつくったイメージに従って活動を開始したり調整したりする性質のことであるので，この時期は自主性が本格的に発達し始めるときといえよう。前に幼児前期を「自分の体の主人公になり始める時期」と表現したが，幼児後期は「自分の心の主人公になり始める時期」となる。

以上のことを意欲の発達の面からとらえるならば，**内発的動機**の花が開く時期ともいえる。とりわけ遊びに没頭する子どもの姿から，もっぱら他人のイメージで行動する時期を卒業して自分のイメージで活動を選び取りそれを実現することに心から喜び楽しむ様子がかいまみられる。幼児後期から児童期くらいまでの時期にみられる遊びへの没頭は「**生きる喜び，生きていくことの楽しさの原体験**」を形づくる。青年期以降になると，このような体験をもつことがむずかしくなるので幼児・児童期のその種の体験はまさに貴重なものである。長い人生の道程のなかで，ときに人はへこみ自分の命に対して投げやりになることもあるが，そのようなときに「生きていればきっといいことがある」の内なる声を出してくれるのが子ども時代の楽しい体験である。子ども時代の内発的動機体験は，このように自暴自棄や自死への抑止力となるのである。

このことからわかるように，子どもの活動への大人の干渉は，子どもが自分のイメージで行動するチャンスを奪っていくことになる。少子化時代を迎え大人の目が行き届き，その結果，朝の起床から夜の就寝までの時間，子どもが自分のイメージで活動を行うことが，ほとんどない子どもも見られる。このような大人の支配や保護の行き届いた環境下では，子どもの自主性や内発的動機が損なわれていくと同時に，子どもが自分で物理的現実や社会的現実と向き合うこともないので**生きる力**（現実に対応していく力）も育っていかない。

思春期あたりのある時期になり自分のこれまでの人生が親に奪われたことに気づき，その苦しみと同時に怒りや憎しみなどから，攻撃が他者に向き家庭内暴力や無差別攻撃として現れたり，攻撃が自分に向き強迫症状やうつ状態のような各種神経症状が現れたりもする。前者の暴力・攻撃はいわゆる「**いい子系の非行・犯罪**」にもつながる。「非行・犯罪」は昔のように不良少年少女の専売特許ではなくなってきているのである。

 学びと有能感－おもに小学生以降の発達課題

“I am what I learn.（私は学ぶものである）”がエリクソンによる**児童期**（小学生期）の性格づけである。青年期が社会の歴史のなかで新たに誕生した発達段階であること（それゆえ青年期は心身ともに成人期に近いが社会のなかで重要な働きをすることが猶予されているので「**モラトリアム**（**猶予期間**）」と称される）を考えると，本来的には人間の発達は大人になることを学ぶ児童期を終えると，青年期を経ることなく大人に移行することが可能と考えることができる。

この大人になることの学びには広義と狭義の2つの学びがある。**広義の学び**は，社会のなかで生きる大人の行動の学習であり，人間としての生き方や夫婦関係，他の人間関係のもち方，仕事や趣味，その他の大人の生き方を学ぶものである（**社会人としての学び**）。**狭義の学び**は，おもに学校で取り上げるような知識や技能の学習であり将来の生活の糧を得るための職業に従事するときに役立つ学びである（**職業人としての学び**）。これらの両方の学びが着実に進めば，社会に出ていく自

分に**有能感**をもち，人生を前向きにとらえ生きていくことができるが，反対にどちらか，もしくは両方ともうまくいかないときは現在および将来の自分に有能感をもつことができないので（無力感もしくは劣等感の形成）健全な努力をする気力を失い，ときに自暴自棄的な生き方を選択していかざるを得ない。

子どもの健全な発達を実現するためには，上記の広義の学びを狭義の学びよりも優先して子どもの教育にあたるほうがよい。しかし家庭や学校の一部では，その反対に狭義の学びばかりを重視し広義の学びを軽視するところもある。例えば家の手伝いなども子どもが分担し責任をもって行い，家族に貢献する体験が「社会人としての学び」には必要となるが，そのようなことを一切させずに，ただひたすら勉強だけを求める家庭もある。その結果，小学校時代に学校での成績がよいという理由だけで高い**有能感**をつくり上げた子どもが，中学や高校での競争環境のなかで悪い成績から勉強の有能感に傷がつくと，ほかのよりどころがないので（別の言い方では，成績による自尊感情しかつくっていなかったので）大きな挫折体験となり，自分を見失っていくようなケースが決して少なくない（**思春期挫折症候群**）。

現在の子どもたちは，上記のように成績だけで有能感をもつ子と，その反対にやはり成績だけで自分を「ダメな子」と思い込んでしまう両極に，発達の問題を示す子どもが多いといえよう。広義の学びのなかで家庭や社会に貢献する体験をもったり友達との関係や趣味を通じて生活を楽しんだりして，いろいろな分野で有能感や自尊感情を育てるならば，自分のなかの一部の有能感が傷ついても，ほかの部分での有能感や自尊感情でカバーされるので健康な精神を失わずにすむ。このような児童期の生き方が大切なのである。

児童期の子どもの発達を支援する立場からみると，子どもを多面的にみていく視点が必要である。勉強のできぐあいや行儀のよしあしだけで子どもを評価することは発達支援にはならない。人は自分の姿かたちの良さ悪さについて鏡を通して知るわけであるが，人格などの内面の価値については周りの人の評価や反応を通して気づき理解していく。この意味で，まさしく周りの人の評価や反応は，自分の内面の価値の姿を知る鏡の役割を果たす。ほぼ毎日，親からも教師からも，そして友達からもダメ出しをもらっている子どもは，おのれの価値を醜く映し出す鏡に囲まれて生きているようなものだ。そのような状況下で，自分らしく生きよ，力を発揮して生きよと周囲から求められても，そのような気力は生まれようがない。しかし，多くの人からダメ出しをもらうような子どもでも，だれか一人でも，その子の価値を美しく映すような鏡（**ポジティブ鏡**）の役割を果たしてくれれば，その鏡に勇気づけられて，がんばる気持ちを失わないですむ。行儀もよくなく勉強もせず家でも学校でもつまはじきにされ，すべての人がネガティブな鏡になるならば，本人もしまいにはほんとうに自分をダメな人間だと思いこんでしまうだろう。

6 開き直りと自己受容－おもに中学生の思春期以降の発達課題

思春期に入ると子どもの身体と心は大きな変化をみせ始める。身体の外面と内部の双方において**第２次性徴**が現れ，身体が大人に変容していくことが周りの人にも本人にもわかる。これらの変化は心の秘密となるので親や他の大人，そして仲間との距離をとり始める。またピアジェのいう形式的操作による思考力も発達し物事を抽象的に理解することができるようになる。その結果，自分のさまざまな側面や家族について，そのあるべき理想の姿と現実の姿との違いに気づき**不安や葛藤**

を抱くようになる。思春期に多くの子どもがもつ不安や葛藤は次のようなものである。①身体の変化（第2次性徴），②身体や容貌（体形，身長，顔の輪郭や目・鼻・口の形，髪の性質など），③能力（学業や運動に対する能力レベル），④性格（内気，暗さ，孤独，衝動性の激しさなど），⑤家庭（自分の生い立ち，両親，きょうだい，住まいのことなど），⑥異性・性（関心・衝動など）。

ちなみにこれらの身体と心の変化には,「子ども卒業意識」をつくり「自我の目覚め」といわれる第2反抗期につながるのである。

これらの不安や葛藤は人に話せない自分だけの心の秘密になるので基本的には大人が入り込めない領域の性質のものである。そして，それぞれの事柄について「あるべき姿」をつくりあげ，その次元から現実の姿を評価し価値づけるようになる。その結果，自分のなかに数多くの「**バッド・セルフ**」を見いだすことになる。初めは，こうした「バッド・セルフ」をもつのは自分だけと考え自分を特殊視し自己否定傾向を強めていく。しかし友達との交流のなかで秘密を幾分でも共有し合うことや親や教師の温かい理解のなかで，それらの不安や葛藤は友達も同じようにもつこと，したがって自分だけが何も特殊ではないことを理解していく。その流れのなかで「バッド・セルフの多い自分も，これで生きていくほかない」と，いい意味での**開き直り**をしていく。この開き直りが，さらに「バッド・セルフ」も自分の一部という自己受容につながっていくのである。

この自己受容を基礎に自己や外部の人に開かれた柔軟な人格形成が行われていくのである。他方それらの不安や葛藤を自己受容できない場合は，自分の中だけに閉じた狭い精神になりがちになり，自己否定傾向を引きずったり，その反動形成としての誇大的自己像をつくりあげたりする。

理想として描きだされたあるべき自分の姿と現実の姿としての「バッド・セルフ」との溝が大きければ大きいほど，この時期の子どもの心は苦しい。この苦しさに耐えきれずに，あるいはそれから逃れるために自分の人生や健康な精神を放棄する子どももいる。理想のあるべき姿は，小さいときからの主として親や教師からの期待から生まれてくることから過度の期待感は禍根を生むといえよう。現状の子どもの姿を周りが受け入れ，「いまのきみは素敵だよ」と言ってあげられるような環境が健全な発達に必要なときがある（章末コラム：ひび割れ壺（つぼ）の話）。

7　自我同一性－おもに高校・大学生の青年期以降の発達課題

自我同一性（エゴ・アイデンティティ），のちに自己同一性ともいわれるようになったが，これは「**自分らしさ**」を認識して，それにそって自分に合った生き方を行うことができることである。そのためには，まず“Who am I？（私は何者なのか）”と“Where am I going？（私はどこに行こうとしているのか→私はどう生きようとしているのか）”の2つの問いの答えを探すこと，次にこれらの問いの答えに一体感をもつ（それを肯定的に受け止める）ことが必要だ。

最初の“Who am I？”は「自分らしさ」を理解するための問いである。人はきょうだいも含めてその生きる条件がみな異なっているのでだれ一人として同じ条件の者はいない。顔つきも体形も，能力も性格（気質）も，興味や意欲の対象も，家庭環境や家族内の位置なども，すべて異なっている。このような他者と異なる各自の生きる条件，これを個性と表現することもできるが，これをしっかりと把握することが「自分らしさ」を理解するということになる。そして，そのなかの「**グッド・セルフ**」だけでなく「**バッド・セ**

ルフ」の部分も含めて自分の生きる条件を受け入れ一体感をもつことが自我同一性課題の最初の作業である。この作業は，ロジャーズ（Rogers,C.R.）のいう自己一致と重なる。すなわち，あるべき姿としての自己概念とあるがままの自分としての自己経験との不一致部分を少なくするからである。

次の“Where am I going？”は，「自分らしい生き方」を明確化するための問いとなる。最初の作業で理解した「自分らしさ」を前提にして「そういう自分がどのように生きていけば，自分は納得できるのか，あるいは人生を満足できるのか」をしっかりとつかむことである。素晴らしい生き方，うらやましい人生を送っている人は周りにたくさんいる。この時期，そのような人を意識すればするほど，他の人の人生には価値があるが，自分の人生には価値がないかのような思いを抱きやすい。素晴らしい人の人生に近づこうと努力することは意味あることであるが，その人と同じにならなければ，自分の人生に価値がないとか失敗であるとか不幸な人生だと考えたり自尊感情を失ったりする必要はない。むしろ自分の生きる条件を十分に自覚し自分が納得できる生き方を見いだし実現していくことができれば，他の人と違う生き方を選択しても自尊感情を失うこともなく，ましてや自分のことを不幸だと思わないですむ。

自我同一性を形成した人には他者との幸・不幸の比較は無意味に映る。自分の生きる条件のもとで精いっぱい生きることで納得と満足を得ることができ，その点で人の幸福や不幸を比較できないからである。また,「バッド・セルフ」を受け入れることで，劣等感に委縮しなくてすむし，無理に自分を取り繕って生きていくような必要もなくなるので等身大の生き方を自然としやすくなる。さらに，こうして自我同一性を形成した人は，自分の選んだ人生や仕事，伴侶に心おきなく自分のエネルギーを投入していくことができる（自己投

コラム

幼稚園になかなか慣れないＡ子ちゃん

２年保育の４歳児クラスに入園したＡ子ちゃんは入園式当日は保育室でお母さんと一緒に過ごすことができました。しかし翌日からは，登園しても保育室に入らず園庭と園長室で過ごすようになりました。

そのようなことがしばらく続いたので，園では教師たちが真剣に相談し合いました。その結果「Ａ子ちゃんのようなケースは初めてであるが，慣れるまでに時間がかかる気質の子どもであると思われるので，無理に保育室に連れていくようなことはせずに『保育室で友達と一緒に遊ぼうね』程度の言葉がけで軽く背中を押すくらいにして自分から保育室に入るまで気長に待つこと」を決めました。またお母さんにも「幼稚園に行ったら保育室に入るように」という強いプレッシャーを与えないで笑顔で幼稚園に送り出してほしい旨を伝えました。

幸いなことに幼稚園に行くことをいやがらないＡ子ちゃんは，その後も園庭と園長室で過ごしていましたが，入園式からおよそ２か月たったある日，突然保育室に入ることができるようになりました。これまでの経過がまるでうそのように，Ａ子ちゃんは保育室で教師や友達と自然な形で遊ぶことができ，その後も変わりなく過ごすことができました。

保育所や幼稚園あるいは小学校への入園・入学は子どもが社会に足を踏み出す第一歩です。この大事なところで「挫折」すると，その後の社会参加がたいへんむずかしくなります。このケースのＡ子ちゃんの場合も，どの子どもにも同じ行動を求めることの強い幼稚園であれば，保育室に入ることはおろか，園に行くことすら困難になったことでしょう。

入)。

以上の自我同一性の発達効果は同一性が獲得できない場合，出現が困難となる。また，青年期につくり上げた自我同一性の内容が，その後の生涯にわたり不変というわけにはいかない。20歳ごろにつくられた同一性の内容が，30歳代，40歳代，50歳代あるいは60歳代になってリニューアルされていくことは自然である。それぞれの年代で，自分らしさを深め，自分らしい生き方を選択することが，人が健全で幸福な人生を生きつづけていく条件になるといえるのである。

コラム

ひび割れ壺(つぼ)の話　（作者不詳，　菅原裕子訳）

インドのある水くみ人足は２つの壷を持っていました。てんびん棒の端にそれぞれの壷を下げ，首の後ろでてんびん棒を左右にかけて，彼は水を運びます。

その壷の１つにはひびが入っています。もう１つの完璧な壷が，小川からご主人様の家まで一滴の水もこぼさないのにひび割れ壷は人足が水をいっぱい入れてくれても，ご主人様の家に着くころは半分になっているのです。

完璧な壷は，いつも自分を誇りに思っていました。なぜなら，彼が作られたその本来の目的を，彼は常に達成することができたからです。そして，ひび割れ壷はいつも自分を恥じていました。なぜなら，彼は半分しか達成することができなかったからです。

２年が過ぎ，すっかりみじめになっていたひび割れ壷は，ある日，川のほとりで水くみ人足に話しかけました。

「私は自分が恥ずかしい。そして，あなたにすまないと思っている。」

「なぜそんなふうに思うの？」水くみ人足は言いました。

「何を恥じてるの？」

「この２年間，私はこのひびのせいで，あなたのご主人様の家まで水を半分しか運べなかった。水が漏れてしまうから，あなたがどんなに努力をしても，その努力が報われることがない。私はそれがつらいんだ。」壷は言いました。

水くみ人足は，ひび割れ壷を気の毒に思い，そして言いました。

「これからご主人様の家に帰る途中，道端に咲いているきれいな花を見てごらん。」

てんびん棒にぶら下げられて丘を登っていくとき，ひび割れ壷はお日様に照らされ美しく咲き誇る道端の花に気づきました。花は本当に美しく，壷はちょっと元気になった気がしましたが，ご主人様の家につくころには，また水を半分漏らしてしまった自分を恥じて，水くみ人足に謝りました。

すると彼は言ったのです。

「道端の花に気づいたかい？　花がきみの側にしか咲いていないのに気づいたかい。ぼくはきみからこぼれ落ちる水に気づいて，きみが通る側に花の種をまいたんだ。そしてきみは毎日，ぼくが小川から帰るときに水をまいてくれた。この２年間，ぼくはご主人様の食卓に花を欠かしたことがない。きみがあるがままのきみじゃなかったら，ご主人様はこの美しさで家を飾ることはできなかったんだよ。」

第4章 アセスメントの基礎

鹿嶋　真弓

アセスメント(状況の読み取り)はインターベンション（目標達成のための対応または介入）と対になってこそ意味をなす。アセスメントの結果はあくまで仮説である。その後の指導や支援の過程における生徒の変容を通して，初めてその仮説が正しかったかどうかを確かめることができる。また，指導や支援は，次のステップへのアセスメントでもある。ここでは，このような視点に基づき，インターベンションにつながるようなアセスメントの基礎について述べる。

1 アセスメントとは

1 アセスメントのとらえ方

アセスメント（assessment）とは，一般に「査定，評価，判定，所見」を意味する言葉で，カウンセリングでは「クライエントの心理面，社会面，教育面，身体面がどのような状態にあるか把握すること」を意味する専門用語である（冨田，2008）。

アセスメントの目的は，①情報収集を行うこと，②得られた情報から仮説を立てること，③具体的な援助方針を定めることである。例えば，授業中に突然立ち歩く子の場合，どのような場面で起きやすいのか記録をとり，その記録を手がかりに，その子のなかで何が起きているのか仮説を立て，その行動を軽減するための具体的な援助方針を考えていく。一般的にはこうした目的を達成するためにアセスメントを行う。そして，その結果に基づいて援助の計画を立てて，それを実践に移す。また，アセスメントはあくまでも仮説なので，援助の途中や援助終結に向けて，その目的がどの程度達成されているのか査定することが大切である。教育の世界における評価に，診断的評価と総括的評価があるのとまったく同じである。つまり，広い意味では援助や教育の計画を立てる過程および目標達成についての査定も含めてアセスメントという。

教育カウンセラーとしてアセスメントを行う場合の観点は，おもに「学習面，キャリア面，心理・社会面，健康面」の４つである。

2 アセスメントの重要性

こうしたアセスメントの重要性は近年徐々に高まっている。例えば，医学の世界では「証拠に基づく医学（evidence based medicine)」という考え方が浸透してきている。これは治療の前後に行われるアセスメント（診断）に基づき，治療の効果がはっきり認められる医療を行っていこうという考え方で，心理臨床でも同じことが主張されている。また，教育の世界で主張されているのが「アカウンタビリティ（accountability：説明責任)」である。学校現場では，子どもの発達課題と学習課題を１つずつ達成していきながら自己成長していくことをめざしている。教育者には，本当にその子の成長発達に適した教育が行われているかどうか，保護者に説明する責任がある。そのため，教育実践の前後できちんとしたアセスメントを行うことは絶対条件である。個に応じた教育を行うにはこの状況を正確に把握することが必要である。

3 しっかりしたアセスメントをするために

教育カウンセラーがしっかりしたアセスメントを行うためには，以下の4つが前提となる。

(1)　子どもとの信頼関係を築く

カウンセリングを行うときと同様に，子どもとの信頼関係を築くことが大切である。観察をする場合，子どもとの信頼関係がなければ，子どもは本来の姿をみせないため，観察結果は子どもの本心を反映しないものになってしまう。心理検査（特に質問紙法の検査）を行う場合にはさらに重要である。

子どもとの信頼関係を築くには，ふだんから子どもの気持ちを十分に受けとめ，まずは，教育カウンセラー自身が子どもを信頼することである。子どもの気持ちを受けとめるには，子どもの話を批判せずによく聞くことである。つまり，「治そうとするな，わかろうとせよ」の精神である。

(2)　行動と解釈の違いに注意する

観察結果を解釈する際に私たちはどうしても既成概念にとらわれがちである。あっちでもこっちでも人をたたいては逃げている子どもを見ると，「攻撃性が高い」と解釈されやすい。しかし，例外も多い。人をたたく，ける，暴言をはくなど，いわゆる攻撃的な行動がみられた場合でも，その行動の前後をよくみることである。できれば何度も観察を繰り返すとよい。すると，単に「攻撃性が高い」というよりも，むしろ人とかかわりたくて「ちょっかいを出している」ことがみえてくることもある。つまり，「言葉じりをつかまえるな。感情をつかめ」である。表面に現れた言葉や態度にとらわれるのではなく，その言葉や態度の裏にある感情をつかむことが大切である。

(3)　多様な方法の活用

しっかりしたアセスメントを行うには，多様な方法を用いる必要がある。これは，医者が治療方針を決める場合と似ている。ぐあいが悪くて病院に行くと医者は，「今日はどうされました？」と聞く。面接法である。「風邪みたいで…熱は下がったのですが1週間前からせきがとまらず…」と言うと，「じゃあ，のどを見せて。あぁ～，結構，赤くなっていますねぇ～。胸は？（聴診器をあてて…）」と，ここまでが観察法である。そして，「1週間前からせきが続いているんですね？　念のために，血液検査をしておきましょう」これが，調査法である。

観察法だけに頼ったり，質問紙による心理検査だけに頼ったりすることは危険である。また，面接で子どもの気持ちを聞くことも大切である。その子のなかで何が起きているのかを知るためには，多様なアセスメント方法を用いる合わせ技も必要である。

(4)　新しい知識の習得

アセスメントの方法は日々新しくなっている。仲間との情報交換や，研修会や講習会への参加は必要不可欠である。アセスメントに関する新しい知識（例えば，WISC-Ⅳや K-ABC の結果の読み取り方や支援方針の立て方など）を常に取り入れ，十分に習得して子ども理解に役立てていく姿勢こそ，真の教育カウンセラーである。

4 アセスメントの方法と特徴

ロジャーズ理論にはアセスメントの発想はなかった（リレーションそのものがインターベンションである）が，折衷主義ではクライエントや状況に応じ柔軟に対応するアセスメントは不可欠である（國分，2008）。

アセスメントの方法は大きく分けると,「観察法」「面接法」「調査法（テスト法)」の3つである。ここでは，これらの方法と特徴について簡単に紹介する。

(1) 観察法

人間や動物の行動を，自然な状況や実験的な状況下で観察し，記録し，分析し，行動の質的および量的特徴や法則性を解明する方法（中澤ら，1997）である。

(2) 面接法

援助される者と援助する者（教育される者と教育する者)とが一定のルール(時間,場所,話題の範囲，人数など）と目的をもって実施され，直接的な情報収集やカウンセリングの方向性を探ることがおもな目的となる(冨田,2008)。

(3) 調査法（テスト法)

「質問紙法」「投影法」「作業検査法」の3種類がある。

①質問紙法による検査

調べたい内容に関する複数の質問を書いた用紙を被験者に配布し,「はい」「いいえ」などの簡単な様式で回答させる検査。得られた回答を得点化して調べたかったこと（発達の姿や性格の特徴など）を査定し，その傾向を明らかにし，その後の対応に活用するものである。

②投影法による検査

あいまいな図や絵に対して，被検者に自由に反応してもらい，その結果を分析・解釈することでパーソナリティを測定する検査である。実施と解釈に時間と手間，経験と熟練を要し，結果の解釈においても信頼性・妥当性に疑問が残るため，教育現場では使用されないことが多い。

③作業検査法による検査

被検者に，一定の状況のもとで一定の作業を実施させ，その作業の遂行態度や結果から，被験者のパーソナリティを測定する心理検査である。代表的なものとしては，被験者に，一列に並んだ数値を連続加算する作業速度の変化を示す曲線を評価する（神村，1999)，内田クレペリン精神検査がある。これも，パーソナリティ傾向の一面しかとらえられず，解釈に熟練を要するなど，教育的な場面では活用されないことが多い。

2 援助者のアセスメント

子どもの教育支援やカウンセリングでは，子ども自身がアセスメントの主たる対象となる。しかし，子どもの発達や教育を支援するには，子どもを援助する人（教師，カウンセラー，保護者）や子どもを取り巻く環境（人的環境，物的環境）についてもアセスメントする必要がある。

子どもの教育支援を行う際，教育カウンセラーとしての自分（あるいは他者）が，その子どもにとって適切な援助者であるかどうかを判断することは極めて重要なことである。もちろん，自分が単独でその子の援助にあたるような場合，自分に援助ができるという自信がなければやめたほうがよい。そのためにも，自分は何ができて何ができないか把握しておく必要がある。また，本人が「自信がない」と自覚していても，教師としてあるいは教育カウンセラーとして「自信がない」とは言えず，結果，ケースを抱え込んでしまい失敗することがあるので注意したい。

1 援助者としての特徴をとらえる

教育カウンセラーが自身の援助者としての特徴をとらえたり，スーパーバイザーがスーパーバイジーの特徴を把握したりするのに有効な調査表がある（表1)。記入者自身あるいは記入者を指導する人は，この結果に基づいて以後の研修計画を作成することもできる。

●表1　援助サービスに関するプロフィール（石隈，1999）

（　　）内で該当するところに○をつける。〈　　〉内は自由に記述する。

①援助サービスの対象
・幼児についての経験は（少ない，ある程度ある，多い）。
・小学生についての経験は（少ない，ある程度ある，多い）。
・中学生についての経験は（少ない，ある程度ある，多い）。
・高校生についての経験は（少ない，ある程度ある，多い）。
・主として経験した事例は〈　　　　　　　　　　　　　　　　〉。
・経験が少ない事例は，〈　　　　　　　　　　　　　　　　〉。

［事例の候補：LD（学習障害），学習の問題，友人関係，不登校，進路，
問題行動，エイズ，異文化適応，重い障害，非行，摂食障害，薬物依存。］

・保護者や教師のコンサルテーションの経験は（少ない，ある程度ある，多い）。
・学校組織へのコンサルテーションの経験は（少ない，ある程度ある，多い）。

②心理教育的アセスメントの方法
・（行動観察，記録，面接，心理検査）を用いる。
・心理検査として実施できるのは，個別式知脳検査で（ビネー式,WISC-Ⅲ,K-ABC），投影法では（ロールシャッハ,TAT）。その他実施できる検査は，〈　　　　　　　　〉。

③カウンセリングの方法
・（個別面接，集団面接）を行う。
・非構成的グループ・エンカウンターの経験は（少ない，ある程度ある，多い）。
・構成的グループ・エンカウンターの経験は（少ない，ある程度ある，多い）。

④趣味
・子どもとのかかわりで活用できる私の趣味は〈　　　　　　　　　　　　　　　　〉。

※下線部については教育カウンセラーとしては扱わない。教育カウンセラー標準テキスト　中級編（p16）図書文化社

2 イラショナル・ビリーフをとらえる

私たちは援助者として，表2のようなイラショナル・ビリーフ（非論理的な思い込み）をもちやすい。イラショナル・ビリーフとは，「ねばならない」「べきだ」といった，事実に基づかない受けとめ方，必然性がないのに「それゆえに」「したがって」と短絡的なビリーフ，自分を不幸にするビリーフの3つの総称である。この表では，①自分に関して，②相手に関して，③環境や状況に関して，の3つに分けて記述されている。

例えば，自分に関して「私は，どんなときも，だれからも好かれなければならない」との思いが強いと，こんなことをいう私は人からきらわれはしないかと思い，言いたいことも言えず落ち込んだり，勇気をもって言ったはいいがその後で不安になったりしやすい。論理的なビリーフとしては，「だれからも好かれるに越したことはない」くらいがよい。「ねばならない」「べきだ」といった語尾には非論理的な思い込みが隠れている。

また，相手に関して「私の学級は，私の思いどおりになるべきである」との思いが強いと，思いどおりにならなかったとき，イライラしたり相手に対して怒りを感じたりするようになる。学級経営がうまくいっていないときに，このようなイライラや怒りの感情があると，あっという間に負のスパイラルに巻き込まれることになる。もちろん，環境や状況に関しても同様のことがいえる。こうした，相手や環境に関するイラショナル・ビリーフは，相手や周りに対して攻撃的になることがあるので注意する必要がある。

●表2　援助者がもちやすいイラショナル・ビリーフ（石隈，1999）

①自分に関して
・私は完全な教師（カウンセラー，保護者）であるべきだ。そうでなければ，人間として失格である。
・私は，どんなときも，だれからも好かれていなければならない。
・私は，立派な教師（カウンセラー）なのだから，保護者としても立派であるべきである。
[自分に関してのイラショナル・ビリーフは，落ち込みや不安の要因となる]
②相手（子どもや援助者仲間）に関して
・私がこんなにがんばっているのだから，子どもは目に見えてよくなるべきである。
・子どもは，教師（カウンセラー，保護者）である私を，いつでも尊敬すべきである。
・私の学級（援助の相手，援助の仲間）は，私の思いどおりになるべきである。
・私の仕事は，いつも，正当に評価されるべきである。
[相手に関してのイラショナル・ビリーフは，怒りの要因となる]
③環境や状況に関して
・世の中は，高貴な私に，私が望む物を，望むときに，望むとおりの形で，与えるべきである。そうでない状況に私は耐えられない。
・私の，教師（カウンセラー，保護者）としての自己実現を世界中が支援すべきである。
[環境や状況に関してのイラショナル・ビリーフは，怒りの要因となる]

教育カウンセラー標準テキスト　中級編（p16）図書文化社

トピック1　担任の先生のイラショナル・ビリーフ

小学校5年生の担任の先生（女性）のイラショナル・ビリーフがきっかけで不登校になってしまった子を中学校で担任したことがある。聞くところによると，家庭訪問のとき担任の先生から「最近，色気づいて子どもらしいかわいさがなくなってきたわねぇ～」と言われショックを受け，それ以来，その子は学校を休むようになってしまったとのことだった。母親は，「娘は他の子と比べ体格もよかったので，胸がふくらみ始めたことに対して，先生は色気づいたとか，子どもらしくない，と言ったのだろう」と，当時を振り返り語ってくれた。その先生はきっと「子どもは子どもらしくあるべきだ」との思いが強かったのではなかろうか。

この例のように，イラショナル・ビリーフは自分でも気がつかないことが多いので，まずは，この表をもとに確認してみることをお勧めする。

3　支援者に抵抗を起こさせない支援者支援

学校の先生にスーパーバイズする場合，伝えたいことがうまく伝わらないことがある。そこで，アセスメントとストラテジーとスーパーバイズに有効な方法がある。

トピック2　行動と環境のグラフの活用

ある小学校から児童の行動観察に来てほしいと依頼があった。小学校4年生男児が，授業中，突然立ち歩いたり大声を出したりするので困っている。注意するとますますひどくなるのでどうしたらいいかわからないとのことだった。そこで，実際に行動観察を行ったところ，その子は先生から与えられた課題が早く終わったときや，何もやることがなくて暇になったとき立ち歩いたり大声を出したりしていることがわかった。しかし，それをストレートに先生に伝えたところで，「はい，わかりました。では，私の指導方法を変えてみますね」とはなかなかならない。

そこで，学習支援員に協力してもらい，「行動カウント表（表3）」に記録をとることにした。行動観察の期間は1週間であった。この表をもとに，「行動と環境のグラフ（図1）」を作成した結果，先生が「代替教材の提供」をしたとき，その子の「立ち歩き行動」が減少していることがわかった。このグラフを先生に見ていただいたところ，「なるほど，わかりました。今後は，代替教材をこまめに提

●表３　行動カウント表

「立ち歩き」行動

・区切った時間内に
・対象児童・生徒が
・1回でも立ち歩き行動をしたら「○」を
・まったくしない場合には「×」を
・座学ではない授業では「なし」を記入
　してください

「代替教材の提供」行動

・区切った時間内に
・教員が
・1問でも代替教材を提供したら「○」を
・まったくしない場合には「×」を
・座学ではない授業では「なし」を記入
　してください

記録日:　　　月　　　日　　　曜日

	1時間目		2時間目		3時間目		4時間目		5時間目		6時間目	
	前半	後半	前半	後半	前半	後半	前半	後半	前半	後半	前半	後半
立ち歩き												
代替教材												

備考欄	

（梶・藤田，2006）（奥田，2006）を参考に石澤が作成。

供してみますね」と，ご自身で今後の対応を話された。このように，目で見てわかるエビデンスを提示することで，先生ご自身がセルフモニタリングしやすくなったと考えられる。実際に，先生は代替教材を準備され，それをタイミングよく提供することで，その子の立ち歩きは減った。

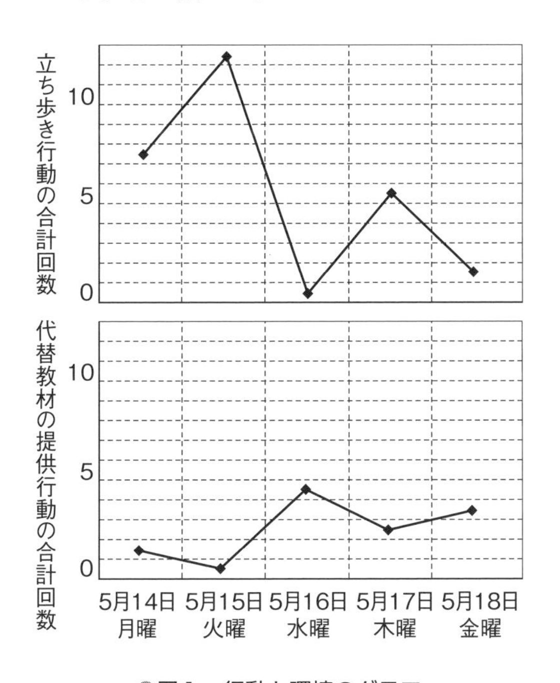

●図１　行動と環境のグラフ

（梶・藤田，2006）（奥田，2006）を参考に石澤が作成。

「トピック 2」の方法は，汎用性が高く，自分自身の行動改善にも活用できる。例えば，不登校児童（小学校１年生男児）への支援として，本人には「登校行動」に対する「行動カウント表」を，また，母親には「登校行動に対する承認行動」に対する「行動カウント表」として使用した結果，１週間で週１日の登校から週４日の登校に改善された。

3　子どものアセスメント

子ども本人をアセスメントする際の観点としては，学習面，心理・社会面，進路面・健康面の４つは押さえておきたい。学校現場でのアセスメントはアウトドアで行われることが多いので，心理テストだけでなく，その場で観察して判断することが多い。そこで質問紙を用いた調査法に関しては表４を参考にしていただき，ここでは，おもに観察法や面接法といった教師や教育カウンセラーのできるアセスメントについてトピックを提示することに意を注ぐ。その際，どのように情報を集め，それをどう活用するかなどにも言及する。

●表４　調査法（テスト法）の例

学習面	知能検査／標準学力検査（例：教研式NRT，CRT）／田中ビネー知能検査／WISC／K-ABCなど
心理・社会面	ソシオメトリック・テスト／ゲス・フー・テスト／Y-G性格検査など
進路面	進路適性診断システムPASカード／職業適性検査など
健康面	CMI（健康調査表）／CMAS（不安尺度）／UPI（学生精神的健康調査）など

1 観察法で何を見るか

心は目に見えないが，行動や状態は見える。観察法では，その行動や状態に注目する。実際の具体例を右に示す。

2「気になる」センサーを磨いておく

学校現場では，とにかく自分自身の「気になる」センサーを常に磨いておくことだ。「気になる」とは，いつもとちがう様子だから「気になる」わけで，いつもの様子を知らなかったら，あるいは知ろうとしなかったら，何も気にならず，子どものサインを見のがすことになる。そして，授業で気になることがあったら（あるいは，だれかから情報が入ったら），休み時間を学級で子どもたちと過ごすとよい。授業開始前，少し早めに教室に行くとか，授業が終わったからといってすぐに職員室に戻るのではなく，少しの間教室に残って子どもたちと話をするのも１つの方法である。

また，子どもたちの班の中に入って給食を一緒に食べるのも情報収集にはもってこいである。食事中は緊張感も下がるため，ふだん，面と向かって先生に話せないようなことでも話しやすくなる。ほかにも，掲示物を作成するとか，文化祭の準備をするなど，放課後の作業を子どもと一緒に行うことも情報収集には欠かせない。授業の中だけではわからない子どもたちの人間関係やクラスの課題もみえてくる。

〔授業中〕
- □ 忘れ物が続く
- □ 急に成績が下がる
- □ 保健室に行きたがる
- □ 教室を抜け出そうとする
- □ 特定の子どもをバカにする
- □ 班での話し合い活動に入れない

〔登校時・休み時間・放課後〕
- □ 遅刻が増える
- □ 頻繁に職員室（前）に来る
- □ 友達関係の変化
- □ 使いっぱしりにされる
- □ 部活動を休みがちになる

〔給食中〕
- □ 机をくっつけない
- □ 食欲がない

〔服装・持ち物〕
- □ Yシャツやブラウスが汚れている
- □ 服に足跡や汚れがついている
- □ 持ち物が壊される
- □ 持ち物にいたずらされる
- □ 髪が乱れていたり汚れたりしている

〔教室・施設設備〕
- □ ゴミが散乱している
- □ 机が乱れている
- □ 掲示物が破られる（はがされる）
- □ いたずら書きがある

3「気になる子」を「よく観察する」

教室にいる「気になる子」には，いままでのやり方では通用しない場合が多い。その子の困難さや原因がわからないから，どのように支援したらいいかその方法すらわからない。そこで，「よく観察する」ことをお勧めする。具体的には，「できているとき」と「できていないとき」について，表５に記入していく。その結果，「できていないとき」に書かれたことから，その子の困難さや原因を探ることができる。また，「できているとき」に書かれたことから，その子に対しての指導や支援の方法を探ることができる。

●表5　よく観察する　―複数の場面で―

	できているとき	できていないとき
場面		
声かけ		
教材		
備考		

指導・支援の方法を探る　　困難さの原因を探る

また，中学校では，次年度入学してくる子どもたちの様子を知るため，3月ごろになると小学校に出向き行動観察を行う。その際，全体の行動観察を行いながら，掲示物（子どもたちの書いた文字や作品）を必ずチェックする。観察するポイントは以下のとおりである。

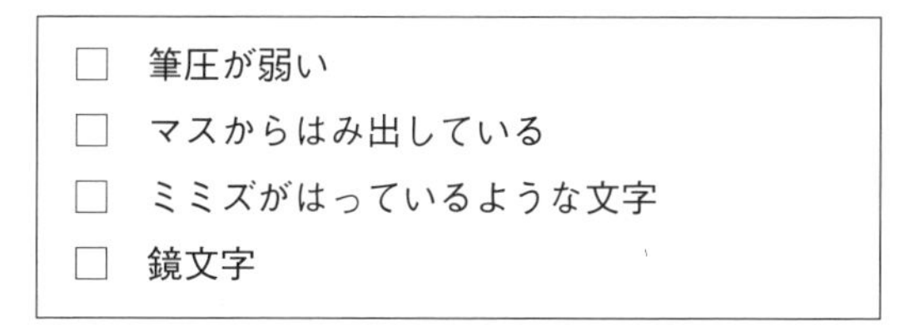

- □ 筆圧が弱い
- □ マスからはみ出している
- □ ミミズがはっているような文字
- □ 鏡文字

いずれか1つでも気になったら，より注意してその子の行動観察を行う。さらに，小学校の先生からその子の様子や学びにくさについて情報収集して，中学校ではどのように補っていけばよいか，学年会などで話し合う。

4　学級集団アセスメント

教師が学級経営を行ううえで，学級集団の状態のアセスメントは必要不可欠である。学級集団をアセスメントする尺度としては，早稲田大学河村茂雄教授が開発した「楽しい学校生活を送るためのアンケートQ-U：QUESTIONNAIRE － UTILITIES」(小・中・高・大学用)がある。児童・生徒が大きく変わったといわれる現在，教師は学級集団をアセスメントする具体的な方法をもち，習熟しておくことが求められる。ここでは，学級集団をアセスメントできる唯一の尺度であるQ-Uについて紹介する。

Q-Uは，「いごこちのよいクラスにするためのアンケート」と「やる気のあるクラスをつくるためのアンケート」の2つで構成されている。2つの尺度は，グラフにプロットすることで，児童・生徒個々の理解はもちろん，学級集団の全体像を把握できる。つまり，個人，学級集団，学級集団と個人の関係の3つの側面の理解が同時にできるというわけだ。

1　「いごこちのよいクラスにするためのアンケート」の内容と活用方法

学級集団が児童・生徒にとっていごこちのよい居場所になれば，学級集団への適応感が高まるだけでなく，いろいろな活動に主体的に取り組む意欲にもつながってくる。児童生徒が所属する学級集団をいごこちがよいと感じるのは，①だれからも被害を受けず安心して教室にいられる。②級友や先生から大切にされ認められていると感じられる。という2つが満たされたときである。この2つの視点（被侵害得点，承認得点）を座標軸にして，児童生徒を4つのタイプ（学級生活満足群・非承認群・侵害行為認知群・学級生活不満足群）に分けて理解していく（図2）。

学級生活満足群の児童・生徒は，学級内に自分の居場所をもち，学級生活やいろいろな活動を意欲的に送っていると考えられる。そこで，彼らには，現状をより快適に維持できる，より広い領域で活動できるような援助をするとよい。

非承認群の児童・生徒は，日常生活のなかで不安なことはないが，学級内で認められることもない。また，学級生活やいろいろな活動に対しても意欲がみられない。教師にとっても注目することが少ない場合が多い。そこで，彼らが級友から認められるような場面設

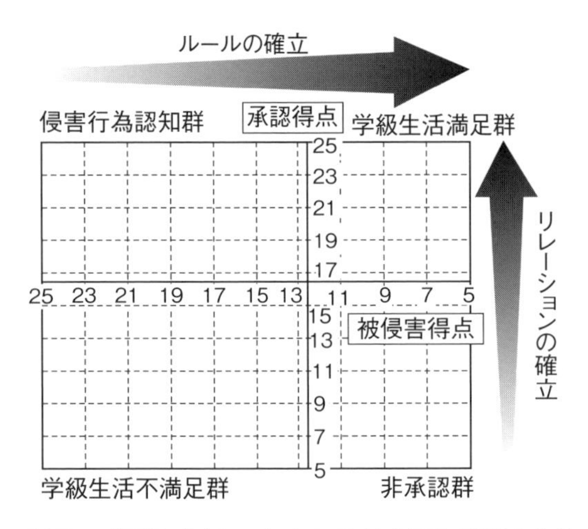

●図２『学級づくりのための Q-U 入門』図書文化社

定の工夫や，教師からの言葉かけを意識して多くすることが有効と考えられる。

侵害行為認知群の児童・生徒は，学級生活やいろいろな活動に意欲的に取り組むが，そのプロセスでトラブルが生じてしまうことが多い。また，いじめや悪ふざけを受けている場合も考えられるが，本人にも自己中心的な面がある場合が多い。そこで，彼らがトラブルを訴えてきた場合，表面的な指導をするのではなく，どういう理由でトラブルになったのか，互いの感情はどうだったのかなど，ていねいに時間をとって考えさせることが必要である。必要に応じて，ソーシャルスキルトレーニングを行うとよい。

学級生活不満足群の児童・生徒は，いじめや悪ふざけを受けている可能性が高い。また，学級集団への適応感は低く，不登校にいたってしまう可能性が高い。そこで，早急に個別面接を行い，具体的な対応を計画的に行っていくことが大切である。

2 「やる気のあるクラスをつくるためのアンケート」の内容と活用方法

本尺度は，児童・生徒の学校生活（学級生活）における意欲や充実感（スクール・モラール）を測定するものである。測定する領域は，中学生用は「友人との関係」「学習意欲」「学級との関係」「教師との関係」「進路意識」で，小学生用は前の「友達関係」「学習意欲」「学級の雰囲気」である。各領域の児童・生徒の得点をグラフに記入すると，児童・生徒個々の学校生活意欲の高さと，それぞれの領域の

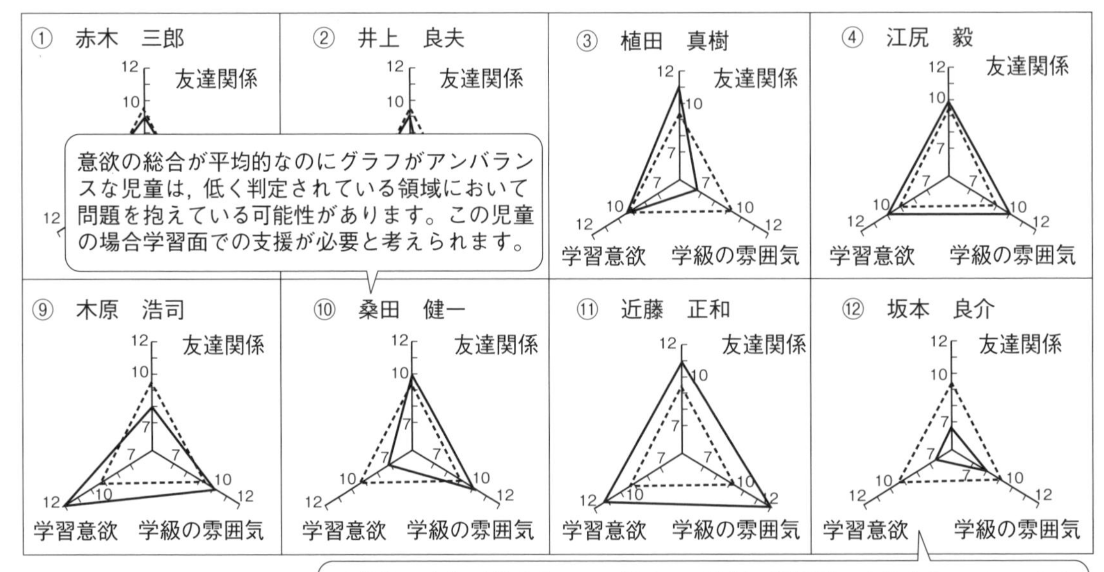

●図３　学校生活意欲プロフィール（個人版）

偏りを理解できる（図3)。個人内評価が可能なので，教師は児童・生徒個々について，どこに配慮すればいいか把握しやすい。さらに，学級の児童・生徒全体の各領域の得点を図4，図5のように整理すると，その学級全体の状態も把握できる。この結果をもとに，授業やいろいろな活動を展開するうえで，提示の方法や学習形態など工夫すべきことが示唆される。

教師の日常観察と勘には限界がある。その事実を謙虚に受けとめ，その限界を補う方法論を駆使して教育実践をすることが教育の専門家としての教師の倫理ではないだろうか（河村，2004)。

「やる気のあるクラスをつくるためのアンケート」の，学級全体の結果を集計しています。全国との比較も見ることができます。

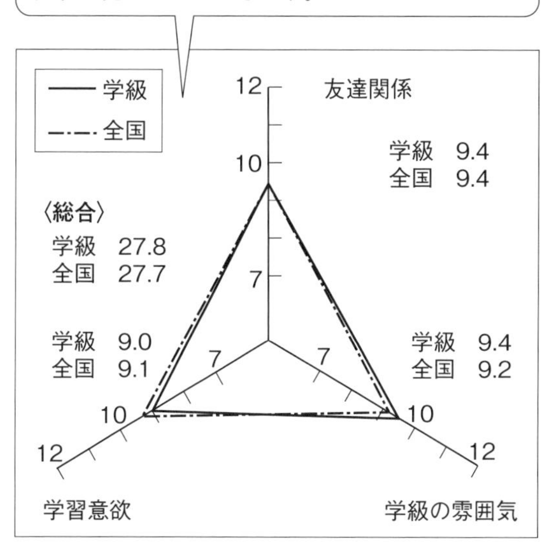

●図4　学校生活意欲プロフィール（小）

＊『学級集団アセスメント　楽しい学校生活を送るためのアンケート』図書文化社

学校生活意欲総合が低いようです。領域でみると「友人」が高いようです。

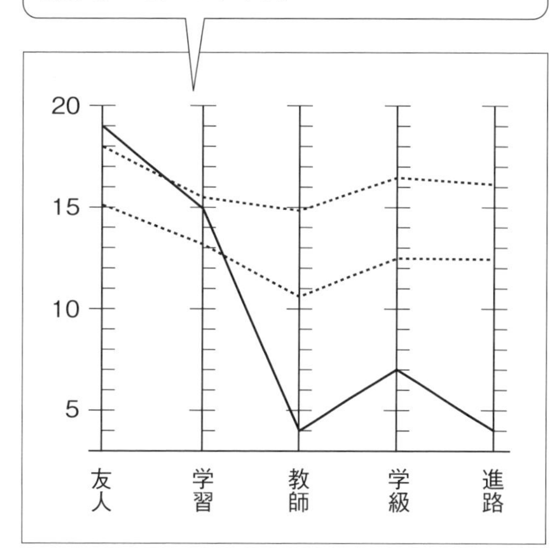

●図5　学校生活意欲プロフィール（中）

＊『Q-U・hypar-QU よりよい学校生活と友達づくりのためのアンケート』図書文化社

第5章
ガイダンスカリキュラムとは

八並　光俊

学校現場における教育カウンセラーのおもな活動の場は，生徒指導である。生徒指導のなかでも，ガイダンスカリキュラムとカウンセリング（教育相談）が中核的業務であるといえる。ガイダンスカリキュラムは，アメリカのスクールカウンセラーの提供サービスの1つである。また，ガイダンスカリキュラムは，子どもの成長や発達を促進するための教育プログラムである。

従来の生徒指導では，ガイダンスカリキュラムという用語は使用されてはいないが，近年定着，拡大しつつある。では，ガイダンスカリキュラムとは何なのか。ガイダンスカリキュラムの実施過程は，どうなっているのか。ガイダンスカリキュラムの典型的な実践とは，どのようなものなのか。これらの疑問にこたえる形で，ガイダンスカリキュラムの全体像を理解してほしい。

1　生徒指導の構造からの位置づけ

ガイダンスカリキュラムとは何か。この点を理解するためには，生徒指導の定義を再確認し，目的や構造を理解する必要がある。

1　生徒指導の定義

(1)『生徒指導提要』にみる定義

文部科学省は，2010（平成22）年に生徒指導の国家的な基本書となる『生徒指導提要』を発刊した。その後，2022年に，改訂版である『生徒指導提要』デジタルテキストを発刊した（以下，『提要』と略）。

『提要』では，「生徒指導とは，児童生徒が，社会の中で自分らしく生きることができる存在へと，自発的・主体的に成長や発達する過程を支える教育活動のことである。なお，生徒指導上の課題に対応するために，必要に応じて指導や援助を行う。」（12頁）と定義している。さらに，「生徒指導は，児童生徒一人一人の個性の発見とよさや可能性の伸長と社会的資質・能力の発達を支えると同時に，自己の幸福追求と社会に受け入れられる自己実現を支えることを目的とする。」（13頁）となっている。

生徒指導の定義や目的からわかるように，生徒指導は，問題行動対応や非行対応に限定されてはいない。子どもの最善の利益を優先して，教職員が子どもの主体的な成長や発達を支える教育活動である。

(2) 総合的な個別発達支援

八並（2008）は生徒指導を実践的な観点から，次のように定義している。「生徒指導とは，子ども一人一人の良さや違いを大切にしながら，彼らの発達に伴う学習面，心理・社会面，進路面，健康面などの悩みの解決と夢や希望の実現をめざす」総合的な個別発達支援である。換言すれば，生徒指導は，子ども一人一人の異なる教育的なニーズや実態（個別的）に関する児童生徒理解に基づいて，発達段階に応じた（発達的），多面的な支援（総合的）を行い，主体的な進路の選択・決定を促進し，すべての子どもの学校から社会への移行（キャリア達成）を支援する重要な教育活動である。

2 生徒指導の構造

『提要』では，図1のような分類（17頁）と，図2のような2軸3類4層から成る重層的支援構造モデル（19頁）が提示された。時間軸からの分類に注目すると，常態的・先行的なプロアクティブ型生徒指導と即応的・継続的なリアクティブ型生徒指導に大別できる。前者は日常の授業や体験活動を通した「育てる生徒指導」である。後者は，子どもが，いじめなどの諸課題に直面した場合の事後対応的な「治す･関わり続ける生徒指導」である。

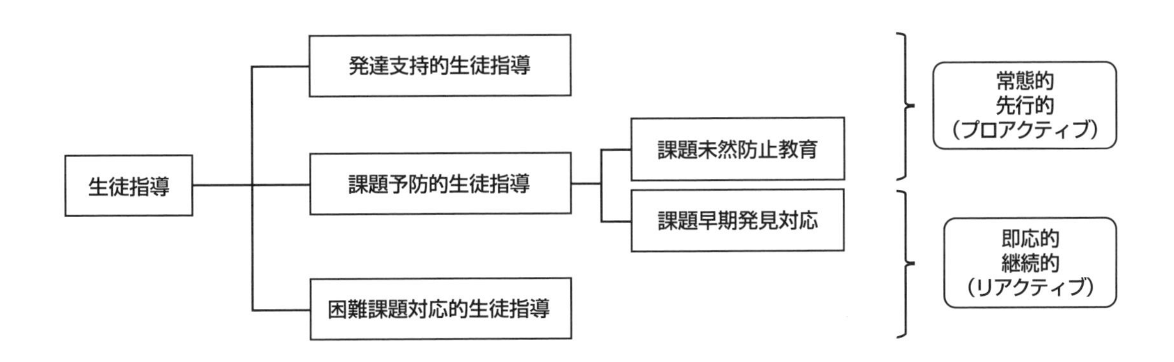

●図1　生徒指導の分類

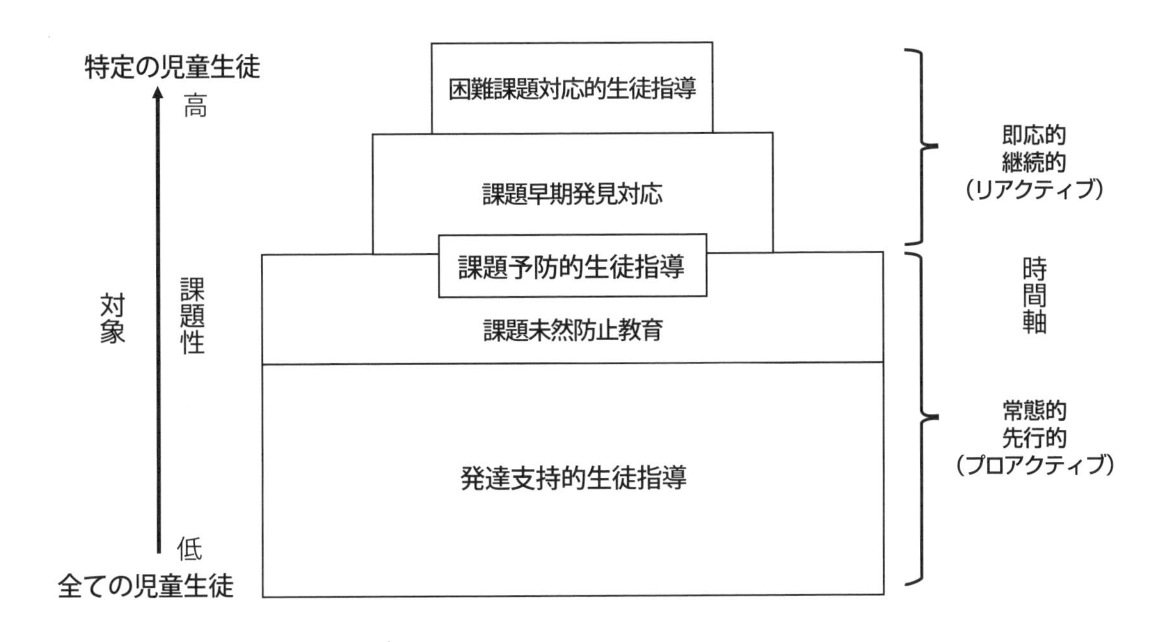

●図2　重層的支援構造

(1) リアクティブ型生徒指導の限界

教育現場では，生徒指導は厳格な規律指導，問題行動対応，非行対応というイメージを払拭できていない。生徒指導は，事後対応的なリアクティブ型生徒指導に，力点がおかれすぎてきた。

文部科学省のスクールカウンセラーやスクールソーシャルワーカーの活用事業も，いじめ，不登校，児童虐待などへの対応の専門家として導入が開始されている。また，学校と関係機関などの行動連携によるチーム支援も，深刻な生徒指導上の問題を抱えている子どもに対する組織的対応である。

リアクティブ型生徒指導に，これまで多くの人や予算を投下にもかかわらず，文部科学省が毎年公開している「児童生徒の問題行動・不登校等生徒指導上の諸課題に関する調査」においては，いじめ・不登校・暴力行為・自殺は，いじめ防止対策推進法の施行以降も増加傾向を示している。これが意味することは，問題行動が起きてからの事後対応は重要であるが，多くの場合は問題の本質的な解決に結びついていないということである。

(2) プロアクティブ型生徒指導への着目

近年，リアクティブ型生徒指導の限界を打破するために，学校単独もしくは教育委員会主導による計画的・組織的・継続的なプロアクティブ型生徒指導の実践の試みがなされている。

全ての子どもを対象として，問題行動の未然防止を目的とした課題未然防止教育を計画的に実施する。あるいは，子どもの個性・自尊感情・社会的スキルの獲得に力点を置いた教育プログラムを集団活動や授業を通じて実施する。現在多くの学校で，いじめ・暴力予防教育，非行防止教室，犯罪被害防止教育，地域安全マップづくり，薬物乱用防止教育，情報モラル教育，構成的グループエンカウンター（SGE），ソーシャルスキルトレーニング（SST）などが行われている。

『提要』における重層的支援構造では，課題未然防止教育は，すべての子どもを対象とした「課題予防的生徒指導：課題未然防止教育」と類別されている。また，社会的スキルなどの獲得を支える教育活動は，「発達支持的生徒指導」に類別されている。いずれもプロアクティブ型生徒指導に含まれる。

ガイダンスカリキュラム（または，ガイダンスプログラムとも言う）は，プロアクティブ型生徒指導，とりわけ発達支持的生徒指導の代表選手である。

以上のことを踏まえて，いまなぜガイダンスカリキュラムなのかという点について考えてみたい。

2 ガイダンスカリキュラムの特色

1 授業型の「育てる」生徒指導

ガイダンスカリキュラムの特色とは，何だろうか。端的に表現すれば，すべての子どもを対象に，彼らの成長や社会的な適応という積極的な側面に注目し，なおかつ，発達段階を考慮して，個人生活や社会生活で必要となる知識・スキル・態度などの生きる力の獲得を目指す系統的・計画的・継続的な教育プログラムである。

教育カウンセラーは，その名称にカウンセラーという肩書きがついているために，公認心理師や臨床心理系のスクールカウンセラー同様に，深刻な生徒指導上の課題をもった特定の子ども，もしくは一部の子どもを対象に，個別カウンセリングの手法を用いて課題解決を図る専門家のように思われている。

しかし，教育カウンセラー本来の特性からすれば，すべての子どもの発達支援に焦点をおいた生徒指導に力を発揮することが期待される。ガイダンスカリキュラムは，学級・ホームルームを単位とした計画的・意図的な授業型の「育てる」生徒指導の効果的な手法といえる。

2 ガイダンスカリキュラムの特色

ガイダンスカリキュラムの特色として，次の4点が指摘できる。

(1) 集団指導を通した教育的プログラム

授業や集団指導を通して，子ども一人一人の自己理解・他者理解能力，学習意欲・態度・学習習慣，礼儀・規範意識・善悪の判断能力，協調性・共感性，役割遂行能力，人間関係形成能力，意思決定能力，問題解決能力，情報探索・活用能力，コミュニケーション能力，将来設計能力などのコンピテンシー（育成したい能力）の獲得を目指している。

(2) 系統的・計画的なカリキュラム

ガイダンスカリキュラムは，明確な教育目標をもち，単元化されている。そのため，何をどの程度子どもが学習するのかというスコープ（領域内容や範囲）と，発達段階に応じてどのような順序で学習するのかというシークエンス（学習内容の配列や順序）を組み合わせて作成される。

(3) 継続的な生きる力の育成

ガイダンスカリキュラムは，学校全体のカリキュラムに組み込まれて，幼稚園から高校まで，段階的かつ継続的に提供されることによって，すべての子どもが，学校生活や将来の社会生活で必要な知識・スキル・態度を獲得することをねらいとしている。

(4) 検証可能な教育効果

ガイダンスカリキュラムでは，教育目標，対象，内容，方法，予想される成果（アウトカム）などが事前に文書化されている。したがって，すべての子どもが目標どおりの知識・スキル・態度を習得したかどうかは，事前・事後テストや成果物などによって検証可能である。

3 ガイダンスカリキュラムの取組み

1 ガイダンスカリキュラムの動向

学校現場におけるガイダンスカリキュラムの典型的な実践例を，学校レベルと地域レベルで分けて紹介する。

学校レベルでは，埼玉県上尾市立西中学校の「社会性を育てるスキル教育」と大阪府松原市立松原第七中学校「人間関係学科」がある。いずれの学校も，生徒指導上の諸問題を抱えていたが，ガイダンスカリキュラムの実践によって問題行動の大幅な改善に成功している。前者の実践を主導した清水（2006・2007）が，ガイダンスカリキュラムの目的，方法，カリキュラム，指導案を，小学校と中学校の各学年別に整理した書籍があるので，それを通して具体的な理解を深めるとよい。

地域レベルでは，横浜市教育委員会（2010）による「子どもの社会的スキル横浜プログラム」がある。横浜プログラムでは，集団指導（グループ・アプローチ）を通じて，個々人の成長促進を図る「自分づくり」スキル，コミュニケーション能力の育成と対人関係の改善・発展を図る「仲間づくり」スキル，所属集団の発展と改善を図る「集団づくり」スキルに関する基本スキルを学習する。

これら3つの実践の共通項は，長年にわたり「治す・関わり続ける」生徒指導を徹底的に行ってきた過程を背景に，ガイダンスカリキュラムによる「育てる」生徒指導にたどり着いている。一見すると生徒指導の手法としては，間接的で遠回りに思えるガイダンスカリキュラムを，小・中の9年間と長期にわたり，積み上げ方式で実践することで大きな問題改善効果を得ている点にある。

ガイダンスカリキュラムの過去の動向については，以下のホームページを参照するとよい。

図書文化社「育てるカウンセリング」
ガイダンスカリキュラム（GC）の広場―『授業型の生徒指導』の最新情報（2023年3月20日確認）
URL http://www.toshobunka.jp/sge/sodateru/gc1.htm

---

2 ガイダンスカリキュラムの教育効果

ガイダンスカリキュラムの教育効果について，前述の横浜市教育委員会による「子どもの社会的スキル横浜プログラム」（以下，横浜プログラムと略）を例に考えてみたい。

(1) 横浜プログラムの課題意識

横浜プログラムは，同市教育委員会のホームページで公開されている。その成果に関しては，2010年に『子どもの社会的スキル横浜プログラム　個から育てる集団づくり51』というタイトルの書籍が市販された。横浜プログラムでは，子どもの問題行動の背景に，彼らが問題や課題にうまく対処できない原因として，問題解決にかかわる個人レベルでの社会的スキルの不足と集団レベルでの学級集団の力の不足が指摘されている。

こうした状況の根底には，家庭や地域で体験する基本体験の不足があるとしている。具体的には，乳幼児期からの無条件に愛されたという「被受容体験」，トイレや食事時間のコントロールに伴う「我慢体験」，友達とのぶつかり合いやじゃれ合いなどの「群れあい体験」の3基本体験の不足がある。

(2) 社会的スキル育成プログラム

横浜プログラムは，これらの3基本体験不足を補うために，集団指導（グループ・アプローチ）を通じて，個々人の成長促進を図る「自分づくり」スキル，コミュニケーション能力の育成と対人関係の改善・発展を図る「仲間づくり」スキル，所属集団の発展と改善を図る「集団づくり」スキルを学習する。この3つのスキルは，18の社会的スキルから構成されている。「自分づくり」スキルは「自分の意見をもつ」・「自他の良さを見いだす」など4スキル，「仲間づくり」スキルは「はっきり伝える」・「きっぱり断る」・「あたたかい言葉をかける」など12スキル，「集団づくり」スキルは「問題や課題の解決策をみんなで考える」など2スキルから構成されている。

社会的スキルの育成を共通の教育目標として，各教科，道徳，特別活動，総合的な学習の時間などすべての教育活動に，横浜プログラムをクロスカリキュラムとして教育課程に位置づけ，小学校から中学校の9年間にわたり，系統的・計画的・継続的に展開される。横浜プログラムの年間指導計画や指導案は，ホームページからダウンロードできる。

横浜市教育委員会「子どもの社会的スキル横浜プログラム」（2023年3月20日確認）
URL http://www.city.yokohama.lg.jp/kyoiku/plan-hoshin/skill.html

---

(3) 個と集団への教育効果

横浜プログラムを通して，どのような教育効果が予想されるのか。

第一に，学級を安全・安心な場として保障することによって，規範意識の高い集団の雰囲気，受容的で自由な雰囲気をつくりだすことが可能になる。横浜プログラムの実施にあたっては，3つの基本ルールが遵守される。暴力NO（「他者のいやがることは言わない，やらない」），パスOK（「参加の無理強いはしない，させない」），持ち出し禁止（「ここでの話は外へは持ち出さない」）の3原則である。また，グループ・ワークでは，学習目標が明確なので，子どもが集団へ寄与する態度が助長される。

第二に，子どもの人間関係形成能力の育成による集団の凝集力の高まりが期待できる。

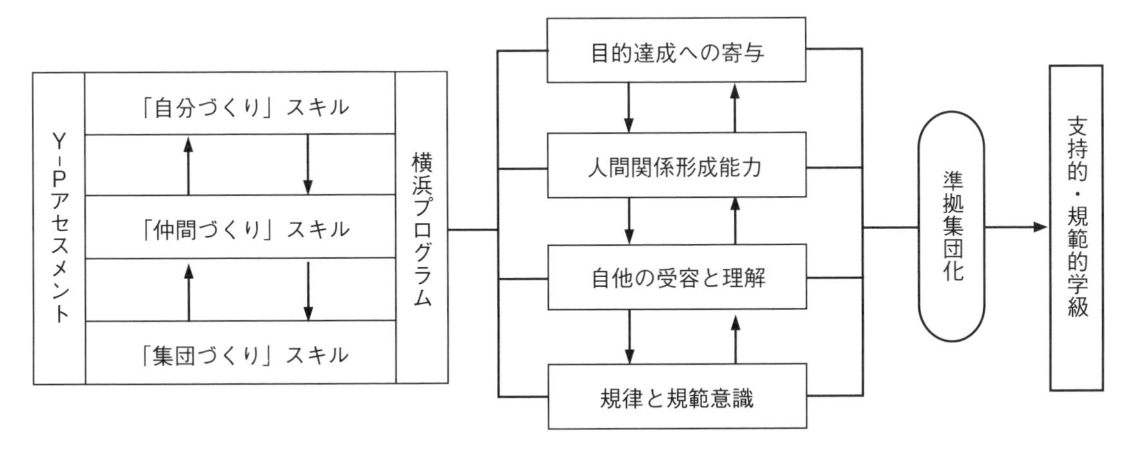

●図３　ガイダンスカリキュラムの教育効果

横浜プログラムのめざす「子どもの社会的スキル」とは，「自分自身や仲間との良好な関係や集団への積極的なかかわりをつくりだすために必要な資質や能力」と定義されている。学級経営の重要課題である人間関係づくりを直接的に教育目標としているので，発達段階に応じた社会的スキルの育成によって，子どもたちの人間関係形成能力が高まる効果がある。それによって，学級集団の解体力が減少し，凝集力の増加が期待できる。

第三に，多種多様なグループ・ワークを通して，子どもは自己理解や他者理解，あるいは自己受容や他者受容が促進される。同時に，教師の子ども理解（児童生徒理解）が深化する。特に，後者については，子どもの社会的スキルの獲得状況を把握し，日常の児童生徒指導の改善を目的とする横浜プログラム（Y-P）アセスメントを実施する。

Y-P アセスメントは，学級担任などが行う観察による評価に基づく学級風土チェックシートと，子どもによる自己評価アンケートに基づく学校生活についてのアンケートから構成される。この２つのアセスメント情報によって，子ども一人一人に関する多面的で総合的な理解が深まる。

集団指導では，ややもすると集団の中に個が埋没しがちであるが，Y-P アセスメント情報から，気になる子どもを抽出し，支援検討会と呼ばれるケース会議を開催することによって，個別支援につなげることができるように組織的な配慮がなされている。

横浜プログラムの教育効果の１つとして，学級集団の準拠集団化があげられる。図３のように，ガイダンスカリキュラムを発達段階に応じて，計画的，継続的に行うことで，強制的・制度的につくられた所属集団を，子ども一人一人の価値観，規範意識，思考，態度，行動に影響を及ぼす準拠集団に変えていく。それによって，支持的で規範的な風土をもった学級づくりが促進される。横浜プログラムの教育効果は，子ども一人一人の「個の力を育てる」とともに，個が育つための「集団を育てる」ことにある。

4　ガイダンスカリキュラムの開発と実践

1　実践プロセスの理解

ガイダンスカリキュラムの特色を踏まえたうえで，ガイダンスカリキュラムをどのように開発するのか。

開発のポイントとしては，ガイダンスカリキュラムは，図４のような〔①共通理解→②実態把握→③設計→④実践→⑤評価〕というシステマティックな実践プロセスをもっているということを理解する必要がある。このプロセスは，アメリカにおけるスクールカウンセリングプログラムの実践過程を参考にしている。

(1) 共通理解

学校の全体計画，とりわけ教育目標と照らし合わせて，ガイダンスカリキュラムの必要性（教育的ニーズ）を学校の教職員ならびに家庭や地域の関係機関などと共通理解をしておくことが大切である。また，ガイダンスカリキュラムの系統性・継続性という観点からすると，幼稚園・保育所および小学校・中学校，さらには高等学校の校種間連携が必要となるので，教育委員会が中心となって，ガイダンスカリキュラムのビジョンを共有する会議の開催が必要である。

(2) 実態把握

学校の教育目標に照らして，ガイダンスカリキュラムで提供する知識，スキル，態度，価値観などを特定するには，子どもが学習面，心理・社会面，進路面，健康面でどのような悩みや問題を抱えているのか（ウィークネス），子どもの長所や個性的な能力は何か（ストレングス），現在直面している危機的状況，例えばいじめ被害・不登校傾向・自殺願望などの危機をどの程度抱えているのか（リスク），さらに，家庭教育の課題として何があるのかを，個人レベル・学級レベル・学年レベルで把握することが大切である（表１を参照）。このほか，地域で活用できそうな援助資源（サポーター）を探る。

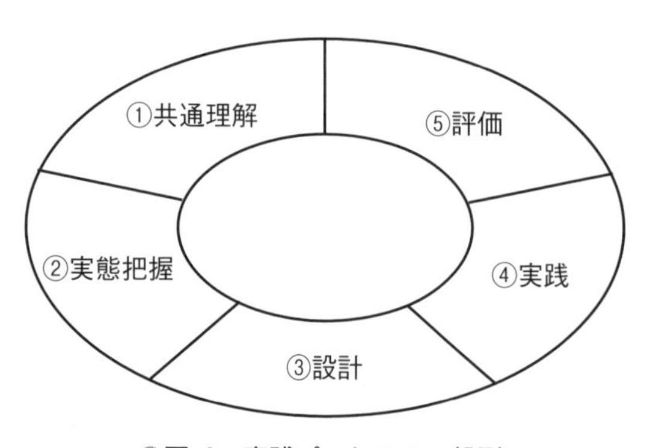

●図４　実践プロセスの一般形

(3) 設計

実態把握に基づいて，具体的なガイダンスカリキュラムの設計を行う。ガイダンスカリキュラムの全体計画，学年別の年間指導計画，各単元のモデル指導案の作成，指導後の授業評価シートの作成などがあげられる。設計は，生徒指導部や教育相談部を中心に，ガイダンスカウンセラーや大学教師の指導・助言のもとに行うのが望ましい。

(4) 実践

ガイダンスカリキュラムの実践では，事前に校内研修で模擬授業を行い，教職員の授業実践力を育成する。実践期間中は，公開授業や研究授業を積極的に行い，ガイダンスカリキュラムの実践上の工夫・改善を図る。また，ガイダンスカリキュラムに精通した教職員による参観授業を通して，指導・助言を行う体制を整えておくのがよい。

(5) 評価

ガイダンスカリキュラムの実践後に，当初計画したような教育効果が得られたかどうか評価を行う。子どもの知識，スキルの定着度，態度や価値観の変化，学級内の人間関係の変化などに関するガイダンスカリキュラム実施前と実施後の変化をなるべく客観的な方法で測定を行う。一般的には，(2) の実態把握で使用した標準化された調査，あるいは学校や教育委員会が独自開発した調査を活用して行われることが多い。

2 実践上の留意点

(1) 校内委員会と地域連携ネットワーク

ガイダンスカリキュラムの実践上の留意点として，次の４点があげられる。ガイダンス

●表1　標準化された調査による実態把握例

カテゴリー	NO	調査項目	個人	学級	学年
学　習	1	成績がよくないので悩む	*	33	55
	2	わからない科目がある	*	70	83
	3	勉強の仕方がほとんどわからない	*	28	34
	4	思うような成績がとれなくて悩む	*	58	73
	5	テストや受験勉強のことであせる	*	51	66
	6	勉強する意欲がわかない	*	48	46
	7	いろんな理由で勉強に集中できない		36	45
進路・将来	8	進学か就職するかで悩んでいる		8	9
	9	将来,どの方向に進めばよいかわからぬ不安	*	25	39
	10	進学したいが成績がよくない	*	53	66
	11	志望校や望む就職先に行けるだろうかの不安	*	46	65
	12	進路のことで親と意見が衝突する		21	18
学校生活	13	クラスの人が変な目で見たりいじめたりする	*	17	9
	14	クラスの人から無視されているように思う	*	16	11
	15	今のクラスは自分に合わない	*	38	45
	16	クラブ活動のことで悩んでいる		22	18
	17	登校前に体の調子が悪くなるときがある	*	21	17
	18	学校に行きたくないと強く思うときがある	*	33	31
	19	今の学校は自分に合わない	*	7	5
友　人	20	友人との仲がうまくいかない	*	14	10
	21	真の友人がいない	*	23	28
	22	身近に悪友がいるので困っている	*	35	27
家庭生活	23	父・母とうまくいかない		12	8
	24	家族の仲がよくない	*	16	13
	25	家族のことで心配事がある	*	22	20
	26	親は私の気持ちをわかろうとしない	*	48	46
	27	親の期待が大きすぎて重荷になっている		15	13
	28	親に暴力をふるうことがある		3	5
	29	夜遅くまで出歩くことがある		8	12
	30	家庭の経済的な問題で悩む	*	21	27
こころとからだの健　康	31	いつも周りから見られているような気がする		15	12
	32	短気でおこりやすい	*	43	40
	33	自分の性格のことで強く悩む		23	21
	34	今の生活は自分の理想とまるで違っている	*	36	18
	35	将来に希望がもてない	*	11	7
	36	死んでしまいたいと本当に思うときがある	*	11	9
	37	胃や腸が弱いので困っている		3	6
	38	風邪を引きやすいので困っている		8	7
	39	頭が痛くなることが多い		20	21
	40	じんましんやかぶれを起こしやすい		7	8
	41	立ちくらみ・めまいがよく起きる	*	38	33
	42	息切れやどうきがする		8	6
	43	乗り物によいやすい		43	38
	44	夜，よく眠れぬことが多い	*	33	28
	45	体力・運動能力のことで悩む		35	30
その他	46	自分の顔かたち・スタイルで強く悩む	*	38	25
	47	異性や性の問題で強く悩む	*	15	13
	48	人生の問題で悩む		6	5

出典：「教育相談のための綜合調査Σ」大阪心理出版（現在，西日本心理テストセンター）
注：表中の個人欄の＊は悩みの該当項目を示しており，学級欄と学年欄の実数は比率（%）である。

カリキュラム運営委員会の設置と地域連携ネットワークの構築があげられる。ガイダンスカリキュラムを，教育課程に位置づけ，なおかつ，学力向上やキャリア教育・特別支援教育との関連性をもたせるためには，校内委員会を設置するのがよい。

また，異校種間の接続が前提になるため，家庭や地域連携は不可欠である。中学校区を基礎単位に，PTA・教育委員会・関係機関などから構成される地域連携ネットワークを構築しておくことが大切である。生徒指導関係であれば，学校と関係機関などの行動連携によるサポートチームを活用するとよい。

第二に，ガイダンスカリキュラムを効果的に展開するには，「育てる」生徒指導や教育相談実践に精通した生徒指導主事，教育相談担当，主幹教諭または指導教諭，養護教諭，教育委員会指導主事，スクールカウンセラー，スクールソーシャルワーカーなどがコーディネーターとなるのがよい。また，教育委員会主催のカウンセリング研修や教育相談研修を受けた教員，教育カウンセラー・学校心理士・認定カウンセラー，ガイダンスカウンセラーなどの専門資格を有している教員が望ましい。

第三に，ガイダンスカリキュラムに関する校内研修を実施する。ガイダンスカリキュラムは，子ども一人一人と向き合うカウンセリングとは異なり，限られた時間内で，子ども集団をコントロールしながら，目標達成をしなければならない。そのため，指導案があっても，すべての教師がうまくできるというわけではない。ガイダンスカリキュラムが軌道にのるまでは，定期的に校内研修を実施して，模擬授業の実施や模範的な授業の観察，大学教師や上級教育カウンセラー・ガイダンスカウンセラーなどを講師とした学習会を開催し，ガイダンスカリキュラムの理解と実践力を高める。

第四に，授業公開により，保護者や地域の理解を促進する。特に，保護者に，学校で実践しているガイダンスカリキュラムを理解してもらい，家庭においてもガイダンスカリキュラムを通して学習していることを実践するように啓発することが大切である。学校実践と家庭実践との相互作用によって，ガイダンスカリキュラムの真価が発揮される。

(2) 教育カウンセラーに求められる能力

最後に，ガイダンスカリキュラムの実践において，教育カウンセラーに求められる能力は何かを述べておきたい。

第一に，個と集団のアセスメント力である。ガイダンスカリキュラムの開発や効果検証に際して，子ども一人一人の長所・短所，悩み，問題点，家庭状況の把握，学級やホームルーム内の人間関係や風土の把握が必要である。したがって，教育カウンセラーは，共感的・客観的なデータに裏づけられた個と集団のより深いアセスメント力が要求される。

第二に，ガイダンスカリキュラム開発力である。先の個と集団のアセスメント情報に基づき，当該学校の実態に応じたガイダンスカリキュラムの開発や授業づくりを行う。小学校6年間，中学校3年間，あるいは小・中学校9年間といった長期計画を作成する。教育カウンセラーは，ガイダンスカリキュラムのプランナーの役割を担う。

第三に，ガイダンスカリキュラムの実践力と指導力である。ガイダンスカリキュラムを，教育カウンセラー自らが実践できる力が，当然要求される。同時に，自分以外の教職員に対して，ガイダンスカリキュラムを効果的に実践するための適切な指導・助言ができることが必要である。教育カウンセラーとしての不断の研修が，この基盤となる。

第６章
精神分析理論

國分　久子

精神分析理論（psychoanalytic theory）は，人間の行動は無意識に支配されており，その無意識は幼少期の家庭生活の体験によって決定されるという理論である。この理論を創始したのはフロイト（Sigmund Freud, 1856-1939）である。人を援助するために精神分析を使うとき，３つのパターンがある。第一は精神分析者の使う精神分析療法であり，第二は心理療法士の使う精神分析的心理療法，第三が教育者の使う精神分析的カウンセリングである。第一と第二は治療法としての精神分析であり，第三は人を育てる方法としての精神分析である。ニイル（A. S. Neill, 1883-1973）や霜田静志（1890-1973）の提唱する教育に使える精神分析がその例である。本テキストは教育カウンセラー（教育の専門家）のための教科書であるから，育てるカウンセラーのための精神分析理論およびスキルを述べたい。

1　精神分析の意味

まず精神分析（psychoanalysis）という言葉の意味から考えたい。この言葉には３つの意味がある。

第一はある行動の原因は無意識にあるという一連の知識体系を示す場合である。これを「精神分析理論」または「精神分析学」という。本章ではこれを主トピックとし，技法にもふれるつもりである。

第二は神経症の治療法としての精神分析，つまり「精神分析療法」である。しかし，いまは寝椅子に伏して行う自由連想法は用いられなくなった。そのかわり精神分析的心理療法，精神分析的カウンセリングへと適応範囲を広げている。

第三は研究法としての精神分析である。ある文学作品や芸術作品の主人公の精神分析がその例である。研究法としての精神分析のフレームによる研究は土居健郎の『「甘え」の構造』以降，いまのところ少ない。

2　精神分析を学習する意義

なぜ教育カウンセラーに精神分析理論の学習を課すのか。おもな理由が２つある。第一は子どもの言動や状況のアセスメント（読み取り方）とかストラテジー（介入や対応の仕方）に役立つからである。もう１つは教師や保護者が自分の言動を検討（自己分析）するのに役に立つ理論だからである。以下に解説する。

1　アセスメントとストラテジー

教育でもカウンセリングでも，人をサポートする仕事で大事なことは，相手の心情や相手の状況をアセスメントすることである。アセスメントが適切であれば適切な対応ができるからである。

例えば「この不登校のケースは心理的離乳が不十分であることに起因している」とアセスメントするから「当分の間は母親が子どもと一緒に登校につきあい，つきあう時間と頻度数を徐々に減らす」というストラテジーを提示することができる。

このようなアセスメントは，教育者が子どもを指導したり，保護者と共同作業するときに不可欠の手続きである。カウンセリング的に介入（対応）をするには，まず，アセスメントが先行する。アセスメントや介入は人を援助する仕事の２本柱である。

アセスメントに役立つ理論がいくつかある。精神分析理論，交流分析理論，論理療法理論，特性・因子理論である。このなかで特に精神分析理論はアセスメントに有力な理論である。その理由は３つある。

(1) 非言語的表現をアセスメントの素材にできる

例えば，授業中にもじもじしている子がいたら（葛藤の表れ）「トイレに行きたいのかな？」と気づける。また子どもの描いた人物に手がなければ「周りが手をかけすぎているので，自分の手で何かをするという意識がないのではないか」と推論できる。あるいは夜尿という身体症状をもつ子には「退行しているので，少し親に甘えさせてはどうか」と助言できる。すなわち，言語的会話だけでなく，ジェスチャー，絵画，身体症状などの非言語的表現の奥に潜む感情を読み取るのに，精神分析は有効である。

アセスメントには「心理テストを用いる方法」もあるが，日常場面の言動を「観察する方法」もあり，精神分析は「観察法」によるアセスメントに有用である。

(2) 本人に直接会わなくても第三者だけでアセスメントできる

保護者が来訪して子どもの様子を語ってくれると，そこで得た情報から，ある程度の推論（解釈）ができるので，何らかの助言ができる。心理テストや論理療法では本人に直接会わないとアセスメントしにくい。

(3) アセスメントの範囲が広い

精神分析理論は活用領域が広い。特定個人の性格・行動について（例：太郎は父への恐怖を担任に転嫁しているから敬遠している）とアセスメントするだけではない。人間関係についてもアセスメントできる（例：学級担任の自我の弱さを子どもが補助自我となって補っている。それゆえ，師弟関係がうまくいっている）。さらにグループについてもアセスメントできる（例：学級担任が超自我対象にならないから，○年○組はまとまっていない）。

こういうわけで，状況に応じて教育カウンセラーが柔軟に動くためには，敏速なアセスメントが不可欠である。それゆえ，アセスメントの道具としての精神分析理論は，すべての教育カウンセラーが学習すべき知識である。

2 自己分析

教育者にとって精神分析を学習する第二の意義は，自己分析のフレーム（枠）を身につけることにある。教師には悪意がなくても，子どもの心を傷つける言動をとることがある。多くの場合，その教師の無意識に原因がある。自分が幼少期に厳しい母に文句を言われないようにきちんとしていた。それと同じように，自分の生徒も教師を恐れるあまりに伸び伸びできないでいる。「母と私の関係」が「私と生徒の関係」に再現されている。こういう無意識的行動に気づくことを自己分析という。

自己分析するための観点（切り口）を精神分析はたくさんもっている。できるかぎりさまざまな観点を学ぶことをおすすめしたい。教育カウンセリングに役立つ４つの観点（性格形成論，性格構造論，コンプレックス，防衛機制）を以下に説明したい。

3 性格形成論

子どもをみるときも，自己分析するときも役に立つ観点は「性格形成のどの段階にとどこおり（定着 fixation）があるか」である。成長するとは各発達段階を通過するプロセスのことである。問題のある子どもは，発達段階のいずれかの段階にとどまっている。これが「定着」である。そこでおもな発達段階を列挙し，説明したい。

1 出産

まず，子どもが生まれたとき，母に歓迎されたかどうかということが子どもの性格に影響する。もし，子どもができたことが負担で，しかたなく産んだ場合に生まれた子どもは，欲せられなかった子ども（unwanted child）となる。欲せられない子どもは人生から否定された感じがするので，自己肯定感をもちにくい。人生を堂々と歩む力がわきにくい。

学級にも同じ原理がある。教師からケアされている，欲せられていると子どもが感じるとき，子どもは生きる力が充満し，非行やひきこもりにはなりにくい。

その逆に親から「おまえなど産まなければよかった」とか，教師から「おまえは，学校に来るな」と拒否されると，子どもは人生での居場所を奪われた感じをもつことになる。そこで子どもへの対応の心得は，相手に自分は歓迎されている（wanted feeling）と感じさせるような言語および非言語的表現を選ぶことである。子どもがダメージを受けるのは心ならずも無視・拒否されたと感じる場合である。

2 口唇期（0歳~1歳半くらい）

口唇期とは，乳児が口を通して外界との関係を確かめ，欲求を満たしていく時期である。この時期を通過する際の課題が3つある。

(1)　授乳

授乳は人生で最初にもらう愛の贈り物である。授乳はおなかを満たしてくれるだけでなく，甘え体験，愛情体験になる。

それゆえ，教師が子どもと一緒に食事をすることは，子どもへの情愛を伝える機会にもなる。合宿などで，教師が子どもたちの茶碗にご飯を盛ったり，「ご飯のおかわりどう？」と問うのも愛情交流の表現である。食事を拒否する子どもは「先生の愛情なんか欲しくない」といっているのかもしれない。ガツガツ食べる子は「愛に飢えているよ（愛情飢餓 love hunger）」と訴えているように思われる。精神分析ではそのような仮説を検証するつもりで，子どもに接することを提唱している。

(2)　スキンシップ

ラブ・ハンガーは口に表れるが，皮膚にも表れる。つまり，人生の最初の愛情体験，甘え体験は口と皮膚を通して満たされる。すなわち授乳は抱いて行うのが重要なのである。この皮膚の接触，つまりスキンシップが愛情交流のチャンネルとなる。スキンシップをたっぷりもらった子は，情緒安定性があり，おっとりしている。また不足したときにはべたつく傾向になる。

(3)　離乳

次に性格に影響を与えるのが離乳である。離乳とは「愛の対象からの分離」である。愛の対象から分離するということは，1人になる寂しさを体験することになる。この寂しさに耐えられることが，やがて自立につながっていく。

しかしながら，ある日突然離乳されると，子どもは見捨てられ不安をいだき，勇気のある自立人間になりにくい。ひとりぼっちの心細さ（分離不安 separation anxiety）がつきまとうので，だれかにすがりたくなる。そうならないためには，シェーピング（段階）方式で徐々に離乳させることである。

この離乳の原理は，すなわち子どもが不安がらないように，ひとり立ち（例：1人で発表）ができるよう，徐々に手を抜いていく要領を，日常の指導に導入することである。

一方，離乳の時期がきても，泣きさえすればいつでも授乳するような育児をすると「泣きさえすれば，人はかまってくれる」というビリーフ（ものの見方）の持ち主になる。つまりわがまま者になり，仲間から浮き上がる人間になる。したがって，時期がきたら徐々に離乳することが大切である。

(4) 口唇期的性格

精神分析理論の長所は，発達理論，すなわち，性格類型論になるということである。つまりそれぞれの段階に満足しすぎても，満足できなくても，その段階に定着する。これが性格ということである。

口唇期的性格とは，口唇期の欲求の満たし方を，その後の人生にもちつづけている人のことである。例えば，指しゃぶり，つめかみ，ガムやアメが好きな人，ヘビースモーカーなどは口唇期的性格の人である。

3 肛門期（1歳半~3歳くらい）

肛門期とは，子どもが1人でトイレの用をたせるよう，しつけをする時期のことである。おむつを取りはずせるころになると，トイレで用をたせるようにしつけを始めることができる。つまり，しつけとは欲求の充足を延期させることである。しつけがルーズな場合は，生理的な欲求だけでなく，金銭，時間，愛情にも，しまりのない子，すなわち，現実に自分を合わせられない子，我慢のできない子になる。逆に，トイレのしつけが厳しい場合は「私は出したくないのに……」と抵抗の心理を育てる結果になる。これが排泄への抵抗だけでなく，金銭，時間，愛情も出すことをいやがる人間になる。いわゆる「けち」の心理あるいは「しまり屋」の傾向になる。

(1) 肛門期的性格

肛門期的性格とは，極端にルーズな性格，極端にしまり屋，潔癖症のことである。

結論として，しつけ（欲求延期の訓練）はほどほどがよいということになる。学級の子どもへのしつけも，トイレット・トレーニングのこの原理が応用できる。

4 男根期（4~5歳くらい）

男根期とは子どもが性別を意識するようになる時期のことである。この時期に通過する課題は3つある。

(1) 探求心

この時期は男の子がマネキンのスカートをめくるなどのように性別を意識するようになる。これは性感情の表現というよりは探求心の表現である。それゆえ，この種の行為を厳しくとがめると，子どもの探求心は禁止されるだけでなく，異性への関心も禁止されることになる。やがて青年期になっても異性との交際に罪悪感をもつようになる。さらには，仕事の面でも未知の分野を探求できない気力の乏しい人間になりがちである。

(2) 性アイデンティティ

そこで，教育者・養育者としては「あなたは男（女）である」と子どもの性役割（ジェンダー）を認める姿勢で接することである。それによって子どもは「自分は男（女）である」という性アイデンティティが定まるのである。

(3) エディプス感情

子どもにとっての最初の異性は，たいてい異性の親である。性別意識が育つ男根期には，子どもは異性の親とのつながりを求め，同性の親を煙たがる傾向にある。この感情をエディプス感情という。エディプスとは，「エディプス王が，父親を殺し母親と結婚した」というギリシャ神話にちなんで命名された。このように子どもは，まず異性の親にかわいがられ，その後，同性の親に気持ちが移行して，同性の親に同一化することによって，男性（女性）としてのアイデンティティを確立していくのである。

(4)　男根期的性格

この時期に，それぞれの性別を認められて通過した子は，自信に満ちあふれた大人になる。これを男根期的性格という。しかし，甘やかされた子は自己顕示的で高慢な人になる。反対に親に十分認められなかった子は，軟弱な男性，自信喪失の女性となる。

5 潜在期（小学生時代）

潜在期とは，子どもが自分の欲求を潜在化させて，現実原則を学習する時期のことである。この時期に通過する課題が３つある。

(1)　社会化

教育の骨子は社会化にある。社会化とは子どもに快楽原則を抑えさせ，現実原則に則して行動させるという意味である。この時期に教育者が是々非々を子どもに教えないと快楽原則に振り回される子どもになってしまう。

(2)　昇華

そこで，現実原則で快楽原則を抑圧・抑制する学習と同時に，抑制・抑圧した欲求を昇華する方法も学習させる必要がある。昇華とは社会が承認する形で欲求を充足させる防衛機制の１つである。昇華の方法を知らないと，衝動的に暴走・暴発（例：キレる）しがちになる。この現実原則を提示する頻度が高いところが，教育カウンセラーと心理療法家の違いである。

(3)　優等生（ぶりっ子）からの解放

ところが，現実原則を提示しすぎると，心ならずもぶりっ子を育成することになる。そこで大事なことは，教育者は子どもの心を読み取って，子どもの抑圧的な感情，自殺願望，弱音などを表現させたり，発散させたり，昇華させたりすることである。その方法の１つは，構成的グループエンカウンター（以下SGEと表記）である。

(4)　潜在期的性格

潜在期的性格の子どもは，八方美人，抑圧的，ぶりっ子，若年寄，優等生の傾向がある。この時期に定着している子どもはがんばりすぎる（例：優等生のくたびれ型）ので，教師も親もどこかで本音を出せる場を与えることである。例えば，SGEやソーシャルスキル教育，自己主張訓練を計画することである。

6 同性愛期（中高生時代）

精神分析は，青年心理学でいう青年前期を，同性愛期もしくは思春期という。

(1)　同性愛期

この時期は同性どうしの親交が深まり，同性どうしの交友関係を通して損得を超えた友情（同性愛の昇華と精神分析では考える）と，ギブ･アンド･テイクの交流の仕方やソーシャルスキルを学習する。同性愛期に得たこの体験を通して，やがて異性との交友に入ることになる。それゆえ，「同性どうしの交友を深めることにより，来るべき異性愛のリハーサルをしている」と理解するとよい。

(2)　同性愛期的性格

この時期に定着している子どもの性格は，仲よしクラブ的，ピア・プレッシャー（仲間集団の同調圧力）が特徴的である。この特徴をプラスに機能させるためには，自己理解・他者理解や他者を思いやる価値観にふれさせるSGEを含むグループ体験を行うとよい。

7 性器期（青年期後期）

性器期とは，伝統的な精神分析の最終の発達段階のことである。

(1)　性感情の熟する時期

この時期は，性感情が熟してきて，罪障感なしに異性とつきあえるようになる。しかし，性感情の成熟度は，この時期になればだれでも促進されるわけではない。つまり，これまでの発達段階をとどこおりなく（定着しないで）乗り越えてきた人が，大人として成熟した性感情がもてると考えられる。

(2) アイデンティティの確立

さらに，この時期になるとエリクソン(Erikson, E. H.) によって提唱されたアイデンティティ（identity：自分は何者であるかという自覚）が重要になる。彼によると，アイデンティティが定まったときが，青年期を終えた証拠であるという。アイデンティティの確立は幼少期の家庭生活の体験だけが決め手ではなく，社会生活を通して定まっていくという。エリクソンは生物主義志向の強いフロイトの精神分析に，社会心理学志向を導入して，精神分析の性格形成論を豊かにしたと考えられる。

(3) 性器期的性格

性器期的性格の人とは異性との間に「ギブ・アンド・テイクの関係がもてる人」であり,「現実原則に従いながら，罪障感なしに，異性との交流が楽しめる人」のことである。

4 性格構造論

性格を構成する機能は何であるか。それぞれの機能はどういう関係にあるかを論ずる枠組みを「性格構造論」という。精神分析では「エス」「自我」「超自我」の３つが性格の機能であると考える。これら３つの概念は子どもの言動を読み取るのに役立つ。

例えば，ふざける子や私語の多い子はエスが強い，すぐ泣く子は自我が弱い（トレランスが低い)，我慢する子は超自我（男児は泣くべきではないというビリーフ）が高いというぐあいに，アセスメントするのに役立つ。アセスメントができると，教育者として腹立ちも低下し，対策も立てやすくなる。

ここで，エス，自我，超自我のそれぞれについて略述したい。

1 エス（イド）

エス（イド）とは人間が生物的にもっている快楽原則志向の原動力のことである。快楽原則とは，人間には生まれつき備わった無意識的に快楽を追求するという行動傾向がある。具体的には，食欲，性欲，睡眠などの身体的なものと，攻撃欲，愛情など，感情的なものも含む概念である。甘やかしすぎるとエス志向になる。エスが増大すると, 遊び好き, わがまま，怠け者になる。

2 自我（エゴ）

自我（エゴ）は人生のルールに従う能力で，親や教師の禁止命令によって育つ。放任すると自我は育たない。自我が育つとは，①トレランス（我慢する力)，②柔軟性，③現実判断能力，④抑制力が育つという意味である。エゴの能力を強化するためには，役割を与えてそれを実行させ，できたらすぐほめる（強化する）ことである。フロイトは「エスあるところに, エゴあらしめよ」と指摘している。教育カウンセラーの仕事は，子どものエゴの強化に重要な働きをすることである。

3 超自我（スーパーエゴ）

超自我（スーパーエゴ）は禁止・命令の機関である。子どもは親や教師の禁止・命令を摂取して，自分が自分に禁止・命令する能力を身につけていく。それを超自我という。超自我が育っていないと，精神的崇高性が乏しくなる。すなわち，正義感，秘密保持，約束を守る，うそをつかない，罪障感，恥辱心などの感覚が乏しい人，厚顔無恥の人になる。それゆえ, 親や教育者は, 是々非々(現実原則)をきちんと教える必要がある。しかし, 禁止・命令が厳しすぎると神経症にしてしまう。

そこで結論として，精神分析理論では，エゴによるパーソナリティ統制のもとに, エス, エゴ，スーパーエゴの３つのバランスがとれている人が健全な人間であると考える。

5 コンプレックス

コンプレックスとは「心の癖，心のしこり」という意味である。例えば，損ばかりしている人は，自分の内なるコンプレックスに振り回されている人といえよう。それゆえ，主要なコンプレックスを知っていると，人の言動の裏に潜む感情を発見できるので，相手を刺激する言動をコントロールすることができる。すなわち，①相手の抵抗（例：不機嫌，反発，怒り）を予防できる。②それを相手に気づかせて行動変容のきっかけにできる。そこで，おもなコンプレックスを５つあげて簡単に説明しよう。

1 エディプス・コンプレックス

男根期のエディプス感情が，その後いつまでも続くと，エディプス・コンプレックスとなる。例えば，男性教師に甘える女生徒（エディプス・コンプレックス）に，けじめなく親切に接していると，相手の自立心の妨げになることがある。このような場合は，次のような解釈をして気づかせる必要がある。「あなたは私に父親を求めているようだけれど，私はあなたの父親ではありません」と。

2 カイン・コンプレックス

カイン・コンプレックスは，親の愛を独占しようとして，兄弟姉妹が争いあう心理（シブリング・ライバルリィ）が未解決・定着したコンプレックスである。ユング（Jung, C.G. 1875-1961）が旧約聖書に出てくるカインとアベルの神話をもとに「カイン・コンプレックス」と呼んだ。

これはだれにもありがちなことで，このことに気づかないと，ついうっかり仲間と不和や疎遠になることがある。きょうだい不和の心理を仲間関係に引きずり込まないためには，グループ体験などできょうだい関係をやり直すことである。教育カウンセラーはカイン・コンプレックスを刺激しない親の役割を果たすことである。

3 ナーシシズム

ナーシシズムとは，うぬぼれ，万能感，自己中心性の３つの傾向の総称である。コンプレックスという名はついていないが，人間が生まれながらにもっている傾向である。子どもはナーシシズムのかたまりであるが，その後の人生経験で徐々にナーシシズムを修正していく。つまり「人生には自分よりも優れた人がいる，世の中は自分の思いどおりにならないこともある，世の中は自分のためだけにあるのではない」と気づき，他者の目で自分をみられるようになることである。

それゆえ，教育カウンセラーの任務は，子どものナーシシズムを心の傷にならないように，現実に合わせて修正することである。そのための方法として，外界とのコンフロンテーションを体験させていく必要がある。

4 劣等コンプレックス

俗にいう劣等感には，①劣等コンプレックス（無意識レベル）②劣等感情（意識レベル，前意識レベル）がある。いずれにせよこの２つに振り回されないことである。振り回されるとは威張る，低姿勢になる，自信喪失になる，自己否定になるなどである。そこで教育者としては，この劣等感を乗り越える方法を教えなければならない。おもな方法が４つある。

(1)　直接補償

劣等感の原因を正面からアタックする。例えば，学業不振であれば，猛烈に勉強する。

(2)　間接補償

例えば，口下手の劣等感を文筆家になって乗り越える。友達にもてないので，優等生になって人の称賛を得る。

(3) ビリーフ（ものの見方）の修正

例えば，論理療法の論駁法（ろんばくほう）を使い「人に好かれなければならぬ」というイラショナル・ビリーフを「人に好かれなくても，人生の楽しみ方はある」とラショナル・ビリーフに修正することである。

(4) 異なる文化にふれる

劣等感はある価値観によって比較されることにより生じる。それゆえ，異なる文化（価値観）にふれると評価が違うので，劣等感が消える。例えば，日本では「はみ出し者」と評されていた人物が，アメリカでは「シャープな人間」と評されることがある。

同じことが学級についてもいえる。さまざまな価値観をもった学級の仲間と深くかかわる機会をつくると，いままでとは違う価値観にふれて，元気がでる（劣等感が自己肯定感に変わる）。例えば，自分が男らしくないと思っていた生徒が，女子生徒から「ちょっと教えてほしいのだけれど……」と声をかけられたのがきっかけで「ぼくも異性の依存対象になるほどに，頼もしいところがあるのだ」と自己肯定的になったりする。

5 退行コンプレックス

「退行コンプレックス」とは，いくつになっても幼児性が抜けず，人に頼りたがる傾向のことである。「指示待ち人間」がそれである。このような人間には「世の中の人はあなたの父親や母親ではない。世の中の人はあなたに仕えるために，生きているのではない」ということを体験学習させることが必要である。SGE 体験では，家庭的な（受容的，共感的，支持的）雰囲気のなかに現実原則が守られているので，不安の少ない状況下で，「厳しさとの対決」ができる。

6 その他のコンプレックス

コンプレックスには，このほか，ダイアナ・コンプレックス（女児が自分が女性であることを嫌悪し，男性になりたがる心理傾向），スペクタキュラル・コンプレックス（異性を見たい，異性に見られたいという心理傾向）もある。

6 防衛機制

精神分析理論の性格論として最後にあげたいのが，防衛機制である。不快な考えや状況から無意識に自分を守る心の働きである。世の中に防衛機制をもたない人はいない。自己開示の必要性を説く人でも，どの程度自己開示してよいのかは判断している。ところかまわず，相手を考慮せず，心の脱衣をしているわけではない。

すなわち，防衛機制は，状況をみて，自由に，適度に行うべきものである。５万円しか持たない人が，５万円で貯金箱をつくれば，貯金するお金はない。それと同様に，自分で問題をつくりだして困っている人の多くは，防衛のしすぎで心的エネルギーを消費し尽くし，建設的なことに用いる心的エネルギーが乏しくなっている人といえる。

子どもや保護者の心的世界（見せかけの言動の裏にあるもの）を知れば，相手のプライドを傷つけたり，抵抗を起こさせたりしないですむ。そのために教育者が心得ていたほうがよい防衛機制がある。それぞれを説明しよう。

(1) 抑圧

外界からの攻撃を避けるために自分の本音を無意識のなかに抑えること。

(2) 昇華

社会から認められる形で欲求を充足すること。

(3) 反動形成

自分の弱点をカバーしようとして他の極端

に走ること。

(4)　合理化

自分の弱点を理屈づけて正当化すること。

(5)　投影

自分の非を相手に転嫁すること。

(6)　知性化

抽象的な表現を用いることにより，煙幕をはること。

(7)　置き換え

対象をずらして自己表現すること（坊主憎けりゃけさまで憎い）。

(8)　感情転移

人生の初期に深いかかわりをもった人に対する感情をそれと似た人に向けること。

(9)　補償

劣等感を克服する防衛機制（①直接補償，②間接補償）。

(10)　同一化

自他一体感をもつこと。

(11)　摂取

自分のなかに他者を取り入れて，生きる力の源泉にすること。

(12)　退行

現実が怖いので，幼児の世界にとどまっていること。

(13)　逃避

現実が苦しいので，他の現実に逃げて快楽原則を満たそうとすること。

以上のような防衛機制を理解できるとは，アセスメントできることである。例えば，いつも行儀がよく「申し分ない子」と評せられている子は，抑圧という防衛機制をパターン化している子と説明できる。また，子どもに威圧的に臨む教師のなかには，「子どもにはなめられてはならない」と内心びくびくしている人が少なくない。つまり，「弱いイヌほどよくほえる」という反動形成という防衛機制を用いて自分を守っているのである。

状況をみて，柔軟に，適度な防衛ができるように，子どもを教育する方法として，以下の方法を提唱したい。①論理療法によるビリーフの修正，② SGE による自己開示的姿勢の育成，③ソーシャルスキル，アサーションスキル，コーピングスキルなどの教育による状況に応じた立ち居ふるまいの学習，などである。

7　精神分析的カウンセリングの技法

精神分析的カウンセリングの骨子は「それまでクライエントが気づかなかったことに気づかせること」である。気づけば自己コントロールがしやすくなる。いままで気づかなかったことを指摘することを「解釈」といい，クライエント自身が無意識に気づくことを「洞察」という。

解釈する際，何を解釈するか。解釈とは「行動のパターン」「行動の意味」「行動の原因」を指摘することである。解釈するときには，無意識の浅いレベル（前意識）から徐々に深いレベルに向かうことである。さもないと，クライエントは混乱する。そこでまず，「行動のパターン」から解釈し，その後，必要に応じて「行動の意味」「行動の原因」へと掘り下げていく。

1　解釈

(1)　行動のパターンの解釈

例えば，漫画『サザエさん』のマスオ君は言い訳（合理化）が多すぎる。カツオ君は理屈（知性化）が多い。ワカメちゃんは人のせい（投影）にしたがる。このように「行動のパターン」を指摘することは，防衛機制の解釈になることが多い。

(2)　行動の意味の解釈

マスオ君は，言い訳をすぐするという行動のパターンを通してどんな欲求を満たそうとしているか。「私は人に悪く思われたくない」

との解釈をマスオ君が肯定した場合は，解釈はあたっていたということになる。

(3) 行動の原因の解釈

「いつごろから人に気をつかうようになったの」という質問に対して「母が祖母に気兼ねしていたので，私も人の機嫌を損なわないようにするようになった」ということであれば，これが「行動の原因」の洞察である。この場合，潜在期に定着していて「よい子」「若年寄」の行動パターンになっている。「行動の原因」は，発達段階のいずれかに「定着」していることが多い。

このように精神分析的カウンセリングでは，「無意識の意識化」が中心テーマである。

2 修正感情体験

解釈以外の洞察の方法として修正感情体験（corrective emotional experience）がある。父親恐怖の子と接するときには，「すべての大人は怖いわけではない」とわかるように，やさしく接する。父親を軽蔑している子どもに会うときには，毅然とした態度で会う。子どもはこのような体験を通して，すべての男性は自分の父親のように，「横暴ではない」とか，「骨抜き男性ではない」という洞察を得るようになる。

つまり，行動変容のためには解釈によって「洞察を得させる」だけでなく，修正感情体験も重要な方法の1つである。

3 非言語的表現

ところで，精神分析的カウンセリングの特徴は，クライエント理解のために，非言語表現を観察することである。すなわち，以下に述べるような，表情，声，行動，ジェスチャー，身体反応なども考慮すべきである。

(1) 表情

合格した話をしているのに，笑顔がない。父の死をひとごとのように語っている。このような場合は，言語表現と非言語表現に不一致があるのはなぜかを解明する。

(2) 声

消えるような小さな声，明るい声，感情的な声，ささいなことを大声で語る，威圧的な声，声の背後にある感情をつかむ。

(3) 行動

遅刻，忘れ物，伏し目がち，定刻が過ぎても退出しない，さえない服装，くしを入れていない頭髪などに潜む無意識的感情は何かを考える。クライエントに折りをみて「どうかしたの」と聞いてみる。それをきっかけに相手の無意識への理解が深まる。

(4) ジェスチャー

腕組み，かしこまった座り方などの背景にある感情をキャッチして，その感情にどう対応するか考える。「いま，どんな気持ちなの？」「怖いの？」「気乗りがしないの？」など会話に誘うとよい。

(5) 身体反応

心身症ということもあるので，気づいたら受診をすすめる。また虐待ということもあるので，校長に連絡することも重要である。

4 留意点

最後に，精神分析理論から教育カウンセラーへの留意点を2つあげたい。1つは，対抗感情転移に気をつけることである。すなわち，保護者や子どもが向けてくる感情に巻き込まれ，怒りにかられたり，愛におぼれたりしないことである。そのためには，絶えず自他を精神分析的にみることである。もう1つは，抵抗の指摘をする際の留意点である。すなわち，よかれと思ってしたことでも，相手が抵抗（拒否感）を起こすことがあるので，相手のレディネス，タイミング，解釈の量を考慮することである。

5 結語

教育カウンセラーは精神分析理論になじむことをおすすめしたい。

第7章
自己理論

渡久地政順

自己理論は，来談者中心療法の基礎理論である。本稿では来談者中心療法のキーコンセプトともいうべき自己理論の「人間観」「パーソナリティ論」「来談者中心療法における仮説：治療的人格変化の必要にして十分な条件」「カウンセラーの態度：共感的態度，純粋性」「カウンセリングの技法」などについて説明し，さらに，具体的な事例をあげて自己理論の理解を深めたい。また，「教育カウンセリングの視点からみた来談者中心療法」および「日本における来談者中心療法の現状と展望」についても述べたい。

1 自己理論の成立と創設者ロジャーズ

自己理論（self theory）は，カール・ロジャーズ（Rogers, C. R.）の創設した来談者中心療法の基礎理論である。ロジャーズは敬虔なクリスチャンの両親のもとに生まれ，内向的で読書好きな青年期を過ごす。1919年，ウィスコンシン州立大学農学部へ入学するが，人文学部（歴史学）に専攻を変える。同大学卒業後，牧師になるべくユニオン神学校大学院へ入学する。神学校で学ぶかたわら，コロンビア大学でも学び，そこで，デューイ，キルパトリック，ソーンダイクなどの著名な学者に出会い強い影響を受け，1926年，コロンビア大学へ転籍し，臨床心理学と教育学を専攻して博士号を取得する。コロンビア大学卒業後，1940年にオハイオ州立大学に教授として迎えられるまでの12年間，ニューヨーク州ロチェスター市の児童愛護協会の児童研究部に職を得る。そこは，ロジャーズの臨床活動の最初の舞台であり，また，そこでの12年間におよぶ臨床経験の集大成として著したのが有名な『問題児の治療』である。1939年のことである。来談者中心療法の誕生は1940年12月11日，ロジャーズ38歳のときである。フロイトの精神分析理論の誕生（1900年）の40年後である。

オハイオ州立大学ではわずか5年を過ごしただけであったが，その間に臨床家として高い認知を得，新しく結成されたアメリカ応用心理学会の臨床部門の部長を務めた。1944年にはアメリカ応用心理学会の会長に就任し，翌1945年，シカゴ大学に永年教授として迎えられ，同大学にカウンセリングセンターを創設する。さらに，1946年～1947年にはアメリカ心理学会の会長という要職に就く。シカゴ大学時代（1945年～1957年）は臨床家ロジャーズから理論家ロジャーズへの変貌を遂げる時期といわれる。

臨床家・実践家としてのロジャーズの貢献を最も顕著に表したのが『カウンセリングとサイコセラピー』（1942）であり，理論家としてのロジャーズを確実にしたのが『クライエント中心療法』（1951）である。この『クライエント中心療法』の基礎理論が自己理論である。

諸富（1997）は，ロジャーズは，来談者中心療法と呼ばれるカウンセリングの一大潮流の創始者であると同時に，現代カウンセリングの基礎をつくった人物として位置づけ，ロジャーズを「カウンセリングの神様」と讃えている。諸富はさらに，ロジャーズのおもな貢献を次の5つとしている。①カウンセラーとクライエントの間の受容的・共感的な“関係”は，単なるカウンセリングの前提ではなく，それ自体で大きな人格変容をもつことを理論化し実証的に検証したこと。② 1940 年代に，当時まだ発明されたばかりの蓄音機を駆使して，初めてカウンセリングの逐語録を公開し，カウンセリング・プロセスの実証研究への道を開いたこと。③医師，特に精神科医との格闘の末に，医師免許をもたない者でもカウンセリングや心理療法を行い得るという道を開いたこと。④エンカウンターグループを用いて，世界平和の問題に取り組んだこと。⑤人間性開発運動のリーダーとして学位や資格をもたない一般の人々にカウンセリングを普及させたこと。この5つである。

1 ロジャーズの人間観

ロジャーズの人間観は生物主義に立っている。人間の本質は生物的なものであると考える。それを有機体（organism）といっている。先天的な有機体が後天的な学習の結果である自己（self）と調和をとり統合されている状態が好ましい人間像である。

有機体の先天的傾向とは自己実現への傾向である。成長への傾向，自律性への傾向，独立への傾向などのことである。すなわち,「よくなる力が人間には内在している」という人間観である。「人間はだれでも成長や適応や健康へと向かう根源的な力をもっている」「いかなる人も無条件の信頼と尊敬に値する」というロジャーズの人間観は，来談者中心療法理論および臨床の根底をなすものである。

2 自己理論のパーソナリティ理論

自己理論は，2つのパーソナリティ理論を基盤としている。その1つは，「人間は自己を成長させ，自己実現へと向かう力を内在している存在である」という自己実現論である。人間は自己の可能性の実現に向け，自立と成長と成熟に向けて，自らを発展させていこうとする傾向が，本来備わっているという理論である。

もう1つは，「個人は，自らを中心とする知覚の世界に生きており，個人の行動は外界からの刺激によって直接に決定されるというよりも，その個人による外界の刺激の受け取り方に規定されている」とする現象学である。

パーソナリティ論は，カウンセリングにおいて，最も重要な意味をもつものである。行動療法や精神分析療法が，クライエントの問題解決に焦点を当てるのに対し，来談者中心療法はクライエントのパーソナリティの変容（成長）に焦点を当てる。

3 自己理論の現象学と自己概念

ロジャーズのパーソナリティ理論の最も重要な特徴は，個人のパーソナリティを外側から何らかの外的基準を用いて判断するのではなく，その個人が知覚している世界の内側から理解しようとする点にある。ロジャーズは，こうした個人の世界の内側からの把握を,「内的照合枠」（internal frame of reference）からの理解と呼んだ。この「内的照合枠」からの理解とは，次のようなものである。

①個人は，自分を中心とする知覚の世界のなかに生きており，個人の行動は外界からの刺激によって直接に決定されるというよりも，その個人による受け取り方に規定されている。

②それゆえ，個人の行動やパーソナリティを理解するための最も有効な方法は，彼の知覚の世界をその内的照合枠から，つ

まり，彼が見ているまま，感じているままにとらえることである。

③個人の行動を理解するためには，その個人の「自己概念」，すなわち，自分自身をどうとらえているか，また，その個人の「他者概念」，すなわち，自分自身との関係において自分以外の人，事物，環境などをどうとらえているか，を理解することが重要である。

④個人のパーソナリティが変化するということは，「自己概念」と「他者概念」に変化が生じ，その構造が再体制化されるということである。

4 自己理論の人間関係論

諸富（2010）は，「ロジャーズのアプローチの特徴をひとことでいえば，それは，人と人との関係そのものがいやす」と述べている。ロジャーズは，「『人間関係の質』がカウンセリングの神髄であり，私の，長い間のカウンセリングの経験から生じた結論は，心理治療家としてか，教師，宗教家，カウンセラー，ソーシャル・ワーカー，臨床心理学者としてか，そのいずれかを問わず，人間関係を含む広範囲にわたる種々の専門職において，その効果性を決定する最も重要な要素は，クライエントとの人間相互の出会いの質であるということである」と述べている（渡辺 2002）。

ロジャーズおよび彼の立場に立つ専門家が，「カウンセリングにおいてカウンセラーとクライエントとの人間関係がカウンセリングの必要にして十分な条件である」と提唱するのに対して，他の多くの理論家・実践家たちは，「カウンセラーとクライエントとの相互関係の確立は不可欠の条件ではあるが，これだけで十分とはいえない」と考える。つまり，カウンセラーとクライエントとの間の関係の質はあくまでも基盤であって，そのうえに援助手段や技法が必要であるとする。要するに，カウンセラーとクライエントの間の関係はカウンセリングの中核であり，人間相互の関係が確立せずしては，カウンセリングも成立せず，目標に向かって発展もしないということである。

國分（1980）が，カウンセリングの基本的プロセスをモデル化した「コーヒーカップ・モデル」は，カウンセリング・プロセスを初期（リレーションの形成），中期（問題の把握），後期（問題の解決）の３つの段階に構造化しているが，自己理論では，上記の中期および後期に相当するプロセスの記述はなく，カウンセラーとクライエントの人間関係そのものだけで十分だとしている。自己理論には，診断，分析，解釈，指示，指導，助言，問題解決などの用語がない。多くのロジェリアンが，自らのカウンセリングの実践で行きづまりや疑問や有効性に疑問を感じ苦悩するのは，自己理論が人間関係のみに固執し，他の理論に目を向ける思考と行動の柔軟性を失っているからだと考える。

2 基本仮説：治療的人格変化の必要にして十分な条件

自己理論のアプローチは，６つの基本仮説で成り立っている。①２人の人が心理的に接触している。②一方の人（クライエント）は，不一致の状態，すなわち，傷つきやすい不安な状態にいる。③もう一方の人（セラピスト）は，この関係のなかで一致している（あるいは統合されている）。④セラピストは，自分が無条件の肯定的配慮をクライエントに対してもっていることを経験している。⑤セラピストは自分が無条件の内的照合枠を共感的に理解していることを経験しており，また，クライエントに自分の経験を伝えようとしている。⑥クライエントには，セラピストが共感的理解と無条件の肯定的配慮を経験していることが，必要最小限に伝わっている。この６

つである。

自己理論では，この6つの条件以外の条件は必要がなく，この条件がある期間存続しつづけるならば，それで十分であり，望ましい人格変化が起こるとする。この仮説のうち，①はカウンセリングの前提条件である。すなわち，2人の人間（セラピストとクライエント）の間に何らかの心理的接触，心のふれあいがあることが前提である。建設的なパーソナリティは，ある「関係」のなかでなければ起こらないということである。②と⑥はクライエントの条件であり，セラピストの側の条件は，③，④および⑤の3つである。すなわち「一致・純粋性」「無条件の肯定的配慮」「共感的理解」の3つで，来談者中心療法の最も重要な概念あるいはアプローチである。

3 態度：無条件の肯定的配慮もしくは受容および共感的理解，傾聴と一致

(1) 無条件の肯定的配慮もしくは受容

無条件の肯定的配慮もしくは受容とは，カウンセラーがクライエントを無条件に受容することである。カウンセラーの価値観や好みによって取捨選択せず，クライエントのどの側面にも，偏りなく積極的にかつ肯定的な態度で対応することである。たとえ相互に矛盾する要素が表現されていても，いずれもクライエントのかけがえのない側面として大切に受けとめていくことである。受容とは，何でも「よし，よし」と受け入れることではない。「フン，フン」とただあいづちを打って聞いているだけでもない。肯定的配慮あるいは受容とは，クライエントの言葉を心を込めて聞き，それを信じることである。

(2) 共感的理解

共感的理解とは，クライエントの私的な世界を，その微妙なニュアンスにいたるまで，あたかも彼自身であるかのように感じ取り，その感じ取ったことをていねいに伝え返していくことである。重要なのは「あたかも」という性質を見失わないことで，これを見失うと，必要な心理的距離を失ってしまい，相手を受けとめられなくなってしまう。

(3) 傾聴

傾聴とは，クライエントの内側の心に耳を傾けて聞くということである。カウンセラーに心を込めて本気で傾聴されると，クライエントは自分自身の心の内側を静かに傾聴し始める。本当に理解してもらうという体験を通して，クライエントは自分自身の内側に入っていき，自分自身を理解するようになる。これが本物の傾聴である。カウンセラーが，クライエントの暗い，不安な内面に寄り添い，アドバイスや質問をすることなく，カウンセリングを続けると，クライエントは安心して自分の深い心の声を聴くことができるようになり，その結果，クライエントは「自分を受け入れ，他人を受け入れ」「自分らしいあるがままの自分になり」「よりよく生きることができるようになっていく」。

(4) 一致

一致または純粋性は，来談者中心カウンセリングの技法のなかで，最も重要なものである。一致とは，「カウンセラーが，①自分の心を空にして，クライエントの心のひだをていねいに聴いていくと同時に，②クライエントの視点に立って，その心のなかに深く沈潜していくとき，同時に自分の心の深いところで発せられてくるさまざまな心の声や動きにていねいに意識を向けて，耳を澄ませていく，という2つのことを同時進行で進めていく」ことである。ひとことでいうならば，「カウンセラーが，クライエントの話に虚心に耳を傾けながら，同時に，自分自身の内側にも深く，かつ，ていねいにふれながら，クライエントとともに進んでいく姿勢」のことである。カウンセリングの中核は，安心した関係性のなかで，クライエントが，自らの内面に意識

を向け，ていねいに，ていねいにふれていき，内なる心の声を聴いていくプロセスにある。

ロジャーズは，この純粋性をきわめて重要視し，純粋性を，カウンセラーがクライエントとの関係のなかで「一致していること」「純粋であること」「真実であること」「統合されていること」「透明であること」など，いろいろな言葉で表現している。純粋性とは，「カウンセラーがありのままであってクライエントとの関係において，純粋で，飾りや見せかけがなく，その瞬間に彼のなかを流れる感情や態度が率直に表されているとき，個人（クライエント）の成長が促進される。また，カウンセリングにおいて，最も成果をあげたと考えられるセラピスト（カウンセラー）は，まず第一に真実であり，人間として純粋で人間味のある応答をし，その関係のなかで純粋さを示した人たちである」。つまり，純粋性とは，クライエントと人間関係をもっているとき，すなわち，カウンセリング・プロセスにおいて，カウンセラーがありのままになることである。自分に忠実であることで「カウンセラーは，いかなる状況においても常に冷静で，あたたかくクライエントに対応し，カウンセラー自身の感情や思考を表すことなく，専門家らしいポーズをとらなければならない」ということではない。むしろ，カウンセラーは，自分のなかに流れている感情や思考を隠しだてしないで，正直で人間味のある態度でクライエントに対応することが重要である。そうしたとき，クライエント自身も仮面を脱ぎ，ありのままの自分を出すことができるようになり，より望ましい人格の変容が起こると感じるのである。

1 成功するカウンセリングとは

成功するカウンセリングは，クライエントに次のような変化をもたらす。すなわち，①偽りの仮面を脱いでありのままの自分になっていく，②こうあるべきとか，こうすべきとか，「べき」から自由になる，③他の人の期待を満たしつづけることをやめる，④他の人を喜ばすために自分を型にはめることをやめるようになる。そうすると，⑤自分で自分の進む方向を決めるようになる，⑥結果ではなくプロセスそのものを生きるようになる，⑦変化に伴う複雑さを生きることができるようになる，⑧自分の経験に開かれて，自分自身がいま何を感じているかに気づくようになる，⑨自分自身のことをもっと信頼するようになっていく，⑩他の人をもっと受け入れることができるようになっていく，⑪自分らしいあるがままの自分になり，よりよく生きることができるようになる，ということである。

4 事例

これまで述べた自己理論（来談者中心療法：カウンセリング）を，筆者が大学の学生相談室で行った事例を通して説明したい。クライエントは，大学１年の女子学生。大学最初の学期があと１か月ほどで終わる７月の初旬である。学期末テストをひかえ不安な表情で相談室を訪れた。彼女の来室理由は，大学の所轄部署から，カウンセラーと面談し，大学へ提出する「退学願い」のカウンセラーの所見欄に「カウンセラーとして，この退学は妥当ないし適切である」という所見と認印をもらってくるようにいわれたからである。彼女は退学したい理由を次のように話した。

「私が大学に入学して間もなく，父がリストラで職を失いました。家のローンもまだだいぶ残っているし，母のパートの収入もたいした額ではありません。父親の就職もなかなか見つからず，家計が急に苦しくなりました。私だけが，のうのうと大学へ行くことは心苦しいのです。私も働いて家計を助けたいのです。そういうことで退学したいのです」。

さて，この学生（クライエント）の話に，カウンセラーとして次のような応答が考えられる。すなわち――

①父親の退職金や失業手当などでしばらくの間は生活できるはずだから，いますぐあなたが退学して働く必要はないのではないか。退学は考え直したほうがいいと思います。奨学金をもらうとかいろいろ方法はありますよ。

②あなたは，働いて家計を助けるといっていますが，就職のあてはあるのですか。

③あなたは家計を助けるために退学したいといっていますが，それは本当の理由ですか。別の理由があるのではないですか。

④家族はお互い助け合いながら生きていくものですから，いまは勉強より家族の幸せが大事だと考えて退学しようと思っているのですね。あなたの考えは立派で称賛に値します。大学に戻れる状態になったら復学してがんばればいいのですよ。

⑤学生（クライエント）のいうことに，賛成もしなければ，反対もしない。ほめることもしなければ，叱ることもしない。質問やアドバイスや指示や指導もしない。ただひたすらに相手のいうことを信じ，心をこめて耳を傾ける。

1 解説

上記の応答のなかの①，②，③は，無条件の肯定的配慮（非審判的受容）がまったくなされていない。クライエントである学生の話に対して，疑問をもったり，カウンセラーの価値観でクライエントの考えを変えようとしたり，相手の話を信用していない様子がうかがえる。このようなカウンセラーの応答の仕方に対して，クライエントは防衛的になったり，抵抗したり，沈黙に逃避したりする。

④はいわゆる，支持（support）である。支持は，クライエントの言動に賛意を表明することであり，クライエントの自信と自己受容と自己肯定感を高めるねらいがある。留意点は，支持したほうがいいか否かの判断を誤らないことである。適切でない支持は，クライエントの依存性を高めたり，誤った結果に導いたりすることがある。支持の本質は，クライエントの成長を願うカウンセラーの愛とやさしさである。このケースの場合，カウンセラーはクライエントの言葉を十分聴くことなく，早々に結論を出している。誤った支持であり，クライエントは誤った，自分を偽った，自分のうその言動によってなされた結論に何となく従うことによって，退学後望ましくない人生をたどることになる可能性が大きいと推察できる。

⑤は，クライエントの来室の意図を聴き，退学したい気持ちや，その理由や不安などを心をこめて聴く。もちろん，クライエントの考えを否定したり，評価したり，疑問視することはしない。無条件の肯定的配慮で，クライエントの話を静かにていねいに聴く。つまり，傾聴（active listening）するのである。「フン，フン」とただあいづちを打ち，クライエントの話の文字どおりの意味だけを受動的に聞くというのではなく，クライエントの気持ちをわかろうとする聴き方，相手を大切にする心構えで聴く。そうすることによって，クライエントはカウンセラーを信頼し，自分の気持ちを不安なく自由に，自らを偽らずに話すようになる。無条件の肯定的配慮，共感的理解，クライエントの内的照合枠でクライエントの言動を傾聴しているのである。

2 来談者中心カウンセリングによるクライエントの変容

クライエントの学生は，50分3回のカウンセリングで，次のような人格の変容がみられた。

1回目の面接では，心を込めて学生の話に耳を傾けた。当初，クライエントは，家計を助けるために退学をしなければならないということを切々と訴えていたが，2回目のカウンセリングが進むにつれて，いますぐ退学して働かなければならないほど家庭は困っているのではないと話すようになった。退学したいということは，両親にもまだ話していないし，話しても了解してくれないに違いないと苦しい胸の内を吐露するようになった。また，退学したい本当の理由は，アルバイトが面白くて学業がおろそかになり，気がついたときには学期も終わりに近づいていた。このままでは登録しているすべての科目に“不可”の評価がつくのは間違いない。恥ずかしいし，何としてでも避けたい。それには退学して評価がつかないようにする以外に方法はない。これが本当の理由です，と涙を流しながら語った。

３回目のカウンセリングに学生は時間どおりに来室した。これまでの，沈痛な表情とは打って変わり，にこやかな顔で面接室に入ってくるなり，「先生，退学しないことに決めました。退学ではなく，休学します。両親に話したらわかってくれました。その代わり，夏季休暇中はアルバイトを減らして勉強し，遅れを取り戻して，後期からがんばることを約束しました」と一気に話した。カウンセラーである私も，彼女の決めたことに賛意を表した。

カウンセリングの終わりを告げたとき，彼女は，筆者に出会ったこと，筆者が彼女の話を真剣にあたたかく聴いてくれたこと，うそのまじった彼女の作り話を信用し，静かに聞いてくれたこと，などのすべてに感謝していると真剣な顔で話してくれた。彼女は，また，もし，筆者との出会いなしに退学したとすれば，自分の人生はきっとみじめな人生になったと思うこと，落ちこぼれた劣等感と周囲にうそをついた良心の呵責（かしゃく）にさいなまれながら暗い人生を歩むことになったかもしれないことを神妙に話した。

それから彼女は，カウンセラーとしての筆者の所見（休学は適切であるという所見）と認印をもらい，「休学願い」を提出し，休学した。

5 教育カウンセリングの視点からみた「自己理論」

教育カウンセリングの視点からみた「自己理論」については，國分の言葉を引用したい。

なぜいま，教育カウンセリングなのか。

結論からいえば，これまでのカウンセリングでは教育の役に立たないことに，教育の実践家が気づきだしたからである。これまでのカウンセリングとはロジャーズの**来談者中心療法**（Client-centered therapy）のことである。

昭和20年代の終わりころに日本に導入されたロジャーズ理論（正確には**自己理論**という）は30年代，40年代にわたり日本の教育相談の世界を支配した。しかし，これは意外に教師の世界に普及，定着しなかった。その理由を２つ述べ，教育カウンセリングの必要性を説明したい。

理由(1) ロジャーズの来談者中心療法とは，「非審判的・許容的雰囲気をつくれば子どもは自ら自己概念を変える。自己概念の変容が成長ということである」という骨子の自己理論に支えられている。それゆえ「ああせよ，こうせよと子どもに指示しないほうがよい。ひたすら共感的に理解せよ」と教える。すなわちロジャーズ理論に基づく指導法は受け身的である。それゆえ，ロジャーズに傾倒した教師はアドバイスしたり，教訓めいたことを語ったりするのを押しとどめる傾向が極端に強かった。

しかし傾聴だけでは教育の役には立ちにくい。一般教育では「**社会化 socialization**」の促進が主となるから，どうしても教師による禁止・指示・自己開示が必要になる。それにこたえるのが教育カウンセリングである。したがって教育カウンセリングの特長の1つは能動的になること（例：指示，課題，強化，情報提供，助言，自己開示，自己主張）をためらわないところにある。

理由 (2) ロジャーズ理論は**現象学**に立っている。客観的な事実（5W1H）よりも，当人の認知の世界，受け取り方の世界，特に自分自身についての認知（これを自己概念という）が人間のあらゆる言動の源泉であると考える。

しかし教育では認知さえ変えればよいというわけにはいかない。おじぎやあいさつの仕方，あるいはレポートの書き方や断り方などは教えなければ身につかない。つまり**ソーシャルスキル，コーピングスキル**などは認知の変容だけで身につくわけではない。そこで行動の仕方を訓練・教育する方法も取り入れた教育カウンセリングが教育現場では現実の役に立つと考えられる。

教育カウンセラーは，いま一度，初級テキストを熟読し，國分の理論・提唱を吟味し，教育現場でのカウンセリングに生かしてもらいたい。

6 おわりに：日本における自己理論について

佐治は次のように述べている。「ロジャーズの考え方の中心的なセラピーやパーソナリティ論が十分理解されぬままに，人間性の性善説に代表されるような，あたたかい雰囲気とか，心地よいおだやかさといった望ましいと日本人が考える漠然とした空気が，これも日本人的な対人関係の親和性をよしとする風土と結びついて，何となしに親しみやすい考え方として受け取られた感じがあった。ロジャーズの数度の来日や，アメリカ留学で彼と接した数少ない人たちだけが，彼の唱える臨床の科学性・論理性・合理性を学んだに過ぎず，この点でも，日本化された“アイマイ理論”が広まったといえるだろう。」

筆者もまったく同じ意見である。ロジャーズの理論は，確かにわかりやすく，入りやすいように感じる。日本人や日本の風土に抵抗なく溶け込んだと思う。しかし，筆者の30年余のカウンセリング（自己理論を基本的なストラテジーとした）研究および臨床体験を通しての実感は，自己理論ほど理解および実践のむずかしい心理療法はない，ということである。

来談者中心療法が，「共感的理解」と「無条件の肯定的配慮」や「純粋性・一致」のみの人間関係でクライエントの人格の変容（成長）が起こるという理論は，クライエントの属性やカウンセリングの目標（不安や悩みの解消による人格の成長）によっては最も有効なカウンセリングであると筆者は思う。いっぽうで自己理論は理解困難な理論でもある。「治療的人格変化の必要にして十分な条件」「純粋性・一致」「傾聴」などの概念は，つきつめて考えれば考えるほどむずかしく，理解不可能という壁に突きあたってしまう感を深くする。

日本のカウンセリングの動向は，人格の変容（personality change）をめざすカウンセリングから問題解決（problem solving）をめざすカウンセリングへと変わってきている。このような時代の流れのなかで，多くのカウンセラーが，ほかのもっと効率的で効果的かつ理解と実践が容易な理論と方法にシフトするのはごく当然のことであろう。また，多くのカウンセラーが折衷主義カウンセリングをストラテジーとすることも自然なことであろう。

カウンセラーとクライエントとの相互関係の確立は，カウンセリングにおいて不可欠の条件であり，そのうえに援助手段や技法が必要であるということと，カウンセリングにおいてカウンセラーとクライエントの間の人間関係はカウンセリングの中核であり，人間相互の関係が確立せずしては，カウンセリングも成立せず，目標に向かって発展もしないということを，カウンセラーは常に留意しておくことが大切である。どのようなカウンセリングを実践しようとも“自己理論・来談者中心療法”の研究を忘れてはならない，と筆者は信ずる。

最後に，読者が，どの理論を自らの基本的理論（ストラテジー・ベース）にしようとも，常に自己理論の研究を継続してもらいたい。カウンセラーは，理論の研究と実践を通して自らのカウンセリングの向上に努力することが最も重要である（The only therapist is a growing therapist. Carl R. Rogers 1967——真にセラピストと呼べるのは常に成長しつつあるセラピストのことである）。

第8章 行動理論

相良陽一郎

 行動理論とは

行動理論（behavior theory）は，人の行動を理解するための枠組みの1つである。学習理論（後述）に基づき，あらゆる心理現象を物理的な刺激（stimulus）と反応（response）の関係によってとらえようとする。他の多くの心理学的理論が人の内面（意識・思考・認知など）に注目するのに対し，行動理論では，内面についてはあまり重視せず，外部から観察可能な刺激と反応の関係に注目する。

ここでいう刺激とは，周囲の環境からの働きかけという意味あいを含んでいる。つまり人は環境からの働きかけに反応し，その反応によって環境を変えるという相互作用のなかで生きていると考えるのである。

また，ここでいう反応とは，何かに対するリアクションという意味ではなく，人が起こすあらゆる行動を指している。したがって，ビックリして跳び上がるのも反応であるが，自らの判断で立ち上がるのも反応である。さらにいえば，話したり，泣いたり，汗をかいたり，メールを書いたり，クイズに答えたり，10問中8問正解したり，といった行為もすべて反応である。研究者によっては，「死人にはできない活動はすべて反応である」と考える場合もある（杉山ら，1998）。

ところで，心理現象をとらえるのに内面を顧みないというのは，一見奇異に感じられるかもしれない。しかし科学的な研究においては，大きさも重さも測ることのできない心を直接扱うことはできないため，物理的に測定可能な刺激と反応を研究対象とすることは理にかなっている。つまり，さまざまな条件（刺激）のもとで生じる人のふるまい（反応）から心のメカニズム（内面）を推測するというやり方である。実際，現代心理学のほとんどの研究は，行動理論と同様，刺激と反応の関係を研究対象とすることで成り立っており（→方法論的行動主義），多くの発見が得られている。

行動理論から得られる知見は教育カウンセリングにおいても大いに役立つはずである。

1 ワトソンの方法論的行動主義

行動理論のアイデアを最初に提唱したのは行動主義心理学者のワトソン（J. B. Watson, 1878-1958）である。前述のとおり，科学としての心理学は，人の内面ではなく，客観的に観察可能な刺激と反応の結合関係を研究すべきだとした。しかし当時の内観（introspection）を中心とした意識心理学の考え方とは正反対の主張であったため，「心なき心理学」などと呼ばれ，反発を招くこととなった（鹿取・杉本，2004）。

ただしワトソンは内面（心）を完全に否定したわけではなく，科学の研究対象としては

適切でないと主張したにすぎない。内的な心理プロセスを客観的にとらえるために，物理的に測定可能な刺激と反応の関係を研究すべきだと考えたのである。これを方法論的行動主義（methodological behaviorism）といい，現代の心理学にも受け継がれている重要な考え方である。

2 パブロフの条件反射理論

(1)　「パブロフのイヌ」実験

行動理論の基本的な考え方のルーツは，ロシアの生理学者パブロフ（I. P. Pavlov, 1849-1936）による条件反射理論（conditioned response theory）にまでさかのぼることができる。もともとイヌの消化腺の働きを研究していたパブロフは，いつもイヌにエサを与える助手が実験室の中に入ってくると，まるで食べものを与えたときのようにイヌが唾液を分泌させ始めることに気づき，これを精神分泌と呼んだ。その後の何十年にもわたる彼の研究は，条件反射理論として知られ，行動理論の基礎となっている。

条件反射理論は，有名な「パブロフのイヌ」の実験で説明するとわかりやすい。通常イヌは，エサを食べると咀嚼する必要から反射的に（無意識に）唾液を分泌する。そこでパブロフは，エサを与えるのと同時にブザー音を鳴らすことを何度か繰り返した。すると本来イヌにとって何の意味ももたないブザー音が，上記の手続きの結果，唾液分泌を引き起こすものとなり，エサが与えられなくてもブザー音だけで唾液の分泌が見られるようになった。こうした手続きが，条件づけ（conditioning）と呼ばれるものである。

このとき，エサを与えることを無条件刺激（unconditioned stimulus），エサによる唾液分泌を無条件反射（unconditioned response），ブザー音を条件刺激（conditioned stimulus），ブザー音による唾液分泌を条件反射（conditioned response）といい，エサを与えながらブザーを鳴らすことを対提示（pairing）という。

条件づけの手続きを開始する前は，エサ（無条件刺激）は必ず唾液分泌（無条件反射）をもたらすが，ブザー音は唾液分泌をもたらさない中性的な刺激である。ところが，エサとブザー音が何度も対提示されることにより，ブザー音は単独で唾液分泌反射を引き起こすようになる。そのときのブザー音が条件刺激であり，ブザー音のみによって引き起こされる唾液分泌が条件反射である。つまり，条件づけの手続きという特殊な条件下でのみ結びついた刺激―反射の対なので，条件刺激と条件反射と呼ぶのである。

なお，条件づけの手続きにおいて対提示を繰り返し行うほど，より強く条件づけられる（唾液分泌量が増えてくる）が，そうした手続きを強化（reinforcement）という。逆に，エサを与えず，ブザー音だけを繰り返し聞かせていると条件づけが弱まってくる（唾液分泌量が減ってくる）が，そうした手続きを消去（extinction）という。さらに，ある条件刺激に対して条件反射が形成されると，その条件刺激だけでなく，類似した刺激に対しても条件反射が見られることがあるが，そうした現象を般化（generalization）という。しかし般化が生じた場合でも，限られた刺激だけを強化し，ほかのものは消去していくと，限られた刺激に対してのみ条件反射が生じるようになる。これは分化（differentiation）という。

また，獲得された条件反射を利用して新たな条件づけを行うことも可能である。例えば初めにブザー音とエサを対提示して条件づけを行い，ブザー音だけで唾液分泌が生じるようにした後，新たな刺激，例えば白い正方形の図形とブザー音の対提示を行うと，正方形は唾液分泌の新たな条件刺激となる。これを二次条件づけ（second-order conditioning）という（鹿取・杉本，2004）。

(2) 古典的（レスポンデント）条件づけ

以上，パブロフの代表的な実験をもとに説明してきたが，こうした条件づけは，もともとその生物が備えている無条件刺激―反射の対のうえに形成されるため，唾液分泌反射に限らず，さまざまな反射行動に関して適用することができる。例えば，目に刺激が与えられるとまばたきをする反射（瞬目反射）などでも同様に実験が可能である。さらに，条件づけの手続きを反射だけでなく，通常の行動にも応用することができる。その際は条件反射ではなく条件反応と呼ぶことが多い。

パブロフが考案したような手続きは古典的（レスポンデント）条件づけ（classical/respondent conditioning）と呼ばれている。古典的とはいうものの，もちろん現代でも十分通用する現象である。一般的に「パブロフのイヌ」というと，単純で動物的なメカニズムを連想させるが，人も動物の一種である以上，人の行動も古典的条件づけに強く支配されている。例えば，日本に住む人の多くは，「梅干し」の画像や文字を見ただけで唾液分泌が生じるが，これは古典的条件づけの結果と考えられる。なぜなら，梅干しそのものは唾液分泌を引き起こす無条件刺激であるが，梅干しの画像や文字は本来唾液分泌とは関係のない中性刺激である。それは，一度も梅干しを食べたことのない外国人に梅干し画像を見せても唾液分泌しないことからも明らかであろう。ところが日本に住む人の多くは日々の食事で梅干しを食べる経験をしている。その際，梅干しを食べる前に梅干しの外観を目でとらえるため，梅干しの画像と梅干しを食べる経験とが対提示されることになる。そしてそれが日々繰り返されるのである。その結果，梅干しの画像は条件刺激となり，単独でも唾液分泌を引き起こす効果をもつことになる。

ここで重要なのは，いったん条件づけが形成されると，逆らいがたく条件反射が生起し，それを意図や努力によって回避するのはむずかしい点である。条件づけについて理解していたとしても，ましてや理解していなければなおさら，条件づけの呪縛から逃れることはできない。このメカニズムは動物であっても人間であっても等しくその行動に決定的な影響を与えているのである。

3 ソーンダイクの試行錯誤理論

(1) 「ネコの問題箱」実験

パブロフの条件反射理論とならんで重要と考えられるのが，ソーンダイク（E. L. Thorndike, 1874-1949）による試行錯誤理論（trial and error theory）である。ここでは代表的な「ソーンダイクのネコの実験」で説明する（鹿取・杉本，2004）。

この実験において，ソーンダイクは問題箱（problem box）と呼ばれる檻箱（おりばこ）の中にネコを入れ，ネコから見えるようにしてエサ（魚）を箱の外に置いた。するとネコはエサを得ようとしてさまざまな行動をとる。箱の中をウロウロしたり，ニャ～と鳴いてみたり，箱の内側をガリガリしてみたり，壁に突進してみたりする。しかし外に出ることはできない。実は問題箱には仕掛けがしてあり，床にある踏み板を踏むと戸が開いて外に出られるようになっているのである。しばらくするうち，ネコはたまたま踏み板を踏むことで，外に出てエサにありつくことができる。その後，同じネコを再び問題箱の中におく。すると，ネコはまたいろいろな行動をした後，踏み板を踏んでエサにありつく。こうした手順を繰り返していると，ネコはだんだん無関係な行動はほとんどしなくなり，効率的に（短時間で）問題箱から脱出できるようになる。つまり試行錯誤の経験をした結果，ネコは効率的な脱出方法を学習したのである。

言い換えれば，さまざまな行動のうち，ネコにとってうれしい経験（報酬 reward）につながるような行動（踏み板を踏むこと）は強化され（より頻繁に行うようになり），報酬につながらない行動（ニャ～と鳴いたりガリガリしたりする）や，いやな経験（罰 punishment）につながるような行動（壁に突進すると頭が痛い）は消去される（しだいに行わなくなる)。これはあたりまえのことではあるが，多くの生物がもつこうした傾向をソーンダイクは「効果の法則（law of effect)」と呼び，これがあるからこそ結果的に望ましく，環境に適応した行動が獲得されるのだと考えた。

(2) 道具的（オペラント）条件づけ

上記のような手続きは道具的（オペラント）条件づけ（instrumental/operant conditioning）という。エサに結びつくような行動は強化され，そうでない行動が消去されるという意味では条件づけの一種であるが，刺激（報酬や罰）に先んじて自ら行動を生起させ，それがもたらす結果によって行動パターンが変わっていくという点は，先述の古典的条件づけとは少し様相が異なっている。パブロフのイヌは受動的に刺激が与えられ，その与えられ方によって行動パターンが変化していたが，ソーンダイクのネコは自発的に行動を起こすことで環境に働きかけているように見える。

つまり，パブロフの古典的条件づけは刺激が先にあり，その結果反応（反射）が生じるという順序だが，ソーンダイクの道具的条件づけでは，まず先に反応（行動）が生じ，その後で刺激（報酬や罰）がついてくるという順序である。どちらも刺激と反応のつながりによって行動の変化が生じている点では等しいが，刺激が先か反応が先かという点が異なっているのである。

4 「スキナー箱」の実験

これまで述べてきた古典的条件づけと道具的条件づけを統合し，組織的な研究を行ったのがスキナー（B. F. Skinner, 1904-1990）である。その代表的な研究がスキナー箱（Skinner box）と呼ばれる装置を用いた実験で，装置の中に空腹のネズミなどを入れて行うものである。ネズミは装置の中を自由に動き回ることができる。装置の中には，エサや水の出口のほか，ランプやブザー，ネズミが前足で押し下げることができるレバー（スイッチ）や，足元に電気ショックを流すための電極などが取りつけられている。

例えば，ネズミがレバーを押し下げるとエサが出るようにしておけば，ネズミはすぐに条件づけられ，レバー押しが強化される。あるいは，ブザー音がしたときだけレバー押しでエサが出るような設定にもできる。するとネズミは，ふだんはレバーを押さず，ブザーが鳴ったときだけレバーを押すようになる。

さらに複雑にし，ランプが光ったときに何もしないと電気ショック（嫌悪刺激）が与えられるが，レバーを押せば電気ショックが回避できるような設定にすることもできる。するとネズミは，ランプが光ると懸命にレバーを押すようになる。この場合，嫌悪刺激が回避行動を強化するために役立っており，これを回避学習（avoidance learning）という。

こうした実験パターンは機械制御によりあらゆる組合せが可能で，複雑な手順でも正確に繰り返すことができる。つまりスキナー箱を使えば，古典的条件づけも，道具的条件づけも，統合的に扱うことが可能となるのである。条件づけの研究は，スキナー箱の登場によって大きな進歩をみせ，学習理論の有力な説明原理の１つとなった。

2 学習理論とは

心理学では，経験によってその後の行動が永続的に変化することを「学習」と呼ぶ。そしてどのようなメカニズムで学習が生じるかを考えるのが学習理論（learning theory）である。先に説明した条件づけは，経験によって行動を変容させるための手続きであるから，学習の一種であり，学習理論における主要な説明原理となっている。

なお人間を含む動物の多くは，さまざまな経験をもとに自らの行動を変化させ，新しい行動バリエーションを獲得することで，環境の変化に対応している。特にそこで大きな役割を担っているのが条件づけであろう。例えば野生動物が，敵（捕食者）から逃れたり，獲物（被食者）を見つけたりするために，相手が残した痕跡（本来は中性刺激）を探し求める行動なども条件づけによって説明できる。

条件づけや学習のメカニズムは，生物が自然界で生き残るために獲得した能力の1つと考えられる。特に高度な社会生活を送る人間にとっては，日々適切な学習によって複雑な社会環境に適応することが重要となる。

1 学習のメカニズム

学習理論において，何が学習をもたらすかという点に関し，大別すると3つの立場がある（アトキンソンら，2002）。

(1) 行動主義的観点

1つは，これまで述べてきたように，条件づけにより新たな刺激と反応が結びつけられることで新たな学習がなされると考える行動主義的な立場である。行動理論はこの立場に最も近く，行動主義的な観点から人間や動物の行動の基本原理を考えるものである。

この立場においては，人間でも動物でも，学習はすべて条件づけという共通の基本原則によって成り立つと考えるため，（よりシンプルで観察しやすい）動物を用いた実験結果をもとにして人間の学習メカニズムを検討することも珍しくない。

(2) 認知的観点

学習理論には認知的な立場もある。これは，経験によって身体内部の認知（例えば知識や判断プロセス，意識のあり方など）における変化が生じ，それが人間や動物の行動の変化となって表れるという考え方である。

例えばトールマン（E. C. Tolman, 1886-1959）は，ネズミが複雑な迷路を通り抜ける様子から，ネズミが学習しているのは「最初の曲がり角は右，次は左……」というような条件づけではなく，認知地図（迷路全体の心的な地図）であると考えた。またケーラー（W. Koehler, 1887-1967）は実験動物が試行錯誤をしなくても複雑な檻から脱出する様子から，道具的条件づけではなく，洞察といった認知的プロセスが重要であると考えた。彼らは，刺激（S）と反応（R）の間に仲介変数としての生活体（O）を想定し，学習をS-O-Rモデル（Stimulus-Organism-Response model）でとらえている。このような立場は，従来の行動主義より一歩進んだ考え方として，新行動主義（neo-behaviorism）と呼ばれている。

認知的な学習理論は，前述のワトソンの方法論的行動主義を守るかぎり，内的な認知プロセスを客観的に研究することが可能となるため，現代の心理学でも通用する考え方である。

(3) 生物学的観点

学習に関する3つめは生物学的な観点である。身体的な構造や機能，特に人間の場合は脳神経系の機能など，生物学的な要素が学習に大きくかかわっていると考えるのがこの立場である。人間も動物の一種であるため，生得的に備えている身体機能や行動パターンから逸脱したものは学習できないのである。

なお前述の(1)行動主義的観点においては，人間も動物も等しい学習メカニズム（条件づけ）をもつとしていたが，生物学的観点からは多少疑問も生じる。実際，(2)認知的観点においては，人間と動物の認知プロセスは違って当然であり，動物の認知プロセス研究をそのまま人間にあてはめることはむずかしいとされている。よって現代の学習理論においては，上記 (1) ～ (3) の3つの立場を統合していくことが求められている。

(4)　スキナーの徹底的行動主義

上記の (1) 行動主義的観点を推し進め，(2) 認知的観点に反対する考え方として，徹底的行動主義（radical behaviorism）がある。その代表的な研究者がスキナーである。

スキナーは，学習における内的・認知的な要素を一切認めず，すべて刺激と反応の組合せ（条件づけ）によって説明できると考えた。つまり，心的なイメージ・思考・記憶・夢・悩みなどの認知的なプロセスもすべて反応（行動）であり，条件づけによって生じるものとした。徹底的行動主義における反応とは，まさに前述のとおり「死人にはできない活動すべて」なのである。ちなみに，殴られる・崖から落ちる・会議の間ひとことも発言しない・上司にほめられる・悩まない・夢を見ないなどは死人にもできるため，反応とはいえない（杉山ら，1998）。

この立場は，行動分析学（behavior analysis）として現代に受け継がれている。

(5)　社会的学習理論

学習理論では，報酬や罰が直接与えられることが重要と考えられてきたが，そうとはかぎらない場合もある。それは，自分以外のだれかが行動して報酬や罰を受けるのを見ると，自分は報酬や罰を受けていなくても，学習が成立する場合である。これは人間で特によくみられる学習形態で，観察学習（observational learning）あるいは社会的学習（social learning）と呼ばれている。

例えば，バンデューラ（A. Bandura, 1925-）によるモデリング（modeling）の研究では，大人が暴力行為をふるう様子を子どもに見せ，その大人が①報酬を受ける場合，②罰を受ける場合，③報酬も罰も受けない場合，子どもがどの程度暴力行為をまねるか観察したところ，②においてだけ子どもの暴力行為が減り，①と③では大人と同様の暴力行為が多く見られたことから，社会的学習の効果（代理強化ともいう）がみられたとしている。

2　学習理論で見いだされたこと

学習理論においては多くの興味深い発見がなされている。そのうちのいくつかを紹介する（鹿取・杉本，2004）。

(1)　部分強化の魅力

強化スケジュールの研究によれば，ある行動（例えばレバー押し）が生じるたびに報酬（例えばエサ）が与えられる「連続強化」と，行動が生じても報酬が与えられるときと与えられないときがある「部分強化」では，消去されやすさがまったく異なるという。つまり，あるときを境に報酬が与えられなくなる消去手続きに入った場合，連続強化されたネズミはすぐにあきらめてレバー押しをしなくなってしまうが，部分強化されたネズミは（報酬が得られないにもかかわらず）ずっと飽きずに根気よくレバー押しを続けるのである。

これは人間にも広く認められる現象で，たまにうまくいく事象のほうが魅力的であり，娯楽として成立しやすいことの説明とされる。人がギャンブルにのめり込んでしまうのも，ごくたまに生じる報酬（大当たり）によって部分強化されているため，実際には報酬がほとんど得られない状況でもあきらめきれないというわけである。

(2)　罰の効果

罰の与え方には注意が必要である。なぜなら，罰は行動の抑制効果を与えるだけであり，望ましい行動に導くものではない点が報酬とは異なっているからである。言い換えれば，報酬は「正解（何をすればよいか)」を教えてくれるが，罰は「正解でないこと」を示すだけで，どうすればよいかまでは教えてくれない。したがって罰を与えられたネズミは，罰につながる行動はやめるかもしれないが，さらに望ましくない行動をするようになるかもしれない。そしてこれは人間でも同様で，例えば勉強しない子どもに罰を与える（親が叱る）と，勉強するようになるどころか，かえって望ましくない結果（家に帰ってこなくなる）となることがある。

もちろん，状況によっては罰が効果的に働く場合もある。例えば，危険な行為に罰が与えられれば，その後は危険な行為からは距離をとるようになるため，危険を遠ざけるという目的であれば十分達成することができる。

(3) シェーピング

例えば，動物に面白い芸（行動Ａとする）をさせたいとき，試行錯誤学習のように，動物がその芸を自発的に行うまで待つというのは現実的ではない。複雑な芸であればあるほど，たまたま自発的に行う確率は低いからである。そこで次のような手順を踏むことになる。まず目的の行動Ａに比較的近い行動で動物が自然に行う行動Ｂがあれば，それが生じるまで待ち，生じた瞬間に報酬を与え強化する。すると効果の法則により，動物は行動Ｂを頻発するようになる。そうしたら，行動Ｂだけでは強化せず，行動Ｂが行動Ａに近づいたときにだけ強化する。これを繰り返すうち，いずれ動物は行動Ａができるようになる。この手続きをシェーピング（shaping）という。一般的には，行動Ｂから行動Ａまでの間をあらかじめ細かい段階に分けておき，各段階ごとに強化の手続きを行うことで効果的な行動変容をめざす（スモールステップの原理）。

なお，多くの水族館や動物園などで行われる動物のショーは，このシェーピングにより条件づけられた反応パターンである。

(4) 学習理論的な視点の重要性

学習理論をもとに考えると，我々のふるまいが意図どおりの結果をもたらさない理由が判明することがある。

例えば，引っ込み思案で仲間と遊べず，１人でいる子どもに対し，教員などの大人は通常，子どもが１人でいるところに近づいていき，やさしく声かけをし，子どもが意を決して友達の輪に入ったのを見届けると，安心して働きかけを終了し，その場を去ってしまうことが多い。しかし，もしその子どもにとって，大人からやさしく声かけをされることが報酬として働いていたとすれば，次の日もやはり１人でいるであろうし，大人が気づいて声かけをするまで意地でも１人でいようとするであろう。ではどうすればよいか。学習理論的に考えれば，その子どもが１人でいるときは声かけをせずに見守り，子どもが自発的に友達と遊び始めたときにこそ声かけをして報酬を与えるべきである。最終的にはその子どもにとって仲間と遊ぶこと自体が楽しく報酬に感じられるようにすべきであろうが，まず友達の輪に入れるようにするためには，上記のような配慮が求められる。

多くの教員や大人は，子どもや他者が自分の思いどおりにならないと嘆くが，学習理論を応用すると意外にも容易に問題が解決することがある。教育カウンセリングにおいても学習理論的な視点は非常に重要である。

(5) 学習性無力感

セリグマン（M. E. P. Seligman, 1942- ）は，２頭のイヌを対象に次のような実験を行った。どちらのイヌにも電気ショックを与えるが，片方のイヌＡは頭でスイッチを押すと電気ショックをとめることができ，他方のイヌＢはそれができない。その手続きを一定回数行った後，両方のイヌに共通の回避学習訓練がなされた。訓練では，ランプが光った後，柵を跳び越えて外へ出れば電気ショックが回避できることを学ぶ。その結果，イヌＡは（柵を跳び越える）回避行動を学習できたが，イヌＢは学習できず，ただ座り込むだけで，受動的に電気ショックを受けつづけたという。

このことからセリグマンは，どうしても避けることのできない制御不能な状況におかれた先行経験が，その後の無力感や無気力状態を引き起こすと考え，学習性無力感理論（learned helplessness theory）を提唱した。

その後，人間にも同様の現象がみられるものの，人間の場合はそうした制御不能な状況をどのように受けとめ評価するかといった認知面での影響が大きいことも明らかになった。

(6)　ワトソンの恐怖条件づけ

ワトソンはある幼児を対象に次のような条件づけの実験を行っている。幼児に白ネズミを見せると，興味をもって触ろうとするが，その瞬間に背後で非常に大きな音を鳴らす。つまり，白ネズミと大きな音を対提示する。これを繰り返すと，やがて幼児は大きな音がしなくても，白ネズミを見ただけで恐怖を感じるようになり，最後には白いふわふわしたものを見るだけで恐怖を感じ逃げ出すようになったという。

つまり大きな音は幼児に情動的反応（恐怖感）を引き起こす無条件刺激であり，それと本来は中性刺激である白ネズミを対提示することで，条件刺激となった白ネズミが単独でも恐怖感をもたらすように条件づけがなされたことになる。さらに，白ネズミだけでなく，類似のものへの般化も認められた。これは，人間の恐怖感といった情動的な面についても条件づけが可能であることを示している。

実際，われわれの多くが，特定の動物・昆虫のほか，高所・閉所・暗所や，対人場面などの状況に対する恐怖感や不安感をもっており，その理由が自分ではわからないことがある。実際には，過去の何らかの不運な体験による恐怖条件づけが原因であることが多い。

3　行動療法とは

上記の各項目からわかるように，われわれの不適応行動は誤って不適切な学習がなされた結果である可能性が高い。もしそうだとすれば，不適応行動をなくすためには，当該の行動の原因となる学習を消去し，それに代わる適応的な行動を再学習すればよいはずである。そうした前提のもとに不適応症状への対処を行うのが行動療法（behavior therapy）である。

アイゼンク（H. J. Eysenck, 1916-1997）によれば，神経症の症状は次の３段階で説明できるという。①情動反応：強い精神的ショックを受け，情動的に混乱し，自律神経系が強く反応する。②条件性情動反応：自律神経系の混乱が，それまで無関係だった刺激と結びつく（古典的条件づけによる恐怖条件づけなど）。これが不安障害（恐怖症）につながる。③回避反応：②のような反応がたまたま低減したとき，他の行動をしていると，本来無関係なその行動が強化され，以後類似の場面でその行動を儀式的に繰り返すようになる（道具的条件づけによる回避学習および迷信行動）。これが強迫性障害につながる。

行動療法では，学習理論に基づき，系統的脱感作法・現実暴露法・バイオフィードバック法など，さまざまな技法が編み出されている。また近年では，認知的なプロセスを重視する認知行動療法が主流となってきている。

1　系統的脱感作法・現実暴露法

系統的脱感作法（systematic desensitization）は，古典的条件づけのメカニズムをもとに，ウォルピ（J. Wolpe, 1915-1998）が開発した手法で，不安や恐怖の改善に高い効果をもつといわれている。一般的には以下のような手続きをとる。

①**リラクセーション訓練**：まずクライエントは，意識的に身体を弛緩（リラックス）できるようにトレーニングを受ける。これは不安（恐怖）を取り除くために重要なものである。なぜなら筋肉の弛緩状態は不安（恐怖）の拮抗反応であり，筋肉を弛緩させれば不安（恐怖）をやわらげることができるからである。具体的には，身体各部の筋肉を弛緩できるように練習

し，本当に弛緩しているときはどのような感覚が得られるかを体得し，自らの緊張度合いを識別できるようにする。

②**不安階層表の作成**：次に，クライエントが不安（恐怖）を感じる状況の「階層表」を作成する。ほとんど不安（恐怖）を感じない状況から最大の不安（恐怖）を催す状況まで，何段階でもよいが，順番に並べたリストを作る。例えばヘビ恐怖のケースなら，リストの最初はヘビの写真を見ること，リストの中間あたりは動物園の檻の中のヘビを見ること，リストの最後は生きたヘビを触ること，といったぐあいである。

③**系統的脱感作**：そしてクライエントは，階層表の１番めから順次イメージしていくこととなる。最初はすぐに不安(恐怖)を感じるため，その時点で弛緩することに集中して対処する。すると，過去の条件づけによって結びつけられていた特定の対象と不安（恐怖）反応が切り離され，弛緩と置きかわっていくのである。それができたら，リストの次の項目に進み，不安（恐怖）が生じたら再び弛緩によって対処する。こうした手続きを繰り返すことで，最終的には最大の不安（恐怖）に対しても弛緩できるようになる。これは，シェーピングのスモールステップの原理と同じメカニズムである。

なお，現実暴露法（in vivo exposure）の場合は，手続きは上記と同様だが，イメージではなく実際の体験を順次行うことになる。

2 認知行動療法

上記の行動療法では，客観的に観察可能な行動を変容させることに主眼がおかれていた。しかし近年では，人の内的な認知プロセス（例えば思考・感情・判断など）が行動に与える影響を重視し，認知的な面に働きかける手法も併用する行動療法が多くなってきた。これを認知行動療法（cognitive behavioral therapy）という。

こうした考え方は，元をたどれば，学習理論の認知的な立場から生まれたものであり，その後，バンデューラの社会的学習理論，マイケンバウム（D. Meichenbaum, 1940- ）の自己教示訓練法（self-instructional training），エリス（A. Ellis, 1913-2007）の論理情動療法（rational emotive therapy），ベック（A. T. Beck, 1921- ）の認知療法（cognitive therapy）など，さまざまな理論を折衷的に取り入れながら発展してきたものである。気分障害・不安障害・摂食障害・薬物依存などの治療および再発防止に高い効果が認められ，近年の心理療法のなかで大きな流れとなっている（スタラード，2006）。

4 行動理論の特色

以上，行動理論の概略とその基本原理である学習理論について説明し，その応用分野としての行動療法について述べてきた。すでにふれたように，行動理論は人間を取り巻く環境から与えられる刺激とそれに対する反応の関係を客観的にとらえ，それをもとに人間の行動を理解することをめざすものである。そしてその応用である行動療法も，不適応の原因は適切でない学習にあると考える。その点では，心理学における他の理論体系，例えば精神分析理論や人間性心理学（自己理論）などの考え方とはかなり異なっている。そこで以下では，行動理論の特徴を他の理論と比較してみたい（アトキンソンら，2002）。

まず最も大きな違いは，すでに述べたことであるが，人の内面の扱い方である。他の理論は人の内面をおもな研究対象としているが，行動理論では外部から観察できる刺激と行動の関係がおもな研究対象である。ただし，行動理論が内面を無視しているわけではなく，客観的に内面を検討するための手段として，観察可能な刺激―反応の関係に注目しているのであり（方法論的行動主義），これによって科学としての客観性・厳密性が向上することで，成果が目に見える形で得られやすくなるのである。加えて，近年では認知的観点が進み，認知行動療法に代表されるように，行動と認知（内面）を同時に扱えるようにもなってきている。

次に，行動理論はその性質上，環境の影響を重視する傾向がある。学習理論に基づき，環境に適応するように自らの行動を変容させていくと考えるため，環境（との相互作用）が重要となるのである。その点で，生物学的な欲動などを基本原理とする精神分析理論とは大きく異なる。ただし行動理論は一時あまりにも環境要因を重視しすぎたきらいがあり，生物学的要因についても考慮するべきだという意見もある。

また，精神分析は社会的な制約や超自我などがなければ人は自らを崩壊させるような欲動をもっていると考える点で性悪説に立っており，人間性心理学は逆に性善説に立っているが，行動理論はそのどちらでもない。環境しだいで人はよくも悪くもなると考える。

そして上記の点は行動療法についてもあてはまる。精神分析など多くの心理療法が問題の原因を人の内面に求めるの対し，行動療法ではあくまで現在の不適切な行動パターンに原因を求める。なぜなら，内面に原因があることが判明しても，問題の解決につながるとはかぎらないからである。例えば人前で緊張してしまう原因が過去の不幸な失敗にあると判明しても，明日から平気になるわけではない。つまり人はその原因がわかっていても避けがたいことがあり，それは気づきや洞察などでは解決できないことが多いのである。だからこそ，現在の不適切な行動パターンを把握し，再学習によって行動を変容させる必要がある。行動療法の分野には，学習理論を応用して編み出され，長年かけて洗練されてきたさまざまなアセスメント技法や行動変容技法が多数存在しており，こうした技術は他の分野にとっても大変有用なものである。

具体的なクライエントとのかかわり方においても相違点は多い。精神分析や人間性心理学においては，心の内面を掘り下げ，本人も気づいていないこと（無意識）を意識化していくことが求められるため，クライエントには高い言語能力と，問題解決への高いモチベーションが求められる。またかかわり方も多様であるため，目標が定まらないまま長期間にわたることもあり，結果的に終結までいたらないことも多い。いっぽう，行動療法では前述のとおり，定型化された明確な手続きがあるため，具体的な終結目標の設定がしやすく，比較的短期間で目標を達成することが可能である。例えばクライエントが子どもなどの場合，他の心理療法よりも行動療法が適している。したがって，教育カウンセリング分野で行動理論・行動療法の役割は非常に大きいと思われる。

以上，行動療法の特徴を他との比較でみてきた。なお，しばしば「行動療法は機械的で人間味に乏しいのではないか」という印象をもたれるが，それは違う。問題となる行動を引き起こしている刺激―反応パターンを見いだすためには，クライエントとあたたかい信頼関係を築き，安心できる環境のなかで，しっかりと受けとめるような場面設定が必要であり，その点では他のカウンセリングと何ら変わることはない。つけ加えていえば，リラクセーションや適切な反応を強化する手続きなどは行動療法に独特のものと思われがちであるが，それも違う。他のカウンセリングにおいても，リラクセーションや強化は意識されないままに行われているはずである。したがって基本原理は異なれど，行動療法も他の理論と共通する面は多いのである。

第９章

個別面接の技法

石﨑　一記

1　はじめに

次のような場面で，自分ならどう答えるか想像してみてほしい。

A．放課後に教室に残っている生徒が，さびしそうにしていたので，声をかけた。
「どうかしたの」
「なんか，やる気がでなくて。だって，自分には，いいところなんて，何にもないから」
「(あなたなら，何と答えますか)」

B．朝の会の前に，自分の机のところで資料の整理をしていたら，生徒が声をかけてきた。
「先生は夫婦げんかなんか，するの」
「(あなたなら，何と答えますか)」

これらに正解があるわけではない。相手も，その関係も，状況もないなかで，どう答えたらよいか，どう話したらよいかということは判断できるものではない。どんなときにもうまくやり取りできる「魔法のツール」があるわけではないからである。面接技法を習得しさえすれば，どんな相手に対しても，効果的なカウンセリングが可能になるという期待があるとすれば，そこには大きな落とし穴が待っている。

しかし一方で，優れた教育カウンセラーであれば，その多くは，Aについて何も話を聞かずに，いきなり，「そんなことないよ」といかにいいところがあるかを「説得」を始めたりはしないだろう。いままで多くの人たちが，毎日の実践を通して積み重ねてきた知見の蓄積には，学ぶべき事柄がたくさんある。

教育カウンセリングにおいて相手と真正面から取り組むことで，彼らを理解し，その発達を支援しようと考えているときに，技法という言葉を聞いて違和感を覚える人もあるかもしれない。「心」「気持ち」ではなく，テクニックによって相対することを連想するからであろう。

面接の技法は，いままで多くのカウンセラーがその実践を通して繰り返し試みたやり取りを評価し，なぜ効果的であるのか，どういう意味があるのか，何が伝わるのかといった研究の積み重ねのうちに定式化されてきたものである。目の前に困っている人がいれば，理解したい，援助したいという気持ちは多くの人の自然な感情といえる。ところが，その気持ちのままに声をかけても，気持ちはうまく伝わるとは限らないし，援助できるとはいえない。いちから自分で開発するのではなく，先人に学ぶことで，「心」や「気持ち」はより伝わりやすくなる。また逆に，気持ちのままに働きかけて暴走することを抑える働きも，技法には認められる。一定の枠の中でかかわることで「心」や「気持ち」に歯どめをかけることが，クライエント自身の成長の可能性を守る意味ももっている。こういったことが，技法を学ぶことの大きな意義である。面接の基本技法とは，基本的態度に基づいて相手に働きかけるときの基本的な様式といえる。

2 コーヒーカップ・モデル

生徒から，「なんか，やる気がでなくて。だって，自分には，いいところなんて，何にもないから」と聞いたならば，たいていの人は，困っているのだろう，自分にできることがあるのならなんとかしてやりたい，解決するといいなあ，と思うに違いない。

だからといって，いきなり，解決するための働きかけがうまくいくわけではない。「そんなことないよ。きみにも，たくさんいいところがあるじゃないか」と声をかけるのは，知らず知らずのうちに，どうしたら解決できるかと考え，説得を始めているからだろう。

●図1　コーヒーカップ・モデル

國分（1979）は，カウンセリングの基本プロセスをまとめ，コーヒーカップ・モデルと名づけた（図1）。面接の過程を，初期，中期，後期と3つの過程に分け，それぞれの主要なねらいと，取り扱う内面の深さを表したものである。それがコーヒーカップの断面に似ていることから，そう名づけられた。つまり，面接の初期においては，相手とのあたたかい心理的な交流，リレーションの構築を心がける。やがて内面深くまで踏み込みながら問題の核心，本質をつかむ。これが中期である。後期は，その問題を解決するために，クライエントと協力しながら，現実的な具体策を考えていく。

初期において，真剣に聞いていること，どんなことがあっても味方であること，クライエントを大切に思っていることを積極的に伝えていくことが大切である。心からそう思っていれば，言葉づかい，身振り，立ち居ふるまいなどにも表れるだろう。非言語的技法において，それらについて解説するつもりである。うなずくこと，相手のいったことを繰り返すこと，相手の話に賛成することも多くみられるに違いない。

中期においては，問題の中心としっかりと向かい合うことが大切である。問題は，本人にもわからないことがほとんどである。逆にいえば，問題が正確につかめさえすれば，取り組むべき課題も明確になることが多い。「なんか，やる気がでなくて。だって，自分には，いいところなんて，何にもないから」と話してくれた生徒の問題の核心は，何をやっても認めてもらえない親との関係かもしれない。認めてもらえないのは，自分にいいところがないからであると考えているこの生徒が，親子関係で悩んでいますと相談することは考えにくい。カウンセラーとの面接を通して，そのことに気づいていく。この場面では，初期のやり取りに加えて，本人が気づいていないこと，言葉にしていないことをカウンセラーが言葉にしたり，不明の点について言葉で説明を求めたりといったことも多くなってくるだろう。

後期には，実際のやり取りは初期，中期と変わらないが，具体的，課題解決的な会話が多くなってくる。加えて，クライエントとの関係だけでなく，必要に応じて他の相談機関につなげる（リファー）ことや，組織に働きかけること，家庭や他機関と連携をとることも視野に入れて援助を行っていく。

この考え方は，個別面接の場面ばかりではなく，構成的グループエンカウンター（SGE）のプログラム作りにおいても共通している，汎用性の高い枠組みである。

面接の過程では，いま，クライエントとの関係のなかで，カウンセラーは，共にどこにいるのかを意識し，それを適切にクライエントに伝えていくことが大切である。

3 言語的技法（1）

面接の技法は，言語的技法と非言語的技法とに分けることができる。カウンセリングとは，「言語的，非言語的コミュニケーションを通して，行動の変容を試みる人間関係である」と定義されるが，前者の言語的コミュニケーションにあたるのが，言語的技法，後者の非言語的コミュニケーションが非言語的技法となる。

例えば，クライエントや生徒が自分を訪ねてきたときに，どのような表情で迎えるか，どのようにして座るか，相手の話にどんな言葉を返すか。こういったやり取りのすべてが，相手とのコミュニケーションを生み出している。そして，それぞれに先人たちが積み重ねてきた理論に基づく方法がある。ここでは，それらのうち，受容，繰り返し，明確化，支持，質問，非言語的技法について解説を行う。

1 受容

普段の生活のなかでも，話をしていて気持ちのいい人とそうでない人とがいる。そういった違いは何によるのであろうか。例えば，うなずいたりあいづちを打ったりといったささいなことでも，話しやすさには大きな違いがあることに気づくだろう。いいタイミングで「うん，うん」とか，「なるほど」「それで」と言われると，自然と話がはずんでくる。そのときの気持ちを振り返ると，相手が親身になって自分の話を聞いてくれているという感じを受けていることに気づく。このような聞き方を受容という。

ある生徒から「先生，ぼく，長所なんてないよ」と言われたとする。日常会話では，「そんなことないよ。きみにだっていいところはたくさんあるさ」と答えることはないだろうか。この会話を少し詳しくみてみよう。

まず第一に，聞き手は相手を励まそうとしていることがうかがえる。第二に，この会話の主題は先生の発言によって「その生徒に長所があるかどうか」になっている。生徒はそういうことを話したいと思っていたのだろうか。第三に「そんなことはない」という言葉は，先生の意図にかかわらず生徒の発言を否定する言葉になっている。この生徒は，先生の言葉をどう感じただろう。「ありがとう。そうだよね」と笑顔を見せるのであれば，それに越したことはないが，先生はぼくの気持ちを受けとめてくれないと感じたのであれば，励まそうという意図はうまく伝わったとはいえないだろう。

そうなりうる理由が，第二，第三の点にある。つまり，この先生は，生徒の気持ちをそのままに受けとめず，「長所があるかどうか」という事実の話，評価の話にしてしまっている。さらに，「そんなことはない」という発言によって，この生徒が何を感じて，何を話そうとしているのかではなく，先生自身がその生徒のことをどう感じているかという枠組みで話を受けている。これでは，話を聞いてくれているとは感じにくいに違いない。まずは，生徒の思考の枠組みを尊重して，そのなかで相手を積極的に理解しようとする姿勢が大切である。「自分には長所がないと思っているのか」と受けとめることで，次に，どうしてそう思うのだろうか，本当に伝えたい気持ちは何だろうといった，相手に対する関心も高まってくるだろう。

このように受容とは，相手の身になって話を聞くことであり，それをうなずきややさしいまなざしで表現することである。

単に「うん，うん」と聞いていればそれで受容かといえば，そうではない。以前，学生の話を聞いていたとき，「うん，うん」「なるほど」「それで」と聞いていたが，やがてだんだん口数が少なくなり，そのうちに下を向いてしまったことがあった。不思議に思ってどうしたのか尋ねると，「先生，忙しそうだから，今度にします」と言われた。実際に，そのときには締め切りを間近にひかえた原稿を抱えて，落ち着かない気持ちのまま，研究室を訪ねてきた学生の話を聞いていたのだ。自分では，真剣に聞いていたつもりでも，そのことを見破られてしまっていたのである。どんなに取り繕おうとしても，気持ちは態度に表れてしまう。相手に真剣に向かい合い，ありのままに受けとめようとすることが大切である。適切な受容が行われると，その結果相手の自己表現やカタルシスが促される。つまり，日常生活でも話をしていて気持ちがいいと感じるのはそういった理由による。

2 繰り返し

繰り返しとは，相手の話を聞いて，それをそのまま返すことである。相手の話をひと区切りまで聞いたところで，「なるほど，○○ということですね」と要点を整理して繰り返す。カウンセラーは，話の流れのなかで相手が伝えたいと思っていることを受けとめて，その発言のなかで重要と思われる言葉を取り上げて，それを提示する。これが繰り返しである。何が重要であるかは，話の流れによって異なるし，カウンセラーによっても個人差があるので，だれでも同じとは限らない。

繰り返しの効果には次のようなものがある。まず第一に，より深い信頼関係が築かれる。繰り返しでは，相手の言動を批判も判断もしない。その安心感が信頼関係を深めていく。また，自分の話をちゃんと聞いていてくれるという実感が得られる。「先生，ぼく，長所なんてないよ」と言ったときに，うなずきながら「なるほど」と言われるだけよりも，さらに「そうか，自分には長所がないと思ってるんだ」と言われたほうが，ちゃんと聞いてくれている，自分の言いたいことが伝わっていると確信がもてるだろう。

第二に，新しい情報を得ることができるという効果がある。「先生，ぼく，長所なんてないよ」と言った生徒に，「そうか，自分には長所がないと思ってるんだ」と繰り返したとき，「っていうか，自分のこと好きになれないんだよね」と答えることがある。繰り返されることで，自分の気持ちや状態をより正確に伝えようとする。こういったやり取りで，話が進み，新しい情報が得られる。

第三に，自分の言ったことを客観的に受けとめる機会となることである。自分で言ったことをもう一度他の人から言われることで，客観的に受けとめ，自己洞察のきっかけとなる。そのことで，相手は気持ちの整理ができたり，こだわりやゆがみに気づいたりといった機会となる。

第四に，カウンセラー自身の成長にとっての有効性を指摘できる。他の技法と同様，効果的な繰り返しを行うためには，相手が何を言いたいのか，この問題のポイントは何かを的確にとらえる感受性が求められる。それがなくては，単なる「オウム返し」つまり，機械的なものまねになってしまう。早合点することなく慎重に理解する態度を養うことが期待される。

繰り返しは，カウンセリング場面だけでなく，授業でも同様に有効である。例えば，生徒から質問をされたようなとき，そのまま答えるのではなく，いったんそれを繰り返すことで，質問したほうは正しく伝わっていることがわかって安心できる。また，それを全員に知らせることで，質問をした生徒との１対１の会話になって他の生徒を置き去りにすることを避けることもできるだろう。「つまり，いまのきみの質問はこういうことだね」「いいところに気づいたね」「いま，○○くんからこういう質問がありました。ほかにもそう思った人もいるんじゃないかな。これはこういうことなんだよ」といったぐあいである。

3 明確化

ある教室での先生（t）と生徒（s）のやり取りである。

s1：先生，ちょっといいですか。
t1：（書類に目をおいたまま）何？
s2：先生に聞きたいことがあって。
t2：（生徒のほうを向いて）いいよ。まあ，座んなよ。何だ，相談か。
s3：先生は，奥さんと仲がいいですか。
t3：え，何だよ，いきなり。まあ，悪いほうじゃないんじゃあないかな。ときどきけんかはするけどな。
s4：けんか，するんだ。
t4：そりゃあ，するよ。昨日も帰りが遅いって言われたんで，つきあいなんだからしょうがないだろって言ったら，言いあいになっちゃってさ。今朝もまだ怒ってたみたいで，口をきいてくれなくて，まいっちゃったよ。
s5：で，どうするんですか。
t5：どうしようかな。ところで，相談って何。
s6：いや，別にいいです。

結局この生徒は，相談をしないで帰っていった。何を話そうと思って先生を訪ねたのだろうか。s3の発言に注目してみよう。この生徒は，先生の夫婦仲を知りたかったのだろうか。例えば，友達とそんな話題になって，代表して先生に話を聞きに来たということもあるかもしれない。あるいは，本当はもっと別のことを聞きたかったのだけれど，話のきっかけにそんなことを聞いたとも考えられる。例えば，自分の両親が離婚しそうなことを悩んで，それを相談に来たのかもしれない。結局は話をしないで帰っているということは，先生が自分の夫婦関係のことを話してくれた（自己開示）ので気分が明るくなったとも考えられる。しかし，s3を聞いて，「何を言おうとしているのか」と考える視点があれば，もっと別の話の展開もあったかもしれない。例えばt5で，「どうしようかな。ところで，おまえのところはどうなんだ」といった発言もあり得るだろう。それに対して,「うちは仲がいいですよ」と答えれば，プライベートなことを聞いて，より先生に近づきたいということかもしれない。しかし，「実はけんかばかりしているんです」という答えから，話が発展することも考えられる。

明確化とは，このように相手がまだ言葉にしていないことに焦点を当てて，言葉にしていくことである。「先生は，奥さんと仲がいいですか」という発言に対して，その背後にある相手の感情や意図を感じ取って仮説を立てて，それにこたえることである。もしかしたら自分の両親が仲が悪いことを悩んでいるのかなと考えて，「きみのところはどうなの」といったぐあいである。繰り返しよりも深いレベルでの応答といえる。日常会話でもよくみられることである。例えば，話の最中に相手が「いま，何時ですか」と聞いたとき，あなたならどう思うだろうか。「3時30分ですよ」と答えて，そのまま話を続けるだろうか。あるいは，それに続けて，「急いでるの？」とか,「もう，そろそろおしまいにしないとね」とか答えるだろうか。後者のやり取りが，明確化といわれる技法である。前者のやり取りは，「いま何時ですか」という言葉だけにしか反応していないのに対して，後者のやり取りはその言葉を発した意図やその背後にある相手の感情に注目している。

このように明確化とは，単に言った言葉ではなく，そのときの感情や体験の意味，さらに深い心の動きに焦点を当てて力動的に理解し，重要な部分を浮き彫りにしていくことを含んでいる。

感情の反射は，相手がいまここで感じていると思われる感情を受けとめて，それを言語化して相手に返す技法である。例えば，「先生，ぼく，長所なんてないよ」と言ったときに，「そうか，自分のことダメな奴だと感じているんだね」と言ったことがこれにあたる。相手の表現の底に込められている感情に焦点を当てて，それをそのままに受けとめて伝え返すことである。そのとき，相手の言葉だけでなく，非言語的な側面にも注意を向ける必要がある。例えば，このときもしも笑っていれば，自嘲的な感情，自分をばかにしたような感情が含まれているのかもしれない。そこで，「笑いながら『長所なんてないよ』って言ってるね」と答えることで相手のもつより複雑な感情を的確に返すことができる。

意味の反射は，相手の体験を生き方といった大きな文脈のなかで意味づけていくことである。「先生，ぼく，長所なんてないよ」と言ったとき，「長所がないって，どういうことなんだろうね」と返すのが意味の反射である。適切に行われれば，例えば「ぼく，いつも他の人と自分を比べて，ダメだダメだって思っていたのかな」といったような，より深い洞察がもたらされる。

相手がいままさに直面し，考えようとしている心の現象に鮮明に焦点を合わせて重要な部分を浮き彫りにしていくためには，相手に対する力動的な理解もときには必要になる。ただし，このことは精神分析の解釈を行って無意識の世界を明らかにするということではない。焦点をはっきりさせるために，いくつかの思いあたる具体的な内容や感情を言語化して返してみる。あるいは，質問によって問題の事実関係をはっきりさせることを通して明確化することもある。いずれにしても，解釈を行うことではないことに留意する必要がある。

例えば，高い学歴の父親をもつ子が「先生，ぼく，長所なんてないよ」と言ったとき，それを「エディプス・コンプレックスが」などとして，「お父さんに対して劣等感をもっているに違いない」と決めつけることがあってはいけない。

明確化を誤って用いた場合には，相手は不信感を抱いたり，面接が混乱したりすることもある。適切に用いられた場合でも，介入に対する抵抗が生じることがある。抵抗とは，カウンセリング関係を形成，維持するような交流が妨げられることで，抵抗が生じると不安の生じる経験や感情についての話題になると，沈黙，話題のすりかえ，上滑りな会話になりやすい。こういった抵抗をうまく処理することが不可欠であるので，カウンセラーとしての力量がより必要となる。

明確化によって示した見方は，あくまでも仮説である。それによって相手が納得をすれば，それで面接が進む。しかし，そうでない場合には，カウンセラーは自分の仮説にこだわるのではなく，相手はその見方を受け入れていないということそれ自体を共感的に受けとめる姿勢が大切である。

4　言語的技法（2）

1 支持

支持とは，相手の言葉に対して言語的，非言語的に肯定や承認を与えることである。クライエントの自信や自己受容を高めることが期待される。

例えば，「先生，ぼく，長所なんてないよ」

と言ったときに,「そういう気分になることって,だれにでもあるよね」とか,「そんなつらいことをよく話してくれたね」と返すことである。

支持をすることで,相手を応援しているという気持ちを積極的に伝えることができる。混乱して,自信を失っている人に,「そのままでいいんだよ」「私はいつもそばにいるからね」というメッセージを送ることで,相手は自分に対する信頼感を回復し,行動する勇気をもつことができるようになるだろう。しかしだからといって,やみくもに肯定をしては,かえって信頼を失いかねない。支持をする基準としては3つのことがあげられる。

第一に,自分にも同じような体験があったときである。これは,そのことをそのままに伝えればよい。「私もそういうことがありました」「そんなときには,私もそういう気持ちになったことがあるなあ」というように答える。

第二には,周りの人でそういう体験をした人を知っている場合である。例えば自分にはそういう体験はないが,自分の母が同じような体験をしたのであれば,「それは母親ならばだれでもそうじゃないでしょうか。私の母もそうでしたよ」と言えるだろう。

第三には,自分も周りの人も体験したことがなくても,理論的にあり得るか,当然のことか,自然なことかを考えて,そう思えるときには支持をすることができる。試験に失敗した人がやつあたりをすることを欲求不満行動の1つとしての攻撃的行動の表れとみることができるので,十分にあり得ることと考えられる。「思うようにならないときには,どうにもならないのがわかっていても,そんなふうになるよね」と答えることができる。

支持は言語的に行われるばかりではなく,態度や表情などで伝えることもある。相手の話をうなずきながら聞いたり,笑顔で迎えたりといったことも,同じように相手に対する肯定や承認を与える意味をもっている。

2 質問

不明な点を尋ねることを質問という。質問をすることには,次の3つのねらいがある。

第一に,質問をすることで相手に関心をもっていることが伝わる。つまり,好意を伝達するというねらいである。例えば,「お昼ご飯はちゃんと食べた?」とか,「自転車で通うのはつらくないか」といったたわいのない質問であっても,それを通して相手には「私はあなたに関心をもっています」というメッセージが伝わる。質問をすることは関係づくりにも有効である。

第二に,情報の収集である。質問をすることで,不明の点についての情報が得られる。

第三に,質問をすることで相手が自分の問題やその状況を明確にし,その解決のために何ができるのかを考えることが促される。例えば,「先生,ぼく,長所なんてないよ」と言ったときに,「長所って,どんなふうに考えてるの?」と質問をしたとしよう。「長所って,いいところでしょ」「よい悪いって,どうやって決めるのかな?」「人に自慢できるかどうかとか」「自慢できないと長所っていえない?」といった会話が予想される。こういったやり取りを通して,自分をいつも他人と比較していたことに気づいていくことが期待される。あるいは,「どんなときにそう思うのかな」と質問をして,その状況についての自己理解を促していくことも考えられる。

実際の質問の仕方は2つに分類することができる。1つは,閉ざされた質問で,もう1つは開かれた質問である。閉ざされた質問とは,「ハイ,イイエ」で答えられる質問のことである。例えば「先生,ぼく,長所なんてないよ」と言ったときの,「自慢できないと長所って言えない?」がそれにあたる。「他の人はみんな長所があるのにって思うの?」とか「いつもそう思うの?」と聞けば,「うん」

とか「そうじゃない」と答えるだろう。このような聞き方を閉ざされた質問という。こういった聞き方は，相手に対して無用な緊張感をもたらさずに円滑な関係づくりを促進させる。そのため，面接の初期には特に有効である。また，答えがはっきりしているので，状況を明確につかみたいときに有効な聞き方であるといえる。相手にとっても，答えることで自分の気持ちの変化や新しい気づきをはっきりと自覚することができる効果も期待される。

それに対して開かれた質問とは，自分のことを自由に語ることが求められる質問である。例えば，先ほどの例で，「長所って，どんなふうに考えてるの？」「よい悪いって，どうやって決めるのかな？」がそれにあたる。閉ざされた質問に比べて，情報量も多く，細かいニュアンスも伝わりやすい特徴がある。カウンセリングの中期では，相手が「自分はどうなりたいのか」「そのために自分には何ができるのか」を見いだすために有効に作用するといわれている。しかし，相手によっては答えにくいことも多い。実際の場面では，両者を適切に織り交ぜながら質問をしていく。

しかし，質問が多すぎると相手に対して過重な負担を強いることになるので，何を，いつ，どのように，何の目的で質問するかについて，見通しをもったうえで行うことが必要である。それがないと，興味本位に聞かれているというような印象を与えかねない。

5　非言語的技法

1　視線

視線は重要なコミュニケーションのチャンネルである。相手の感情の動きやそのときの心の状態が視線の変化に現れることはよくあることである。例えば，うそをついているときには，目を合わせにくかったり，自信がないときには，下を向いていたりなどは，日常生活でもよく見られることである。面接の場面でも相手の視線から多くの情報を得ることができる。しかし，そのことだけで相手の感情の状態などを決めつけることは避けなければならない。あくまでも仮説にとどめ，それを言葉などさまざまなやり取りを通して理解するように心がける態度が重要である。

同様に，カウンセラーの視線も相手に見られていることを忘れてはいけない。相手と向かい合い，しっかりと伝えたいことがあるのだから，ちゃんと相手に視線を向けているかどうかをときどき振り返ることが必要である。例えば，仕事をしているときに生徒が話しかけてきたら，すぐに生徒のほうを向いているだろうか。書類に目を落としたままで返事をしたのでは，生徒のほうでは真剣に聞いてもらえるという安心感は得られないに違いない。

2　表情

うれしいときにはうれしい表情，悲しいときには悲しい表情をする。それは，面接の場面でも同じである。面接の場面だからといって，いつも深刻な表情をしていなければならないということではない。また，真剣に聞いているからといって，いつもみけんにしわを寄せていたり，無表情であったりしては，相手に無用な緊張を強いることになる。場の空気，話の流れにあった，場面にふさわしい表情が望ましい。

この観点は，相手の表情を観察するときにも重要である。話の内容と違和感のある表情を見せたときには，言葉だけでは伝わらない感情が発せられているかもしれない。そういったことに敏感になることが，相手の理解をさらに進めることになる。

3 身振り・立ち居ふるまい・歩き方

体の動きもまた，そのときの気持ちを雄弁に語る。話す相手が，げんこつを握っていたり，腕組みをしていたら，どんな感じをもつだろう。両手のこぶしをしっかりと握ってひざをそろえて座っていれば，何かかしこまった印象をもち，相手も緊張感をもつかもしれない。こちらとしては，礼儀正しく接しなければとか，単なる癖であっても，意図と違う印象を与えてしまうことがある。

同じことは，歩き方や立ち居ふるまいにも表れる。せかせかしていると落ち着きのない印象を与えることがある。相手もこちらの行動を観察して，信頼感や安心感を形成していることに留意したい。

4 身体接触・座り方

握手をする，手を握る，肩に手をおくといった身体接触は，相手との緊密な関係を必要とする。相手もそれを感じているときには，安定感，安堵感，親密感が伝わる。話をするのでも，近づいて話ができるときには互いの心理的な距離は近いとみることができる。緊密な関係ができているならば，積極的に身体接触を用いることは有効である。

逆にそうは感じていないのに近づかれることは，自分の個人空間（パーソナルスペース）に侵入される恐怖感を感じ，それに対する拒否反応を引き起こす。パーソナルスペースは一般に，正面で最も広く，ついで両脇で，後ろは比較的狭い。座るときも真正面で相対するときには，あまり近づかれると緊張を増す場合もある。また，同性どうしは異性に比べて狭い。ただし，個人差が大きいので，相手と異なるときにはトラブルも起こる。身体接触は，相手の反応を十分に観察しながら，関係にふさわしい程度に調整することが大切である。

5 声の質量・言葉づかい

いわゆる「会話の音痴」ということがあるという。普通内緒話をするときには声を潜め，驚いたときには高い声になるが，そうはならない人のことである。コミュニケーションがうまくとれない人の中には少なからずいるらしい。

日常の会話でも，その言葉の意味や内容だけでなく，声の大きさ，高さ，話す速さ，言葉づかいなどで，多くのことを伝えあっている。ふだんは気にもとめないが，面接を振り返るときにはこういった観点も有効である。声の高さや調子は適切であるか，早口になっていないか，言葉づかいは適切であったか，こういったことが，自分では意図しないのに，印象をつくっていることもある。

6 そのほか

そのほか，服装はどうか，約束の時間を守っているか，あいさつをしているかといったことも，相手の印象をつくり，関係を深めていくうえで重要な意味をもっている。私たちはこういった事柄から相手の気持ちを感じ取ろうとする傾向があるからである。

大切なことは，相手に対して敬意を払うこと，日常生活での常識を大切にすること，ささいなことにも敏感になることである。面接の場面でわざわざスーツに着替えることが必要なわけではない。その場にふさわしいものであることが大切である。要は，こういったことにも配慮する気持ちが，相手に伝わるということを忘れずにいることが大切である。相手が生徒であるからといって，遅れていいということにはならない。あいさつをするときには，こちらも立ち上がってしたほうがいい。こういうことに，相手の人格を尊重する気持ちが表れ，それが相手に伝わっていく。

同様に相手の様子を観察するなかでさまざまな情報が得られる。例えば，いつも時間に遅れてくるのであれば，来たくないのだろうか，こちらを自分のペースで動かしたいと思っているのか，生活習慣が確立していなくて時間の管理ができないのだろうか，といろいろな仮説が浮かぶだろう。これらを面接を通して深めていくことで，相手に対する多角的な理解が可能になっていく。

6 おわりに

これらの基本的な技法を一貫して支えるものは，カウンセラーの基本的な態度である。つまり，無条件の肯定的関心を抱きながら，共感的に理解しようとする姿勢をもち，自分の言葉や思考と，感情，身体的な実感とに矛盾がない，透明な気持ちでいるなかで，これらの基本的な技法は重要な意味をもってくる。クライエントを，大切な命をもった，かけがえのない存在として認め，それを大切にしたいと心から思ったとき，技法は驚くほどの威力を示し始める。クライエントとの心のやり取りに喜びを感じる体験を，１人でも多くの人に期待している。

第10章
構成的グループエンカウンター

吉田　隆江

構成的グループエンカウンター（以下SGEと表記）の誕生についてまず述べる。次にSGEとは何か，その定義やSGEの目標，SGEを支える思想的・理論的背景にふれる。また，他の体験学習との異同についても述べたい。

1　「國分とSGEの出会いから教育カウンセラー協会へ」

國分康孝Ph.D.・國分久子M.Aは1973～74年の2度目の渡米中（フルブライト研究交換教授，ミシガン州立大学）に，大学の課外講座のなかでエクササイズを活用するエンカウンターに出会った。日本に帰国後，ウォルター・ジョンソンの講演のなかで話された「構成されたグループカウンセリング」の実践をヒントに，「構成的グループエンカウンター」とし，1975年から大学セミナーハウス（東京都八王子市）で実践し始めた。東京理科大学をはじめとする複数の大学の学生を対象にして行われたSGE（4泊5日）は，12年間にわたり実施され，研究発表が続けられた。ここに当初のSGEの原型がある。その後，國分カウンセリング研究会や國分康孝ヒューマンネットワークの実践から，日本教育カウンセラー協会の実践へと移行され，現在その心理教育的指導法として確立するにいたる。

2　SGEの定義・目標・目的

SGEとは「集中的グループ体験」のことである。「ふれあいと自他発見」を目的にしている。それを通して参加者の「行動変容」を目標としている。究極的には「人間成長(personal-growth)」を目標にしている（國分，1981）。それゆえ人間関係開発を意図した教育カウンセリングのグループ・アプローチであるといえる。

集中的グループ体験とは，現在，1泊2日または2泊3日宿泊して，「文化的孤島」のなかでひたすら「自分」とふれあい，「他者」とふれあうことを意味している。さらにふれあいを通して「自他発見」することを目標とする。

文化的孤島とは，外界（例：世間一般，職場）の価値観にとらわれずに，自分の「ありたいようにある（courage to be)」という意味のことである。例えば，人に甘えてはならないといった，日常にある文化の枠を取りはずして，いまの自分のしてみたいことを実験できる場（行動の実験室）であるということである。これは「個の自由を意識し，他者を傷つけないかぎり，自由に生きることが人間的である」（國分久子）という考え方である。実存主義の中核的考え方である。

ふれあいとは「本音と本音の交流」のこと

で，参加メンバー相互の「感情交流」のことである。メンバーが体で感じているものを互いに伝え合う。いまここでの喜怒哀楽の情を相互に遠慮しないで伝え合う。例えば，「私のお願い聞いて」というエクササイズ。断りつづけている自分が苦しくなってきて，いたたまれなくなってしまう人がいる。ある人は，平気である。シェアリングのなかで，そのときの互いの体験した感情を伝え合う。「私は苦しくてつらかった」「私はすっきり気持ちよかった」と。あるいは「体のなかから怒りのような感情がわいてきた」と発言する。日常ではそういうネガティブな感情は出すまいと思うが，SGE では反対である。そういう感情を出すことによって，互いの本音の交流が促進され，そのことで両者に深い気づきがもたらされる。ときにその怒りの感情は「親に感じていたものだった」とか「自分の考えを相手に押しつけてしまうことがよくある」というぐあいに，自己発見になっていく。

自己発見（self-discovery）とは自己への気づき「自己覚知（self-awareness）」のことである。SGE は頭でわかることではなく，腹の底から「あーそうだぁ」とわかる感覚，「感情を伴った気づき」を求めている。「私はシブリング・ライバルリィを起こしていたんだぁ」と気づいたときの感覚，シェアリングのなかでメンバーから「苦しい話なのに笑って話している」と言われ，「あーそうかぁ」と思った瞬間。このような思考・行動・感情に関する気づきの 1 つが「自己盲点への気づき」（ジョハリの窓の 1 つ）である。「自分からみた私」だけを「私」だと思ってしまうと，自分の見方は狭くなる。自分では見えていない自分を知ることこそ，他者とのすれ違いをなくす方法なのだろう。裸の王様にならないことである。「他人からみた私」を受け入れることで，私たちの人間成長が促されると考える。人と己は「合わせ鏡」のようなものである。

SGE は参加メンバーの行動変容を目標としている。ここでいう行動変容とは，ある特定の感情やある特定の思考，ある特定の行動（または反応）へのとらわれなどから脱却するという意味のことである。例えば，筆者（吉田）はかつて大きな体の男性に対する怖さがあった。そのような人の前ではびくびくするのである。これがとらわれである。それは，子どものころ，体が不自由になった祖父からひどく怒られたことによる恐怖心が潜んでいたからだと，SGE のなかで気づいた。この気づきによって，恐怖心が軽減され，生活は楽になった。ここにとらわれから脱却する意味がある。つまり，心の自由度が広がり，行動の自由度が増すのである。

筆者は SGE を体験してきて，人間の「感情のとらわれ」には「肉親（特に父母）との関係」が大きく影響していることがわかった。教師といえども，親との問題が解決できていないことも多い。また，ある上司や同僚との関係に感情が凝り固まっている場合も多い。敵対心が潜んでいたり，「主張すべきではない」というビリーフ（考え方）のとらわれがそうさせていることもある。さらに，「思考のとらわれ」は，校則で例外を認めると学校全体の秩序が乱れる，人の話はいつでも共感的・受容的に聞かねばならない，などである。「行動（反応）へのとらわれ」の例は，自分から動いて関係づくりをしない。相手がわかってくれるものだ，察してくれるのが当然だ，という考えに基づいている。また，ものごとを穏便におさめようとするなどである。

では，参加者に行動変容が起きるための条件は何か。

①参加メンバーが自分の感情・思考・行動の特徴や傾向（つまり偏りやとらわれのこと）に気づくこと。
②それらの偏りやとらわれの意味を考えること。
③それらの原因を探ること。すなわち自己探

索すること。

④「ありたいようなあり方」を試行錯誤してみること。SGE は「行動の実験室」である。

⑤無条件に受容してくれる他者（メンバー）に出会う（エンカウンター）こと。

SGE における「被受容体験」は大きな特徴である。⑤にあるような無条件に受け入れられる感覚がメンバー相互のかかわりのなかから生まれてくるのが，SGE の良さである。

3 SGE の思想的・理論的背景

SGE を支える思想や理論として，次のようなものがあげられる。思想としては①実存主義，②プラグマティズム，③論理実証主義。理論としては，カウンセリング理論であり，その中の８つの理論があげられる。①ゲシュタルト療法，②精神分析理論，③論理療法，④交流分析，⑤来談者中心療法，⑥行動療法，⑦内観法，⑧特性・因子理論である。これらのなかで中核的な思想・理論的背景は，実存主義とゲシュタルト療法である。

SGE のリーダーの立ち居ふるまいの前提になっているのは実存主義という哲学で「ふれあいは他者との関係を生き，自分自身を生きること」(encounter as existence, uniqueness encounter.)（片野，2009）とあるように，他者との関係を通して，自分自身を生きていくことが重要だと考えるのである。つまりホンネの自分で生きる。「あるがまま」ともいえる。Courage to be.「ありたいようにあれ」である。自分の人生を選択して，その結果に責任をもっていく生き方である。SGE はゲームのようだといわれることがあるが，この思想を理解すれば，ゲームではないとわかるはずである。このことを踏まえたリーダーは，エクササイズをただ楽しいだけでない，その年代にあった心のふれあいを促進できる。

次に SGE がゲシュタルト療法から取り入れているもののなかから，重要であると思われるものを述べる。

(1) 「未完の行為」という鍵概念

「未完の行為」とは「したくともできなかったこと」または「してほしくともしてもらえなかったこと」という意味である。このような未完の行為は多くの人にあり，心のどこかに引っかかっている。例えば，「上司のパワハラに対していやだと言えなかったために，ずっとその重い気持ちを引きずっている」「子どものころの母とのあるシーンで，助けてほしかったのに助けてもらえなくて，いまも母に遠慮してしまう」といったものである。それぞれ気持ちが残ってしまっている。脳裏に焼きついていて，忘れられない状態なのである。

この脳裏に焼きついていて忘れられないことは，新しいゲシュタルト（gestalt）をつくれないでいるということである。ゲシュタルトとは「意味のある全体像（meaningful organization of elements)」のことである。ゲシュタルト療法では，心理的に健全な人は自由にゲシュタルトをつくれる人であると考える。だれでも多かれ少なかれ未完の行為はあるだろうが，それが強い人は意味のある全体像をつくれなくなり，いつまでもある特定のゲシュタルトに固執してしまうのである。

(2) 「図（figure)」と「地（ground)」

新しい意味のある全体像がつくれないとは，図（興味関心の焦点）と地（無視している部分）が定まらないからである。例えば，「私は何をやってもうまくやれない」という劣等感をもっている人は「うまくやれない」というのが「図」になってしまっていて，「地」の部分にある「やれていることがある」部分が見えていない。この図と地を逆転するのがエンカウンターのエクササイズ「未完の行為の完成」になっている。

(3)　「自己覚知」(self-awareness)」の重視

ゲシュタルト療法では感情体験を伴った気づきを重視する。腹の底から「あーそうだぁ」と思う気づきのことである。SGEでもこの「感情を伴った気づき」を重視している。つまり「ふれあい（encounter)」と「自己発見(self-discovery)」を通した行動変容を目標としている。その行動変容が起きるのが「感情を伴った気づき」のなせる技である。

例えば，筆者（吉田）は長女であり，甘える体験が少なかった。甘えなくても平気だと思っていたが，SGE体験のなかで「あー私，ほんとは甘えたかったんだ」と気づいたことによって，甘えを受け入れることができるようになった。片野（2007）は無邪気な天真爛漫な子ども丸出しのエクササイズは苦手であった。心底取り組めない。やりながらも一方でしらじらしさを感じているときの行動（反応）は，きわめて不自然であった。「いったいどうして他の人と同じようにはできないのだ」「いったいこの鳥肌は何なのだ」と。これが「真の自己（real self)」から遠くなることかと体の底から感じていたのである。そこから見いだした「他者の目を気にしながら，『ええかっこしい』の自分」を体感したのである。これが，「ええかっこしい」の自分からの脱却という行動につながっていった，と述べている。感情を伴った気づきが行動変容に結びつく例である。

(4)　「ホットシート」や「役割交換法」

ゲシュタルト療法の技法の1つであるホットシートは，5～6人組のメンバーの1人が，輪の中に座り，その人に対して，改善点のみを指摘するという方法である。中の人は針のむしろに座るようなものである。これをSGEでは「今後のこの人にたしになるようなこと」や「よいところ」を言っていくようにしている。さらにマイルドにして「別れの花束」というエクササイズにしているのである。

役割交換法は，互いの役割を交換して，当事者の気持ちに気づいていくことを促す技法である。これは，SGEのリーダーまたはスーパーバイザーが，全体シェアリングのときに介入法の1つとしてよく用いる方法である。

例えば，ある参加メンバーが「授業中に生徒がいうことをきかない。きかないどころか暴言を吐くのです。こんな自分がみじめです」と開示したとする。当人が生徒役を，他のメンバーがこの先生の役になってもらって，授業の場面を再現しながらやりとりする。実際の場面を役割交換してみることで，暴言を吐く生徒の気持ちがわかってくる。

(5)　ゲシュタルトの祈り

資料1を参考にしてほしい。ゲシュタルト療法の創始者パールズ（Perls, F. S.）は「ゲシュタルトの祈り」を作詩した。これは，個の自覚を強調した詩である。当時，末尾の「もし，出会うことがなくても，それはいたし方のないことである」という一文は，彼の寒々とした世界観をうかがわせるものとして，「ふれあい」や「出会い」を強調する人々はきらったらしい。その部分を補ったのがタブズ（Tubbs, W.）であった。これらの詩は，SGEのワークショップで読まれている。

「個の自覚」と「ふれあいを積極的に求めることで，互いの存在が見いだせる（ふれあいと自他発見)」，共にSGEには存在していることを感じることができるからである。

片野は，大学生にこの2編の詩を読んで聞かせていた。SGEの授業のオリエンテーションで，学生に静かに目を閉じてもらって聞いてもらう。授業感想文を見ると，これらの詩は学生に好評であった。人間関係のわずらわしさから一時的にせよ解放されるようである。もっと早く知っていたら，楽になったのにと記述する学生もいた。また，ふれあうことの大切さに思いを巡らし，現在の自分の人間関係のあり方を省みるようであった。

資料 1

Gestalt Prayer（個の強調）
I do my thing. You do your thing.
I am not in this world to live up to your expectations.
And you are not in this world to live up to mine.
You are you and am I,
If by chance we find each other, it's beautiful.
If not, can't helped.

私は私のことをする。あなたはあなたのことをする。
私はあなたの期待にそうために，この世に生きているのではない。
あなたも私の期待にそうために，この世に生きているのではない。
あなたはあなた，私は私である。
もし，たまたま私達が出会うことがあれば，それはすばらしい。
もし，出会うことがなくても，それはいたし方のないことである。

"Beyond Perls" W. Tubbs（個人主義への批判，世界内存在の強調）
If I just do my thing and you do yours,
We stand in danger of losing each other and ourselves.
I am not in this world to live up to your expectations;
But I am in this world to confirm you
As a unique human being,
And to be confirmed by you.
We are fully ourselves only in relation to each other,
The I detached from a Thou
Disintegrates.
I do not fund you by chance;
I find you by an active life
Of reaching out,
Rather than passively letting things happen to me,
I can intentionally make them happen.
I must begin with myself, true;
But I must not and with myself;
The truth begins with two.（Tubbs, 1972）

もし，私が私のことをして，あなたがあなたのことをするだけなら，
お互いの絆も自分自身も失うこと明白である。
私がこの世に存在するのは，あなたの期待にそうためではない。
しかし，私がこの世に存在するのは
あなたがかけがえのない存在であることを確認するためである。
そして，私もかけがえのない存在として
あなたに確認してもらうためである。
お互いにふれあいがある時に，われわれは完全に自分自身になれる。
私があなたとの絆を失えば，自己喪失も同然である。
私があなたと心がふれあうのは偶然ではない。
積極的に求めるから，あなたとの心のふれあいが生まれるのである。
受身的に事の流れに身をまかせるからではなく，
意図的に求めるから，心のふれあいができるのである。

（國分久子　訳）

4 SGEの必要性

教育カウンセリングにとって，SGEは中心的な役割を担っている。教育カウンセラーはSGEの素養が欲しいのである。では，なぜ必要なのかを考えてみたい。

(1) すべての教育活動の基盤は「ふれあいと自他発見」

教育活動を支えるものは，リレーション(関係)があるということである。筆者がかかわったある生徒は教室に行くことを怖いことだといって，教室に行くことができなくなった。やがて教室復帰できたときに，「教室で安心して過ごせないと勉強どころではないんですよね」と言ったのである。この言葉には学級が学習の場と生活の場であることを実感として感じさせるものがあった。過去にいじめを受けた体験は，新しく出会うであろう人々への信頼感を損なわせる。しかし，それをサポートする筆者はSGEの体験のなかで，以下の考え方を身につけていた。まず「個の自覚」であり，その後に他者とのふれあいが生まれるものだというものだった。だから，1人でやることを援助し，その後教室復帰への援助をしていったのである。「未完の行為の完成」をすることで，過去の自分と対峙し，そうしてエクササイズ「自己概念カード」で自己の見方を修正し，「私はあなたが好きです」「私は私が好きです」で自尊感情を高めていく援助をしたのである。そうして自己の選択を援助し，生徒が教室に行くことを選択できるまで，辛抱強く待ったのである。この体験を通して，SGEの素養が筆者自身の教育活動を支えていることを実感した。まず，生徒とのリレーションをつくることから，その技法，そして自己理解，自己決断までもがSGEの思想と理論に裏打ちされていたと思うからである。深いふれあいが，対決することをも辞

さない関係を生んできたのである。

また，ふれあいがない学級に戻ることは，生徒にとっていかに苦しいことか，本当に実感できたのである。

そこに，予防的なかかわりとしてSGEによる「ふれあいと自他発見」の必要性があると言いたいのである。

(2)　教師の教育分析機能の必要性

過去の筆者は運動コンプレックスをもっていたために，運動のよくできる生徒に対して見方が寛容でなかった。心の中で「運動ができても……勉強が……」という言葉が浮かんできてしまっていたのである。それがSGEの体験を通して，そのコンプレックスに気づき，コンプレックスをもっている自分自身を受け入れることができるようになって，本当に運動のできる生徒に敬意の気持ちを感じ，言葉にできるようになったのである。

つまり教師は援助専門職（helping profession）であるが，自分の行動の特徴（偏り）に気づいていないと，児童・生徒に知らぬ間に心的外傷を負わせてしまう可能性があるのではないかと，自己の体験を通して感じるのである。言い換えれば，気づいていることで，予防できるということである。

SGEには教育分析的機能（パーソナル・カウンセリングを受けた効果）があるといえるのであり，援助専門職の人々にとっては，必要なことではないか。体罰の問題も社会問題になっているが，これも自己の偏りに気づいていないことによると考えられる。SGEにおいて，感情・思考・行動のバランスがとれるようになれば，感情的に手を出す指導からは脱却できるのではないかと考える。

(3)　補助自我を育てる

昨今のいじめの問題も，SGEによる予防開発が可能ではないか。いじめはやはり互いに真のふれあいがないことが根本原因ではないかと思うからである。昔はいじめっ子がいても，いじめられる子を助けてくれる子もいたはずである。しかし，最近ではその機能が低下している。互いに助け合う関係づくりがSGEでもある。「本音と本音の交流」が生まれるから「それはいやだ」「苦しいんだよ」と感情を出せることになる。ふれあいがあるから，「一緒にやってあげよう」とか，「代わりに言ってあげよう」とか，「側にいてあげるよ」といった「補助自我」の役割ができるようになるのではないかと言いたいのである。

いじめる子もいじめられる子も互いに存在が脅かされないような環境づくり，そこにSGEの必要性があるのではないだろうか。

(4)　「愛するには知識と技術が必要である」ことを体験的に学ぶ

フロム（Fromm, E. 1990）が言っている言葉である。愛するとは，ケアする，サポートする，ヘルプするという意味のことである。ケアしたいと考えても，対応・対処の仕方がわからないと動けない。SGEはすべてが体験である。「行動の実験室」ともいわれている。甘えたことのない人は，甘えさせることもできない。人は甘えたり甘えられたりするほうが健全である，という考え方がなければ，「甘える」ということの体験の意義が理解できない。SGEでは，その知識と体験の両方を体験的に学ぶことができるのである。しかし，SGEはスキルを学ぶわけではない。例えば，自己主張のエクササイズがあるが，これは自己主張してもいいんだ，という考え方を学ぶと同時に，主張する「気概」を体験的に感じるものなのである。

SGEではたくさんの愛が与えられる。愛を伝えるのも自己主張の1つといわれたとき，目から鱗（うろこ）だった。こうした知識とともに，「私はあなたが好きです。なぜならば～だからです」と愛を正面から伝えていくのである。自分自身が体験的にもらったものだからこそ，他者に伝える気概と術が身についてくるのだと思える。

5 SGEの原理

SGEの原理は，①エクササイズを介して自己開示，②自己開示を介してリレーション形成，③リレーションのあるシェアリング，という点にあると，片野は述べている。

これらをつくりだすために，「構成」することになる。「構成的」とは，グループ状況でのふれあいが構成されているということ，すなわち，枠が設定されているということである。

エンカウンターグループには構成するものと構成しないものの2種類ある。後者を「非構成」または「ベーシック（basic)」という。

SGEの「構成」とは，枠組みを与えるということである。「エクササイズの遂行」を求める。「グループ・サイズ」を指定する。エクササイズに取り組む「時間を設定する」という意味のことである。

1 なぜ構成するのか

①メンバーの心的外傷を予防するため

心的外傷（心の傷）はレディネス（心の準備）のないときに，自分の中にある抵抗（偏りやとらわれ）を粉砕されたり，衝撃的な出来事に遭遇したりしたときに生じる。そこで予防策としてリーダーは慎重にエクササイズを配列する。まずはだれもが取り組めるようなものからである。リレーションをつくるのが目的になる。

②「効率的かつ効果的」に進めるため

リレーション（関係）ができていないときには，「したいようにしていいですよ」「自由に行動してもいいですよ」と教示しても，メンバーは動けるわけではない。多くは，沈黙が起こってくる。ここにエクササイズによって，場面を構成することによって，メンバーどうしはスムーズにふれあうことができるのである。また，時間を「構成」することによって，無理のない体験と自己開示を求めていることにもなる。例えば，リレーションをつくるときは短い時間からだから，安心して自己を語れるのである。最初から10分も話せと言われたら，気が重くなってしまうだろう。また，大勢との語りが苦手な人は意外に多い。いきなり多くの人と話すより，2人1組から徐々に関係を広げていったほうが，安心感がある。だから「人数」を構成する。

2 エクササイズを用いる意味

エクササイズを用いる意味はどこにあるのだろう。先にエクササイズによって場面を構成すると書いた。エンカウンターは本音と本音の交流のことである。つまり，エクササイズを介して自己開示することで，本音の交流ができるようになっているのである。

エクササイズには3つの思想とカウンセリングの諸理論・諸技法があることは先に述べた。リーダーはエクササイズの6つのねらいと行動変容の3側面（感情・思考・行動）を考慮しながら，流れのあるエクササイズの配列（プログラム）をする。その例として，「6つのねらいと行動変容の3つのボタンのマトリックス」（表1）を示す（國分・片野，2001）。

例えば，「トラスト・ウォール：信頼の壁」は基本形7，8人のグループで円陣をつくって，中に1人が入る。胸のところで両腕を交差させ，目を閉じて，周りのメンバーに身を任せる。ねらいは信頼体験である。身を任せるという行動を通して変容をねらっているのである。また，エクササイズに取り組んでいるときに，しばしば気持ちのひっかかりが生まれる。このひっかかりは何だろうと自問自答することによって，自己発見につながっていく。つまり，エクササイズが自分を映す鏡になっているのである。

●表 1　6つのねらいと行動変容の3つのボタンのマトリックス

	自己理解	自己受容	感受性の促進	自己表現・自己主張	信頼体験	役割遂行
感情	・簡便内観	・私は私が好きです。なぜならば… ・ライフライン	・みじめな体験（聞く側）	・私のお願いを聞いて	・別れの花束 ・私が全能の神ならば，あなたに…をあげたい	・受容と拒否
思考	・人生時計（第二部） ・それでどうしたいのですか。 ・そんなことにどんな意味がありますか。	・みんな違ってみんないい（じゃがいも）	・みじめな体験（聞く側）	・ペンネームの展覧会 ・ペンネームの由来 ・私は人と違います。なぜならば… ・自己概念カード	・別れの花束 ・私が全能の神ならば，あなたに…をあげたい	・受容と拒否
行動	・金魚鉢 ・エンプティ・チェア	・臨終体験 ・墓碑銘 ・未完の行為の完成	・人生設計（第一部） ・傾聴訓練	・アニマルプレイ ・紙つぶて ・新聞紙の使いみち	・ブラインドウォーク ・信頼の後倒 ・信頼の壁 ・天国への旅	・ワークショップにおける諸係の活動

出典：國分康孝・片野智治『構造的グループ・エンカウンターの原理と進め方：リーダーのためのガイド』（P123）誠信書房

3 シェアリング

シェアリングは現在 3 種類になった。エクササイズを行ったグループでする「ショート」のものと，インターグループシェアリングといって，ショート・シェアリングしたものを，グループ間でシェアリングするというものである。3 つめが全体シェアリング（community group sharing）」である。1 セッション 40 〜 90 分で構成される。

シェアリングは SGE では重要な働きをもつが，なかなかむずかしい。この目標は参加メンバーの感情および認知（見方・受けとめ方・考え方）の修正・拡大にある。例えば，「自由歩行」を体験していて，あるメンバーは「私は緊張していてとても不自由でした」と言う。またある人は「私は気持ちが解放されるようでした」と言う。緊張していた人も，自由だった人も自分とは違った感じ方をする人がいることを知ることから，自分のありようをみつめることになる。

このように同じエクササイズを体験しても，「感じたこと気づいたこと」は違う。これを開示し合うことで，参加メンバーの認知が修正・拡大される。エクササイズを通して体験した自己への気づきは，シェアリングを通していっそう整理され，確固たるものになり，定着することになる。

ショートのシェアリングは原則としてエクササイズに取り組んだ後に行われる。時間は 2 分から 10 分以内である。例えば「このエクササイズを体験してみて，感じたこと気づいたことを自由に語り合ってください。時間は 7 分とります」といったように，リーダーの指示で行われる。それが終わると「いま各グループでシェアリングしたことで，他のグループの人たちとシェアしたいことがありましたら，出してください」と言って，グループ間のシェアリング（大友，2010）を引き出していく。これは，全体シェアリングへの道筋としても，その効果が感じられることから，現在のワークショップのなかには入れている。

全体シェアリングは参加者全員が二重の円をつくる。これまでのセッションを通して感じたこと気づいたことを自由に話す（休憩時間や食事時間なども含む）。ここではメンバーが心理的に揺さぶられることがしばしばある。このようなときには，リーダーまたはスーパーバイザーが介入（応急処置のことで，例えば簡便法のカウンセリングをするなど）する。この介入がグループの中で行われるので，参加メンバーはここから気づきを促されることが多い。

 6 SGEの基本的な進め方

1 インストラクション

エクササイズのねらい・方法・意義をいうことである。インフォームドコンセントするのである。つまり，メンバーが納得して取り組めるようにするのである。インストラクションの要領は「簡にして要を得ている」ことである。

ここではリーダーの自己開示とデモンストレーションがものをいう。つまり「してみせる」のである。「百聞は一見にしかず」である。してみせることで，リーダーとメンバーのリレーションもついていくし，参加メンバーのレディネス（心の準備）が形成される。リーダーの自己開示は「させられた」という気持ちを予防することにもなる。

リーダーの自己開示の留意点は，メンバーどうしのリレーションの深まりぐあいをみて，開示内容の深さを調整することである。リレーション形成が十分でないと判断したときは「支障のない範囲で」とか「語れる範囲で」という言葉を添える。またリーダーが自己満足してしまうような開示はよくない。リーダーのカタルシスに終わるからである。

2 エクササイズへの取組み

参加者が実際にエクササイズを体験してみる。エクササイズのねらいは①自己理解，②自己受容，③感受性の促進，④自己表現・自己主張，⑤信頼体験，⑥役割遂行の6つになる。エクササイズを構成するときには，このねらいを意識することを求めたい。

“Which treatment to which individual (group) under what conditions”「どのような対処をするかは，その人（グループ）がどのような人（グループ）で，どのような状況にあるかによって決まる」（A. アイビイ，2004）。リーダーは，このような考え方に基づき柔軟に展開する。グループの状態をみながら，予定したエクササイズを取りやめて，別のエクササイズにすることもある。このような場合はスタッフ会議を開いて決定するとよい。

3 シェアリング

エクササイズを体験したあとに「感じたことと気づいたこと」を語り合う。その意味，やり方は先に述べたので，参考にしてほしい。ここでの自己開示によって，互いの本音の交流が促される大事な取組みである。よいシェアリングは，感情表現があるものである。

4 介入

SGEの進め方で特徴的なのは，リーダー（またはスーパーバイザー）の介入である。介入とは応急措置・割り込み指導のことである。割り込みとは，リーダーが必要に応じて口を挟んでいくことである。リーダーが介入することで，感情表現が促進されたり，より本音の交流が深まっていくことになる。リーダーとしての気概と技法が要求されるところである。介入のおもなポイントをあげる。

①参加メンバーがリーダーのインストラクションからはずれてエクササイズに取り組んでいる。

②シェアリングがエクササイズの続きになってしまっている。

③シェアリングで，あるメンバーが1人だけで時間を使っていたり，グループを仕切るようなことをしている。例えば，「この時間を1人で使ってしまったと感じている人，挙手してください」「このシェアリングで，自発的に自由に発言できなかったと感

じている人は挙手してください」と言って，メンバーの行動パターンに気づかせていくようにするのがリーダーの役目である。

④参加メンバーが他者のプライドを傷つけるような発言をしたとき。例えば，話をしない人に向かって「話をしないのはおかしい」などと言ってしまう。SGE には話すか話さないかはその人の選択であり，無理に話さなくてもよい。発言を強要されているような場合にメンバーを保護するために介入する。「いま発言を求められてどのような気持ちになりましたか？　あなたの思ったこと（感情）を言っていいんですよ。率直に言ってみてください」「あなたがいまどのように言い返したらいいのかわからないならば，私（リーダー）が適当なせりふを言いますから，言ってみてください」と。この場合はリーダーが補助自我になっている。補助自我とは「介添役」をすることをいう。

⑤メンバーが指導者ぶった言い方ばかりしたり，知的な言い方ばかりしている。例えば「いまの言い方をされて，あなたはどういう気持ちになりますか？」「理屈っぽいですね。感情を語るんですよ。気持ちを言ってみて」と割り込んでいく。

5　介入の必要性

なぜ介入が必要なのか。

第一は，参加者の心的外傷を予防するためである。心の準備のないところで，突然プライドを傷つけられる発言をされると，心理的委縮が起こる。グループの中で起こったことは，グループの中で解決することが基本であり，後々まで心理的な負担を残さないためである。参加者の人権を守るのがリーダーの役目になる。第二は，参加者に行動の仕方を学習させるためである。前述の介入例「どのように言い返したらいいのかわからないのなら，私が適当なせりふを教えますから，言ってみてください」というのは，自己主張の仕方を教えていることでもある。第三は，参加者に対して自分のなかに起きている抵抗を気づかせるためである。例えば，自分だけが話してしまうのは，沈黙に対する抵抗だったりするのであるから，そのことに気づくことが自己発見になり，防衛という鎧（よろい）がとれることにつながってくるのである。防衛がとれることによって真のふれあいと自他発見が促進される。

以上のように，SGE のリーダーは能動的である。

7　他のグループワークとの違い

SGE リーダーは，昨今多くのグループワークの方法があることを理解し，その違いに意識的であったほうがよい。例えば，対人関係ゲームは，田上不二夫が開発したものである。これは行動理論に基づいたものであり，逆制止法をもとに「不安を緩和する身体運動反応」としてゲームを用いている。遊びを通して「群れ」をつくっていくことで，コミュニケーションをつくり出していくことにポイントがある。

ネイチャーゲームは，1979 年，米国のジョセフ・コーネルによって開発された自然体験プログラムである。自然の不思議や仕組みを知ることで，自然と自分が一体であることに気づくことを目的にしている。ポイントは「自然への気づき」である。

グループワークは，課題を達成させることに主眼がある。その過程で，人間関係ができていくことが期待できるだろう。

以上，その違いを理解しながら，取り組むことが必要である。

第11章

サイコエジュケーション

吉田　隆江　　　片野　智治

サイコエジュケーション(psychoeducation)とは,「育てるカウンセリング」の一形態であり，予防・開発的なアプローチである。文科省の提唱する「心の教育」そのものであろう（國分，1998)。本稿ではその意味と内容，方法について考えてみたい。

1 なぜサイコエジュケーションなのか

私たちがよりよい生き方を選ぶとき，どのような考え方を基準にしていくのだろうか。親の価値観や社会の価値観に照らし合わせて，だんだんにその人なりの価値観が形成され，そうして選んでいくことになる。いままではそれが家庭の中で受け継がれてきたものであったと考えられる。しかし，現在，教育界で問題になっているように，家庭の教育力の低下だったり，地域の教育力の低下だったり，また多様な価値観が容認される世の中になっているので，実際にどのような考え方がよいのか，わからなくなっているというのもあるだろう。

文部科学省が「心の教育」という言葉を掲げたとき「心を教育などできるのか」といった声が聞こえていた。確かに，心は自由であるし，その人自身がどう選び，どう生きるかはその人自身そのものである。しかし，考えたり，判断したりするベースが欠如していたらどうだろうか。実は，よりよく生きるための考え方や感じ方，行動の仕方が育っていないことによって，うまく社会生活を営めないこともあるのではないか，と考えられる。

私自身も教師になってから生徒との関係がうまくいかないと悩むことがあった。それがカウンセリング，構成的グループエンカウンター(以下SGEと表記)との出会いのなかで，大きく変化することになった。つまり，自己の考え方の偏り（イラショナル・ビリーフ）があったがために，うまくいかなかったし，自分自身が生きづらくなっていたことに気づいたのだ。いままで多くのSGEにふれてきたが,そのなかで出会った多くの大人たちも，考え方が偏っていたり，見方が狭かったりして自分自身の生き方を狭めていたし，生徒へのかかわりの幅を狭めていた。大人でさえそうであるから，いわんや子どもたちは……ということになるであろう。

私が出会った高校生に「不安」を感じてうまく動けなくなる生徒がいた。そのときに「不安の意味」を教えたり，一緒に考えたりすると，うまく不安とつきあえるようになるという体験が何度かあった。これは個別カウンセリングのなかでの出来事だが，相談にくる生徒だけでなく，ひそかに悩んでいる生徒もいるのではないかと考えるようになった。それらを多くの生徒に伝え，考えるチャンスをつくることが必要ではないか。考え方がわかれば，対処の仕方もわかるということになるからだ。

心の中に起きてくる「自己の感情」とのつきあい方がうまくいかずに「キレ」てしまう子ども。あいさつ1つがうまくできないので，人間関係がうまくいかない青年，新人社会人。自分の価値観にこだわってしまって，子どもとの関係がうまくとれない親などがいることは，教育カウンセリングに興味・関心のある方々は，実感しているのではないか。だからこそ，このサイコエジュケーションが必要ではないか，といいたいのである。

2 サイコエジュケーションとは何か

1 定義と目的

(1)　定義

本節でいうサイコエジュケーションとは思考・行動・感情のいずれかの反応を修正，あるいは反応の選択肢を増やすためのプログラム，シェアリングなどの能動的技法を用いるカウンセリングの一方法である。その目的は，強い心（豊かな心）を育てることである。また，教育カウンセリングの一方法・一形態であり，「育てるカウンセリング」のことである。育てるとは「特定の行動，特定の考え方（ビリーフ），特定の感情へのとらわれから解放され，生活空間を広げられるように必要な教育指導をすること」を意味する（國分康孝『愛育通信』瀝々社　1996 pp88-91）。

(2)　目的

①新しい認知（考え方）の学習

思考の教育である。思考の教育は，複数の価値観にふれさせて，思考を練ることを目標にしている。思考は感情や行動の母体である。例えば，勉強は自分にとって意味がないと考えている生徒は，勉強がきらいだと感じているし，授業中集中して考えたり，書いたりする行動はとらないであろう。その人の考え方がベースにあって，その人の感情や行動が規定されるからである。思考が練られていないと，単純な感情（例：ムカつく，キレる）が誘発されるし，短絡的な行動（例：ムカつくと教師に言ってしまう，口げんかをする，手を出す）に走りがちになる。また，複数の価値観にふれていないと，感情体験の幅が狭められてしまうし，行動の柔軟性に欠けたりする。ときには異文化（世代）間の摩擦が生じやすくなる。例えば，自分の価値観だけがよいと思っている教師は，それと違った生徒の考え方は容易に受けとめることはできない，などである。

②新しい行動の仕方の学習

行動の教育は，行動の仕方や身の処し方を学習させることを目標にしている。最近では「ソーシャルスキル教育」が取り上げられているが，サイコエジュケーションの行動の仕方の教育として考えていくことができる。

社会性は「第二の知性といわれる」(片野，2004)。例えば，敬語が使えない人，謝意の表し方が下手な人，依頼をするときに心がこもっていない人，思いやり行動のとれない人などは，一般的には「社会性に欠ける」といわれている。TPOをわきまえた行動が取れないために，うまく社会適応できない青年が問題になっている昨今であるから，これらの行動の仕方を学ぶチャンスは必要になっている。

③新しい感情の体験

感情の教育は感情体験の幅を広げることを目標にしている。例えば，感謝の念，思いやり，いたわり，生命を大切にする気持ち，他者の痛みを感じる，というような感情は，自分で体験してみないとわからない。

ところで感情と一口でいうが，実はむずかしいことでもある。SGEを体験していると，感情を意識することはむずかしいことでもあることに気づく。思考は感情，行動の母体と先に記したが，「感情」が行動を規定していることも多い。例えば，なかなか動けないことの裏には「抵抗」という感情が潜んでいることがある。友達とうまくいかないその裏には「嫉妬」という感情が潜んでいることもある。しかし，なかなかその感情には気づかない。自己の感情に気づかない人は，他者の感情にも気づきにくい。思いやりの感情を育てるには，まず自己の感情を知る（例：人に冷たい言葉を投げかけられると，自分の気持ちが苦しくなったり，悲しくなる。言いたいけれど，言えないもどかしい気持ちがある。）ことからだろう。そうした，自己の感情への理解が，他者への共感を生む。SGEには，そうした体験の場があり，感情体験を広げてくれるわけである。自分とは違った感情が語られることを身近にみながら，感情体験の幅は実感として広がってくる。このような感情体験の幅が広がることによって，他者の感情に共感できる力も出てくるし，寄り添うこともできる。

感情教育の最高度のものが情操教育（道徳的・芸術的などといわれるような高次な価値を伴った感情体験学習）である。昨今，こういった教育がないがしろにされつつあるが，よりよく生きるためには，感情の教育は欠かせないのではないだろうか。芸術系の先生方の力に依るところが大きい。

以上，思考・行動・感情の教育がサイコエジュケーションの主たる目的だと述べてきた。この3つは円環になっているので，どこかが変化すると，他の部分も変わってくる。例えば，以前に数学が大の苦手な生徒と出会った。彼女の数学に対する考え方は，「私には必要ないもの」であった。ゆえに感情は「数学大きらい・授業は苦痛」ノートはとらないという行動だった。それが「卒業するには数学はクリアーしなければならないもの」に変わったときに，授業中の行動が変わり，やがて感情も変わってきたのである。もちろん，面接のときには，きらいで苦痛な時間と感じている生徒の感情を受けとめることからはじめたが。要するに，この3つが円環であることがわかっていただきたかったのである。

また，これらの教育は学校教育全般のなかにあるものであるともいえる。片野は「サイコエジュケーションは教師が学校で使えるカウンセリングを学び，それをベースにして行う教育指導全般のこと」だと述べているが，「カウンセリングをベースにした，思考，行動，感情の教育」というところに力点があることを意識していただきたい。

2 サイコエジュケーションの対象

サイコエジュケーションをする対象として，以下をあげたい。

①児童・生徒・学生　②保護者
③教職員　④その他社会人一般

小学校・中学校・高校・大学・専門学校などの学びの場所には，常にサイコエジュケーションのチャンスがある。また，保護者を対象にした場合，特に幼稚園の保護者にすることは意味がある。鉄は熱いうちに打て，である。年代ごとに，それぞれ子育てに悩む保護者にとって，カウンセリング的なアプローチを知ることは，子どもとの関係や保護者どうしの関係改善にも期待できるであろう。

先生方がこの考え方を学ぶことで，自己の思考・行動・感情を点検し，自分自身とのつきあい方，そして生徒とのつきあい方がさらに向上することにも貢献できるだろう。

3 サイコエジュケーションの学習形態

進め方には次の3つが考えられる。

①授業形式（ガイダンス・教授・講話・情報提供・説明など）

②ワークショップ形式(体験学習方式・ロールプレイ・エンカウンター・スキル訓練など)

③メディア形式（啓蒙書を指す・通信を出す・パンフレット・DVDを見る）

教えることが中心であれば，授業のように，一斉にすることが考えられる。知識として知ることが，その人の役に立つ場合があるからである。

ワークショップ形式の場合は，「肌で感じる学び」につながる良さがある。SGEの言葉でいえば「感情を伴った気づき」が得られる可能性が高くなる。サイコエジュケーションの進め方の主たる方法は，このワークショップ形式になっているので，教育カウンセラー自身が体験しておくことが，よりよいサイコエジュケーションにつながっていくことになる。体験学習をおすすめしたい。

学びの方法として，視覚型の人もいることがいわれている。授業では，聞くこと（聴覚）がおもになるが，そこが弱い人にとっては，このビデオ方式が役に立つのではないか。何度も見直すこともでき，自分のペースで理解できる良さがある。國分康孝先生の『「なりたい自分」になる心理学』（三笠書房）は，サイコエジュケーションの一般啓蒙書としての良書である。目的と自分の力量をかんがみて，適した方法をとればよい。

3 サイコエジュケーションの内容

國分（2003）はサイコエジュケーションの内容（思考・行動・感情の教育）を対象別（自分・他者・人生一般）に列挙している。以下の表1を参照されたい。

ここでは，どの年代にも必要で，応用可能なものをあげてみたい。

1 学習させたい「思考の教育」の具体例

(1) 考え方を変えれば，前に進める

論理療法の考え方を用いたものである。論理療法はABC理論といわれるが，Aという出来事がCという感情を呼ぶのではなく（一般にはそう考えられている），B＝ビリーフ，つまり受け取り方が，感情を呼び起こすと考える。筆者は高校で論理的な思考法を養う授業のなかで「大学入試に落ちた私は，生きていくことができない」とか「みんなから好かれない私はダメ人間である」「絶対失敗してはならない」などと記述された用紙を配布し，グループで検討してもらう。ここにあげたものは，高校生の多くが感じたことがあるようなものである。自分の問題として取り組みやすい。小学生なら「友達ができない私はダメな子だ」などと変えればいいし，「高校受験に失敗したら……」と変えれば，中学生の教材になる。「大学入試に落ちたからといって，人生が終わっているわけではない」「みんなから好かれるはずがない」「失敗することもあるのが人間だ」などと変えてくれる。言葉の使い方が変わると，気持ちも変わることが実感でき，是非知ってほしい考え方である。「〜でなければならい」「絶対〜だ」などと使うことが多い人は，イラショナル（非論理的）なビリーフをもっている可能性が高い。自己点検にも役立つので，知っていることは，人生を前に進めるための，よい方策である。

(2) 自己概念とリフレーミング

自己概念とは，自己理論の中心概念である。思い込みの自分像のことで，これは重要な他者の評価を摂取して形成される。これは個人の行動の内的準拠枠になっている。「私は」という言葉を刺激語にして続く文章を書いてもらうと「私はばかだ」「私は頭が悪い」と書いてくる生徒がいる。自分で自分をそうみている生徒が勉強にやる気を見いだせるはずはない。そこで，自己概念ということについ

●表１　サイコエジュケーションの内容

	自　分	他　者 （学校生活） （職業生活）	人生一般
思　考	創造的発想法・思考法 自己概念・リフレーミング 現在の私・自分にエールを！	人権教育 内観（文章法） 道徳教育（対他者）	意味への意志 生活信条・生きがい 脚本分析・自分史
行　動	ディスカウント 怒りの昇華・思考停止法 スタディスキル・時間の構造化	役割遂行，ストローク 感謝の仕方・依頼の仕方 傾聴法・交流分析	ボランティア体験 意志決定・キャリアアンカー 地域活動（例　青年会）
感　情	マインドサークル 君はヒーロー・ヒロイン 慚愧の念・後悔の解消	思いやり・いたわり 主張反応 内観，私はあなたが好きです。なぜならば	二分の一成人式 充実感・生きがい感 人生にエールを！

て簡単に講義をして，自己の見方を変えることで，自己成長があることを教える。「私は人見知りです」「私は前向きな人です」「私は細かいことにこだわらない人です」「私はよく舌たらずだといわれる人です」などと書いた紙を椅子の上に置いて，それを見て歩くという「展覧会」をする。他者がどのように自分を見ているのかを知るだけでも，人生のたしになるだろう。その後は，リフレーミングである。「私は舌たらずだといわれる人です」より「私は話のくどくない人です」「私はキーポイントを話せる人です」というふうに考えれば，人前で話すときの，気持ちも行動も変わってくるはずである。「だらしのない人です」から「細かいことにこだわらない人です」と変わってからの私は，気持ちが楽になり，整理能力も少しは向上している。

４人グループになって，マイナスと感じている友達の自己概念をリフレーミング（枠組みを変える）してあげるのである。大学生には評判のよい課題になっている。

小学生でも自分で自分をどう見ているか，人は自分をどう見ているのかがわかるだけでも，役に立つだろう。高学年から，中学・高校の思春期にも自己を客観的にみつめることができるようにすることは，心理的安定を得るために大事な教育である。

(3)　内観（文章法）

内観とは「してもらったこと」「してかえしたこと」「迷惑をかけたこと」を身調べによって，みつけていく方法である。SGE では簡便内観として多くの支持者を集めるエクササイズの１つになっている。これを各自が文章にしてみることで，他者との関係を見直すことができるのである。「あなたはどんなときに，だれから，どんなことをしてもらいましたか」と文章記述していくことを求める。

例えば「私は２，３歳のころ，いちばん上の兄に抱っこしてもらったり，おんぶしてもらいました」「私は高校生のころ，母にお弁当をつくってもらっていました」と。小学生なら「私はきのう，○○ちゃんに消しゴムをかしてもらいました」「お母さんに，好きなおやつをつくってもらいました」と書くだろう。「去年クラスでいじめられそうになったとき，○○さんに助けてもらいました」などと中高生は記述するかもしれない。この体験は，他者とのつながりを感じさせてもらうエクササイズであり，自然と感謝の念がわいてくる。「感謝するもの」でなく，「感謝したくなる」。そういう感情体験がついてくるのである。

2 学習させたい「行動の教育」の具体例

(1)　ディスカウント

ディスカウントとは値引きするという意味である。交流分析に依拠する。ここでは自分の存在価値を値引きするような言動に気づくことをねらいとする。例えば，高校生がよく使うのは「おれはばかだから」「どうせやっても無理なんですよ」である。大人では「今度の私の受賞はほんとうに運がよかったからですよ」「これはまぐれ当たりに等しいことですよ」というような言動は，自分の努力と努力を惜しまなかった自分を値引きするようなものである。自己を値引きすることは，一方では「甘えの心理」が働いているともいえる。「おれはばかだから」といって，本来の自分がやるべきことを許してもらおうという心理が働いているのである。このような心理構造を学習することで，自己の言動のゆがみに自ら気づけば，行動は変化し得る。他者が指摘しても，自分が真に感じないと動けないのが人である。

(2)　役割遂行

これは学級の中の会計係，学習係，体育・保健係というような固定的な係活動とは違う。「隠れた役割」の発掘がねらいである。片野がかつて学級担任をしていたときのこと。担任は毎日放課後の掃除のときに，教卓と教壇をぞうきんがけしていた。そのときに黒板ふきをかって出た生徒がいた。以後，彼にそれを依頼した。彼は黒板を塗り立てのように毎日きれいにふいた。そういう彼をクラスメイトのだれもが一目おくようになった。担任の臨機応変なかかわりに，彼の隠れた部分が発揮される機運となったのである。人は自分に慣れている役割をとりたがる。自己の行動パターンが安心できるからである。しかし，違った行動をとることによって，自分の行動できる範囲の広がりに気づくこともある。たかが役割，されど役割なのである。

(3)　スキル訓練

スキルトレーニングということも，サイコエジュケーションの行動の仕方を鍛える1つである。例えば傾聴法。ロールプレイングの方法を使いながら，体験的に学習したい。

これは「あなた」を大事に思う気持ちを伝える（受容），大事なところをもう一度言う（繰り返し），私も同感だよと伝える（支持），「あなた」への好意的な関心を伝える（質問），言外の意味や感情を察知して伝える（明確化），目顔の語るところを察知する（参加的観察）というようなスキルを教えるものである。話し手が「話しやすかった」「聞いてもらった」「受け入れてもらった」という感じを実感できる聞き方ができるようになるとよい。このスキルは年代に関係なく，人生をよりよく生きるためには，何度も練習する価値がある。

このほか，あいさつの仕方，頼み方，断り方など，生活の技法としてのスキル教育が必要な時代になっている。詳しくは，中級テキストを参照することをおすすめする。

3 学習させたい「感情の教育」の具体例

(1)　自己主張・主張反応
“assertive response”

行動療法に主張反応という技法がある。気概や勇気に欠けると，言いたいことがあっても自己主張ができない。ここぞというときに言うべきことを主張しないと，他人からの依存の対象にはならない，後悔することになる。私も以前は主張することができなかった。言う勇気がなかったのである。そこで，エンカウンターが役に立った。「私のお願い聞いて」「紙つぶて」というエクササイズのなかで，その気概が養われたのである。教師自身のなかに勇気がなければ，生徒に勇気を教えることはできないだろう。自分が体験してみて，心身で納得できたことは，自然とできるようになるものだと感じている。生徒のなかにも「言いたくても言えない」と悩んでいるものは多い。大人も同じである。SGE を体験していると「主張できない，してはならない」と多くの人が悩んでいることがわかる。サイコエジュケーションとして，「人は自己主張する権利をもっているし，他者も同様に権利をもっている」というアサーションの考え方を学んだり，エンカウンターで気概を体験的に学んだりすることは，非常に意味がある。

この体験を，教室では生徒どうしのリレーションが形成されたところで，ロールプレイングで学習させるのがよい。

(2) 怒りの昇華

ここでいう怒りは他者に向けられた憎悪であり，他者を破壊するような攻撃性のことである。これが高じてくると暴力や殺傷行為にもつながる可能性がある。それゆえに昇華する（社会的に容認される方法で解消する）必要がある。例えば，河原で大声を出すとか，段ボール箱を思いきりけとばすとか，モグラたたきを懸命にするのもよい。

人は怒りの感情をだれでももつことがあることを教えることで，その感情を受けとめることができるようになる。次項のマインドサークルなどで，自己のなかに起きる感情に関して理解が深まることによって，「感情そのもの」に振り回されなくなる。

(3) マインドサークル

ここ一週間の出来事を思い出し，そのときの感情を思い出し（3 分間），それをマインドサークル（直径 10 センチの円）の中に表現するものである。この方法の原型は村上彰美の「学級経営に果たす回想法」（1999）である。ここでいう回想法は認知症治療の方法で，これを村上が教育場面に応用したのである。

描画法の 1 つで，描画を介して感情を意識化するところにねらいを設定しているので，感情の教育法になる。

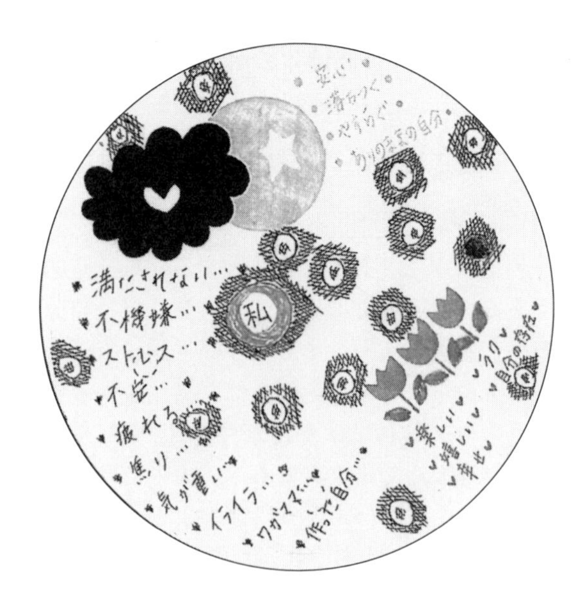

●図 1　マインドサークル

図 1 のマインドサークルからもわかるように，さまざまな感情が出されている。高校生の悩み（大人にもあるが）のなかに「自分が感じていることがわからない」というのがある。心のなかが整理できないのである。マインドサークルで，自分のなかの感情を表現してみることで視覚化され，それを自分で見ることで，よりよく自分が見えてくることになる。仲間とすることで，言葉では言いにくい感情が互いに共有されていくという良さもある。またこの方法を知ることによって，1 人でも日常的にできる。

自己の感情を整理できれば，対処の仕方はわかってくるであろう。小学生は小学生なりに，中高生は中高生なりの感情表現をすることが，自己の感情とうまくつきあえるようになることだと考える。

4 サイコエジュケーションの方法

ここではサイコエジュケーションのおもな方法論（教授法）と，その実施上の留意点についてふれる。

1 方法論（教授法）

(1)　SGEの活用

すでに本稿でも述べてきているが，この原理と技法をサイコエジュケーションに生かすことはきわめて有効である。SGEは國分康孝・國分久子が提唱・実践している「ふれあいと自他発見」を目的とする心理教育技法であり，教育カウンセラーとして身につけておきたいものになっている。サイコエジュケーションをするにあたり，学級の人間関係ができていることが前提になるからである。例えば，スキル教育をしたくても，生徒の関係がよくなければ，やれる状態にはならない。学級の人間関係づくりでは，SGEはふれあい形式を主眼にして行われる。その生徒どうしのリレーションを基盤に，自他発見に重心をシフトして，リーダーの教育色を強めたエンカウンターを学級教育のなかで行うと効果的なサイコエジュケーションができる。

(2)　心理分析法

企業の人間関係で，部下が自分のきらいな上司の心理分析をして，上司の行動のパターンやその意味を探るという方法が使われる。これと類似しているのが，文学作品に登場してくる主人公の心理理解である。文学作品には人間の心の秘密を学ぶものがたくさんある。例えば米山（1985）は，超自我人間の自己犠牲―三浦綾子『塩狩峠』，現実との接触を妨げた理想自我―中島敦『山月記』など，15作品を扱っている。

筆者は，『山月記』の中で，主人公李徴の心理分析を「李徴は……です」と書き出させながら，一方自分自身のことは「私は……」と書いてもらうことによって，李徴と自己との比較検討をさせたこともある。文学作品の作品理解とともに，主人公の心理がより自分の感情体験とともに，深く理解されていくという体験をした。芥川龍之介『鼻』『蜘蛛の糸』なども，中高生に適した心理分析のできる作品であろう。

(3)　描画法

すでに「マインドサークル」で説明したものである。描画と心理の関係については，さまざまな観点から研究が行われてきた。その知見は多い。図工や美術の授業で，心理に興味のある教師ならば，この方法を使って，授業にアクセントをつけたり活性化したりすることが可能である。学級担任なら，特別活動の時間などに，この描画法を活用できる。

例えば，片野は「現在の私」（図2）という課題で描画を大学生に活用してきた。1辺が15センチの正方形の厚紙を学生に配布。「ここに『現在の私』をカラフルに描写してください。多色のマーカーペンやクレヨンを使ったりして，こんなふうに（作品を例示する）……現在の私の心理描写を試みてください」「作品ができ上がったところで，小グループでシェアリングしますね」と。描画を素材にしたシェアリングをする（描画よりもシェアリングのほうに重心を傾ける）ので，思考の教育に役に立つ。

(4)　音楽療法の活用

情操教育である。音楽は心をいやす。音楽

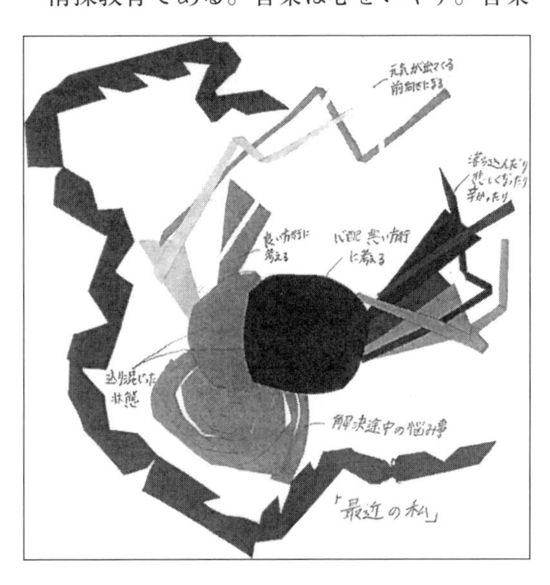

●図2　「現在の私」

の教師はこれを活用することで，効果的なサイコエジュケーションが展開できる。

歌を歌ったり，楽器を弾いたり，名曲といわれるものを聞きながら，生徒はどのような感情体験をするのだろうか。そういうことをシェアリングすることで，互いの感じ方を共有できるとよいだろう。感情の教育に役立つ。

(5) ロールプレイング（ソーシャル・ドラマ）

ロールプレイは寸劇で行う役割演技のことである。これにはサイコ・ドラマとソーシャル・ドラマの2種類がある。ソーシャルスキルトレーニング（例：心のこもった感謝の仕方や依頼の仕方，断り方）やアサーショントレーニング（例：人権を守る自己主張スキル訓練），コミュニケーションスキル訓練などのスキル学習は，後者に属する。

筆者らが実践しているスキル学習（ロールプレイ）の手順は，以下のとおりである。まず，学習者の体験を掘り起こす（例：感謝されてもいっこうにうれしくなかった事例や，頼まれて気が重くなってしまった事例をあげる）。どこをどのように改善したらよいかを検討する（例：拝み倒されたという感じだったので，相手側に断る余地を残したほうがよい，ありがとうといわれたけれど口調が素っ気なかった）。改善点をもとにしてロールプレイのシナリオづくりをする。目顔（表情）や口調にもふれる。教師がデモンストレーション（してみせること）する。次は，実際にロールプレイをしてみる。終わった後に，相互にフィードバックし合う（よかった点と改善点）。最後は強化法によるコメントをする。

(6) 役割交換法

役割を交換して，ロールプレイングを行う方法である。例えば，子どもの気持ちがわからなくて困っている母親がいる。学級担任や教育カウンセラーが母親の役割をとり，母親にはA君になってもらう。そして，ある場面を想定して，ロールプレイングしながら，互いの感情を感じていくのである。相手になってみることで，体験的に相手の感情や考え方をみつめることができる。実際の場面を再現してみることで，行動の教育にもなるし，感情の教育にも有効である。

(7) 自己説得法（論理療法）

すでに感情の教育のところで，説明したものである。非論理的思考“irrational belief”という概念は論理療法REBT：“Rational Emotive Behavior Therapy”の鍵概念である。論理療法ではイラショナル・ビリーフが悩みの源泉であると考える。國分康孝は「考え方を変えれば悩みは消える」という主題で，日本に初めて論理療法を紹介した。すなわち悩みの源泉である思考を変えることが論理療法の骨子である。

B子さんは「私はクラスのすべての人と仲よくしなければならない」という受けとめ方をしていた。しかし，すべての人と仲よくするには相手の欲求や考え方を受け入れたり，すべての人に対して好感をもたなければならなくなるので，現実にはとうてい不可能である。このようなビリーフによって我が身を縛ってしまうから，かえって本音と本音の交流ができなくなってしまう。そこで「クラスの多くの人と親しく交わりたい」とか「クラスのみんなと親しくできることに越したことはない」というようにビリーフを変える。前者は願望を述べているので論理的である。後者はマイベストをいっているので論理的である。このように論理的なビリーフには脅迫観念がない。“should”“must”にとらわれていない。以上のような論理的なビリーフを繰り返し繰り返し自分に言い聞かせるのである。これが自己説得法である。このような考え方を知らなければ，自己説得もできない。サイコエジュケーションの意味である。これは，思考の教育に是非必要なことである。

2 実施上の留意点

(1) 試行錯誤と「効率的かつ効果的」に

教育カウンセリングを進めるにあたって，どの場面でもいえることだが，試行錯誤と「効率的かつ効果的」な方法を追求することである。筆者らは國分康孝・國分久子の主宰するSGEのワークショップの中で，この姿勢を学んできた。前者は，案ずるより産むがやすし，当たって砕けろという姿勢である。物事は最初からうまくいかない。失敗を怖がらず，行動の実験をするようなつもりで「してみよう」という姿勢である。後者は入念な事前の会議や途中のスタッフ会議やワークショップが終わってからの反省会を欠かさないという態度である。これらが効率的かつ効果的な方法論を導きだすことになる。2人は，アメリカ・プラグマティズムの姿勢をこのように貫いている。これらの姿勢・態度がサイコエジュケーションを進めるにあたっても必要であると考える。

(2)　リレーション

サイコエジュケーションを受講する学習者とのリレーション形成が必要である。リレーションがないと，教えるほうも学習者も自己防衛する。自己開示がなくなる。言い方も表層的になってしまう。すなわち本音の表出がない。これではサイコエジュケーションの効果が半減してしまう。つまり，本音で核心に迫るようでなくては，教育効果は高められないということである。

(3)　導入（意味づけ，動機づけ，心の準備）

教授者はサイコエジュケーションで学ぶことの意味づけをする必要がある。これは通常の授業にもいえることであるが，学習者が学びの意味や目的を自分のものとしていなくては，学習効果が半減する。SGEでは強制的にやらせるのではなく，選択できる自由をもっている。その考え方はサイコエジュケーションにも当てはめることができる。例えば片野の導入の例を紹介しよう。「今日のサイコエジュケーションの課題『思考停止法』のねらいは，ささいなことなのに頭から離れない，そのことを思っていると堂々めぐりしていて，やりきれなくなるという場合の克服法です。このような思考は『非生産的』です。だからやめたほうがよい。でもよい方法がない。そこでこの思考停止法を学習するのです」。次に，まず教授者が自分のことを語る。「あのねぇ，ぼくも人生の持ち時間が少なくなってきたんですよ。ときどき『死』について考える。つまり死んだらこの体は焼かれるんだよね。あの小さな骨つぼに入れられるんだよね。それからこのぼくはどうなるのか……と。このような思考は堂々めぐりで何も生み出さないんですよ。だから『シンキング・ストップ』『シンキング・ストップ』と自分に対して繰り返すんです」と。

このような導入によって，取り組む課題の意味づけや動機づけをし，心の準備をする。それぞれの年代，教師の持ち味を生かした説明の仕方をすればよい。

(4)　ルールの設定

安心したなかで実施するためには，話し方のルールを設定することである。人の言動を非難したり批判したりしない。相手を故意に傷つけるような言い方をしないなど。年代に合わせた言葉を考えて提示してほしい。

(5)　教育カウンセリングの理論や技法を学ぶ

サイコエジュケーションの教授者にはカウンセリングの素養が必要である。カウンセリングがベースにあるのが，サイコエジュケーションだと書いたとおりである。また，SGEの方法を生かしているので，SGEの体験もあったほうがよい。これもすでに述べたことである。

(6)　実施場面の設定

総合学習の時間，特別活動，学級（HR）活動，保護者会などで実施が可能であろう。また，先に例示したように，授業のなかでも実施が可能である。以上，実施者の創意工夫に期待するところである。

第12章 キャリアガイダンス

海藤　美鈴

小学校では2020年度，中学校では2021年度から新学習指導要領が全面実施，高等学校では2022年度の入学生から年次進行で実施された（幼稚園では，2018年度に新幼稚園教育要領が実施され，特別支援学校は，小・中・高等学校学習指導要領に合わせて実施）。

新学習指導要領において，目指す「生きる力学びの，その先へ」を実現していくため，児童生徒の発達の支援のひとつにガイダンスとカウンセリングの双方による支援が，総則と特別活動に挙げられた。新学習指導要領では教育課程が，学校と社会や世界との接点となり，子供たちの成長を通じて現在と未来をつなぐ役割を果たしていくことが期待され，次の6点が改善された。

①「何ができるようになるか」
（育成を目指す資質・能力）

②「何を学ぶか」
（教科等を学ぶ意義と，教科等間・学校段階間のつながりを踏まえた教育課程の編成）

③「どのように学ぶか」
（各教科等の指導計画の作成と実施，学習・指導の改善・充実）

④「子供一人一人の発達をどのように支援するか」（子供の発達を踏まえた指導）

⑤「何が身に付いたか」（学習評価の充実）

⑥「実施するために何が必要か」
（学習指導要領等の理念を実現に必要な方策）である。

そこで，ガイダンスとカウンセリングの場や機会の適切な設定，ガイダンスとカウンセリング機能の充実については，学校教育全体にかかわる課題として，教育活動全体で行っていく。つまり，ガイダンスとカウンセリング機能が発揮される中核となる生徒指導や進路指導は，学校の全教育活動を通じて行う。その中でも特に，「人間関係形成」，「社会参画」，「自己実現」の育成を目指す特別活動においては，生徒指導，進路指導，キャリアガイダンスやキャリアカウンセリング機能が果たす役割が大きい。

1　日本におけるキャリア教育の定義

「キャリア教育」とは「初等・中等・高等教育，成人教育の諸段階で，各発達段階に応じ，キャリアに入り，進歩するように準備する，組織的・総合的教育」であり，「生涯を見通した生き方を考えさせる教育」とも呼ばれる。

2011年，中央教育審議会「今後の学校におけるキャリア教育・職業教育のあり方について（答申）」において，「一人一人の社会的・職業的自立に向け，必要な基盤となる能力や態度を育てることを通して，キャリア発達を促す教育である。」と定められた。

2020年度から2022年度実施の小中高等学校新学習指導要領，第1章総則　第4生徒の発達の支援　1生徒の発達を支える指導の充実にキャリア教育の充実を改めて明示した。
【小学校】(3) 児童が，学ぶことと自己の将来とのつながりを見通しながら，社会的・職業的自立に向けて必要な基盤となる資質・能力を身に付けていくことができるよう，特別活動を要としつつ各教科等の特質に応じて，キャリア教育の充実を図ること。
【中学校】(3) 生徒が，学ぶことと自己の将来とのつながりを見通しながら，社会的・職業的自立に向けて必要な基盤となる資質・能力を身に付けていくことができるよう，特別活動を要としつつ各教科等の特質に応じて，キャリア教育の充実を図ること。その中で，生徒が自らの生き方を考え主体的に進路を選択することができるよう，学校の教育活動全体を通じ，組織的かつ計画的な進路指導を行うこと。
【高等学校】(3) 生徒が，学ぶことと自己の将来とのつながりを見通しながら，社会的・職業的自立に向けて必要な基盤となる資質・能力を身に付けていくことができるよう，特別活動を要としつつ各教科・科目等の特質に応じて，キャリア教育の充実を図ること。その中で，生徒が自己の在り方生き方を考え主体的に進路を選択することができるよう，学校の教育活動全体を通じ，組織的かつ計画的な進路指導を行うこと。

それゆえ，学校におけるキャリアガイダンス（進路指導）は，卒業時の進学や就職の出口指導ではなく，児童・生徒のキャリア発達を促すことによって，児童・生徒が自己の生き方を考え，主体的にキャリア（進路）を選択・決定し，生涯にわたって自己をよりよく生かしていくことのできる能力・態度を育成することのできる教育活動である。

そのためには，「キャリア」と「キャリア発達」の意味をよく理解しておく必要がある。

2　キャリア（career）とは

進路「キャリア」の解釈・意味づけは，多様であり，時代の変遷とともに変化してきている。「キャリア」(career) は中世ラテン語の「馬車」(carrus) を語源とし，運ぶ (carry) からの派生語であり，「馬車道」(carraria) であり，「人生のわだち」にもたとえられている。「狭義のキャリア」は職業，職務，職位，履歴，進路であり，「広義のキャリア」は生涯の個人の人生とその生き方そのものであり，人生のなかでその人が積み重ねてきたすべての経験といわれる。

日本の学校教育におけるキャリア (career) は，「個々人が生涯にわたって遂行するさまざまな立場や役割の連鎖およびその過程における自己と働くこととの関係づけや価値づけの累積である」(2004年1月28日) とした (「キャリア教育推進に関する総合的調査研究協力者会議の報告書」)。

その後，2011年には，「人が，生涯のなかでさまざまな役割を果たす過程で，自らの役割の価値や自分と役割との関係を見いだしていく連なりや積み重ね」(中央教育審議会「今後の学校におけるキャリア教育・職業教育のあり方について（答申）」(2011年1月31日)) とした。すなわち，「生き方の教育」である。

3　キャリア発達とは

社会のなかで自分の役割を果たしながら，自分らしい生き方を実現していく過程を「キャリア発達」という。(中央教育審議会「今後の学校におけるキャリア教育・職業教育のあり方について（答申）」(2011年1月31日))

キャリア発達は，知的，身体的，情緒的，社会的発達とともに促進される。その意味で，キャリアの発達の理解には，まず「一人一人の能力や態度，資質は段階をおって育成される」ことを理解しておく必要がある。

4 キャリア教育で育成すべき力

1 キャリア発達にかかわる「4 領域 8 能力」

国立教育政策研究所生徒指導研究センターでは，「職業観・勤労観をはぐくむ学習プログラムの枠組み（例）」（2002 年 11 月）」を開発し，キャリア発達を促す視点に立って，将来自立した人として生きていくために必要な具体的な能力や態度として，「4 領域 8 能力」を構造化した。

①人間関係形成能力
［自他の理解能力］［コミュニケーション能力］
②情報活用能力
［情報収集・探索能力］［職業理解能力］
③将来設計能力
［役割把握・認識能力］［計画実行能力］
④意思決定能力
［選択能力］［課題解決能力］

以上のキャリア発達にかかわる 4 領域 8 能力の育成プログラムが国立教育政策研究所生徒指導研究センターから示された。

2 キャリア発達にかかわる「基礎的・汎用的能力」

しかし，「今後の学校におけるキャリア教育・職業教育のあり方について（答申）」（2011 年 1 月 31 日）では，キャリア発達にかかわる能力を 4 領域 8 能力から，「基礎的・汎用的能力」と改めた。「基礎的・汎用的能力」は，「人間関係形成・社会形成能力」「自己理解・自己管理能力」「課題対応能力」「キャリアプランニング能力」の 4 つの能力によって構成されている。

4 能力は，学校や地域の特色，専攻分野の特性や子ども・若者の発達の段階によって異なると考えられる。各学校においては，この 4 つの能力を参考にしつつ，それぞれの課題を踏まえて具体的な能力を設定し，工夫された教育を通じて達成することが望まれる。その際，新学習指導要領を踏まえて育成されるべきである。

(1) 人間関係形成・社会形成能力

多様な他者の考えや立場を理解し，相手の意見を聴いて自分の考えを正確に伝えることができるとともに，自分のおかれている状況を受けとめ，役割を果たしつつ他者と協力・協働して社会に参画し，今後の社会を積極的に形成することができる力である。

この能力は，社会とのかかわりのなかで生活し仕事をしていくうえで，基礎となる能力である。特に，価値の多様化が進む現代社会においては，性別，年齢，個性，価値観などの多様な人材が活躍しており，さまざまな他者を認めつつ協働していく力が必要である。また，変化の激しい今日においては，既存の社会に参画し，適応しつつ，必要であれば自ら新たな社会を創造・構築していくことが必要である。

さらに，人や社会とのかかわりは，自分に必要な知識や技能，能力，態度を気づかせてくれるものでもあり，自らを育成するうえでも影響を与えるものである。具体的な要素としては，例えば，他者の個性を理解する力，他者に働きかける力，コミュニケーションスキル，チームワーク，リーダーシップなどがあげられる。

(2) 自己理解・自己管理能力

自分が「できること」「意義を感じること」「したいこと」について，社会との相互関係を保ちつつ，今後の自分自身の可能性を含めた肯定的な理解に基づき主体的に行動すると同時に，自らの思考や感情を律し，かつ，今後の成長のためにすすんで学ぼうとする力である。

この能力は，子どもや若者の自信や自己肯定感の低さが指摘されるなか，「やればできる」と考えて行動できる力である。また，変化の激しい社会にあって多様な他者との協力や協働が求められているなかでは，自らの思考や感情を律する力や自らを研鑽する力がますます重要である。これらは，キャリア形成や人間関係形成における基盤となるものであり，とりわけ自己理解能力は，生涯にわたり多様なキャリアを形成する過程で常に深めていく必要がある。具体的な要素としては，例えば，自己の役割の理解，前向きに考える力，自己の動機づけ，忍耐力，ストレスマネジメント，主体的行動などがあげられる。

(3) 課題対応能力

仕事をするうえでのさまざまな課題を発見・分析し，適切な計画を立ててその課題を処理し，解決することができる力である。

この能力は，自らが行うべきことに意欲的に取り組むうえで必要なものである。また，知識基盤社会の到来やグローバル化などを踏まえ，従来の考え方や方法にとらわれずに物事を前に進めていくために必要な力である。さらに，社会の情報化に伴い，情報および情報手段を主体的に選択し活用する力を身につけることも重要である。具体的な要素としては，情報の理解・選択・処理など，本質の理解，原因の追究，課題発見，計画立案，実行力，評価・改善などがあげられる。

(4) キャリアプランニング能力

「働くこと」の意義を理解し，自らが果たすべきさまざまな立場や役割との関連を踏まえて「働くこと」を位置づけ，多様な生き方に関するさまざまな情報を適切に取捨選択・活用しながら，自ら主体的に判断してキャリアを形成していく力である。

この能力は，社会人・職業人として生活していくために生涯にわたって必要となる能力である。具体的な要素としては，学ぶこと・働くことの意義や役割の理解，多様性の理解，将来設計，選択，行動と改善などがあげられる。

意欲や態度と関連する重要な要素として，価値観がある。価値観は，人生観や社会観，倫理観など，個人の内面にあって価値判断の基準となるものであり，価値を認めて何かをしようと思い，それを行動に移す際に意欲や態度として具体化するという関係にある。

また，価値観には，「なぜ仕事をするのか」「自分の人生のなかで仕事や職業をどのように位置づけるか」など，これまでキャリア教育が育成するものとしてきた勤労観・職業観も含んでいる。子ども・若者に勤労観・職業観が十分に形成されていないことはさまざまに指摘されており，これらを含む価値観は，道徳をはじめとした豊かな人間性の育成はもちろんのこと，さまざまな能力の育成を通じて，個人のなかで時間をかけて形成・確立していく必要がある

5 キャリアガイダンス (career guidance)

1 キャリアガイダンスとは

キャリアガイダンス（career guidance）は，進路指導（文部省，1994）と呼ばれている。この起源は，1908年ボストンの職業局を解説したパーソンズ（Parsons,F. 1909）の『職業選択（Choosing a Vocation）』に示されている。日本では，1927年に職業指導が導入され，1958年の学習指導要領以後，「職業指導」から「進路指導」へと変更された。

2 キャリアガイダンスの基本的性格

学校教育におけるキャリアガイダンス（進路指導）は，次のような基本的性格を有している（文部省，1994）。

①キャリアガイダンスは，生徒自らの生き方についての指導・援助である。

②キャリアガイダンスは，個々の生徒の職業的発達を促進する教育活動である。

③キャリアガイダンスは，一人一人の生徒を大切にし，その可能性を伸長する教育活動である。

④キャリアガイダンスは，生徒の入学当初から，毎学年，計画的，組織的，系統的に行われる教育活動である。

⑤キャリアガイダンスは，家庭・地域社会・関係諸機関などとの連携・協力が特に必要とされる教育活動である。

3 キャリアガイダンスの6つの活動

(1) 児童・生徒理解を深め，自己理解を得させる

教師が，児童・生徒一人一人を理解するために，個人資料を収集する。この方法は，観察法・面接法・調査法などがある。

次に，児童・生徒が自己理解を図る方法として，おもに4つある。

①「自己分析」による自己理解

自分の長所や短所，将来何をやりたいかなど自分の将来や夢，希望，興味などに焦点化して自己分析し，自己理解を深めさせる。

②「自分史」による自己理解

家族から情報を集めて，自分史（自叙伝）による自己理解を深めさせる。

③「就職適性検査」や「職業レディネステスト」などの検査やテストをもとにした自己理解

④職場見学や体験，進路先学校行事の見学や体験，インターンシップボランティア活動など，啓発的な体験を通して自己理解を深める。

(2) 進路情報の収集活動

- 進路への関心を高める情報資料
- 産業や職業に関する情報収集
- 上級学校に関する情報収集
- 職業観形成の援助に関する情報収集
- 進路先の選択・徹底に関する情報収集
- 新しい環境への適応と自己実現に関する情報収集

これらの情報資料を，生徒の発達段階や個々人の問題意識や興味・関心に応じて提供することが肝要である。

(3)「啓発的経験」を得させる活動

生徒が啓発的経験を通して，自己の適性や興味を確かめたり，具体的な進路情報の獲得に役立つ。生徒の観念的で抽象的な理解を現実的な理解へと導くという意味で，キャリア発達を促す活動として重要である。

(4)「キャリアカウンセリング（進路相談）」の機会を与える活動

生徒が進路や職業の選択，キャリア形成に関して自己理解の援助や情報の提供・職業紹介などの援助を受けることで，より適切な選択の可能性を自ら開発するための個別または集団によるキャリアカウンセリングである。

また，渡辺（2001）によれば，キャリア発達の視点に立って，将来の生活設計と関連づけながら，現在の職業選択を援助したり，他のさまざまな生活上の役割（親・配偶者・市民などの役割など）とのバランスを考慮に入れながら，自分の生き方を考え，実行に移すのに必要な力を育てることが重要である。

キャリアガイダンスの諸理論には，特性因子論的カウンセリング，来談者中心的カウンセリング，精神分析的カウンセリング，開発的カウンセリング，行動的カウンセリングなどがある。（詳しくは，『教育カウンセラー標準テキスト　中級編』（図書文化社）参照）

(5) 進路選択・決定に関する指導援助活動

この活動は，卒業後の進路（進学・就職）先を実際に選択して，その進路が達成（実現）できるように指導・援助する活動である。

生徒の進路への目的意識や進学動機を明確にし，将来の職業生活を展望したうえで，主体的な進路決定がされるよう十分留意しながら指導・援助する必要がある。

(6) 卒業生への「追指導」に関する活動

追指導とは，それぞれの生徒が卒業後，新しく迎える生活においてよりよく適応し，進歩向上していくことができるように，卒業後も引き続き指導・援助の手を差し伸べる活動である。（文部省，1994）と定義されている。

①文書や電話などで，卒業者と連絡をとる
②進学先の学校や事務所を直接訪問する
③卒業者をある特定の場所に招集して行う

以上の3とおりの方法があり，在学中に築かれた生徒との信頼関係に基づいて，卒業後の新生活（進学・就職など）への適応を援助していく活動である。

6 キャリアガイダンスのプログラム

1 全体計画と個別計画

キャリアガイダンスを計画的，継続的，組織的，効果的に実践するためには，具体的なプログラムを作成し，学校全体計画として学校の教育課程に位置づけていくことが大切である。

キャリアガイダンスは，人間としての生き方を考えさせながら一人一人の児童・生徒のキャリア発達の援助をめざすので，進路指導・学業指導・心理教育的指導など幅広い領域を対象とする。活動内容も，児童・生徒・学生に向けての個別カウンセリングだけでなく，保護者や学級・学年・学校間などの集団に対してのガイダンスやカウンセリング・コンサルテーション・コーディネーションなど多岐にわたる。活動も教科・道徳・特別活動・総合的な学習の時間など学校教育全体を通じて横断的に展開されるために，学校全体計画が必要である。

文部科学省『キャリア教育の手引き』を参考のうえ作成した「キャリア教育全体計画」などをもとに，発達段階別（小学校から大学まで），領域別（進路指導），活動場面別（学年・学級活動別），活動対象別（児童・生徒，保護者，地域，関係諸機関など）などの年間計画や個別計画の立案が必要である。

2 学校組織のガイダンスプログラム

学校教育全体でキャリア教育を進めていくことになるが，学校教育では，授業も学級活動も保護者会も集団に働きかける場合が圧倒的に多い。そのため，キャリア教育全体計画をもとに，キャリア教育目標でめざす学校像，生徒像を明確にする必要がある。大別すると2領域あり，1つは生徒のキャリア発達課題，2つめは，生徒の環境課題である学校組織・教師・保護者・地域へのガイダンスである。

(1) 学校組織へのガイダンス
- キャリア教育年間計画の立案と支援
- 学校組織へのコンサルテーション
- 地域と連携したキャリアプログラム企画
- 外部組織との窓口機能
- 生徒および保護者への講話や説明会
- 学年集団や学級集団の育成の仕方

(2) 教師へのガイダンス
- 教師のセルフヘルプグループへの支援
- 教師の研修会の企画
  (SGE，対話のある授業，保護者対応，ピアグループスーパービジョン)

(3) 保護者・地域との連携ガイダンス
- 職場体験などのコーディネート
- 学校間連携のコーディネート
- 保護者と教師のリレーションづくり

●表1　学級活動でのキャリアガイダンスのプログラム（例）
（基礎的・汎用的能力と援助活動）

	援助活動	キャリア教育で育成したい能力			
	おもな活動方法（おもな活動内容）	人間関係形成 社会形成能力	自己理解 自己管理能力	課題対応能力	キャリア プランニング能力
1年生の題材の流れ	SGE（自己・他者理解）	親友づくり 親子関係	自己・他者理解		
	プレゼンテーション（目標・組織・分担）	クラスづくり 下級生として	係・部・委員会		
	作文（夢と実現のための）		私の夢	必要な資格など	将来の夢描き
	計画表作成（進路学習計画）			学習内容把握 進路計画の作成	卒業までのプラン
	SGE（得意と不得意）		個性と自分		
	調査とジグソー学習（働くことの学習）		自分の適性	働く人たち	
	スピーチ大会（めざす生き方）		私の生き方		将来の生き方 人生観
2年生の題材の流れ	SGE（学級充実プラン）	クラスの発展 上級生として	自己の役割		
	SGE（計画実践の工夫）			生き方と学習	生き方について
	進路適性検査（PASカードなど）		個性と進路		
	体験とロールプレイ（職場体験・発表）	大人の社会		さまざまな価値観	職業の世界
	ピアカウンセリング（自己課題と解決）		私の悩み		
	パネルディスカッション（さまざまな価値観）		私の生き方	価値観	私の生き方
3年生の題材の流れ	SGE（悔いのない生活）	クラスの発展 最上級生として			進路決定の学年
	調査とジグソー学習（調査・発表）			学ぶ制度と機会	
	サイコエジュケーション（自己主張・話し方）		自己PR		
	進路相談（個性と進路検討）		自己分析整理	進路情報検討	
	進路相談（個性と進路選択）			進路設計の改善	進路の選択
	サイコエジュケーション（ソーシャル・スタディスキル）	進路実現準備	進路実現の準備	進路実現の準備	進路プラン
	作文（将来の私）	進路先での 心構え	これからの私	進路先の抱負	
	キャリア計画作成（キャリアプランニング）		私の人生設計 就職・結婚・老後		将来設計 キャリアプラン

（『教育カウンセラー標準テキスト』中級編（図書文化社）「キャリア発達」の「基礎的汎用的能力」に合わせて作成）

3 学級活動のガイダンスプログラム

キャリア教育は，学校教育全体で進められるが，中核的な展開は学級活動である。そこで，集団活動で分析，検討，解決された課題を自己へ適応し，自己理解や実践意欲を高めていくのがキャリアカウンセリングである。

特別活動における「学級活動」では，次の活動内容がある。

(1) 適応と成長および健康安全
　ア．思春期の不安や悩みとその解決
　イ．自己および他者の個性の理解と尊重
　ウ．社会の一員としての自覚と責任
　エ．男女相互の理解と協力
　オ．望ましい人間関係の確立
　カ．ボランティア活動の意義の理解と参加
　キ．心身ともに健康で安全な生活態度や習慣の形成
　ク．性的な発達への適応
　ケ．食育の観点を踏まえた学校給食と望ましい食習慣の形成

(2) 学業と進路
　ア．学ぶことと働くことの意義の理解
　イ．自主的な学習態度の形成と学校図書館の利用
　ウ．進路適性の吟味と進路情報の活用
　エ．望ましい勤労観・職業観の形成
　オ．主体的な進路の選択と将来設計

そこで，表1の「学級活動でのキャリアガイダンスのプログラム（例）」（基礎的・汎用的能力と援助活動）を参考に学校と生徒の実態に合った学級活動のガイダンスプログラムを計画することが肝要である。

7 キャリアカウンセリング

1 「ガイダンス」と「カウンセリング」

ガイダンス（guidance）は「指導」，カウンセリングは「相談」と訳される。『生徒指導の手引き』（文部省，1970）では，ガイダンスを「生徒指導」と訳し，人生教育・生き方指導としている。

ガイダンスのねらいは，人生に立ち向かう能力や態度の育成であり，自立・自律（self-reliance）の育成にあり，5つの教育方法（ストラテジー）がある。

①カウンセリング（相談）
②アクション（コーディネーションなど）
③アドバイス（助言）
④情報提供（進路・健康・職業）
⑤ティーチング（ソーシャルスキル）

1950年代は，カウンセリング（精神分析理論・自己理論・特性因子理論）を引き立てガイダンスの科学性・客観性を高める動きが出てきたが，本来はガイダンスの一部がカウンセリングである。2000年代は，ガイダンスの全領域にカウンセリングの発想（発達課題の解決と成長）と方法（inter-personal 人間アプローチまたは個体と環境の相互関係に立つアプローチ）が浸透し，ガイダンスとカウンセリングが融合して「ガイダンスカウンセリング」というコンセプトが生まれた。

ガイダンスとカウンセリングについて，2020年学習指導要領第1章の総則の第4の1の（1）「主に集団の場面で必要な指導や援助を行うガイダンスと，個々の生徒の多様な実態を踏まえ，一人一人が抱える課題に個別に対応した指導を行うカウンセリング（キャリアガイダンス）の双方により，児童生徒の発達を支援すること。」と示している。キャリアガイダンスは，児童生徒一人一人の学校生活への適応や人間関係の形成，進路の選択などを実現するために行われる教育活動である。単にガイダンスやカウンセリングに多くの時間を費やせばよいというものではなく，児童生徒の行動や意識の変容を促し，一人一人の発達を促す働きかけとしての両輪として捉える。

2 キャリアカウンセリング

キャリアカウンセリングは開発的カウンセリングの一種であり，一般的には「職業選択およびキャリア開発のためのカウンセリング」を指すことが多い。

キャリアカウンセリングは，キャリアガイダンスと密接に関連している。ガイダンスの個別指導の徹底という意味からもキャリアカウンセリングは重要である。一般的にカウンセリングの機能としては，3つある。

①**治療的カウンセリング**

適応上の問題や精神障害など心理的な問題をもった者を対象として，その解決や治療を行う。

②**予防的カウンセリング**

問題が生じないように，事前にその原因となるものの発生を予防したり，不適応にならないように対処したりする。

③**開発的カウンセリング**

通常の生徒や健全な生徒をより積極的な対象として，一人一人の生徒の発達課題を明確化し，その達成をめざし援助することである。そして，最高の能力を発揮できるように高め，人間の発達を促進する。

キャリアカウンセリングは，基本的には開発的カウンセリングの立場に立っている。

3 開発的カウンセリングの技術と方法

①発展的な見地から自己評価させる
②必要に応じ視野を広げるために有効な情報を提供する
③激励する
④発達段階に応じた計画を樹立する
⑤自己探求や自己分析，解釈を助ける
⑥解釈の過程で明確化を図る
⑦考え方や行為，計画に対する承認
⑧発達の評価を行う
⑨長所の再強化をする

このように，キャリアカウンセリングは教育啓発的，発達促進的なかかわり方で，全児童・生徒を対象とする。

4 キャリアカウンセリングの定義

文部科学省の「キャリア教育の推進に関する総合的調査研究協力者会議中間報告」(2004年1月）では，「学校におけるキャリアカウンセリングは，子どもたち一人一人の生き方や進路，教科・科目などの選択に関する悩みや迷いなどを受けとめ，自己の可能性や適性について自覚を深めさせたり，適切な情報を提供しながら，子どもたちが自らの意思と責任で進路選択できるようにするための個別またはグループ別に行う指導援助である」とし，キャリア発達を促すためには，児童・生徒一人一人に対するきめ細やかな指導・援助を行うキャリアカウンセリングの充実はきわめて重要であると指摘されている。

5 キャリアカウンセリングのプロセス

キャリアカウンセリングは，学級担任や進路指導主事や進路担当の教師がおもにあたり，キャリアカウンセリングの流れの基本は以下のとおりである。

①相談の開始と人間関係の確立
②来談目的，問題の処理，自己理解の程度などの明確化
③来談の目標，当面の理解を要する問題を明らかにする
④問題解決と自己理解を図る
⑤現実吟味をさせる
⑥意思決定と次の行動の計画を立てさせる

6 キャリアカウンセリングで使用する検査類

①職業レディネステスト（VRT）
②職業適性検査
(GATB：厚生労働省編一般適性検査)
③内田クレペリン精神作業検査，
KN クレペリン作業性格検査

④エゴグラム（TEG，TAOK）
⑤進路成熟度尺度（CMAS-4）
⑥中学・高校生のための「進路成熟尺度」（日本進路指導協会）
⑦ R-CAP for teens（リクルート）

これらの検査で適正に収集された情報をもとに，気づかなかった志向性や自信や興味・関心を客観的にとらえ，自分の今後の進路をよりよく考えるための資料として活用していくことが大切である。

7 キャリアガイダンスツールの活用

1「キャリア・パスポート」

文部科学省は，2020年4月までの「キャリア・パスポート」の実施に向けて，例示資料及び指導上の留意事項について取りまとめ，学校等における「キャリア･パスポート」導入を計った。「キャリア・パスポート」は学校，家庭及び地域における学習や生活の見通しを立て，学んだことを振り返りながら，新たな学習や生活への意欲につなげたり，将来の生き方を考えたりする活動を行う際に，児童生徒が活動を記録し蓄積する教材等を活用することとした。小学校から高等学校までの9年間及び，その後の進路も含め，学校段階を越えて活用できるようなものとなるよう，各地域の実情や各学校及び学級における創意工夫を生かした形で活用する。

「キャリア・パスポートの定義」としては，児童生徒が，小学校から高等学校までのキャリア教育に関わる諸活動について，特別活動の学級活動及びホームルーム活動を中心として，各教科等と往還し，自らの学習状況やキャリア形成を見通したり振り返ったりしながら，自身の変容や成長を自己評価できるよう工夫されたポートフォリオのことである。なお，その記述や自己評価の指導にあたっては，教師が対話的に関わり，児童生徒一人一人の目標修正などの改善を支援し，個性を伸ばす指導へとつなげながら，学校，家庭及び地域における学びを自己のキャリア形成に生かそうとする態度を養うよう努めなければならない。また，「キャリア・パスポート」は，家族や教師，地域住民等が対話的に関わることで，児童生徒が自己有用感の醸成や自己変容の自覚に結び付けられるような対話を重視することとした。各学校においては，キャリアガイダンスやキャリアカウンセリングの際の児童生徒理解に有効に活かすことができる。また，児童生徒においては，自己理解を深めキャリアプランを描くことに生かすことができる。

2「キャリア・インサイト」

独立行政法人労働政策研究・研修機構では「キャリア・インサイト」というパソコンによるキャリアガイダンスシステムを2015年試行し運用を実施。高校生を中心に，個々の適性や価値観の共通認識を行うため，キャリアガイダンスツールの「キャリア・インサイト」を使う機会が増えている。行動特性や仕事への価値観もプロフィールとなってパソコンの画面上に表示される便利なツールである。「キャリア・インサイト」の利点は3つある。まず，生徒の気持ちや価値観をグラフや表で可視化でき，結果を共有することができる。また，若年者など相談者が未熟な場合，自分を表現する言葉に乏しいため，ツールの利用で，適切に自己を表現する言葉を引き出すための一助となる。そして，生徒自身による納得のいく意思決定が重要であり，それを支援するための助けになる。評価結果は，キャリアカウンセリングが大切である。

各種ツールは場面や目的に応じて使い分けることが，キャリアガイダンスとしての支の中身を幅広く，バラエティを持たせて深めるために有効である。

第13章

個人的・社会的発達

犬塚　文雄

 1 個人的・社会的発達と教育カウンセリング

本章は，子どもたちの個人的・社会的発達を支援していくうえで，教育カウンセラーとしてどのような基本姿勢と実践が求められるか，その実際を明らかにすることを目的としている。

ところで，國分康孝は，教育カウンセリングを「子どもたちが6つの発達課題（学業，人生設計，自立，人間関係，健康，グループ・組織）をこなしていくのを支援する教育活動」であるととらえている。本章のテーマである個人的・社会的発達は，この中の「自立」と「人間関係」に直結するものであり，広くとらえると，さらに「健康」「グループ・組織」を含めたものといえるであろう。

また，中野良顯が邦訳したアメリカのスクールカウンセリングプログラム国家基準（C・キャンベル，C・ダヒア，2000）には，子どもたちの全人的発達支援の柱となる3領域として，

個人的・社会的発達（personal-social development）
学業発達（academic development）
進路発達（career development）

の3つが位置づけられている。さらに，個人的・社会的発達の具体的内容として「生きるものの命を愛し，安全と生存のための能力を学び，自分自身を知り，対人関係能力を育てて，社会的場面で自己の価値と存在を実感し，所属感を高め，協力して仕事をし，ともに楽しむことができるようになること」が示されている。

こうした個人的・社会的発達のとらえ方に多大な影響を及ぼしたものとして，全米教育協会（NEA）が中心となって押し進めた1970年代のカリキュラム改革があげられる（詳しくは，伊東博訳『人間中心の教育課程』）。そのなかで改革の柱となったのが，カリキュラムⅠ（教科の見直し），カリキュラムⅡ（集団参加と人間関係），カリキュラムⅢ（自己理解と自己実現）の3領域である。

このうちⅡが社会的発達に，Ⅲが個人的発達にかかわる領域であることはいうまでもないであろう。全米教育協会によれば，Ⅱが「人間であること」（to be a human being）の主として社会的な側面を扱う領域であるのに対して，Ⅲは人間であることの主として個人的側面を扱う領域となることが記されている。ちなみに，カリキュラムⅢでは，「すべての児童・生徒が1人の人間として（as a person）の自己自身を発見し，自己尊重（self-respect）の正当な根拠を見いだし，『わたしはどんな人間なのか？』（“Who am I ?”）という，だれでもがもっている疑問について満足できる解答を見つけていく」ことが目標として掲げられている。

さて，日本の公教育においては，個人的・

社会的発達にかかわる具体的内容はどのように位置づけられているのであろうか。

教育課程編成の基準となる学習指導要領のなかで，そのあたりが最も集約して示されているのが，学級活動（高校はホームルーム活動）の内容である。ここでは以下に，2008年改訂の中学校学習指導要領からその部分を抜粋してみたい。

> (2) 適応と成長および健康安全
> ア．思春期の不安や悩みとその解決
> イ．自己および他者の個性の理解と尊重
> ウ．社会の一員としての自覚と責任
> エ．男女相互の理解と協力
> オ．望ましい人間関係の確立
> カ．ボランティア活動の意義の理解と参加
> キ．心身ともに健康で安全な生活態度や習慣の形成
> ク．性的な発達への適応
> ケ．食育の観点を踏まえた学校給食と望ましい食習慣の形成

なお，学級活動の内容（3）には，学業発達と進路発達にかかわる具体的内容が位置づけられており，高校のホームルーム活動の内容（3）でも，同様な扱いとなっている。

以上，本節では，個人的・社会的発達が，アメリカと日本の公教育のなかでどのように扱われているかを整理した。

今日，アメリカのスクールカウンセラーが3つの領域をカバーし，しかも個別の治療的カウンセリングだけでなく，集団を対象とした予防的・開発的カウンセリングもその守備範囲としているのに対して，臨床心理士を中心とした日本のスクールカウンセラーは，どちらかといえば，個人的・社会的発達領域での個別の治療的カウンセリングに力点がおかれてきた傾向があることは否めないであろう。

今後，日本の教育カウンセラーには，アメリカのスクールカウンセラーと同じ広い領域の守備範囲で，子どもたちの全人的発達支援のための業務を遂行することが期待されている。

2　人格形成と教育カウンセリング

子どもたちの全人的発達支援，とりわけ，個人的・社会的発達支援を通して，教育カウンセリングは何をめざすのであろうか。

その中心となるものが人格形成である。本節では，まず，人格をどのようにとらえるか，その基本的フレームワークを概説し，そのうえで，教育カウンセラーとして，人格形成をめざす教育活動にどのように携わっていったらよいかを具体例を通して明らかにしていきたい。

1　人格とは

「人格」という言葉は，今日，パーソナリティの訳として用いられることが多い。

このパーソナリティについて，オールポート（Allport, G. W. 1961）は，「精神身体的組織（psycho-physical system）をもった個人内の力動的体制（dynamic organization）であって，彼の特徴を表す行動と思考とを決定するものである」と定義している。この定義では，特に，人格を静的・固定的なものとしてではなく，常に変わりゆく力動的なものとしてとらえている点が注目に値する。しかも，その力動性には，単に環境に適応するだけでなく，それについて思考をめぐらし，よりよい環境につくり変えていくといったアクティブな響きも感じ取れる。このあたりが，数多くの人格に対する定義があるなかで，オールポートのものが代表としてよく取り上げられ

るゆえんであろう。

なお，人格（personality）の類似語としては，性格や気質などが一般に広く用いられている。

オールポートは「**性格**（character）とは評価された人格であり，人格は価値評価を離れた性格である」と述べ，性格のほうに倫理的意味あいをもたせた使い分けを行っている。いっぽう，**気質**（temperament）については，「それは情動的刺激に対する感受性・反応の強さと速さ，一般的な気分の質・気分の動揺など，個人の情動性の特徴的な表れであって，体質に依存すると考えられるものである。したがって遺伝的に決定されるものであろう」と指摘している。ここでは，気質を，人格形成の素質的基盤をなすものとして位置づけている点が特徴といえる。

2 人格の構造

人格は，力動的体制（dynamic organization）をもつ1つの統合体として，本来は分析しがたいものである。ただ，人格形成をその目標に掲げる教育活動において，これまでに人格を大きく3つの領域に分けてとらえる考え方が定着してきている。

その源流となったものが，ペスタロッチ（Pestalozzi, J. H.）の『白鳥の歌』（1826）に示された精神力（頭）・身体力（手）・道徳力（心臓）の3つの基本力である。ペスタロッチは，この3つを人格形成の柱として，その調和的開発を重要視している。

プラグマティズムの教育学者であるデューイ（Dewey, J.）も，人格を3つの構成要素から成り立っているととらえ，3要素がそれぞれ最大限に発達し，しかも調和的に統合された姿が理想的人格像であると指摘している。その構成要素とは，

①社会的興味（social interest）
②社会的知性（social intelligence）
③社会的実践能力（social power）

の3つである。

まず，①で問題そのものに関心をもち，②でその問題の背景に何がありどうしたらよいかを考え，③で実際に問題解決に取り組むといった3要素の関連性が示されているが，これは，問題解決能力を中核として構築された人格論といえるであろう。

もう1つ，人格の構造を3つの領域でとらえた代表的なものとして，ブルーム（Bloom, B.）の教育目標分類（taxonomy）をあげてみたい。これは，

①認知的領域（cognitive domain）
②精神運動的領域（psychomotor domain）
③情緒的領域（affective domain）

の3領域で構成されている。

それぞれ，①は知識・技術の理解を，②は技能の習得を，③は関心・意欲・態度の育成を，主たる守備範囲としているものである。このブルームの3領域が，教育評価の基準として示されている指導要録の観点別評価のよりどころとなっていることはいうまでもないであろう。

以上，人格の構造を大きく3つの領域に分けてとらえる代表的な考え方を概説してきた。3つの考え方に共通している点として，繰り返しになるが，3つの領域が個人の人格を構成する基本的要素として抽出されていること，その調和的開発が志向されていることの2点をあげることができよう。

3 人格形成と教育カウンセラー

國分康孝は，教育カウンセリングの目的を「発達課題の解決と人間成長への援助」ととらえ，その目的達成の方法として，13のアプローチをあげている。すなわち，①構成的グループエンカウンター，②キャリア教育・進路指導，③サイコエジュケーション，④グループワーク，⑤対話のある授業，⑥個別面接・簡便法，⑦マネジメント，⑧コーディネーション，⑨クライシス・カウンセリング，⑩

特別なニーズへの対応，⑪システムサポート，⑫サポートグループ，⑬ガイダンスカリキュラム，がそれである。それぞれのアプローチの詳説については，他の章にゆだねるが，このなかでも，子どもたちの人格形成に直接的にかかわるアプローチに関しては，前項で取り上げた3つの領域を意識した実践が，教育カウンセラーには強く求められている。

例えば，構成的グループエンカウンター（以下SGE）の実践においては，いきなりエクササイズに入る前に，まずは，エクササイズのねらい・ルール・手続きを明確化するためのインストラクションが大事にされている。これはブルームの認知的領域（知識・技術の理解）への注目の表れといえるであろう。そのうえで，エクササイズやシェアリングを通して，精神運動的領域（技能の習得）と情緒的領域（関心・意欲・態度の育成）をめざす支援が，教育カウンセラーには求められていくことになる。

また，グループワークの実践においても，いきなりグループ活動に入る前に，まず，与えられた課題やおかれた状況に対するメンバー一人一人の興味・関心を掘り起こすための個人検討の時間が大事にされている。これは，デューイの社会的興味（問題そのものに関心をもつ）への注目の表れといえる。そのうえで，グループ検討ならびに活動を通して，社会的知性（何が問題でありどうしたらよいかを考える）と社会的実践能力（実際に協力して課題の解決に取り組む）の発揮を促す支援が，同様に教育カウンセラーに求められてくる。

いずれにしても，教育カウンセリングの実践においては，その主体となる教育カウンセラーに対して，人格形成の3領域への目配り（意識化）とその調和的開発（harmonious development）が期待されているといえるであろう。

3　社会性の育成と教育カウンセリング

個人的・社会的発達支援をいい表す言葉としては，これまで，個性の伸長と社会性の育成（または，涵養）が一般的に用いられてきた。本節では，後者の社会性の育成について概説する。まず，社会性をどのようにとらえるか，その代表的な知見を呈示し，そのうえで，教育カウンセラーとして，子どもたちの社会性育成をめざす教育活動にどのように携わっていったらよいかを，具体例を通して明らかにしていきたい。

1　社会性とは

國分久子は，社会性（social maturity）について，「社交性とは異なる概念である。社交性は対人関係のスキルであるが，社会性は現実原則（世の中のルール）を，どのくらい学習しているかというパーソナリティの問題である。（中略）社会性の学習は態度の学習であり，社交性の学習はスキルの学習である。そして社会性も社交性もともに社会化の結果である。」と指摘している。この規定の特徴は，社会性を，人格形成の3領域のなかでも，特に情緒的領域（態度）に力点をおいてとらえている点である。それに対して，社交性は精神運動的領域（スキルの習得）に位置づけられている。

こうした狭義のとらえ方に対して，門脇厚司（1999）は，社会力という造語を用いて，広義の意味づけを行っている。従来，社会性という用語が，いまある社会に適応することを第一義としており，望ましい社会を構想し，それをもとに社会をつくり替えていくことを意味してこなかった経緯を踏まえて，社会力を「人が人とつながり，社会をつくり，そして社会をつくり替えていく意欲であり，能力のことである」と規定している。この規定の特徴は，単に環境に適応するだけでないといった点で，オールポートのパーソナリティの規定に相通じるものが感じとれることと，デューイの人格の構成要素の１つである社会的実践能力（social power）とまさにオーバーラップしている点である。

筆者は，狭義と広義のいずれのとらえ方にも今日的意義を見いだしている。前者は，子どもたちの社会的規範意識の低下が叫ばれている今日，われわれに再認識が求められている大事な規定である。後者も，新たな社会体制や秩序づくりが求められている今日，その変革の担い手に必要な資質がこめられている，これまた大事な規定である。

2 社会性の育成と教育カウンセラー

前項では，社会性を規定する狭義と広義の代表的なとらえ方を概説してきた。それでは狭義と広義の両方の意味あいを含めた社会性を育成するにあたり，教育カウンセラーに何が求められているかを明らかにしていきたい。

ところで，社会性の表出を表す用語として，今日，**向社会的行動**（prosocial behavior）が一般に用いられている。この類似語としては，思いやり行動や愛他行動が知られている。また向社会的行動に対比する用語としては，**反社会的行動**（antisocial behavior）と**非社会的行動**（asocial behavior）が，特に，後述の生徒指導上の問題として取り上げられることが多い。

子どもたちの反社会的・非社会的行動を予防し，向社会的行動を開発する実践が，教育カウンセラーには何よりも求められているのである。こうした予防・開発的カウンセリングをどのように展開していったらよいのであろうか。その手だてとしては，教育カウンセリングの方法として國分康孝が整理している13のアプローチを，あるときは単独で，またあるときはいくつか組み合わせて用いることが考えられる。

その際，教育カウンセラーとして留意しなければならない点は，前節で取り上げた人格形成の３領域への意識化である。反社会的・非社会的行動を予防し，向社会的行動を開発するためには，まず，情緒的領域への働きかけが必要である。具体的には，**共感的態度**（empathic attitude）の育成があげられる。この態度を育成するうえで，13のアプローチのなかでも，SGEや対話のある授業，個別面接，簡便法，サポートグループなどは有効な方法といえよう。

とりわけ，SGEは，向社会的行動を開発する手だてとしてだけでなく，例えば，反社会的行動を予防する「非行予防エクササイズ」（押切久遠，2001）や非社会的行動を予防する「エンカウンターで不登校対応が変わる」（川端久詩ほか，2010）など，予防を含めた社会性の育成全般にわたる代表的なアプローチとして注目されている。

次に求められるのが認知的領域への働きかけである。具体的には，**役割取得**（role taking）**能力**の育成があげられる。役割取得能力とは，一般的には，他者の視点を理解し，自他の視点を調整できる能力を指す。この能力を育成するうえで，13のアプローチのなかでは，サイコエジュケーションやガイダンスカリキュラムなどが有効な方法といえよう。また，渡辺弥生（2001）は，役割取得能力の提唱者であるセルマン（Selman, R. M.）の５段階の発達段階別プログラムを日本の子どもたち向けに再構成している。プログラム内容としては，認知的領域のみならず，情緒的領域や精神運動的領域を包含した総合的な人格形成プログラムとなっている点が特徴的である。

さらに，教育カウンセラーに求められているのが精神運動的領域への働きかけである。具体的には，ソーシャルスキルの育成があげられる。このスキルを育成するうえで，13

のアプローチのなかでは，サイコエジュケーションのなかのソーシャルスキル教育が最も有効な方法といえるであろう。ソーシャルスキルトレーニングの詳説については他の章にゆだねるが，従来，個別トレーニングとして医療分野で発展してきたこの方法は，近年クラスワイドの集団を対象としたソーシャルスキル教育として学校現場に徐々に浸透し始めている。いずれにしてもソーシャルスキルトレーニングは，狭義の意味での社会性の育成を図る手だてとして，子どもたちの社会的規範意識の低下が叫ばれる今日，ますますその必要性が高まっていくものと思われる。

4 生徒指導の諸問題

子どもたちの人格形成，とりわけ，個人的・社会的発達を支援していくうえで，これまで学校教育の「要」となってきたのが生徒指導である。ところが，その要としての役割が十分果たされずに，逆に，さまざまな問題が露呈し，生徒指導実践をより困難なものとしている状況がうかがわれる。その代表が，深刻な非行やいじめ・不登校などの子どもたちの問題行動への対応であろう。

これらの問題行動への対応の詳説については，他の章にゆだね，ここでは特に，個人的・社会的発達支援の基本にかかわる 3 つの困難点について検討を加えていきたい。

1 生徒指導の光と影

筆者は，1990 年から教育系の大学院で，主として現職教員を対象に，生徒指導の講義と演習を担当している。生徒指導の授業を担当していて従来から気になっていることは，現職教員が抱えている生徒指導に対する否定的イメージの強さである。

これまで，否定的イメージの多くが，一般に用いられている形態分類（表 1）でいえば，消極的生徒指導の影の部分に注目した回答（例えば，強制・押しつけ・監視・取調べなど）で占められてきている。最近目につくのは，例えば，自由のはき違えを容認するような子どもたちへの迎合や甘やかし・見え透いたおせじやご機嫌とりなどといった積極的生徒指導の影の部分に注目した回答である。

●表 1　生徒指導の形態分類

形態＼対象	消極的生徒指導	積極的生徒指導
全校児童・生徒	○安全確保のための管理 ○きまりの遵守	○個性・良さ・持ち味の開発援助 ○発達課題への支援
一部の児童・生徒	○ルール違反の児童・生徒への毅然とした対処	○ＳＯＳを発している児童・生徒の心の傷をいやす手だて

消極的と積極的の 2 形態が，生徒指導のいわば車の両輪をなすことは論をまたないであろう。ところが，生徒指導の実践的な流れのなかで，消極的生徒指導の光の部分にあたる安全の確保，その代表的な手だてとしてのヘルバルト（Herbart, J. F.）の管理（Regierung）が，子どもたちを縛りつける部分が突出して，彼らの人格や存在を傷つけ否定するような管理主義的脅しの対応へと変質してきている状況がうかがわれる。

同様に，積極的生徒指導の光の部分にあたる自由の保証，その代表的な手だてとしてのロジャーズ（Rogers, C. R.）の受容（acceptance）も，子どもたちへの共感的理解を伴わない，ただ彼らのいうことを反射的に繰り返す形だけのポーズとしての受容，すなわち，受容主義的おだての対応へと変質してきている状況がうかがわれる。

ところで，子どもたち一人一人の個性・良さ・持ち味を引き出す開発的カウンセリングが現場に浸透していくなかで，現職教員の間に，「積極的生徒指導がよくて消極的生徒指導はよくない」といった二項対立的にとらえる傾向や，消極的生徒指導の行使への萎縮傾向が一時期みられたが，問題となるのは消極的生徒指導の影の部分であることを再確認しておきたい。

マズロー（Maslow，A. H. 1954）の欲求の階層モデル（図1）をひもとくまでもなく，児童・生徒の基本的欲求といえる安全の欲求が充足されるためには，安全確保をめざした消極的生徒指導が重要となってくる。なぜなら，その土台なくしては積極的生徒指導がめざす自己実現の欲求の充足はきわめて困難なものになるといえるからである。

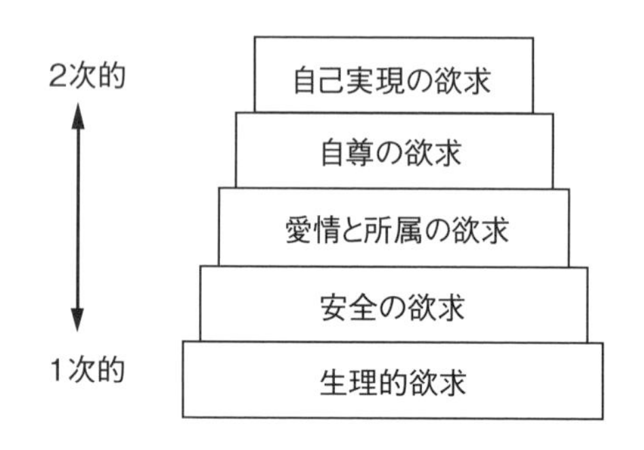

●図1　マズローの欲求の階層モデル

いずれにしても，表1の形態分類はあくまでも便宜的なものであり，生徒指導の実践の多くは，まさにこの境界ラインで執り行われているといえるであろう。例えば，校門指導としての昇降口での見取りは，一般的には消極的生徒指導に位置づけられよう。ただ，多くの教師は，服装や髪型の乱れをチェックしつつ，一人一人の表情や仲間関係の変化を見取り，必要があればチャンス相談に持ち込むといった，消極・積極の両方に目配りした実践を行っているのである。

2 予防的生徒指導―ガイダンスカリキュラム実施上の留意点

國分康孝が示した教育カウンセリングの13のアプローチの1つであるガイダンスカリキュラムが，最近，予防的生徒指導の観点から注目されている。例えば，月刊誌『指導と評価』の2012年6月号の特集は「ガイダンス・カリキュラム」であり，また，さいたま市や横浜市，川崎市をはじめ，全国の教育委員会で作成された，特に，いじめや不登校問題の予防をめざしたガイダンスカリキュラムが，教育課程に位置づけられ導入されている。

ただ，筆者が心配しているのは，ガイダンスカリキュラム（以下，GCと略記する）がどんな方向で導入され実践されているかである。GCは決して万能ではない。GCが，子どもたちの学級適応を促進する手だてとなるためには，支持的風土を高める方向で実施することがまず求められる。逆に，重苦しい防衛的風土を強める方向でGCを行うと，子どもたちが学級に背を向けたり，あるいは，不登校の引きがねになったりしかねないのである。著者は，ギッブ（Gibb,J.R.）の提唱するこの支持的風土を高める方向でGCを実施するために，教育カウンセラー，特に，担任教師に求められているものとして，以下の6点に注目している。

①安易な活用は禁物

GC関連の資料やテキストが最近多く出回っているが，こうしたソフトをマニュアルどおりに実施しようとする担任を見かけることがある。子どもたちのやらされ感を強めないためにも，クラスの子どもたちの実態やニーズに見合うようなソフトのアレンジや改良が望まれる。そのままではなく担任のひとひねりが，支持的風土の醸成につながるのである。

②自由で楽しめる場の確保

子どもたちの重苦しい雰囲気（防衛的風土）をゆるめる手だてとしては，アイスブレーキングが有効である。過度の緊張を氷（アイス）にたとえ，それを打ち砕く（ブレーキングする）ことを指すが，短時間でできるレクゲームはその代表であり，GCの導入段階での実施が望まれる。

③安全で安心できる場の確保

子どもたちがGCに安心して取り組むためには，ねらいとルール・手続きの3つの明確化が求められる。これらがあいまいであると安心して取り組めないことが，振り返りシートの自由記述から明らかになっている。

④個を生かす配慮

いきなりグループ検討から入る担任を見かけることがあるが，たとえ数分でも個人検討の時間を大事にしたい。まず，メンバー一人一人が課題に対する自分なりの見方，感じ方，考え方を掘り起こすことがGCの出発点である。また，集団活動が苦手な子に対しては，事前の説明をていねいに行い，状態に応じた参加の仕方を工夫し，さらに，事後のケアも心がけたいところである。

⑤認め合える場の確保

GC後半に行われる振り返りシートへの記入による自己評価活動や，グループシェアリングによる相互評価活動を通して，自分や仲間の良さ・持ち味を認め合う場や機会を意図的に設定していくことは，心の居場所としての学級づくりの観点からも担任教師の大事な役割といえるであろう。

⑥高め合える場の確保

支持的風土づくりでもう1つ大事なのが，高め合える場の確保である。これは，自分たちのグループならではの価値や基準・文化の創造をめざすもので，協働意識やレヴィン（Lewin,K.）のわれわれ感情（We feeling）の育成が期待される取組みである。前出の認め合える場の確保が，気づきの分かち合いといったいやし系の活動であるのに対して，こちらは，グループの練り上げといった，どちらかといえば骨太系の活動といえるであろう。

3 連携の困難性―TG（チームガイダンス）の時代

クラスにいじめや不登校の事例を抱えると，何か周囲から責められていると肩身の狭い思いをして防衛的になる担任教師をときどき見かけることがある。最近は，児童期ではAD／HD（注意欠如・多動症），青年期では境界性人格障害など，混乱期には専門家もお手上げの深刻なケースが目につく。また，青少年の凶悪犯罪など，クラス担任1人がどうこうできるレベルを超える問題行動事例も報告されている。事例に関係する人たちが，知恵を出し合い協力していくことが求められている。文部科学省も1998年に「児童生徒の問題行動に関する調査研究協力者会議」の報告書のなかで,「抱え込み」意識を捨て,「開かれた連携」を図っていくように，教師の意識改革を強く促す提言を行っている。

なお,学校内での教師間の連携については，これまでに，特に，学習指導面での連携にあたるチームティーチング（TT）が注目されてきた。これからは，TTに加えて生徒指導面での連携にあたるチームガイダンス（TG）がクローズアップされていくものと思われる。この点に関して，新井肇（1999）は，教師の燃え尽き症候群を予防する観点からも，協力的生徒指導援助体制づくり（すなわちTG）が重要であることを示し，その具体策として，インシデント・プロセスという全員参加・体験学習型の開かれた事例検討会を行い,その有効性を実証的に明らかにしている。

(1)　連携の現状

中央教育審議会答申のなかでも明示されているように，子どもたちの生きる力の健全育成のためにも大事な連携であるが，残念ながら，その現実は，相互に責任のなすり合いが行われたり,亀裂が生じ相互不信に陥ったり，失望感が根づいたりといった実態が浮き彫りにされている。

連携を阻害する代表的な要因としては，

- 守秘義務と情報開示の線引きのむずかしさ
- 責任の所在があいまい
- 相手の立場や状況に対する理解不足
- （特に高校では）教科や分掌ごとの垣根が高い
- 教師間に指導観のズレが大きい
- 専門家へのお任せ意識が強い
- 管理職による一方的な調整

などが，教員を対象としたアンケートの自由記述回答に示されている。

(2) 連携の基本

こうした困難性への打開策としては，連携のあり方についての最新のノウハウを追いかけることの前に，まず，連携の基本に立ち返ることがわれわれに求められている。すなわち，1回ごとの報告・連絡・相談（略して，「報・連・相」）をていねいに積み重ねていくなかで，互いの信頼感の回復が図られ，連携を継続していく土台が醸成されていくものと思われる。

ただ，われわれが忙しかったり疲れていたりして心に余裕のないときには，この「報・連・相」をていねいに行い，アカウンタビリティー（説明責任）を遂行することは困難といわざるを得ない。教師のゆとりの確保をいかに保証していくか，この面での管理職や主任層の果たす役割は大きい。

(3) 開かれたシステムづくり

まず連携の基本を再確認したうえで，次に求められてくるのが，各学校独自の開かれたシステムの構築である。前出の報告書でも，学校の内外を問わず，事例に関係する人たちが集まり，「何が問題になっているのか」「どのように対処していったらよいか」について，胸襟を開いて情報交換を行い，共通理解を図り連携を深めていくことの重要性が指摘されている。

ところで，開かれたシステムづくりが実際に機能しているかどうかの指標となるのが，2010年に刊行された『生徒指導提要』（文部科学省）に示されたR（リサーチ）→V（ビジョン）→P（プラン）→D（ドゥー）→C（チェック）→A（アクション）からなる生徒指導マネジメントサイクルである。

このうちRは，チームで生徒指導上の課題を各種調査や事例検討会などを通して掘り起こしていく段階である。次のVでは，課題の解決に向けての方向性や見通しの共有化を図り，Pでは，具体目標と具体計画を掲げ，Dでは，具体計画にのっとった課題の解決にチームで取り組むことになる。さらに，Cでは，その取組みを振り返り・見直し，新たな課題の洗い出しを行い，Aでは，チームでその改善に努めることになる。

時間の確保の問題はあるが，こうしたサイクルの推進の積み重ねが，校内連携を深めていくうえで大切である。大事な点は，メンバーが身構えることなく本音で語り合えるパートナーシップの雰囲気であり，その醸成の面でも，管理職や主任の果たす役割は大きい。

(4) 学級担任と養護教諭の連携

今後，子どもたちの個人的・社会的発達を支援していくうえで，さまざまな専門家との連携が必要になってくる。学外専門家との連携も大事だが，学内にも専門家が常駐している。その代表が養護教諭であり，養護教諭は，子どもたちの心と体の健康面の発達支援の専門家といえる。とりわけ，「評価をしない（成績に関係しない）先生」としての存在意義は大きい。

ただ，残念なことに，一部の学級担任のなかに，養護教諭の役割をよく理解していない者，反対に一部の養護教諭のなかにも「抱え込み」意識が強すぎる者が目につく。特に，学級担任と養護教諭の連携では，どこまで情報開示できるか，どこから守秘義務の範囲に入るかの基本原則を互いに了解したうえで，相互乗り入れしていくことが肝要である。このあたりのあいまいさが，ギクシャクした関係を引き起こしている事例の背景には強くうかがわれる。また，ヘルス・カウンセリングをはじめとして養護教諭に期待される役割は多く，その負担は年々強まっている。連携を密にしていくためにも，一定規模以上の学校への養護教諭の複数配置が早急に望まれる。

(5)　安易な連携への警鐘

「自分１人では手におえない」ケースに対しては，早めに学校内外の専門家との連携を図ることが必要と思われるが，それと併行して，「クラスの子どもたちは何があっても自分が守るのだ」といった気概も，学級担任には強く求められている。「問題生徒は専門家に任せればいい」といった安易な連携が一部の学級担任にみられるが，専門家へのお任せ風潮のなかで，学級担任に対して，「見捨てられ不安」をつのらせる子どもたちも出てきている。学級崩壊現象のなかに，そうした子どもたちによる学級担任への「異議申し立て」の１つの表れと受け取れるようなケースもみられる。

以上，本節では，子どもたちの個人的・社会的発達支援の基本にかかわる生徒指導上の３つの困難点とその打開の方途について検討を加えてきた。

最後に，子どもたちの発達支援を進めていくうえで教育カウンセラーに求められている基本姿勢についてふれておきたい。筆者が，特に注目しているのが「3つの意」（熱意・誠意・創意）である。発達支援に際しては，まず何よりも熱意が求められる。ただ，熱意だけではどうしてもから回りしてしまう。そこで必要となってくるのが誠意である。これは，子どもたちとのラポート（信頼関係）の形成にとって大事な要素である。ただ，この熱意と誠意だけではどんなにがんばっても長続きしない。そこに創意工夫の創意が求められてくる。多忙な業務のなかで量から質への発想の転換が求められているのである。熱意と誠意とこの創意がうまくかみ合うことが（「**三意一体**」となることが），燃え尽き予防の観点からも，これからの教育カウンセラーにとって，きわめて大事なものとなってくるような気がしている。

第14章

対話のある授業

（1節・3節） 水上和夫　（2節） 大友秀人

「説話より　対話に変えて　面白く　認められつつ　役に立つなり」これは前版標準テキスト「対話のある授業」の執筆者，岸俊彦先生の言葉である。先生は日本で対話のある授業が教育技術として普及していないことを指摘し，対話のある授業を実践することは教育の文化革命であると述べられていた。岸先生の意思を受け継ぎ，教育カウンセリングによる授業改革を進めたい。

1 対話のある授業の理論

対話のある授業とは，子どもと教師，子どもどうしのかかわり合いを通して学び合う授業である。教育カウンセリングには，ふれ合いを深め，学び合う授業づくりをサポートすることが期待されている。「ふれ合い」と「つながり」のある対話のある授業を進め，子どもが資質・能力（コンピテンシー）を獲得する学びを具現化したい。

1 対話のある授業の目的

学校生活の中心は授業である。教師は授業のねらいにそって子どもが課題解決に向かって追究し，思考を深め，適切に判断し，表現できるように援助する。けれども教師がいかに工夫した授業を構想し，個に応じた支援をしたとしても，子ども一人一人に前向きに取り組む姿勢がないと授業は成立しない。また授業が深まるには，素直に聞き，話し合い，友達の良さをみつけ，認める態度が育っていることが大切になる。

教育カウンセラーとして授業を進めたり，援助したりするときにめざすのは対話のある授業である。学び合い，かかわり合う対話のある授業を進めることでルールとリレーションをつくり，学級を学びの場，心の居場所にしたい。

(1) 子どもにとってよい授業

河村（2004）によれば，子どもたちにとってよい授業とは，①学ぶ内容が知的で面白い，②学習活動自体が面白い，③学びから得られるものがうれしいということが実感できる授業である。そして授業成立のためには，1. 教科教育スキル，2. 授業の構成スキル，授業の展開スキル，3. 学級集団の状態の3つの要素がバランスよく達成されていることが必要であることを指摘している。

教師は教科の特性を押さえ，学びを深化させる教材提示や展開の工夫に努めている。授業研究では展開スキルの①発問，②指示，③説明，④提示，⑤活動の促進を考え，吟味し，指導力を高めることに取り組んでいる。

ところが，①発言の取り上げ，②称賛，③注意，④集団の雰囲気づくり，⑤自己開示など，かかわり合い，学び合うためのスキルは学級経営の課題であるとして授業研究で取り上げられることはほとんどない。そして授業における，かかわり合い，学び合う関係づくりの力量は，教師の持ち味や人柄によるとされてきた。

(2) 授業による学級づくり

子どもはグループの一員でありたいという欲求をもっている。授業の中で友達とかかわり，仲間から認められることで力を伸ばしていく。これは1対1の個別や少人数の指導では得られないものである。ふれ合いとつながりをつくる対話のある授業によって人間関係づくりや集団づくりに取り組み，満足型学級をつくるようにしたい。

2 カウンセリングと授業づくり

(1) 授業を促進するカウンセリング

これまで授業の基本的構えとしてカウンセリングマインドを強調する動きがあった。尾崎ら（1996）は，カウンセリングマインドをふまえた授業のポイントとして，①共感的かかわりの態度，②子どもの人間性を尊重した誠実な態度，③内面活動が活発になる発問・応答・助言，④どの子どもの発言も大切にする受容態度，⑤授業のねらいを達成するうえに必要な教材の選択・提示・指導の仕方を指摘している（図1）。

松原（1998）は，カウンセリングを生かした授業づくりは一人一人の子どもの心理をよく理解（他者理解）し，先生も自己理解を深め，反省しながら楽しい授業をすることであるとして，来談者中心カウンセリングや行動的カウンセリング，精神分析的カウンセリング，グループカウンセリングの活用を提案している。

小野瀬（1998）は，カウンセリングを授業に生かす方法として以下の4つを指摘している。①子どもの理解を促進するためにカウンセリングを生かす。②個人差に応じた指導にカウンセリングを生かす。③グループ指導にカウンセリングを生かす。④教師の授業改善にカウンセリングを生かす。

諸富（2004）は，子ども集団による主体的な問題探求のプロセスとしての授業を促進するのに有効なカウンセリングのスキルとして，①リスニング（傾聴）のスキル，②明確化のスキル，③質問のスキル，④伝え返しのスキル，⑤グルーピングのスキル，⑥シェアリング（分かち合い）のスキルをあげている。

これらはカウンセリング技法を活用して，教師と子ども，子ども同士の人間関係を豊かにし，子ども理解を深めることで授業を活性化しようとするものである。

國分（2001）は，教師が授業に生かすカウンセリングスキルを身につけるために，①カウンセリングスキルに関する問題の事例提供者に対するスーパービジョン，②ピアグループメンバーの参加観察によるスーパービジョ

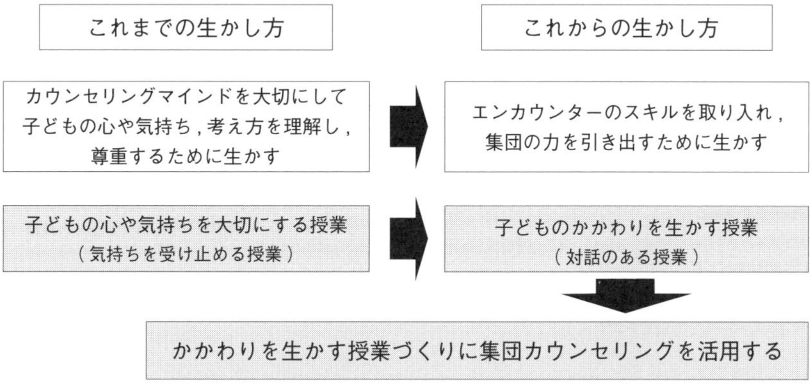

これまでの生かし方		これからの生かし方
カウンセリングマインドを大切にして子どもの心や気持ち，考え方を理解し，尊重するために生かす	→	エンカウンターのスキルを取り入れ，集団の力を引き出すために生かす
子どもの心や気持ちを大切にする授業（気持ちを受け止める授業）	→	子どものかかわりを生かす授業（対話のある授業）

かかわりを生かす授業づくりに集団カウンセリングを活用する

●図1　授業づくりのためのカウンセリングの生かし方

（水上，2019）を参考に水上が作成。

ン能力の育成を目的としたシェアリングを提案している。

(2) エンカウンターの知見を生かす

水上（2019）は，カウンセリングを授業づくりに生かすために「カウンセリングマインドを大切にして，子どもの心や気持ち，考え方を理解し尊重する」だけでなく，「エンカウンターのスキルを取り入れ，集団の力を引き出す」ことが必要であることを指摘している。そしてかかわりを生かす授業を進めるために，構成的グループエンカウンターの知見を生かすことを提案している。

カウンセリングを子どもの心や気持ち，考えを理解し，尊重するために役立てるだけでなく，これからは子どものかかわりを生かし，集団の力を引き出す授業づくりに活用していく必要がある。

(3) ガイダンスカリキュラムの展開

八並（2008）は，明確な教育目標と構造化されたカリキュラムによって構成された，すべての子どもを対象とした開発的・予防的なインストラクション（教授）プログラム，すなわちガイダンスカリキュラムの必要性を提言している。

ガイダンスカリキュラムは子どもたちに自己発見，自己理解，他者理解，職業理解などの発達課題を乗り越えさせ，学校や社会で生きるための力を獲得させるものである。ガイダンスカリキュラムは，すでに多くの教育委員会や学校が取り入れて成果を上げており，心の教育の方法として教育現場に広まっていくと考えられる。

ガイダンスカリキュラムによる授業が，教師主導の一斉指導や一問一答であってはならない。ガイダンスカリキュラムによる授業は，子どもの人間関係やコミュニケーション力を高める対話のある授業であってほしい。

そのために教科の授業であっても，学び合うための人間関係づくりや学級づくりの視点をもって進めることが大切になる。学級集団の力を引き出し，かかわりやふれあいを生かす指導力が求められている。

3 対話のある授業の理論

(1) グループアプローチを取り入れた授業

ガイダンスカリキュラムを実施しても，どの学級でも同じ成果をあげるとは限らない。また，教師がグループアプローチを体験し，リーダーとして展開できるようになっても，授業ではうまくいかないことも多い。この原因として，授業成立のための①教科教育スキル，②授業の構成スキル，授業の展開スキル，③学級集団の状態のいずれかに問題があると考えられる。

とくに授業の展開のスキルは，これまでは教師の人柄や特徴に基づく指導力であるとされてきた。このためスキルアップのための研修はほとんど行われてこなかった。さらに学校現場では，授業づくりと人間関係づくりは異なった研修として別々に行われることが多く，授業での人間関係づくりの研修はほとんど行われていない。

(2) グループアプローチ活用スキル

対話のある授業みらい研究所では，グループアプローチを取り入れる指導力向上のために授業づくりワークショップを実施している。國分康孝の指導を受け，「SGE 方式授業」のスキルとして①アセスメント，②プログラム作成，③活動進展，④自己開示という 4 つのグループアプローチ活用スキルを提案している。

◇グループアプローチ活用スキル

1) 定義

グループアプローチを取り入れて，授業（活動）のねらいを達成するために必要な考え方や技術。

2) 内容

授業計画づくりのスキル

①アセスメント（assessment）

a. 指導アセスメント

b. 集団アセスメント
c. 個別アセスメント
②プログラム作成（program development）
a. 目標明確化
b. 活用目的明確化
c. 活用方法明確化
学習活動づくりのスキル
③活動進展（activity development）
a. 活動展開
b. 介入展開
c. シェアリング展開
④自己開示（self disclosure）
a. 指導者の自己開示
b. 子どもの自己開示促進

(3) 活動進展（activity development）の実際

1）活動展開の内容

エクササイズに取り組む動機づけやグループ活動を行い，活動意欲を高める。

①意欲を高める指示や発問
②ペアやグループの活動でかかわりをつくる工夫
③笑顔で話したり，笑顔を送ったりすることで子どもの心に響く指導を行う笑顔力
④子どもの目を見る，子どもと目を合わせることから関係づくりを始める目力

例えば笑顔力は，教師が笑顔で話したり，笑顔を送ったりすることで子どもの心に響く指導を進める。具体的には，①1時間の授業で1回以上，子どもの変化や努力を見つけ，笑顔で嬉しそうに伝える。②子どもの笑顔を見つけて伝えることで，笑顔のよさを広める。などに取り組むものである。

笑顔力に取り組んだ教師は，「子どもの変化や努力を見つけ，笑顔で話すことを意識することで，良いところを見つける見方ができるようになってきた」「グループ学習で活発に話し合えるようになり，発言する子どもが増えた」「子ども同士がお互いのよさを認め合う雰囲気が生まれた」などのコメントを述べている。教師の笑顔が安心感を生み，学級の温かい関係づくりの原動力となっている。

2）介入展開の内容

活動がねらいどおり進行しない状況や抵抗を示したり，ダメージを受けたりしている子どもに対応する。

①ねらいからはずれている場合の対応
②活動に入り込めない子どもへの対応
③子どもがのってこない場合の対応
④ルールを守らない子どもに対する対決（コンフロンテーション）
⑤心的ダメージを受けた子どもへの対応

3）シェアリング展開の内容

シェアリング（わかちあい）における気づきや思いの深まりや広がりを作り，授業のねらいに迫る。

①子ども同士のシェアリングの実施
②シェアリングによるねらいの達成
③指導者の気づきの活用

シェアリングによって同じ体験をしても，メンバーそれぞれ受け取り方が違うことを知る。それが他者を理解することにつながる。また他者との相違から自分の感じ方が明らかになり，自分への気づきが深まる。体験している自分の感情を言葉にし，それがメンバーに受容され，共感され，自分自身の存在意義が認められたと実感したとき，自分を受容できるようになる。

(4) 自己開示（self disclosure）の実際

自己開示は，自分の感情，価値観や考え方，自分のしたことや生い立ちなどの行動を語ることである。

1）指導者の自己開示の内容

授業のねらいに沿って指導者が適切な自己開示を行う。

①授業の各場面における教師の思考，感情，行動の自己開示
②教師の自己開示による子どもとのリレーションの深化

2）子どもの自己開示促進の内容

子どもや学級全体の自己開示を促進し，本

音と本音の交流を図る

①教師や友達モデルによる子どもの自己開示の促進

②安心して自己開示できる環境や雰囲気の醸成

教師が自分を開き，自分を語ることで話しやすい雰囲気や温かい人間関係ができる。その姿がモデルとなり，授業での子どもの本音と本音の交流が促進され，協調性や思いやりなどの人と関わる力が身につくのである。

2 授業づくりとSGEとシェアリング

教育カウンセリングを説明する対象概念として，以下のものがある。

①個別志向対グループ志向

②面接志向対プログラム志向

③受身的対能動的

④病理的問題対発達課題

⑤中立性対自己開示

教育カウンセラーとは，本来の意味は，カウンセリングの心得をもった教育の専門家（certified professional educator）である。そういう意味で，子どもたちの「学業」などを支援するプロなのである。

また，授業づくりにおいても，上記の①グループ，②プログラム，③能動的，④発達課題，⑤自己開示のキーワードは重要な視点である。

授業づくりは，教師が，学級で，自己開示をためらわず，より効果的なプログラムのもとに能動的に子どもたちの発達課題（学業など）をサポートしていくものである。まさに，授業づくりは，教師の専門性（プロフェッショナル・アイデンティティ）そのものなのである。

その際に，有効な具体的方法論として，構成的グループエンカウンター（以下SGEと表記）がある。

1 SGEと授業づくり

SGEは，教育カウンセリングの代表的な教育方法である。SGEの目的は，ふれあい体験と自他発見で，インストラクション，エクササイズ，シェアリングが3本柱であり，授業づくりの観点でSGEを取り入れることは重要である。

(1) SGEを授業に生かすとは

SGEを授業に生かすと，教科教育が充実し人間教育ができる。教科教育が充実すると，①学習意欲が高まり，②学習が深まり，結果的に学力向上につながる。人間教育につながるとは，①間違いを受け入れる集団で，ルールが確立されていることが大前提であり，防衛の低い，試行錯誤できる集団となる。②本音のふれあい体験ができると，小グループで「びっくりした，できた，うまくやれた」を言い合う。

(2) 授業づくりに有用な10のSGEスキル

学習指導を効果的にする条件

①モチベーション（内発的動機づけ：興味，知的好奇心，達成感）

②レディネス（ある学習をするための準備状態：インストラクション，デモンストレーション）

③自己概念（自己肯定感が学習意欲を促進する：リフレーミング，介入，補助自我）

④学級のまとまり（凝集性を高める：リチュアル，ルール，シェアリング）

⑤評価（自他に対してのコンフロンテーション：シェアリング，コンフロンテーション，アイメッセージ）

以上を要約すると

a．インストラクション

b．エクササイズ

c．介入

d．シェアリング

e．ルール（リチュアル）

f．自己概念（リフレーミング）
g．自己開示（アイメッセージ）
h．補助自我（サポート）
i．コンフロンテーション
j．デモンストレーション

以上の 10 のスキルが SGE と授業の観点であるので，今後このような視点での授業実践が積み上げられることを期待したい。

2 授業とシェアリング

授業の最後や合間にシェアリング（sharing）をすれば，シェアリングを生かした授業になるか。そうではない。まず，大前提として，学級（クラス）がシェアリングできる学習（生活）集団になっていることである。その集団づくりのためには，学級づくりの二大原則（ルールとふれあい）を踏まえることである。

シェアリングは，単なる話し合いやグループ学習ではない。ただし，あるテーマで話し合ったり，問題解決を目的とはしないが，シェアリングができるグループは，安心できる（ふれあいのある）人間関係ができているので，より効果的にテーマを話し合ったり，問題解決をグループで行うこともできる。

(1) シェアリングとは

SGE のシェアリングには，2 種類ある。エクササイズに取り組んだ直後に 2 人や 4 人で行うショートシェアリングと，メンバー全員による全体シェアリング（Community Group Sharing：以下 CGS と表記）である。シェアリングとは，参加者がエクササイズで体験したことを，シェアする，すなわち，分かち合うことである。分かち合うことにより，参加者の「思考」「行動」「感情」が修正・拡大されるのである。

(2) 基本的な流れ

①計画

まず，シェアリングの計画を立てる。例えば授業の指導案の中で「時間はどのくらい必要か」「グループの人数は」「シェアリングの方法は」などである。

②インストラクション

時間についてインストラクションに簡潔に盛り込む。例えば，「他人の時間を奪わない（1 人だけが使用するということがないように）」。話し方に関しては「簡にして要を得た話し方をする。例えば，私は○○さんの話を聞いて心が熱くなりました。なぜならば，～」また，「シェアリングに入る前に，ここのグループに協力してもらって，デモを見せますから，こちらを見てください」とデモンストレーションをするとモデリングになり，効果的である。

③開始

リーダー（教師）は，何をどのようにするかをわかりやすく言う。例えば「では，ここでシェアリングを行います。いままでのところで，感じたことや気づいたことを話し合ってください。時間は 4 分です。では始め」。

④終了

時間がきたら，「はい，そこまでです」と言って終了する。終了のときは，強引に切るというよりは，約束の時間がきましたと告げるような気持ちで柔らかめが望ましい。もし，話が収まらないようなときには，「もう少し，時間が欲しいグループは挙手」と呼びかけて，手が上がるようなら，「あと，2 分間時間をとります。では，開始」と延長時間をとることである。

⑤全体に発言する

2 人や 4 人のグループ内だけのシェアリングだけにせず，そこで気づいたことを全体に発言してもらうことである。そのためには，リーダーはよく観察し，よい気づきが語られているところをチェックしていくことである。

(3) シェアリングでの留意点

リーダーは，シェアリングが行われている様子を観察することである。ときには，生徒の邪魔にならないように巡回して歩き，生徒の話に耳を傾ける。いい気づきが話し合われている場合は，全体で発してもらう際に生かしていくとよい。リーダーとしてのシェアリングのツボは，以下のとおりである。

①評価的コメントは避ける。
②ネガティブな発言も大切にする。
③言いたくない子どもに無理強いしない。
④子どもの言葉を繰り返したり，明確化するなど受容的に対応する。
⑤「心の傷」を受けた子どもにはあとでゆっくり話を聴く。

また，児童・生徒に対して，以下のようなルールを示しておくとよい。

①感じたこと，気づいたことなどを素直に言葉にする。
②他人の発言は静かに最後まで聞く。
③他人の発言を冷やかしたりバカにしたり否定したりしない。
④シェアリングでの発言をあとでからかったり，他人に言いふらしたりしない。

(4) 学級で全体シェアリングを行うとき

SGE（二泊三日集中的グループ体験ワークショップ）では，CGS が 4 回（初日の夜，二日目の朝と夜，最終日の朝）行われる。参加しているメンバーはペンネームをつけ，二重の円になり，座って行われる。

学級で CGS を行うときでも，基本的には，ワークショップのときと同じである。ただし，ペンネームに関しては，ワークショップと違うので，こだわる必要はない。二重の円が物理的に取りづらい場合は，対面式にするなどの工夫が必要である。全体で行うことが困難であると判断したときには，2 人組，4 人組の少人数のシェアリングを行いながら，シェアリングの仕方を育てて，CGS をするとよい。あと，集中的なワークショップと違い，学級の場合は，1 年間同じ集団に所属しているので，「1 回で成功させよう」と思わずに計画的に，何回か行い，CGS で学級の凝集性を徐々に高めていきたいものである。全体の場では，個々の発言をあたたかい雰囲気で共有できるようにするために，リーダーのカメラ機能やスピーカー機能が重要である。

①カメラ機能

勇気を出して発言している話し手をフォローするためには，発言者の表情が見えやすい位置にリーダーが立つことである。これは，カメラ機能として考えるとイメージしやすい。発言内容によっては動揺したり変化するメンバーの反応をすばやく読み取り，発言内容を確認し補足する必要がある。聞き手側の笑顔やうなずきなどは，発言者を肯定する非言語サインとして「……しているね」とそのよい反応を言葉で表現し，すばやく伝えるようにする。

②スピーカー機能

リーダーのスピーカー機能としては，発言者が小さな声で聞き取れないとき「楽しかった」とはっきり繰り返したり，あいまいな発言のときには「○○ということね」と発言の意図を確認し明確化する。また少数意見や否定的意見では発言の背景をくみ，「○○が言いたかったね。よく言えたね」とリフレーミングする。リーダーは，視覚・聴覚を活用し，安心して率直な感情交流ができる雰囲気を保障する必要がある。

3 対話のある授業の展開

対話のある授業は，ペアやグループ，全体によるシェアリングを取り入れ，教師が新しい発見や期待などを自己開示する。シェアリングや自己開示，介入など対話のある授業の指導スキルを高め，教育カウンセリングの知見を生かすことで双方向・相互作用型授業を展開することができる。

1 ワークショップ型授業研修を進める

(1) 双方向・相互作用型授業

教師主導型一斉指導では教師が設定した授業ルールで子どもの行動を統制し，指導したい内容を効率的に定着させる。これに対して双方向・相互作用型授業では，子どもが自分の考えをもって対話しながら学習を進め，協同的に他者との相互作用を行うことで知識を再構成する。ラーニングピラミッドによれば，話し合ったり，教えたりする活動を授業に取り入れることが重要であることが分かる(図２)。

子どもが生涯にわたり能動的に学び続ける資質と能力を身につけるためにグループ学習に取り組むようにしたい。教師による知識伝達中心の授業から，グループでのディスカッションや共同作業を取り入れた双方向・相互作用型授業に変えるために，授業研修に学級集団を育てる視点を加え，かかわりを生かした授業を進める指導力の向上をめざしたい。

(2) 授業づくりワークショップ

対話のある授業づくりワークショップでは，Plan（指導計画を立て）→ Simulation（模擬授業を通して）→ Sharing（よりよい方法を見つける）の流れでスキルの習得をめざす。指導案をつくり，模擬授業を行うことで，シェアリングや自己開示，介入など，学び合いをつくり出す学習活動のスキルを高める。

模擬授業は教師役，児童生徒役，観察者役に分かれて行う。①授業前の説明→②授業者による模擬授業の提案→③授業後のシェアリング（話し合い）の流れで進める。生徒役には，A 積極的，B 消極的，C 反抗的又は発達障害の３パターンを設定し，あらかじめ考えた対応を実際に行うようにしている。

水上（2015）は，対話のある授業づくりワークショップは参加者に多くの気づきがあることを報告している。2008～2015年9回のワークショップ参加者の事後アンケートでは，スキル習得による「ふれ合い」と「つながり」のある授業づくりの実践可能性について，「たいへんに思った」71人（87%），「すこし思った」11人（13%）と答えている。活用スキルを身につけることで，かかわり合い，学び合う対話のある授業づくりが可能であること，授業力向上のために授業づくりワークショップが有効であることが明らかになった。

2 授業研修を変える

ワークショップ型（体験型）研修は，「時

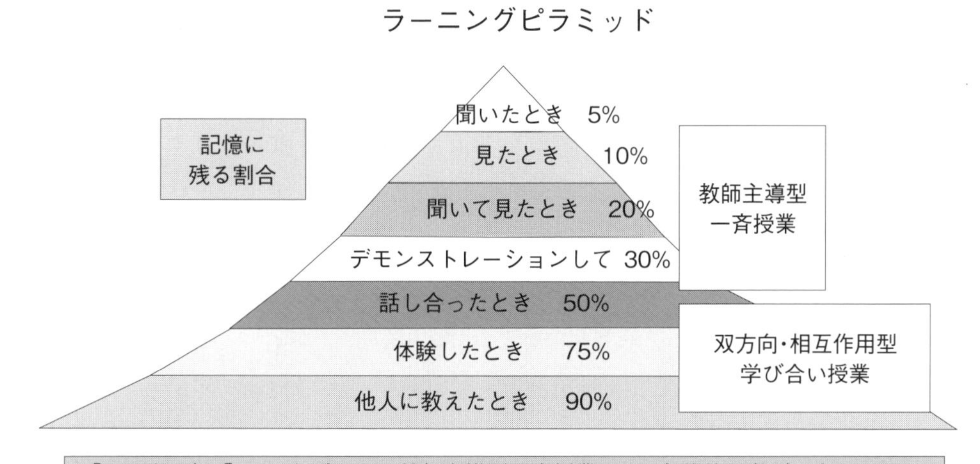

●図２　記憶に残る割合と授業の関係

「ラーニングピラミッド」（アメリカ国立訓練研究所）を参考に水上が作成。

間がかかる」「進め方が難しい」「ねらいを達成することが困難である」というイメージがある。さらにワークショップを取り入れた研修に参加したり，ワークショップ型研修を進めたりした経験のない教師も多い。けれども実際に模擬授業を生徒役として体験することにより，多くの気づきが得られ，教師の集団の力を引き出す授業力は飛躍的に向上すると考えている。

主体的・協働的に学ぶ学習はこれまでも提唱されてきた。それが学校現場に定着していないのは，授業を進める「指導スキル」を高めるという視点がなかったからである。これからは定番の授業研修に加えてシェアリングや自己開示，介入など，ふれ合いや学び合いをつくる授業力を高めるワークショップ型授業研修に取り組むようにしたい。

3 個別の配慮とケアを進める

孤立志向が強かったり，発達障害があったりするためにグループ学習になじめない子どもがいる。このような子ども達が，参加する楽しさを味わうグループ学習を進めたい。そして「楽しかった」「頑張ることができた」「面白くなかった」「参加することが苦しかった」など，色々な気づきや思いを分かち合うようにしたい。

(1) 孤立志向が強い子ども

話す内容や話し方，パスできることなどを説明し，安心してグループ学習に参加するための配慮を行う。そして参加できたことを認め，広めるようにする。活動後には感想を聞き，嫌だったことのケアを行うことを忘れないようにする。

①自分から声をかけられない子ども

「グループ学習をしたくない」「一人でいたい」という子どもが，みんなと行動することに否定的なイメージをもっている場合がある。友だちに話したり，話を聞いたりするスキルが未熟である場合もある。

②グループ学習の楽しさを味わわせる

グループ学習が始まる前には，「話は最後まで聞く」「うなずきながら聞く」「パスもありとする」などルールやマナーの指導を行う。できるかどうかを確認することも忘れてはいけない。活動中は嫌な思いをしている子どもがいないか観察し，必要に応じて介入する。活動後には「よく分かった」「自分の考えを言えた」などプラスの反応は認め，嫌な思いした子どもにはきちんとケアを行う。孤立志向が強い子どもが，グループ学習の楽しさを味わうことで自信とスキルを身につけるようにしたい。

(2) 発達障害傾向の子ども

発達障害傾向の子どものいる学級の児童生徒の情緒を安定させ，学級生活を意欲的に送ろうとする意識を高めるために，個別指導だけでなく，集団指導や学級づくりからもアプローチをするようにする。

発達障害傾向の子どもの状況を把握し，配慮する内容を決める。そして何ができるか，何が難しいのかを把握してグループ学習を進める。活動前に気持ちを聞き，参加するかどうか確認することも必要である。無理があれば活動から抜けさせるようにする。グループ学習で障害に配慮する姿は，子どもが発達障害傾向の子どもとつき合うモデルとなる。そして子ども達の安心感を高め，グループ学習の活性化につながるのである。

①「枠組み」をはっきりさせる

あいまいな指示が苦手な子どもは，取り組み方やルール，時間などの「枠組み」があったほうが安心できる。活動の説明では以下のことに注意する。1.活動の流れと目標を明示する。2.説明や指示は短く結論を先に言う。3.実際にやってみせるデモンストレーションを行う。4.指示は一文一動作を心掛ける。5.視覚・聴覚・運動覚的な手立てを進める。

②うまくいった行動を見つける

うまくいっていないことだけでなく，「相

手の話をうなずいて聞いていた」「分かりませんと言えたね」のようにうまくいっていることを見つける。そこに子ども理解を深めるためのたくさんのヒントがある。

③よい行動を増やす

問題となる行動を減らすのではなく，問題行動に置き換わる適切な行動を増やすようにする。できているところを見つけ，苦手なところ（できないこと）をカバーするか考える。「パスすると言えたね」「話せなかったけれどワークシートに書いてあることを見せていたね」などと指摘するのである。

グループ学習でできないことを指摘するのではなく，できたことやきちんと守った子どもを取り上げるようにする。そしてできるようになったことをほめ，学級のみんなで喜び合うようにする。このようにすることで活動の中で自分らしさを発揮するようにしたい。

4　対話のある授業で非認知能力を育てる

非認知能力とは，「自分に関する力」(意欲，自制心，誠実さ，忍耐力，自己肯定感など）と「人と関わる力」(協調性,共感する力,思いやり，道徳性など）であり，学力テストでは測定できない能力である。

授業は認知能力を育てるのに大きな役割を果たしている。これまでは知識を身に付けることが授業の中心的役割として考えられてきた。非認知能力である「自分に関する力」や「人と関わる力」は授業づくりでは副次的に扱われてきた。そして授業づくりの研修テーマとして取り上げられることはなかった。

授業で非認知能力を育てるためには，教え-教えられる関係を変革し，集団の力を活用することがポイントとなる。グループ学習を取り入れ，対話のある授業を進めることで非認知能力を伸ばし，学びに立ち向かう子どもを育てるようにしたい。

非認知能力を育てる授業を展開するためには，シェアリングや自己開示などのグループアプローチ活用スキルに用いて「ふれあい」と「つながり」のある対話のある授業に取り組むようにする。エンカウンターを生かして双方向･相互作用型の対話のある授業を進め，子ども同士がかかわり合って学ぶことで，学ぶ意欲や自己肯定感，協調性や思いやりなどの非認知能力を高めることができると考えている。

分かる授業，できる授業を工夫すだけでは子どもは授業についてこなくなっている。授業に魅力を感じず，学びから逃亡する子どもが増えているのである。このような状況に対処するため子どもの学ぶ意欲や自己肯定感を意識し，非認知能力を高める授業づくりに取り組むことが求められている。

5　個別最適で協働的な学びの充実

「令和の日本型学校教育」の構築をめざして～全ての子供たちの可能性を引き出す，個別最適な学びと，協働的な学びの実現～（中間まとめ）（令和２年10月７日中央教育審議会初等中等教育分科会）では，我が国の学校教育の蓄積である「日本型学校教育」の良さを受け継ぎながら更に発展させ，学校ならではの協働的な学び合いや集団の中で児童生徒一人一人のよい点や可能性を生かしていくことが大切であると述べている。個別最適な学びと協働的な学びを両輪として教育の質の向上をめざすことを求めている。

個別最適で協働的な学びを充実させるために対話のある授業を進め，教科内容を軸にした授業から子どもの学びや気づきを軸に展開する授業への転換をめざしたい。そして子ども主体の問題解決につながる学びを実現するためにカウンセリングを生かし，教科の本質に迫る学びと，自分や社会への洞察を広げる授業を実現したい。これからも対話のある授業は学校現場の授業改革をリードしていく存在であると考えている。

第15章

学業発達

河野 義章

1 学業発達

1 学習クリニックの子どもたち

勉強をする意欲がない，成績が上がらないなど，勉強についての悩みごとを相談する学習クリニックを開いていたことがある（河野, 1995）。母親の背に隠れるようにやってきた小学5年生の男の子は，その日学校で学んだ教科名を思い出せなかった。中学2年の男子生徒は，英語の予習のために，book，book，book……と，ノートいっぱいに同じ単語を書き連ねた。

予習や復習の大切さは，耳にたこができるくらい聞かされている。努力がたりないといわれて机にも向かう。でも成績は向上しない。彼らに欠けているのは何か。

2 Student Development Center

2008年，わが国の大学では，FD（Faculty Development）への取組みが法制化された。大学の組織のなかにFD委員会が設置され，大学教育センターという施設をもつ大学も増えた。これにより大学の授業の改善が期待されている。

しかし，大学での授業の改善は，教師の授業力を高めるだけでは解決しない。学生の側が「笛吹いても踊らず」では，教師のひとり相撲になってしまう。そこで，FDに合わせてSD（Student Development）に関心がもたれている。

欧米の多くの大学のウェブサイトを開くと"Student Development Center"というページが目につく。大学だけでなく，高等学校，中学校，小学校のウェブサイトでも同じようなページがみられる。

例えば，West Library Universityのサイトから，"Learning & Student Development Center"に入ると，このセンターの目的が次のように記載されている。「このセンターは，学びに成功するように学生を動機づけ，学術的・文化的支援のための手だてを提供し，学生がこの大学の共同体の一員となるための機会を増やします」。

さらに，下位の"Tutoring Services"のページへ分け入ると，次のようなサービスを受けることができることがわかる。

- 時間の管理
- ノートの取り方
- 本の読み方
- 試験の準備
- 試験の受け方
- 上手な記憶
- テスト不安

これまでの，"Counseling Center"とは別に，この"Student Development Center"が設けられていることに注目したい。「学業発達センター」と訳しておく。

3 学業発達

これまでの学校でのカウンセラーの役割は，学校に来ることのできない子どもを何とかして教室に戻すことに関心が向けられてきた。しかし，子どもが教室の机に向かって座っていれば，問題が解決したわけではない。それは，数直線でいえば，マイナスの地点からゼロの地点に子どもが移動したにすぎない。子どもには，さらにプラス 1，プラス 2 の地点まで移動することが期待される。

仲間と一緒に勉強するのが楽しい。授業がわかった。もっと詳しく学びたいことを思いついた。将来してみたい仕事がみえてきた。教育カウンセラーが学校で仕事をするとき，子どもたちのこのような学業発達を支援することが大きな役割として期待される。加えて，子どもたちの学業発達を視野に入れた授業のあり方を提言することにより，教師の授業改善への取組みを支援することが期待される。

4 学習習慣・学習スキル・学習ストラテジー

図 1 に，生徒の学びの要因を整理した（河野, 2009）。中心になるほど，学習の成立にとって影響が大きくなる。

前述の学習クリニックの子どもたちに欠けているのは，この学習習慣・学習スキル・学習ストラテジーである。行動主義の心理学の時代，学びを成立させるためには，どのように練習（practice）するか，が問題であった。認知心理学へのパラダイム変換により，情報に気づき，情報を取り込み，情報を保持し，情報を想起し，情報を活用するなど，情報処理過程が学習の成立に大切だと考えられるようになった。そこで，学習スキルに変わって，学習ストラテジーがキーワードになった。

ワインシュテインとマイヤー（Weinstein & Mayer）の提起する 8 つの学習ストラテジー（①基礎的なリハーサル，②複雑なリハーサル，③基礎的な精緻化，④複雑な精緻化，⑤基礎的な体制化，⑥複雑な体制化，⑦理解―モニタリング，⑧情緒的―動機づけ）については，旧版の中級編に整理してある（河野, 2004）。

一方，伊藤（2009）は自己調整の立場から，表 1 のように，学習ストラテジーを整理しているが，habits, skills, strategies が混在している。大学生がこれらの方略をどのように獲得したのかを調べたところ，「自分でいろいろ試行錯誤したり，効果を実感して」という経験をしながら，体験をしながら徐々に身につけたという回答が多かった。

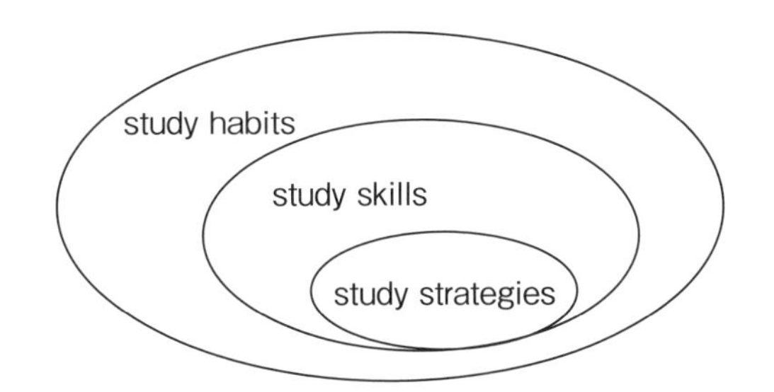

●図 1　学習者の要因

●表 1　学習ストラテジー

不適応的	一夜漬け，丸暗記
抽象的	予習・復習をしっかり，宿題をきちんとやる。授業中先生の話をしっかり聞く。
基礎的	同じ問題を繰り返し解く，何度も書いて覚える,口に出しながら覚える，ごろあわせで覚えやすくする，覚えたいところを色ペンで書いたり線を引いたりする，要点をまとめた自分のノートをつくる。
自己調整	なぜわからなかったか考える，自分でテスト問題をつくってみて自分で模範解答をつくって直前に解く，自分の目標ややるべきことを紙に書いて見えるところにおいて勉強する，いつまでにどこまでやるという予定を立てる，自分で自分の成果をほめる，自分の生活上の身近なことと関連させて考える。

2 授業の前に

1 学習習慣

小学校5年生のA子，教科書を忘れてきたり，宿題をやってこなかったりが，日常的になっている。担任は，「家に帰ったら，すぐに宿題をして，明日の準備をしょう」などこまめに声かけしているが，改善に向かわない。

このA子の場合，学習習慣（study habits）が形成されていないことが予想される。

学習習慣は，毎日の生活のなかで，勉強に必要な時間をどれだけ規則正しく確保するか，という時間管理を問題にする。

相談をうけた教育カウンセラーは，まず学級の子どもたちの学習習慣の実態を明らかにすることをすすめた。1日の24時間，1週間の7日間，1か月の30日のなかで，子どもたちが机に向かっている時間はどこかを記入してもらう。その資料を手にして，担任は，A子と向かい合う。

学年が上になれば，生徒は自分で学習習慣の改善ポイントをみつけることが期待される。

豊田（2007）は，62項目からなる学習習慣尺度を中学生に，1年間のインターバルで2回実施した。その間，特に成績と関連の深い「家の人に言われなくても，自分からすすんで勉強していますか」「宿題は忘れずにやっていますか」など6項目を教室に掲示した。1回目から2回目へと学習習慣得点が伸びた生徒は，標準学力検査の得点が高くなることが確かめられた。ただし，この62項目は，後述の学習スキル・学習ストラテジーに相当するものが含まれている。

教育カウンセラーが学習習慣の形成に介入するときに留意したいのは，個々の家庭の生活リズムの違いである。帰宅後すぐに机に向かうことを奨励しても，商店などでは，その時間は客が立て込んでいて忙しい。どの時間帯が，その家庭でいちばん落ち着くのか確かめておきたい。「毎日，決まった時間に机に向かいましょう」という堅い考えではなく，1週間単位で，1か月単位で学びの時間を確保することも必要になる。

また，机に向かう時間の長さだけ問題にすると，言い訳のための学び（ごまかし勉強）をみせる恐れがある（藤澤，2002）。学びが真に有効なものになるための学習スキル・学習ストラテジーにも配慮したい。

2 授業の準備

かつて，授業の開始に校務員さんが鐘を鳴らしていた。それが，電子チャイムに変わった。時間の自己管理をめざして，ノーチャイム運動を実践している学校もある。

小学校1年生の担任は，授業開始の時間になったら，教室に戻る習慣をつける工夫をする。同じ時間に，みんなが同じことをする。この接続移行期の課題を解決するためには，幼稚園・保育所の側からのアプローチと学校の側からのアプローチが考えられる（河野，2010）。

西村（2013）は，中学生の学校における問題行動の調査のなかで，「授業開始でも着席しない」（男子31.3%，女子20.3%）や「教科書やノートを取り出さない」（男子35.0%，女子23.6%）といった行動の男女差を明らかにしているが，中学生でも授業準備行動が身についていないことに注目したい。

では，授業準備行動をどのように育てるのか。

道城・松見・井上（2005）は，小学校2年生の教室で，子どもたちが学級の目標を決めることの効果を報告している。子どもたちはめあてを3つ決めて,「めあてカード」に書き，各自の机に貼った。めあての1つは，「チャイムがなったらすぐに帰ってきて座る」であった。ベースライン期を経て介入期には，自分と仲間がどれだけめあてを守れたかどうかアンケートを実施した。その結果，フォローアップ期に入っても行動の改善が定着していた。

小野寺・野呂（2008）は，小学校4年生の教室で，行動分析学の手法を取り入れた。ベースライン期に「着席できていない子に口頭で注意」，カウントフィードバック期に「着席できた子の数を口頭で伝える」，折れ線グラフフィードバック期には「帰りの会のときに，着席した子の数を折れ線グラフに書き込む」という手だてを講じた。その結果，着席行動の改善だけでなく，ノートや教科書の準備へも効果が波及した。さらに，Q-Uにも改善が認められた。

3　授業を受ける

1　ONとOFF

「45ページの問題3を解いてみましょう」。算数の時間にこんな指示がでても，教科書を開かなかったり，窓の外を眺めていたりしている子どもが存在する。授業に関連した行動はON TASK，それ以外の行動はOFF TASKである。隣とおしゃべりするのは，OFF TASKの典型である。

教室内の子どもの数が少なければ，挙手，発言，問題を解く，ノートをとるなどの能動的課題従事行動が増えることが予想される。松尾（2009）は，40人学級を意図して一時的に20人学級に編成した教室で，子どもの行動を時間見本法で観察した。その結果，少人数の教室では，有意に動的課題従事行動の出現率が高く，逆に多人数学級では積極的課題非従事行動（手遊び，私語，落書き）の出現率が高くなることを明らかにしている。

意欲の高い子どもは，積極的に授業に参加するであろう。安藤・布施・小平（2008）は，因子分析により，国語と算数の授業において，挙手・発言，準備・宿題，注視・傾聴の3因子からなる授業参加行動を取り出した。自律的決定理論による動機づけ尺度の得点と積極的授業参加行動に関連があることを見いだしている。

生徒の授業の受け方を改善するには，授業の受け方スキル尺度を用いて，生徒と教師の話し合いをもつことをすすめたい。

梅田・河野（2011，2012）は，18項目からなる中学生のための「上手な授業の受け方尺度」を開発している（表2）。もとになっているのは，教師たちから寄せられた，授業をどのように受けてもらいたいかという願いである。

●表2　上手な授業の受け方尺度2010

No.	項　　目	因子
1	先生が話しているときは，集中して聞く。	Ⅳ
2	テストのときに役立つように，ノートのとり方を工夫する。	Ⅱ
3	積極的に自分の意見を述べる。	Ⅰ
4	先生の話は，細かなところまでノートにとる。	Ⅱ
5	発言するときは，自信をもって話す。	Ⅰ
6	黒板に書かれていない話の内容もノートに書き込む。	Ⅱ
7	挙手して積極的に発言する。	Ⅰ
8	大事なところがわかるように，工夫してノートをとる。	Ⅱ
9	話し手がどんな目的をもっているのかを意識しながら聞く。	Ⅲ
10	自分の考えや感想をすすんで述べる。	Ⅰ
11	話の流れがわかるようにノートをとる。	Ⅱ
12	話の内容を自分の言葉で言い換えながら書く。	Ⅲ
13	話を聞きながら，先生の話の内容が正しいかチェックする。	Ⅲ

14	授業を理解しようと先生の話を注意深く聞く。	Ⅳ
15	先生の指示や説明をしっかり聞く。	Ⅳ
16	ノートに書くとき，重要な語句などに印をつけたり色別にする。	Ⅱ
17	たくさん発言するようにする。	Ⅰ
18	話の内容をこれまでに学んだことと関連づけながら聞く。	Ⅲ

生徒は5件法（1しない～5よくする）で回答が求められた。第Ⅰ因子は発言，第Ⅱ因子はノートテイキングである。興味深いのは，教師の話を聞くことが2つの因子に分かれたことである。従来指導されてきたのは，第Ⅳ因子（注意深く聞く）に含まれた。一方，第Ⅲ因子は，体制化・精緻化と命名されたが，認知心理学の登場によって学習ストラテジーと呼ばれるようになった学び方である。

この尺度の得点の高さと期末試験の成績の間に有意な関連があることが確かめられている。

2 ノートをとる

(1) 古くて新しい研究

ノートテイキングの研究は，古くから教育心理学で扱われてきたテーマであったが，認知心理学へのパラダイム変換によって新しいテーマになった。小林（2000）は，授業のなかで生徒がどのように知識を生成するのか，伝達された知識に対してどのように疑問をもったり批判したりするのか，その過程をノートのなかから読みとることの大切さを指摘している。ここでは，授業者の意図どおりに情報を理解し保持するという古い授業のスタイルが否定されている。

かつてコピー機がなかった時代，大学の教室では，教授が読み上げるノートを一字一句聞き漏らさないように逐語記録するのが学生の仕事だった。いまでも，高校の教室をのぞくと，教師が黒板に黙々と文字を埋めて，生徒は黙って一心不乱に書き取るという風景が残っていたりする。ノートは，与えられた情報を漏れなく書きとめ，試験の前に振り返るための備忘録であった。

不登校経験をもつ生徒が多く在籍するチャレンジスクールと呼ばれる高校がある。山崎（2009）は，コーピング・メソッドタイムのなかで黒板速写の訓練をしているが，その最初のステップは①板書を見て速く見やすく書く，②一字一句見るのではなくある程度のまとまりで見て書く，である。教室のなかには，板書を見てノートに写しとることさえ困難な子どもが存在するのである。

こうした学校では，授業のためにノートを用意する，授業の前に机の上にノートを出す，その日のノートの頭に日付を記入するといった，ノートテイキングの基本的スキルから指導が必要になる。

川上・山口（2011）は，LD（学習障害）と診断された中学生Aくんの声を紹介している。「黒板に書いてあることを書き写しているうちに先生が話を始めるとそっちを聞いてしまって，また先生が新しいことを黒板に書いてそれを写しているうちに先生が書き終わり話をするとそっちを聞いてしまう」。

ここからわかるのは，生徒のノートテイキングのスキルと教師のティーチングスキルの一部である板書のスキルがうまくかみ合っていないことである。

そこで，板書を写し取る作業から子どもたちを解放する試みが興味をもたれる（櫻井，2009）。授業後にデジタルカメラでとったものをコピーして配るのである。子どもたちは，教師や仲間の発言に集中でき，話し合いに参加できるようになる。

(2) ノートの形式

では，どんなノートのとり方が，授業の理解につながるのか。

リスチとキーラー（Risch & Kiewra, 1990）は，中学生に授業VTRを見せ，3（ノートの内容）×3（ノートの形式）の要因実験を行っている。ノートの内容としては，自分でとったノートを読み返す（T/RO）群，自分でノートをとり熟練者がとったノートを読む（T/RE）群，自分でノートをとらず熟練者のノートを読む(L/RE)群が配置された。ノートの形式としては，リニアー（トピックとサブトピックにより講義の骨格が示され，それを埋めていく）群，マトリックス（縦軸にトピック，横軸にサブトピックを配置したマトリックスを示す）群，伝統的ノート（トピックスの見出しだけ示す。熟達者では逐語記録になっている）群が配置された。

2日後にノートによる復習と事後テスト（トピック間にわたる再生テスト，トピック内の再認テスト，応用テスト）が実施された。表3は，再生テストの結果を示す。内容と形式の交互作用が認められた。

●表３　ノートの内容と形式の効果

(Risch & Kiewra, 1990)

	マトリックス	リニアー	伝統的
T/RO	9.38	4.63	4.61
T/RE	9.10	5.58	3.11
L/RE	4.10	7.33	4.67

(3) ワーキングメモリーとノートテイキング

ワーキングメモリーは，情報を一時的に保ちながら操作するための構造や過程を指す構成概念である。ノートテイキングでは，目や耳から入った情報を処理して，ノートの上にoutputする作業であり，ワーキングメモリーの大きさが影響すると考えられる。改訂されたWISC－Ⅳでは，ワーキングメモリーの大きさが測れるようになったので，特別支援の教育にあたる教師は，心にとめておきたい。

例えば，中学校の教師は授業で，平均1分間に110語話す。ところがLDの生徒の書けるのは，サンプル文字を書き取るという認知活動を伴わない場合でも17語（1語が4文字からなっているとして）でしかない(Boyle, 2010)。

バーヴェルト(Baerveld, 2008)は，4年生から6年生の子ども25人に架空の科学の授業を行った。子どもたちは授業を受けながらノートをとり，その後ただちにノートをもとに授業を要約したレポートを作成した。

図2は未熟と判定されたノートとレポートの割合を示しているが，ノートにのみワーキングメモリーの影響が出ている。

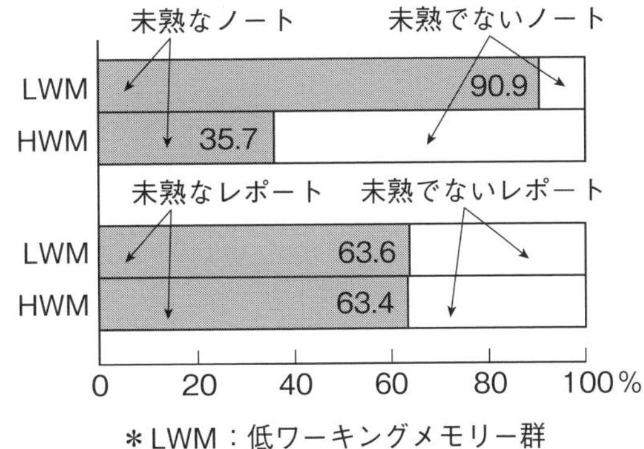

●図２　ワーキングメモリーの影響

大学の教室でも，LDと判定された学生が学んでいる。彼らにとってもノートテイキングは，やっかいな作業である。教師が手がかり（lecture cue）を使って大切な点を強調しても，うまくノートがとれない。そこで，教師が準備したノートを学生に提供することが成績の向上につながった（Kobayashi, 2006)。

(4) ノートテイキングの訓練

川上・山口（2011）は，LDと診断された中学生Aくんに，3段階の訓練を行った。第1段階は，自分でとった授業ノートを参考に学習内容を確認する。第2段階は，指導者が内容の補足などをしながら説明し，内容の整理とキーワードの確認を行う。第3段階は，授業ノートや指導者の話をもとに，自分ながらにノートをまとめる。これは，ノートがうまくとれないという主訴に対する2年間の治療教育である。

ボイル（Boyle, 2012）は，LDのためのガイドノート（guided note）の研究を展望している。授業内容のアウトラインを提供し，加えて個々の授業ポイントについてより細かな情報を書き込むための空欄を提供するものである。これを利用するとノートの正確さが増し，試験の得点が改善することが確かめられている。図3に，日本の子どものために，ガイドノートを準備してみた。

梅雨の季節

1　梅雨　この漢字は＿＿＿＿＿と読みます。

2　この季節は,雨が（たくさん/少し）ふります。

3　梅雨の季節は,＿＿月から＿＿月にかけてです。

4　梅雨が終わると，本格的な＿＿がきます。

5　北からの＿＿空気と南からの＿＿＿空気が日本の上でぶつかります。

●図３　ガイドノートの例

4 授業のあとで－家庭での学習－

1 予習・復習

予習や復習が大切であることは，耳にたこができるほど聞かされている。しかし，自宅で机に向かって，何をすることが予習で，何をすることが復習であるかを知っている子どもはどれだけいるのだろうか。「予習した子どもは授業に興味をもたなくなるので，予習はしないように指導している」と言ってのける教師もいる。

どんな予習・復習をしたらよいのかは，教科や学年によってちがってくるだろう。また，教師がふだんどのように授業を展開しているのか，その授業観によってもやり方が違ってくる。したがって，生徒に対して，自分の授業ではどんな予習や復習が必要なのか，具体的に指導する必要がある。親が机に向かう時間だけを気にすると，漢字や英単語をノート一面に書き連ねたり，計算ばかり繰り返す。これが，ごまかし勉強につながる（藤澤，2002）。

篠ケ谷（2022）はまず，中学1年生の数学の学習動機を検討した。「新しいことを知れて楽しいから」「将来役に立つから」などは，内容関与動機,「みんながやっているから」「親に褒められたいから」「悪い点をとって恥をかきたくない」などは内容分離動機である。図4のパス解析が示すように，内容関与動機の高い生徒は予習を積極的に行っている。

また，授業の受け方を精緻化（まちがっていたときは解き方も書く，先生が説明しているときはなぜそうなるかを考える）と援助要請（解き方が分からないときは質問する，説明が分からないときは質問する）に分けた。予習を積極的に行っている生徒は，授業中の精緻化とポジティブな何連がみられる。

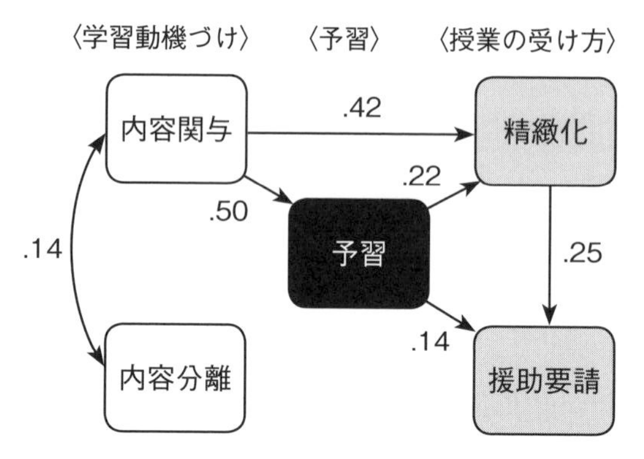

出典：篠ケ谷圭太『予習の科学』（P57）図書文化社

●図４　動機づけ，予習，授業の受け方の関連

河野（1997）は，中学2年生の英語の予習と復習の実行状況を調べた。予習において，英語の成績上位群と下位群のどちらも実行しているのは，教科書の文をそのままノートに写す，新出単語をチェックする，新しく習う単語を何度も書いて覚える，前の時間に習ったことを思い出す，教科書をざっと読む，で

あった。両群とも実施していないのは，授業中に先生が質問しそうなことを予想する，教科書の内容と自分の身の回りのことの関連を考える，先生への質問事項を考える，教科書の内容に関連したことなどを本で調べる，学習用のテープを聴くであった。

復習についてみると，両群ともよく実行しているのは，試験にでそうなところをチェックする，であった。両群とも実行していないのは，授業中のノートを別のノートにきれいに写しかえる，習った文を使ってだれかと会話する，であった。

上位群が下位群よりも有意に多く実行している活動を表 4 に整理した。

この学級で教師がふだんから指導している予習のための活動は，音読する，新出単語を書く，新出単語の意味を調べる，教科書の文を写す，訳してみる，であった。音読を除けば，両群ともよく実行していた。これは補助教材の「学習ノート」が活用され，授業のなかで教師のチェックがあるためである。

●表４　成績上位下位群の英語の予習・復習の実行の違い

予習	復習
新出単語の意味を辞書で調べる。	説明のよくわからなかったところを参考書で調べる。
新出単語をチェックする。	重要な単語や文を暗記する。
教科書をざっと読んで，どんな内容か考える。	ノートのよくとれていないところを書きたす。
意味のわからない文をチェックする。	どれが重要な文かチェックする。
	今日習った教科書のページにざっと目をとおす。
	参考書で調べたことをノートに書きたす。
	今日習った教科書のページを声に出して読む。
	習った文の決まりを使って，新しい文をつくる。
	習った文を使って外国人に手紙を出してみたいと思う。
	習ったことを自分の言葉でまとめる。

2 授業振り返りシート

教師が話したことや教科書に書いてあることを覚えるという旧来の学習のあり方から，知識を自ら構成していくという構成主義の学び方が近年重視されるようになった（Nasir & Kono，2004）。そのためには，自らの学びについて振り返り，学べたこと，学べなかったこと，さらに学ぶべきことなどに気づいていく自己調整学習ができるようになることが期待されている（伊藤，2009）。復習と予習は，このことのために時間を使いたい。

そこで，河野（2013）は，大学の 15 回の授業のために A4 用紙一枚の「授業振り返りシート」を導入した。自宅で，その日の授業内容，提出すべき宿題，授業を補う学び，授業を深め広める発展的学びについて記入してもらった。その結果，このシートをていねいに記入した学生は，学びを深め広めることができ，期末試験の成績がよいことが確認された。小・中・高校でも活用したい。

3 本を読む

読解の過程は，①文字や単語を識別する，②文法を手がかりに，1 つの文を理解する，③複数の文からなる段落を理解する，④段落と段落のつながりを理解する，⑤文章全体の要旨を理解する，という一連のつながりである。上手な読み手は，ちょうど成人が小説を読むときのように，この過程を意識することなく，スムーズにやってのける。しかし，成人でも，英語の小説を読むとなると，この一つ一つの過程を意識しながらたどることになる（河野・古屋，2008）。

認知心理学へのパラダイム変換によって，読解スキルの研究が花開いた観がある。

タルボットら（1994）は，1966年から1992年に行われた，LDの子どもへの読解スキルの介入訓練を扱った120の論文について，その効果をメタ分析している。そこで取り上げられたのは，次の7種類である。

①認知的介入：特定の問題解決スキル，先行オーガナイザー，アウトライン，記憶の方法，調節と調整

②認知―行動的介入：自己の行動のモニター，自己質問，読書後の成績の自己評価

③語いの介入：単語の音読の誤りの訂正，単語の意味や発音指導

④事前あるいは途中の介入：読む前や途中で，ストーリーや簡単なあらましについて質問する。

⑤直接教授介入：集中するための合図，ほめる，誤った反応の修正

⑥コンピュータによる支援：伝統的なやり方でつくられた教材をコンピュータで提示

⑦その他の介入：協同学習，問題解決学習

メタ分析の効果指数は，その他の介入（3.08）＞認知―行動的介入（1.6）＞事前あるいは途中の介入（1.18）＞認知的介入（1.0）＞コンピュータによる支援（.876）＞語いの介入（.697）＞直接教授介入（.97）の順であった。

5 試験を受ける

1 テスト不安

自己が評価される場面において，その典型は入学試験や期末試験であるが，「失敗するのではないか」「失敗したら困る」という否定的な評価への恐怖・不安は，テスト不安（test anxiety）と呼ばれる（Sarason et al., 1958）。

下山ら（1982）は，小学校4，5，6年生について，テスト不安と算数および国語の成績との相関を調べた。その結果，テスト不安の抑制効果が，学年段階を通じて強められていくことが明らかになった。同様の結果は，中学生でも確かめられている（山本・荒木，1986）。

スポーツの選手は，少し緊張しているほうが，成績がよくなると話すことがある。そこで，河野・根本（1984）は，小学校5年生の教室で，2（促進不安と抑制不安）×2（競争と非競争）の要因実験を行った。その結果，成績がよかったのは，促進不安の子どもの競争条件であった。抑制不安の高い子どもは，競争場面でも非競争場面でも成績がふるわなかった。

競争は動機づけの手だてとして古くからとられることが多いが，生徒の不安の状態を配慮する必要がある。また，テスト不安を低減することが，学業成績の改善につながることが期待される。

バイデルら（Beidel, et al., 1999）は，テスト不安を低減するには，学習習慣，学習スキルおよび受験スキルを教えることが有効であるとの考えから，8人の生徒（小学校4年生から中学3年生）に11週間にわたり，テスト退治プログラム（The Testbuster Program）を導入した。その結果，個々の教科の成績には期待されたような効果がなかったが，全体的な学業成績（GPA）は有意に改善し，テスト不安の有意な低減につながった。

2 試験の準備

「やまがあたった」と言われることがある。では，試験を受けるのにどんな準備が有効であろう。学年，教科，試験問題のタイプによって，準備のあり方も変わってくるであろう。

河野（1987）は，ローカス・オブ・コントロールと試験準備行動の関連を調べ，外的統制型

の男子は，準備がおろそかになることを見つけている。また，成績上位群が下位群に比べて多くとった行動は，①教科書をひととおり読んだ，②教科書の大切なところを何回も読んで暗記した，③ノートを読み直した，④先生が配ったプリントを見直した，⑤教科書の問題を解いた，⑥教科書・数学の友（学校で準備した補助教材）・プリントの間違えやすいところに印をつけた，⑦間違えた問題はなぜ間違えたのか考えた，⑧間違えた問題をもういちどやり直した，⑨わからないところを先生に聞いた，⑩先生が授業中に力を入れたのはどこか考えた，であった。

逆に，成績下位の生徒のほうがやったのは，①家で買った問題集を解いた，②わからない箇所を友達に聞いた，であった。

つまり，学校の授業にそった準備をすることが，有効だったのである。

吉田（1991）は，中学２年生を対象に，普段の日の英語の勉強と期末試験前の英語の勉強の仕方を調べている。試験直前になると，成績上位の生徒の家庭学習の時間が増えている。また，ふだんは「本文をノートに写す」「本文を声に出して読む」「単語の意味を辞書で調べる」が多いが，試験直前には「単語の暗記」「書いて覚える」が多くなり，これが成績と関連が深い。

ディキンソンとオコンネル（Dickinson & O'Connell, 1990）は，大学生の家庭学習の時間と試験成績の関係を調べた。学生たちは記録用紙に，①資料を読んだ時間（見出しだけ読んだりしないで，アンダーラインを引かないで），②見直しをした時間（アンダーラインを引いた箇所を読む，ノートを読む，見出しを読む，見出しから情報を再生する，定義を再生する，繰り返して読む），③体制化した時間（自分のことばで教科書の問題に答える，教科書から上位概念・下位概念などの構造を見つける，講義とノートを関連づける，教科書の内容を図解する，など）を記録した。

一週間あたりの総時間数は，成績上位群が下位群に比べて有意に長かったが，時間の長さよりも，既習の情報と講義の中身を関連づけたり，自分の言葉で要約したり，メンタルイメージを使ったり，再生のためのシステムをつくり出すことを含んだ体制化による活発な学習活動の有効性が確かめられた。

3 試験に臨む

問題を前にしたら，全体を見渡して，できる問題から手をつける，といった受験スキルは，もっぱら塾や予備校で教えられてきた。これに関する文献の検索にあたっては，test wiseness，test sophistication，test wisdom がキーワードになる。とりあえず，「試験の心得」と訳しておく（河野，1995）。

ミルマンら（Millman et a1.,1965）は，「試験の心得の分類学」を開発したが，①テスト問題の作成者／テストの目的から独立した要因，②テスト問題の作成者／テスト目的に依存した要因からなっている（表5）。

●表５　試験の心得の分類学

独立した要因	依存した要因
・時間の使い方 ・ミスを避ける方法 ・推測する方法 ・演繹的理論づけの方法	・意図を読み取る方法 ・手がかりを利用する方法

先に引用したバイデルら（Beidel, et al., 1999）のプログラムで子どもたちに教えられた受験スキルは，①割り当てられた試験時間の使い方，②問題文をていねいに読む，③多肢選択問題では，正しくない選択を除いて，正しい選択の機会を増やす，④正誤問題では，「never」や「always」といった程度の副詞の使われ方を手がかりにする，⑤返却された答案用紙を見直して，次の試験で間違えないようにする，などであった。

第16章 学級経営

河村　茂雄

 1 学級経営とは

1 学級経営のあいまいさ

「学級」という近代学校がつくり出した制度は，日本でも1891（明治24）年の「学級編成ニ関スル規則」により制定された。当時から，学級における教育のあり方は，学校教育の核心的問題として指摘されてきた。例えば，「児童生徒は学校に於て教育を受くるというけれども，厳密に且適切に之を云ふたならば，学校に於て教育を受くるにあらずして，学級に於て教育を受くるのである。」（沢柳，1909）などである。学校教育の目的が，具体的に展開される場が，まさに学級なのである。

そのため学級経営への関心はいつの時代も概して高く，学級経営の重点やめざすべき目的，目的を達成するための教師の指導技術など，さまざまな「学級経営実践論」に関する知識は蓄積されてきた。しかし，現在まで「学級経営学」という体系化された研究領域が確立されているとはいえず，「学級経営とは何か」という問いに対する見解も，研究者の間でも実践者の間でも一致しているわけではない。

さらに，現在の大学の教職課程では，学生は「教科教育法」「生徒指導」「教育相談」などの科目をそれぞれ独立して学習するが，学校現場ではそれらを統合させて，学級の児童・生徒の実態に応じて柔軟に展開していくことが求められる。その構造は次の図1である。

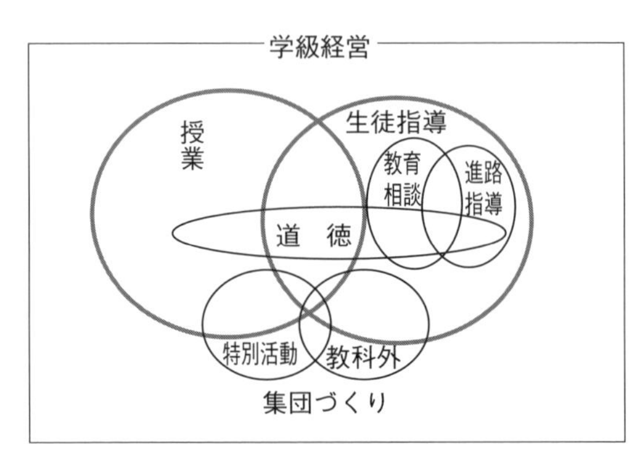

●図1　学級担任の行う学級経営全体図

学生たちが「統合的に実態に応じて適切に展開する力」を身につけるための学習は，3週間前後の教育実習があるのみで，それをもって学級経営の力が一応身についたとみなされるのである。どのように統合して適切に展開するのか，学級集団づくりをしていくのかという「学級経営」に該当する科目はないのが実態である。

これまでの教師たちの学級集団育成を含む学級経営の方法論の習得は，自分が子どもだったころの学級の記憶，短期間の教育実習，学校現場に出てから周りの先輩教師たちのやり方をかいま見てのモデル学習，先輩教師からインフォーマルな場で指導を受ける，のがおもになっていた。つまり，特徴的な学級集団制度をもつ日本の学校現場で，実はほとん

どの教師の学級集団育成，学級経営の進め方は「自己流」といっても過言ではないのである。

2 学校現場の深刻さ

近年の日本の学校現場に目を移すと，不登校やいじめ問題の発生，授業の不成立や学級の荒れ，学力の低下，通常学級での特別支援教育推進の困難さなど，学級集団に起因する問題はさまざまに噴出している。

1990年代半ばごろから，一斉形態の授業や学級活動が成立しない，いわゆる，学級崩壊の問題がマスコミに取り上げられ社会問題となった。旧文部省も1998年に「学級経営研究会」を立ち上げ，「学級がうまく機能しない状況」を，「子どもたちが教室内で勝手な行動をして教師の指導に従わず，授業が成立しないなど，集団教育という学校の機能が成立しない学級の状態が一定期間継続し，学級担任による通常の手法では問題解決ができない状態に立ち入っている場合」と定義して，実態把握を行っている（学級経営研究会，1998）。そして問題発生の複合性を強調し，代表的な10のケースの報告とその対策を示したが，このような状況に対する学級集団発達の視点での解明にはいたっていない。このようななかで，全国連合小学校長会（2006）は，学級崩壊の状態にある学級が，小学校の8.9%に上っていることを報告している。児童・生徒にとって学級集団が教育的な状態になっていないという状況が，すでに一定の比率で存在しているということは，「学級」を1つの単位として集団教育する日本の学校教育では，教育活動の基盤を揺るがす問題といえよう。

同時に，学級崩壊という学級集団が教育的環境になっていない状態まで悪化しないまでも，学級集団が教育環境として児童・生徒が互いに建設的に切磋琢磨（せっさたくま）するような状態と，相互に傷つけ合い互いに防衛的になっている状態とでは，児童・生徒の学習意欲や友人関係形成意欲，学級活動意欲に有意な差が生じることが推測される。河村・武蔵（2008 a, b）は220学級を対象にして学級集団の状態を独立変数として取り上げ，児童・生徒間に一定のルールと良好な人間関係であるリレーションが同時に確立している満足型学級では，学級崩壊はしていないがルールの定着の低い学級や良好な人間関係が形成されていない学級と比較して，いじめの発生数が少なく，かつ，児童・生徒の学習の定着率が高いことを指摘し，学級集団の状態が児童・生徒の活動に有意な影響があることを実証的に明らかにしている。

学級崩壊の状態は対外的に顕在化し，問題としてとらえられることが必至なのに対して，教育環境として低いレベルの状態の学級集団の問題は，各担任教師が意識して取り上げないかぎり，問題として表面化することは少ない。ここに，この問題の深刻さがある。

「学級」を1つの単位として集団教育する日本の学校教育では，児童・生徒の学習は個人的な過程であるとともに，「学級」の影響を強く受ける社会的なものでもある。中央教育審議会（2006）では，教員として最小限必要な資質能力を確実に身につけさせるため，教職課程のなかに必修の「教職実践演習」の科目を設置する答申を出した。2013年度からすべての大学の教職課程で完全実施される。そのなかには，教員の資質に関するものと並列して，「幼児児童生徒理解や学級経営等に関する事項」が4つの事項のなかの1つとして盛り込まれている。学級経営についての力量を，教員志望者に教員養成の段階から確実に身につけさせることを求めているのである。ただ，教育環境として良好な学級集団の形成の必要性とそのための学級経営を充実させる目標は設定されたが，その方法論としての教師たちの学級経営の展開や学級集団育成のあり方について，一定の指針は示されていない。大学側の養成段階でのこの領域の取組みは，まさにこれから始まる段階である。

3 学校教育と学級経営

学校教育の目的とは何か，教育基本法第1条（教育の目的）では，「教育は人格の完成をめざし，平和的な国家及び社会の形成者として，真理と正義を愛し，個人の価値をたっとび，勤労と責任を重んじ，自主的精神に充ちた心身ともに健康な国民の育成を期して行われなければならない。」とうたっている。

つまり，学校教育の目的は，自他の人間の存在価値を尊重し，自分の生活をコントロールし，社会的に自立した形で自己責任を積極的に果たそうとするパーソナリティをめざすものである。そして，学校教育の目的が具現化される場が学級集団なのである。

学級は，教師という成人をリーダーとし，同年齢の児童・生徒によって組織された，最低一年間固定された閉鎖集団である。そして，学級は知識や技能の獲得をめざす教科学習の場であるだけではなく，学級生活を通して行われる人格形成の場でもある。つまり，学校教育の目的が，具体的に展開される場が，まさに学級なのである。

近年，児童・生徒の対人関係能力の未熟さが指摘され，❷の学校現場の問題をかんがみると，学級担任は個々の児童・生徒の心理的な状態への配慮とその発達の支援という課題に直面せざるを得ない。こうした今日的課題に対して，学級担任にできることを具体的に検討して提案する，心理学を背景とする学級経営論は近年注目されている。この流れから学級経営を整理すると，次のようになる。

日本の学校教育は，①固定されたメンバーで生活面やさまざまな活動と授業を学級で取り組む日本型の学級集団制度，②学習指導とガイダンス機能を教師が統合して実施していく指導体制，という2つの特性をもっている。

したがって，学級担任の教師は，児童・生徒へ授業を実施するのみならず，児童・生徒個々の生徒指導，教育相談，進路指導のすべてを担当しながら，児童・生徒たちを集団に適応させ関係づくりをしながら相互交流をさせ，学び合う・支え合うシステムを形成して，一定レベルの学習内容を定着させ，社会性やコミュニケーション能力，道徳性や発達段階に見合った心理社会的な発達を促していくこと，が求められるのである。このような対応の総体が「学級経営」と学校現場ではいわれている。

日本の教師たちが用いている「学級経営」という概念は，教育学の「教育方法」に近いと考えられ，学校教育全体にかかわるとても広い概念である。教育方法とは教育目的を達成するために指導の計画と展開の措置や手段をとることである。狭義の教育方法は，学習指導と生徒指導（ガイダンス）とを指す。この2つは，教科指導と教科外指導とを示す領域概念ではなくて，教科と教科外のいずれの領域にも発揮される機能概念である。それは教科や教科外においても学習指導も生徒指導（ガイダンス）も機能して行われている事実にある。

したがって，学級経営とは，教師が学級集団のもつ学習集団と生活集団の2つの側面を統合し，児童・生徒が，学校教育のカリキュラムを通して獲得される教育課題と，人間としての発達上の課題である発達課題を，統合的に達成できるように計画・運営することである。そしてその学習場面として，対人交流，集団体験を伴った授業や学級活動，行事などが設定され，その基盤に児童・生徒が学校生活を送るうえでのホームとしての生活体験があるのである（河村，2010）。

2 学級の集団としての発達

1 学級集団とは

学級集団と一概に呼ばれることが多いが，学級は最初から学級集団になっているわけではない。集団とは単なる人々の集まりではない。集まった人々のなかに「共有する行動様式」，いわゆる対人関係や集団として動く際のマナーやルールを共有する人々の集まり，これが集団なのである。今日の学級経営のむずかしさは，学級に集まった児童・生徒たちが，この最低限の共有する行動様式を身につけていないことである。したがって，教師が児童・生徒を，集団として動かすことがむずかしいのである。

集団として成立した学級集団が集団としてさらに成熟すると，その学級集団は教育力をもつ。児童・生徒が学級で生活するなかで，相互に学び合って社会性を身につける。親和的な人間関係のなかで，自分を対象化する作用が生まれ，自己の確立を促進する。つまり，教育力のある学級集団は，所属する児童・生徒一人一人にとっての居場所となり，彼らの心理社会的な発達を促進するのである。この営みこそ，まさに学校教育の目的の具現化といえるだろう。

教育力のある学級集団の育成，その学級集団での活動や生活を通して，児童・生徒一人一人の心理社会的な発達を促進すること，これが教師の学級経営の目標である。このような学級経営が，心の教育，学校教育の目的を具現化するのである。

2 学級集団の発達過程

教育力のある学級集団はどのような過程を経て形成されるのだろうか。

根本（1991）はこれまでの研究を整理し，学級集団は児童・生徒間の相互作用，集団の分化，集団機能の変化などによりその様相は変化することを示し，それを学級集団の発達過程と定義した。1990 年代に学級集団の発達過程としていくつかの仮説が出されたが，その後この領域の研究はみられなくなった。

河村（2012 a）は教員養成課程で学級経営に関する力量形成が求められている 2010 年代の，実際の学校現場の学級集団の状態の実態を，複数年にわたって調査した。そのなかで，児童・生徒の学級生活の満足度と学力の定着度が高く，児童の協同的で自主的な活動が成立した複数の学級集団を抽出し，学級がそのような状態にいたるプロセスを，特徴あるまとまりで分類し，学級集団の発達過程を明らかにした。以下にその概略を示す（河村，2012 b）。

〈第一段階　混沌・緊張期〉

学級編成直後の段階で，児童・生徒どうしに交流が少なく，学級のルールも定着しておらず，一人一人がバラバラの状態である。

〈第二段階　小集団形成期〉

学級のルールが徐々に意識され始め，児童・生徒どうしの交流も活性化してくるが，その広がりは気心の知れた小集団内にとどまっている状態である。

〈第三段階　中集団形成期〉

学級のルールがかなり定着し，小集団どうしのぶつかりあいの結果後に一定の安定に達すると，指導力のあるリーダーがいる小集団などが中心となって，複数の小集団が連携でき，学級の半数の児童・生徒たちが一緒に行動できる状態である。

〈第四段階　全体集団成立期〉

学級のルールが児童・生徒たちにほぼ定着し，学級全体の流れに反する一部の児童・生徒や小集団ともある程度の折り合いがつき，ほぼ全員で行動できる状態である。

〈第五段階　自治的集団成立期〉

学級のルールが児童・生徒たちに内在化され，一定の規則正しい全体生活や行動が，温和な雰囲気のなかで展開され，児童・生徒たちは自他の成長のために協力できる状態である。

教育力のある学級集団の状態は，学級集団の発達過程では〈第五段階　自治的集団成立期〉に該当する。河村はこのような学級集団の状態を,「満足型」の学級集団と命名した。なお，第五段階の自治的集団成立期にいたった時期は一様ではなく，1学期末から3学期中旬まで幅広く分布することが認められた。

教師は，ルールとリレーションを統合的に確立させながら，学級集団を第五段階に向けて一歩一歩育成することが求められるが，調査結果から次のような傾向が認められ，近年の学級経営のむずかしさが改めて浮き彫りになった。

・5段階の集団発達過程の4段階以上の状態の学級の比率が半分を大きく割っている
・1年間たっても2段階レベルの状態の学級が 2，3割はある
・教育的な環境とはいえないような学級が 1 割はある

これから教師は，学級編成と同時に児童・生徒を学級という枠の中で，他者とどのようにかかわればよいのか，学級の一員としてどのように集団形成・生活にかかわるのか，そのための意欲とスキルを教育しなければならなくなった，まず集団づくりから始めなければならなくなった，といえるだろう。教師が学級を集団として育成していく試みは,児童・生徒の心理社会的な発達を援助することと同義なのである。

3 教師のリーダーシップ

1 教師の指導行動を考える

河村（2012 a）は，学級集団の発達過程の調査のなかで，各過程で学級集団の特徴的な状態がみられ，その過程の定着と次の過程に発展していく背景に，教師の特徴的な指導行動が認められたことを指摘している。つまり，第五段階の自治的集団成立期の状態に学級集団を育成した教師は，その各過程で指導行動を変化させ，学級集団がより発達の方向に向かうように働きかけていたのである。

これはリーダーシップ理論のなかの,「状況適合論」の考え方で,代表的な理論にシチュエーショナル・リーダーシップ理論(SL 理論, P.Hersey & K.H.Blanchard)がある。リーダーシップの有効性は，成員たちの特性や集団の状況と,リーダーが発揮するリーダーシップ・スタイルとの関数である，という説である。したがって，リーダーは成員たちの特性や集団の状態をしっかり把握し，そのうえで適切なリーダーシップ・スタイルで,リーダーシップを発揮することが求められるのである。

これを教師の指導行動に当てはめると，教育実践の目的を明確にし，次のステップがとられることになる。

①教育の目的，教師のリーダーシップに直結している学級経営の目的を明確にする。
②学級の児童生徒の特性，学級集団の状態をアセスメントする。
③②の結果にそったリーダーシップ・スタイルを採用する。
④③に応じたリーダーシップ行動を発揮する。
⑤成果を適宜評価し，微修正をしながら②③④の流れを継続していく。

教師が教育実践に向けてリーダーシップを発揮するうえで，事前の学級集団の状態のアセスメントは，必要不可欠なものである。児童・生徒が大きく変わったといわれる現在，その必要性はより高まっているといえる。

学級集団をアセスメントする尺度として筆者が開発した心理尺度「Q－U：QUESTIONNAIRE － UTILITIES」(小・中・高・大学用）がある。日本の全都道府県の半数以上の県や市の教育センターで，教員，スクールカウンセラーを対象とした実施・活用研修会が毎年開催され，学校現場に広く定着している標準化された心理検査である。詳細

は他項に譲るが，教師は学級集団をアセスメントする具体的な方法をもち，習熟しておくことが求められるだろう。

2 教師の代表的なリーダーシップ・スタイル

学級の児童・生徒の特性，学級集団の状態に応じて教師がリーダーシップ・スタイルを取るにあたって，教師の代表的なリーダーシップ・スタイルを，PM理論，勢力資源をもとに解説する。

教師が指導行動をとる際のたたき台になるものである。

(1)　PM理論

三隅（1984）は，リーダーシップ機能を2つの次元から解説することを提唱した。

1つは，目標達成ないし課題遂行機能であるP (performance) 機能である。教師のリーダーシップとしては，学習指導や生徒指導の遂行に関する機能である。もう1つは，集団維持機能であるM（maintenance）機能である。教師のリーダーシップとしては，学級内の好ましい人間関係を育成し，児童・生徒の情緒の安定を促したり，学級集団自体を親和的にまとめたりする機能である。

この2つの機能の強弱を組み合わせ，4つのリーダーシップ・スタイルを提唱した（図2)。P機能とM機能をともに強く発揮するPM型，P機能の発揮が弱くM機能を強く発揮するM型，P機能を強く発揮しM機能の発揮が弱いP型，P機能とM機能の発揮がともに弱いpm型である。

そして，数々の実証研究の結果，業種の違いにかかわらず，業績に関するリーダーシップ効果は，第1位がPM型，第2位がM型，第3位がP型で，最低はpm型である。

教師のイメージでたとえると，PM型は細やかな気づかいのなかに強い指導性を併せもつ教師，M型は温和で気づかいの細やかな教師，P型は一貫して厳しく指導する教師，pm型は放任型教師というところだろうか。

状況適合論から考えると，児童・生徒の特性や学級集団の状態に合わせて，教師はP機能とM機能を柔軟に，適切なバランスで発揮することが求められる。教師のリーダーシップ・スタイルを考えるうえで，また，そのリーダーシップ発揮の方向性と強さを考えるうえで，PM理論はいまでも参考になる理論である。

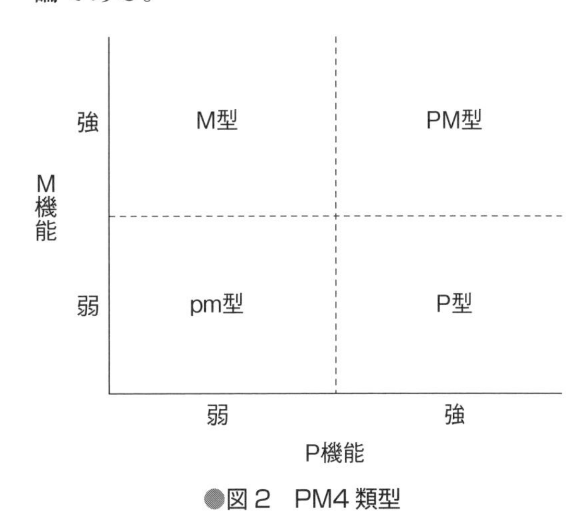

●図2　PM4類型

(2)　勢力資源

児童・生徒に指示がすっと入る，授業に集中させることができる，行事に意欲的に取り組ませることができる，このような教師は適切なリーダーシップを発揮できている，といえるだろう。

では，児童・生徒が，教師の指示や指導に従う，注意や叱責に耳を傾けるのは，どういう理由からだろうか。例えば，ある生徒が厳しいA先生の注意をおとなしく聞いているのは，A先生の注意を素直に聞かないと，もっと怒られると思うからかもしれない。あるいは，A先生の何事にも正面からぶつかっていく態度に尊敬の念を感じていて，それでA先生の注意を素直に聞いているのかもしれない。このように，児童・生徒たちには，教師の指導を受け入れるだけの理由があり，その理由も教師一人一人に対しても違うのである。

つまり，児童・生徒は一人一人の教師に対

して特定の勢力を感じて，その指導や指示に従っていると考えることもできる。この勢力を，教師が児童・生徒たちに対してもつ勢力資源という。教師が児童・生徒たちから獲得する代表的な勢力資源には，次の6つの種類がある。

○準拠性

教師に対する好意や尊敬の念，信頼感，ある種のあこがれなど，教師の内面的な人間的魅力に基づく。

○親近・受容性

教師に対する親近感や，自分を受け入れてくれるという被受容感など，教師の内面的な人間的魅力に基づく。

○熟練性

教師の専門性に基づく教え方のうまさ，熱心さなど，教師の教育技術の高さと熱意に基づく。

○明朗性

教師の性格上の明るさ，かかわることで楽しい気分になることに基づく。

○正当性

「教師」「先生」という役割や社会的な地位に基づく。

○罰・強制性

教師の指示に従わないと罰せられたり，成績に響くので，それを避けるために教師の指導に従うことに基づく。

児童・生徒たちは1人の教師に対して，この6つの勢力資源を，それぞれ別個に，独立したものとしてとらえているわけではない。いくつかの勢力資源が分化せず，統合された形で，教師の勢力を認識しているのである。教師の勢力資源のとらえ方には，当然，子ども一人一人に個人差はあるが，小学生，中学生，高校生，それぞれ特有の，めやすとなるとらえ方がある。

河村（2002）が小学生，中学生，高校生，計8千人を調査した結果をもとに，平均的なとらえ方を説明する。

①小学生の場合（図3）

発達的に幼い小学生は，前述の6つの勢力資源を，次の2つに統合して，教師をとらえる傾向がある。

簡単にいえば，教師が好きだから・信頼しているから，授業が面白いから・教え方がうまいから，その指導を素直に聞いている，自らすすんで教師の指導に従っているという側面「教師の魅力」と，指導を聞かないと後が怖いので，しかたなく従っているという側面「罰・強制性」である。

小学生の教師の勢力資源のとらえ方で重要なのは，「教師の魅力」という視点のなかに，教師の人間的な魅力と，教師としての役割に対する魅力が分化せず，一緒になっている点である。つまり，小学生は教師の人間的な部分と，授業の教え方などの役割の部分を識別していない。したがって，どんなに教え方がうまく，かつ，熱心でも，親しみや明るさ，悩みなどを受け入れてくれる対応や雰囲気がないと，その教師に対して魅力を感じてくれず，授業にものってこない，という状況が生まれるのである。

もちろん，児童が「教師の魅力」を教師に強く感じるとき，両者の人間関係は良好になり，「罰・強制性」を強く感じるとき，両者の人間関係はマイナスにふれていくのである。

②中学生の場合（図4）

思春期の中学生は，前述の教師の6つの勢力資源を，次の3つに統合して，教師をとらえる傾向がある。

小学生が「教師の魅力」ととらえていた視点も，中学生になると教師の人間的な魅力と，教師としての役割に対する魅力を分化して，とらえることができるようになっている。

したがって，授業のなかでの教師と，放課後に個別に相談にのってもらうときの教師の態度には，違う側面があることを理解できる。そして，中学生が「教師の人間的魅力」と「教師役割の魅力」の勢力資源を教師に強く感じているとき，生徒はその教師の指導に，素直にすすんで従おうとするのである。

中学生は教師の2つの魅力の側面を識別できるが，2つの魅力の両方をそれにふさわしい場面で強く感じているとき，その教師に全面的に従おうとするのである。

「罰・強制性」は，中学生と教師の心理的なつながりを，少しずつ引き離す勢力資源である。「罰・強制性」の勢力資源を強く感じている教師に，少しでも高圧的な物の言い方や，叱責をされると，中学生は強い反発を覚え，それが続くと，反抗したり，教師の指導を聞き流したり，バカにしたりという，攻撃的な行動にでることが少なくない。

③高校生の場合（図5）

高校生は，教師の6つの勢力資源を，次の3つに統合して，教師をとらえる傾向がある。

高校生が教師をとらえていた視点も，中学生とほぼ同様のものである。高校生が「教師の人間的魅力」と「教師役割の魅力」を教師に強く感じているとき，教師の指導をすすんで受け入れようとするわけである。

中学生と高校生は教師をとらえる視点は似ているが，決定的な違いがある。それは正当性の勢力資源である。中学生は「教師役割の魅力」のなかに正当性の勢力資源が含まれている。それに対して，高校生は「教師の人間的魅力」のなかに正当性の勢力資源が含まれているのである。

つまり，中学生は教師の授業の教え方のうまさや熱心さをみて「教師らしい」と感じるのに対して，高校生は教師の人間的な部分に「教師らしさ」を感じるのである。1人の人間として尊敬できるか，親しみがもてるかということを，高校生はとても重要視するのである。したがって，高校生とのつながりのなかで，教師は「教師の人間的魅力」を強く感じさせることができるかということが，とても重要になる。

また，高校生のとらえる「教師役割の魅力」は，熟練性と明朗性の相関が高い。つまり，教科のむずかしい内容を，そのまま堅苦しく，むずかしく教える教師に対して，高校生は単純に教師役割の魅力を感じないのである。教え方がうまいと感じないのである。その結果，授業に興味がもてず，私語が増えたり，いねむりをしたりという状況が現出してしまうわけである。

授業内容を面白く，意欲的に取り組めるようにアレンジし，ときには自分の人生観を織り混ぜながら語ってくれる教師に，高校生は強い魅力を感じ，そういう授業にこそのってくるといえるだろう。料理で言えば，いかに栄養価の高いものを効率的に提供できるかということよりも，栄養価の高いものを，いかにおいしく食べられるようにできるかが，より大事なのである。そういう意味での熟練性が，現代の高校生には求められているといえるだろう。

現代の児童・生徒たちは，教師にどのような勢力を感じて，その指導に従っているのか。それを知ることができれば，そこに教師が児童・生徒たちにかかわっていく糸口が見いだせるだろう。ただし，ポイントは，教師がどのような勢力をもっているのかではなく，児童・生徒たちがその教師にどのような勢力があると感じているかということである。つまり，教師は自分の思い，勢力を有することを伝える技術が必要だということである。

3 教師がリーダーシップを発揮するポイント

事前の学級集団の状態のアセスメント結果と，**2**の代表的なリーダーシップ・スタイルを参考に，両者のマッチングのいい点で，教師はリーダーシップ・スタイルをアレンジし，リーダーシップを発揮することが期待される。

その有効性を高めるためには，学級の児童・生徒の特性，学級集団の状態のアセスメントを定期的に行い，状態の変化に応じて，

【小学生(中・高学年)】

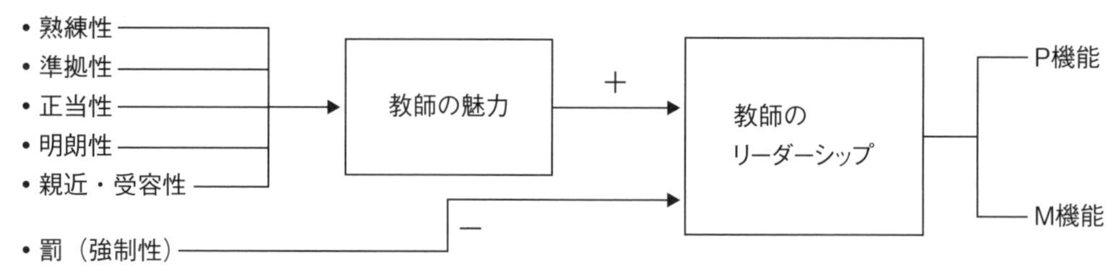

●図３　小学生が認知する教師の勢力資源

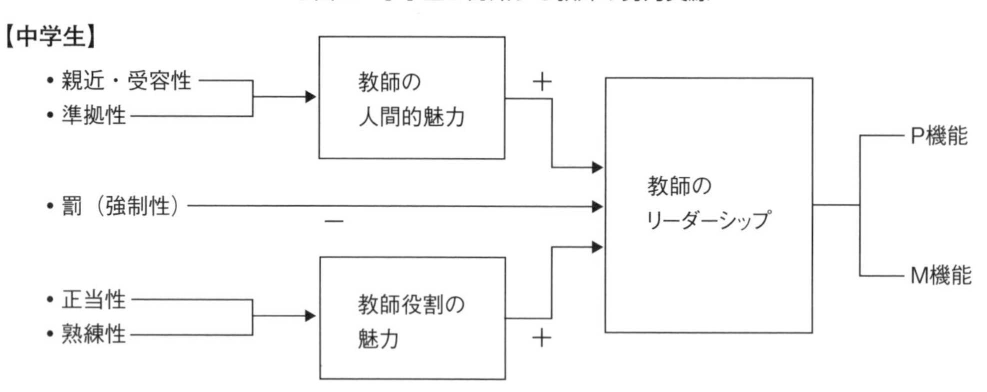

●図４　中学生が認知する教師の勢力資源

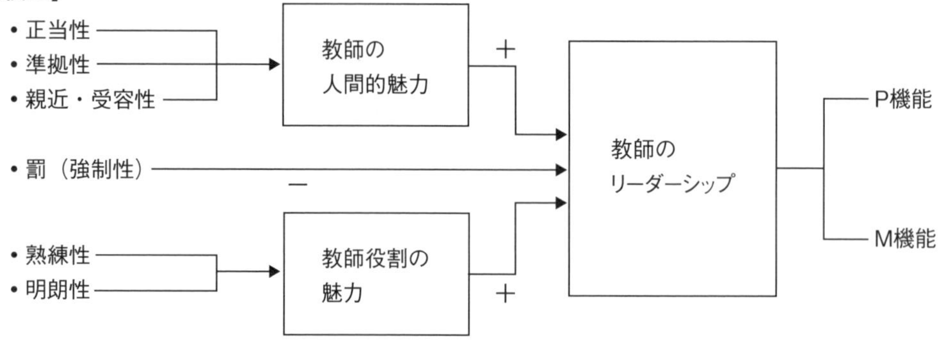

●図５　高校生が認知する教師の勢力資源

微修正をしながら柔軟に教師がリーダーシップを発揮するという地道な取組みが，結果的に有効性を高める大きなポイントになるだろう。このやり方でやればというリーダーシップ・スタイル，これさえやればというリーダーシップの発揮方法は，ないのである。

そのために，教師は次の３点の取組みを地道に取り組んでいくこと，取組みのレベルを上げることが，切に求められるのである。

①学級の児童・生徒の特性，学級集団の状態をアセスメントする

②アセスメント結果に応じたリーダーシップ・スタイルを確認する

③リーダーシップ・スタイルに応じた具体的なリーダーシップの発揮を，教育実践の場で適切に展開する

4　教師のチームワーク

1 学校の教育力

全国・県平均値よりも以下の指標に対して有意に良好な結果を示している学校がある。

・学力調査の学校の成績が高い
・不登校の発生率が低い
・児童・生徒の学級生活満足度が高い

このような学校の特徴として，河村（2011）は各学級のそれぞれの成果が高いことと，学級間での成果の差が少ないことをあげている。

さらに，教育実践の成果からみると学校は次の 4 つのタイプに分類することができることを指摘している。

Ａ：全学級で教育力が高まっている学校
Ｂ－１：学級ごとに教育力のばらつきがある学校　多くの課題に取り組んでいるが，教師たちに多忙感が満ちている
Ｂ－２：学級ごとに教育力のばらつきがある学校　校内に大きな問題は発生していないが，教師たちに停滞感がみられる
Ｃ：全学級で教育力が低下している学校　学校全体に荒れがみられる

Ａの学校＞Ｂの学校＞Ｃの学校，という形で成果が認められ，A の学校が河村（2011）が指摘する高い成果を出している学校である。

大多数の学校がＢタイプであるが，Ｂタイプの学校はさらに 2 つに分かれる。B-1 タイプの学校は，教師たちはそれぞれに意識的に実践に取り組んでいるが，教師間に温度差があり，全体としては平均的な成果しか出ておらず，教師たちはだんだんと疲れ始めている状態の学校である。B-2 タイプの学校は，教師側が困るような大きな問題は起こっていないが，実践の成果は平均的かやや低い状態である。教育実践に対して教師間で温度差があり，教員組織はバラバラか慣れあいという感じである。学校全体としてできればめんどうなことはしたくはない，という停滞した雰囲気をもつ学校である。

Ｃの学校は，学校全体に 3 次的援助の問題が噴出しており，教師たちはその対応に追われ，日々の教育実践に落ち着いて取り組めない状態になっている学校である。

つまり，学校全体の教育実践の成果の背景に，教員組織のあり方の問題があるのである。

2 望ましい教員組織とは

学校の教員組織は二重構造をなしている（Orton, J. D. & Weick, K. L. 1990 ）。

①組織全体としての共通性や統合性を保持しようとする傾向。学校教育目標の理解や具体化，生徒指導の基本方針などについての教師間で共有しようとする傾向である。

②教師の個別性や多様性を保持しようとする傾向。学級経営や授業の展開，生徒指導の仕方などに各教師の裁量を保障しようという傾向である。教員組織は疎結合システムであるといわれており，互いにはたらきかけられればそれにこたえるが，通常は個々の独立性と分離性が保たれている状況である。

組織全体の統合性と教師個人の個別性の確保という，背反する 2 つの傾向をどう両立させるのか。ここがむずかしいのである。

望ましい学校の教員組織とは，①と②がバランスよく統合され，両機能がともに活性化している組織である。前述の A タイプの学校がこのような教員組織になっている。その結果，各教師が行う学級経営は学年経営に位置づき，さらに学年経営は学校経営に位置づいているので，学校全体の教育実践の成果に，学級間でのばらつきが少なく，各学級のそれぞれの成果が高いという結果を示すのである。

各担任教師の学級経営を向上させていくうえで，学校の教員組織のあり方は，重要なポイントになるのである。

第 17 章

問題行動概説

松尾　直博

1　問題行動とは

1 「問題」とは何か

教育カウンセリングの現場では,「問題行動」や「問題児」という言葉がしばしば聞かれる。しかし, 使用する人によってその言葉が示す内容やニュアンスが微妙に違っている印象を受ける。いま一度,「問題」という言葉の意味をじっくり考えてみたいと思う。そうすることで, 教育カウンセラーとして視野を広げることになるだろう。

「問題」をいくつかの国語辞書で調べると, 複数の意味が掲載されている。まず「解くことを期待して出された問い」という意味がある（「算数の問題」「入試問題」など)。さらに「討論・検討の対象となること」という意味がある（「問題点の整理」「経済問題」など)。そして「困ったこと。やっかいなこと」という意味である（「問題を起こす」など)。加えて「関心や注目が集まっていること」という意味がある（「問題の人」「問題の作品」など)。

はたして,「問題行動」という用語の場合, どの意味での「問題」という使われ方をしているのだろうか。おもには, 3 番めの「困ったこと。やっかいなこと」という意味であろう。そして, どちらかというと「本人にとって困ったこと」というよりも,「周囲（教職員, 保護者, 周りの子ども）にとって困ったこと」が問題行動とされることも多いのではなかろうか。

視点を広げるために, 問題行動の「問題」を 3 番め以外の意味からもとらえてみることが大切だと感じている。いわゆる「問題行動」と呼ばれる行動は,「解くことを期待されて出された問い」と考えたり,「討論・検討の対象となること」と考えたり,「関心や注目が集まっていること」と考えてみると, より深い理解ができ, 効果的な対応や自分たちがやるべきことが考えられるようになるかもしれない。教育カウンセラーは「困ったことだ」とただ嘆いて, ぼやいているだけでは, いけないのである。

近年、教育の世界では「問題」ではなく「課題」という用語も頻繁に使われるようになっている。その理由の 1 つとしては、「問題」という言葉の持つ否定的なイメージを避けるべきためであろう。例えば、文部科学省が毎年発表してきた「児童生徒の問題行動等生徒指導上の諸問題に関する調査結果」は、平成 28 年度より「児童生徒の問題行動・不登校等生徒指導上の諸課題に関する調査結果」となっている。平成 28 年度に「義務教育の段階における普通教育に相当する教育の機会の確保等に関する法律」（教育機会確保法）が施行され、それに関する基本指針が出された。そこでは、「不登校というだけで問題行動であると受け取られないように配慮すること」

が述べられており、これ以降不登校は問題行動ではないという捉えられ方が広まった。こうしたことから、「問題行動・不登校等」という表現にして、それらを包括する言葉として問題ではなく、「生徒指導上の諸課題」という表現が用いられるようになっている。

もうひとつの理由としては、ビジネスや行政の世界でも、「問題」より「課題」という言葉が用いられることが増えてきており、その考え方を教育の世界でも取り入れていることが考えられる。「問題」とは「望む姿」と「現状」の差を示し、「課題」とはそのギャップを埋める、すなわち問題解決の取り組みやそのテーマのことを示す。例えば地域創生においては、「地域の問題」というよりは「地域の課題」という言葉が使われることが増えているのは、このような理由からだと考えられる。1. で述べた「問題」の意味で言うと、1 番め、2 番めの意味を強調する場合は、「課題」という言葉が使われることが増えている。

2 問題行動とは何か

ここまで述べてきたように、「問題」ではなく「課題」という言葉が使われることも増えているが、心理学の世界では国際的に「問題」あるいは「問題行動」という言葉は今でも使われている。

有斐閣の心理学辞典では，「問題行動は大別すると，①社会的規範からの逸脱（反社会的行動），②ひきこもってしまい，社会参加が達成されない（非社会的行動），③習癖や自傷行為などの日常生活に支障をきたしたり，自己を傷つけるような行動の 3 種類に分けられる」と記されている。

また，アメリカ心理学会の辞書（Vandenbos, 2006）によると「不適応的，破壊的，反社会的な行為」とされている。新版学校教育辞典（今野ら，2003）では，「社会的に支持されている基準に照らして問題とみなされる行動のこと」とされている。

共通するのは，社会的に望ましくない行動や本人の生活に支障をきたす行動が問題行動とされていることであろう。

3「反社会的行動」と「非社会的行動」

ここまでみてきたように，問題行動の代表として「反社会的行動」と「非社会的行動」があげられる。

「反社会的行動」は，社会的規範を無視，逸脱，破壊するような行動である。具体的には，攻撃，暴力，非行，犯罪などが含まれる。攻撃の一形態ととらえれば，いじめることも反社会的行動といえる。反社会的行動は，社会や集団の秩序を乱し，権威に反抗し，被害者が存在する場合も多いため，問題行動として注目されやすい。狭義の問題行動が，ほぼイコール反社会的行動を指すことからも，このことはわかる。特に学校における反社会的行動は，周囲の児童・生徒が安心して教育を受ける権利を侵害することも多いため，教師は特に問題視し，その対応に力を注ぐことが多い。

「非社会的行動」は，人間関係の形成や集団・社会参加のための行動をしない，あるいは他者や集団・社会を避けたり，遠ざかったりすることである。具体的には，ひきこもり，過度のひっこみ思案などがある。

非社会的行動は，直接的にだれかに損害を与える行動でない場合が多いため，問題視されず，特別な対応がとられないことも少なくない。特に日本文化においては，控えめであること，恥ずかしがり屋（シャイ）であることは，必ずしも問題であるとされないことも多い。支援が必要な問題であっても，他者に危害を加えるわけではないことから，放置されてしまうこともある。

しかし，人とのかかわりや社会参加がむずかしいことは，必要な経験が不足し，社会的自立において不利になることがある。また，当人自身が本当は，人とかかわりたい，集団・

社会に参加したいと苦しんでいることもある。さらに，精神疾患などの症状として非社会的行動が出現していることもある。このようなことから，カウンセラーや心理士は，非社会的行動に注目し，何らかの対応の必要性を感じることも多い。

反社会的行動も非社会的行動も，問題とされるのはともに社会的規準からみて，その行動が望ましくない（とされる）場合である。したがって，時代や文化によって，何が問題行動とされるか変わってくる。例えば，けんかなどの暴力はある文化や時代の文脈では，勇ましい，元気があるとされるかもしれないし，別の文化や時代では反社会的行動として非常に問題視されるかもしれない。ひっこみ思案についても，ある文化や時代では，慎ましい，おしとやかとされるかもしれないし，他の文化や時代では非社会的行動として問題視されるかもしれない。

一般的に教師は反社会的行動を問題視しやすく，カウンセラーは非社会的行動を問題視しやすい。それは見解の相違ともいえるが，決してマイナスなことではない。両者が協力することにより，多角的な視点で学校や子どもをみることができるようになるからである。

4 何を異常とするか

「問題」と関係する言葉に「異常」がある。日本では抵抗のある言葉なので近年はあまり使われないが，海外の心理学では「異常心理学（abnormal psychology）」や「異常行動（abnormal behavior）」という用語がよく使われる。ここで使われている「異常」は「問題」にほぼ等しい。そして，心理学において何を異常とするのかについて，さまざまな検討がされている。以下のような観点から，異常はとらえられている（Smith ら，2003）。このような観点を組み合わせて考えることにより，問題行動の何が，どう問題なのか。そもそも，何が問題行動なのかなど，重層的な理解ができるだろう。

(1) 文化的規準からの逸脱

どの文化も，受け入れられる行動についての何らかの規準をもっている。それから明らかに逸脱する行動は，異常とみなされる。同じ文化のなかでも，時代が変わると受け入れられる行動が変わるため，異常であるかの受け取られ方も変化する（例：服装，言動，ライフスタイルなど）。

(2) 統計的規準からの逸脱

統計的に平均化から著しく離れている，まれである場合を異常とする考えもある。例えば，子どもが過度に動き回る場合，あるいはほとんど動かない場合は異常とみなされる。ただ，この観点では非常に幸福な状態なども異常となるため，他の観点と組み合わせて考える必要があるだろう。

(3) 行動の不適応性

その行動が個人や社会に悪影響を与えるものを異常ととらえる。例えば，トイレの後，手を 30 分以上洗わないと気がすまないなどの行動は，その人の生活の時間を奪い，そのことを気にしてだれかと外出することができないなど，その個人の日常生活に悪影響を与える。また，他者への攻撃は，被害を受けた人の生活に支障を及ぼし，社会不安を増加させるなどの悪影響がある。

(4) 個人の苦痛

たとえ他者から見て行動的には普通に見えても，個人の主観的苦痛が大きい場合，異常とみなす。例えば，学校に通っており，友達ともふつうに接しているが，他者からはわかりにくい不安，抑うつ，動揺，不眠，食欲不振，痛みなどを個人が感じてつらい場合，異常と考える場合もある。

5 医学領域における行動および情緒の障害

医学領域において，診断などに使われる ICD-10（国際疾病分類第 10 版：2003 年改訂）がある。世界保健機関（WHO）が作成しているもので，国際的な診断基準として使用されている。その第 5 章では，「精神および行動の障害」を扱っている。さらにその下位分類に「F90-F98　小児〈児童〉期および青年期に通常発症する行動および情緒の障害」というものがある。その内容を表 1 に示した。

子どもが示す精神および行動の障害には，表で示されている以外にも大人と共通の問題（気分（感情）障害，統合失調症，広汎性発達障害など）がある。「小児〈児童〉期および青年期に通常発症する行動および情緒の障害」は，あくまで基本的に子どもに特有に現れる問題であるが，医学領域における子どもの行動や情緒の問題の代表的なものと考えられる。

●表 1　ICD-10 における小児〈児童〉期および青年期に通常発症する行動および情緒の障害

F90	多動性障害
F90.0	活動性および注意の障害
F90.1	多動性行為障害
F90.8	その他の多動性障害
F90.9	多動性障害，詳細不明
F91	行為障害
F91.0	家庭限局性行為障害
F91.1	非社会化型〈グループ化されない〉行為障害
F91.2	社会化型〈グループ化された〉行為障害
F91.3	反抗挑戦性障害
F91.8	その他の行為障害
F91.9	行為障害，詳細不明
F92	行為および情緒の混合性障害
F92.0	抑うつ性行為障害
F92.8	その他の行為および情緒の混合性障害
F92.9	行為および情緒の混合性障害，詳細不明
F93	小児〈児童〉期に特異的に発症する情緒障害
F93.0	小児〈児童〉期の分離不安障害
F93.1	小児〈児童〉期の恐怖症性不安障害
F93.2	小児〈児童〉期の社交不安障害
F93.3	同胞抗争障害
F93.8	その他の小児〈児童〉期の情緒障害
F93.9	小児〈児童〉期の情緒障害，詳細不明
F94	小児〈児童〉期および青年期に特異的に発症する社会的機能の障害
F94.0	選択（性）〈緘〉黙
F94.1	小児〈児童〉期の反応性愛着障害
F94.2	小児〈児童〉期の脱抑制性愛着障害
F94.8	その他の小児〈児童〉期の社会的機能の障害
F94.9	小児〈児童〉期の社会的機能の障害，詳細不明
F95	チック障害
F95.0	一過性チック障害
F95.1	慢性運動性または音声性チック障害
F95.2	音声性および多発運動性の両者を含むチック障害［ドゥラトゥーレット症候群］
F95.8	その他のチック障害
F95.9	チック障害，詳細不明
F98	小児〈児童〉期および青年期に通常発症するその他の行動および情緒の障害
F98.0	非器質性遺尿（症）
F98.1	非器質性遺糞（症）
F98.2	乳幼児期および小児〈児童〉期の哺育障害
F98.3	乳幼児期および小児〈児童〉期の異食（症）
F98.4	常同性運動障害
F98.5	吃音症
F98.6	早口〈乱雑〉言語症
F98.8	小児〈児童〉期および青年期に通常発症するその他の明示された行動及び情緒の障害
F98.9	小児〈児童〉期および青年期に通常発症する詳細不明の行動および情緒の障害

2　問題理解の視野を広げる

1　「障害」と「社会的障壁」

障害のある子どもが，問題行動を示す場合がある。「障害」という概念自体も，改めて考えるとどこまでを障害に含むかなど，むずかしい側面がある。日本で法律的に定義された「障害」について知っておくことは，重要であろう。2011 年に障害者基本法が改正された。その第二条には，障害についての法律的な定義が示されている。

> 第二条　この法律において，次の各号に掲げる用語の意義は，それぞれ当該各号に定めるところによる。
> 1．障害者　身体障害，知的障害，精神障害（発達障害を含む。）その他の心身の機能の障害（以下「障害」と総称する。）がある者であって，障害及び社会的障壁により継続的に日常生活又は社会生活に相当な制限を受ける状態にあるものをいう。
> 2．社会的障壁　障害がある者にとって日常生活又は社会生活を営む上で障壁となるような社会における事物，制度，慣行，観念その他一切のものをいう。

この定義において，重要なのは「社会的障壁」というものが明確に述べられている点である。障害者とは，「障害および社会的障壁により継続的に日常生活又は社会生活に相当な制限を受ける状態にあるものをいう。」とされている。

ここでいう「障害」とは，「心身の機能の障害」とされていることから，おもには生物学的な要因によるものだといえよう。そして，「社会的障壁」とは，「障害がある者にとって日常生活または社会生活を営むうえで障壁となるような社会における事物，制度，慣行，観念その他一切のもの」とされている。つまり，社会的障壁とは，障害のある人の個人内ではなく，社会の側にある「障害」である。

また，第四条では以下のことが述べられている。

> 第四条　何人も，障害者に対して，障害を理由として，差別することその他の権利利益を侵害する行為をしてはならない。
> 2 社会的障壁の除去は，それを必要としている障害者が現に存し，かつ，その実施に伴う負担が過重でないときは，それを怠ることによって前項の規定に違反することとならないよう，その実施について必要かつ合理的な配慮がされなければならない。

社会的障壁の除去は，それを必要としている障害者がいて，その実施に伴う負担が過剰でないときは，その実施について合理的な配慮がなされなければならないと書かれている。例えば，障害のある子どもが問題行動を示したとき，その原因や責任を子ども自身やその障害に帰するだけではなく，その子どもの生活する社会の側に社会的障壁があるのではないかと考える必要がある。

例えば，車いすを使っている子どもや視覚障害のある子どもが，外出をいやがり，家に閉じこもりがちであったとする。そして，その子どもが住んでいる街が，スロープや点字ブロックが整備されていなかったり，整備されているのだが自転車の違法駐輪が多くて，使えなかったりという社会的障壁があるとする。この場合，こうした社会的障壁を取り除くことにより，障害のある子どもが安心して街にでることができるようになるかもしれない。

近年注目されている，発達障害の場合も同じことがあてはまる。発達障害のある子どもが授業中に立ち歩いたり，奇声を上げたりする。その問題行動を単にその子どもや障害のせいにするのではなく，取り除かなければならない社会的障壁（事物，制度，慣行，観念）があるのではと考える必要がある。教材を加工したり，支援員がサポートしたりすることで社会的障壁を取り除き，そのことにより授業内容が理解できるようになり，問題行動が減少することはあり得る。

このことは，障害のある子どもに限らない。問題行動を示す子どもがいた場合，その子どもを取り巻く社会，環境側に何らかの問題がないのか，情報を集め，把握する姿勢が重要である。

3 問題行動の原因

1 生物学的要因

問題行動の原因として，生物学的要因がある。例えば，うつ病などの気分障害（感情障害）には，セロトニンなどの神経伝達物質のアンバランスが背景にあると考えられている。また，統合失調症，発達障害，不安障害にも，神経伝達物質が影響しているのではないかという考え方もある。思春期のころのいらだちや気分の落ち込みには，ホルモン分泌の影響も大きいのではという考え方もある。

そのほかにも，生まれつき，あるいは生後の事故や病気などによって，脳機能の働きが定型発達している子どもと異なるため，さまざまな問題行動を示す子どもがいる。

このように，問題行動の背景に生物学的要因が影響していることも少なくない。場合によっては，投薬などの医療行為が必要になることもあり，その結果，著しく問題行動が改善されることもある。

2 心理・社会的要因

ストレスをはじめとする心理的な苦痛や負荷，人間関係や集団との関係によって問題行動が生じることもある。このことに関しては，数多くの心理学的な理論や研究が存在する。次に，代表的な理論について簡潔に紹介する。

3 問題行動に関する理論

(1) 精神分析学

精神分析学では，無意識の領域に抑圧された衝動や葛藤が，さまざまな問題行動を引き起こしているととらえる。無意識を意識化させたり，抑圧されている衝動を社会に認める形で発散させたりすること（スポーツや芸術などで表現させるなど）により，問題行動は改善すると考える。

(2) 人間性心理学

人間性心理学では，問題行動は不適切な環境，特に恵まれない人間関係により引き起こされていると考える。治療者やカウンセラーとの間に，良好な治療的人間関係を形成し，受容・共感されることにより，問題行動は改善されると考える。

(3) 行動理論

行動理論では，問題行動は正しい行動が学習されていないか，誤った行動が学習されていると考える。正しい行動を形成し，誤った行動を消去することにより，問題行動は改善すると考える。

(4) 家族心理学

家族心理学では，問題行動はそれを示している個人に原因があるのではなく，その個人を含めた家族システムに問題があると考える。家族のコミュニケーションパターンや関係性に働きかけ，家族システムを変化させることにより，問題行動は改善すると考える。

(5) アドラー心理学

アドラー心理学では，問題行動には意識，あるいは無意識的な目標があると考える。「注目・関心」を得るための問題行動がある。この場合は，適切な行動に注目し，不適切な行動を無視する。「パワー（力の誇示）」のための問題行動もある。この場合は，適切な状況や方法で力が発揮できる機会をつくる。「復讐」のための問題行動がある。過去においてだれかに傷つけられた子どもが，復讐として傷つけた相手，あるいは無関係な人に問題行動を示すことがある。この場合は，傷つけられた気持ちを受けとめ，再び傷つけないようにする。「無能力の表明」のための問題行動もある。SOSとしての問題行動ともいえる。この場合はねばり強く達成感や成功経験を味わえる機会を与える。

4 問題行動の物語を編み変える

1 「問題」についての物語

(1) Aくんをめぐって

次のような例を考えてみよう（松尾，2012より）。

> 小学校3年生のAくんは，落ち着きがなく，授業中ずっとおとなしく座っていることができない。何かのきっかけで，立ち歩いたり，いすの上に立ったりする。授業内容と関係ないことで，友達や先生に大きな声で話しかけたりする。順番待ちで並ぶことが苦手で，横入りしたり，我慢できずにどこかに行ってしまったりする。教師は，Aくんを叱ることが多くなってしまう。休み時間は，運動場を走り回ったり，ボールを使ったりして遊ぶことが大好き。機嫌がよいときは，友達と仲よく遊ぶことができる。家族は，両親と姉の四人暮らし。Aくん以外は，みんな落ち着いた性格で，物事が秩序だって進むことを好む。家族は，Aくんを理解することがむずかしく，ついつい両親も姉もAくんを叱ることが多くなってしまう。Aくんは徐々に友達とのけんかが増え，学習への取組みもいいかげんになってきた。教師や家族に対して，反抗的な態度も増えてきた。

さて，あなただったらこのような状況をどのようにとらえ，表現するだろうか。「問題児のAくん」「Aくんには問題がある」ととらえる人もいるだろう。さて，問題は何で，問題はどこにあるのだろうか。

次のように問題をとらえることもできるだろう。

〈I〉

> 「Aくんは，発達障害があり，おそらくADHD（注意欠陥多動性障害）があるのではないか。障害により，注意を集中することがむずかしく，多動傾向の症状も出ている。障害なので，問題行動の改善はむずかしいだろう。本人にも問題を改善しようと思う気持ちが欠けているようであり，今後ますます，態度が悪くなっていくだろう。家族もAくんの特徴を理解して，受けとめているとは思えない。今後，非行に走らないか心配である」。

(2) 問題が問題であり，人が問題ではない

カウンセリングの領域，社会福祉や医療の領域で，ナラティヴ・アプローチというものが注目されている。その考え方の1つに，「問題が問題であり，人が問題ではない」というものがある。Aくんの例で考えてみよう。

現代の日本の学校においては，Aくんのような行動は，本人の学校への適応において不利益になり，他の児童や教師に負担をかけてしまうこともあるだろう。しかし，もしAくんが生まれ育ったのが，学校制度のない昔の日本であったり，動き回ることが歓迎される世界のどこかの文化圏であったりしたらどうであろうか。

長時間，ずっと座っていることが求められず，元気に動き回り，活発であることが求められる文化においては，Aくんは問題児ではなく，英雄ですらあるかもしれない。ナラティヴ・アプローチでは，問題は個人の内部に存在するのではなく，周囲との関係，もっといえば文化との関係によってつくり出されると考える。文化が有する「これが正しい。こうすべきだ」という物語に，個人の特性が一致

しない場合に問題が生じると考える。

このような考えから「問題が問題であり，人が問題でない」という発想が生まれる。Aくんが問題だ。親が問題だ。いや教師が問題だ。クラスメイトが問題だ。とかくわれわれは，「人が問題」ととらえがちである。しかし，だれかを悪者にして，感情的にはすっきりしたとしても，それが問題の解決に結びつかないことも多い。ほとんどの問題は唯一の悪い人によって引き起こされているわけではなく，文化の影響力も含めた，いろいろな要因の組合せによって起こっている。Aくん自身の「生まれつきの落ち着きのなさ」という要因はあったとしても，Aくん自身にもそれはどうしようもないことであり，苦しんでいるとしたら「Aくんが問題」という認識は，問題解決に結びつくとは思えない。同様に，家族が問題，教師が問題，クラスメイトが問題，という認識も，建設的であるとは限らない。

(3) 問題と闘う同盟をつくる

ナラティヴ・アプローチでは，問題がしみこんで，柔軟性がなく硬直しており，厚さに欠け，希望のもてない物語（ストーリー）自体が問題であり，そうした物語を柔軟性があり，厚みがあり，希望のもてる物語に叙述，再叙述していくことが重要だと考える。

「問題が問題」という理解の仕方のよいところは，問題に対して共通に向き合う同盟を形成しやすいという点にある。Aくんは，自分のつらさを理解してくれず，いつも叱ってくる教師と親が問題だと考えるかもしれない。親はいつもトラブルを起こすAくんと，そのことについて子育てのあり方を問題視してくる教師が問題だと考えるかもしれない。教師は，いつもトラブルを起こすAくんと，Aくんのしつけを十分に行えない親が問題だと考えるかもしれない。そうなると，本当は手を携えて問題と闘わなければならない三者は，問題と向き合う前に互いを敵視する闘いでエネルギーを消耗させてしまうであろう。

問題を問題ととらえ，人から外在化させることができれば，「『問題』対『Aくん・親・教師同盟』」という構図をつくることができる。心の問題は，なかなか難敵である。Aくんの例でも，問題は気質的な落ち着きのなさ，あるいはADHDと診断されるレベルの問題かもしれない。「Aくん・親・教師同盟」で粘り強く向き合っていかなければ，太刀打ちできないであろう。

(4) 問題を解決するために向き合う

ナラティヴ・アプローチでは，「問題」をどう名づけるかも，当事者とカウンセラーとで共同で決めていくこともある。「ADHD」などの専門用語をそのまま使うときもあるが，「イライラ虫」など，比喩表現を用いる場合もある。仮にAくんが家族や教師と話して，「『むずむずモンスター』がときどき現れて，授業中でも動き回らないといられなくなっちゃう」という認識ができたとしよう。問題は，Aくん自身から比喩的に切り離され，「むずむずモンスター」が問題であり，Aくんが問題ではないということになる。

そうすると，「むずむずモンスターは，どんなときに現れやすいか，どんなときに元気になるのか，何が苦手で，弱らせるためにはどんな作戦があるのか」などについて，Aくん，家族，教師で話し合うことができる。「むずむずモンスターは，おなかがすいたときに現れやすく，授業がわからないとさらにパワーアップする。友達からのやさしい声かけがあれば，むずむずモンスターは弱って，どこかに引っ込んでしまう」というような考えが生まれるかもしれない。

このように「問題が問題であり，人が問題ではない」という認識をすることにより，子ども，家族，教師が互いを責めることなく，同盟を形成し，豊かな発想で問題に取り組む体制を整えることができる。

ナラティヴ・アプローチでは，問題がしみ

こんで，柔軟性がなく硬直しており，厚さに欠け，希望のもてない物語をまずはほどいてみる。そして，当人や周囲のものと，カウンセラーとが語るなかで，新たな物語を共同生成していくプロセスを大切にする。

〈Ⅱ〉

> 「Aくんは，元気で活発な子ども。Aくんのところには，『むずむずモンスター』がときどき現れ，そうすると落ち着きがなくなり，授業中でも動き回りたくなる。むずむずモンスターは，おなかがすいているときに現れやすく，授業がわからないとパワーアップする。でも，友達からやさしく声をかけられると，むずむずモンスターは弱っていく。Aくん自体も，むずむずモンスターと闘って，もっとよい自分になりたいと思っているようだ」。

Ⅰの物語とⅡの物語は，どこが，どう違うのだろうか。Ⅰの物語は，一般的な心理学からの物語である。Ⅱの物語は，ナラティヴ・アプローチからの物語である。一概に，どちらのほうがよい物語とはいえないかもしれない。しかし，Ⅰの物語に加えて，Ⅱのような物語をAくん，家族，教師，カウンセラーなどで共同生成できれば，問題改善のための努力，協力が，それぞれの立場でスタートできるのではないだろうか。

2 問題行動以外の側面に注目する

問題行動を示す人を理解，支援しようとする場合，伝統的にはその人の問題，弱点，欠点に焦点を当てる傾向があった。つまり，「その人にどんな疾患や障害があるのか，何ができないのか，何がたりないのか」という点に焦点を当てるということである。こうした視点は，必要ではあるが，行きすぎると弊害が生じる。近年注目されているストレングスモデルでは，困難な状況にある人の「長所，強み」に焦点を当てる。どのような状況下にある人でも，長所，強みをもっており，また回復力をもっていると信じる。

ストレングスには無数の内容があるが，観点として整理すると，次のようなものがある。

◆人柄・個性
「朗らか」「元気」「誠実」「発想がユニーク」など。

◆才能・技能
「絵が得意」「ピアノが弾ける」「読書家」「スポーツが得意」「字がきれい」など。

◆興味・願望
「虫が好き」「ファッションに興味がある」「幼稚園の先生になりたい」「外国の会社で活躍したい」など。

◆環境
家族や親族，友人，学級・学校環境，地域などの環境に含まれている。愛情あふれる家族，おばあちゃんと仲がいい，おだやかな友人に囲まれている，楽しめる地域行事があるなど。

問題行動を示す人をみる場合，問題となっているところだけではなく，こうした長所，強みにも，必ず目を向けたほうがよいであろう。それは，希望のある物語を紡ぐ意味でも重要であるし，問題改善や困難からの回復の重要な鍵となるのが，こうした長所や強みであることが多いからでもある。

第18章
非　行

齋藤　美由紀

昨今，学校教育現場において，非行問題は学校の規模や地域などによって状況の温度差はあるものの，校内暴力，薬物乱用，性犯罪，万引き，窃盗，家出，怠学，深夜徘徊など，衝動かつ他者や社会に対する攻撃と化した児童・生徒の荒れの事象は頻繁に起きており，年々深刻化している。また，学校教育の範疇では，手の打ちようのない厳しい状況が現実にある。

「非行」とは「社会的な規範に反する行為を総称する概念」である。本人に大きなダメージを及ぼすだけでなく，家族や社会にも影響を及ぼす行動であることから，さまざまな角度からの予防的な取組みを行うことが重要である。

私は，昭和50年代後半から教職に携わっているが，その当時の非行や問題行動に走る子どもたちと現在の非行や問題行動の事象やタイプは時代とともに多少異なるものの，少年たちの心のなかで何が起きているのか，ある程度共通するものを感じている。この理解が指導の第一歩につながり，更正へ導く突破口になると考える。ここでは，さまざまな事例を紹介し，関係機関との連携を含め，その対応と教育的支援のあり方について述べたい。

1　非行は，理解の仕方によって指導が異なる

1　少年非行とは

非行や問題行動に走る子どもたちに，どのようにかかわっていけばよいのだろうか。ひとことで「非行」といっても先に示したように，不良行為から犯罪までさまざまである。ここで少年非行について整理しておく。

少年非行は，社会の規範に反する行為であるので，少年法や児童福祉法によって処遇される対象になる。少年法では，家庭裁判所の審判に付する少年として非行少年を次のように定義している。①犯罪少年（14歳以上で罪を犯した少年：少年法第3条第1項第1号）②触法少年（14歳未満で刑罰法令にふれる行為をした少年：少年法第3条第1項第2号）③刑法犯少年（刑法犯の罪にふれる行為をした犯罪少年で，犯行時および処理時の年齢がともに14歳以上20歳未満の少年）④ぐ犯少年（少年を取り巻く背景・環境などにより，将来罪を犯す，または刑罰法令にふれる行為をするおそれのある少年：少年法第3条第1項第3号）

この4つの少年非行において，同じ違法行為でも14歳未満の場合は，責任能力がないので犯罪少年ではなく，触法少年と表現されている。また，ぐ犯は未成年にのみ適用される非行行為であり，喫煙・飲酒・深夜徘徊などの違反行為は不良行為として，補導の対象となっている。

このように，まず，少年の年齢や問題行動・行為などによって処遇や対応の仕方が異なることを知っておく必要がある。

2 少年非行の背景・要因を理解する

少年非行の背景・要因については，さまざまな問題があげられる。

少年自身の問題でいえば，最近の少年犯罪には，社会のルールを守るといった規範意識に著しく欠けているケースや，自己中心的で被害者の気持ちを考えないことが多い。例えば「そこに自転車があったから」という理由で，無断で他人の自転車を乗り回し，必要でなくなったら，放置する。警察署から連絡を受け，保護者と本人が指導を受けるが，反省の色はあまり感じられないといったケースがある。また，遊ぶ金欲しさからゲーム感覚で，ひったくりや恐喝，財布からお金を盗むといった傾向が顕著にみられる。この時期の心の不安定さから，自分の感情をそのまま言葉にして反抗的な態度や暴言を表出したり，その逆に，他人とのコミュニケーションが苦手で，うまく自分の気持ちを伝えられないことからイライラや不安が募り，周囲に当たり散らす事象もみられる。

ここ数年，教育現場において最も懸念される傾向として，問題行動の理解，指導の段階で特別な支援が必要な少年がかなりの数で存在していることである。自分の起こした問題行動がなぜ悪いことなのか理解できない少年がかなりいることに気づく。言われている意味が理解できないのか，急に豹変して別の人格が表れ，粗暴になり収拾がつかない事態になることもある。しかし，時間が経過すると，落ち着きを取り戻し，何事もなかったかのように話ができる，そんな少年も少なくない。このように，少年自身の問題といっても多様なケースがあることがわかる。

家庭の問題はどうだろうか。子どもの人格形成や人間関係においては，家族が最も重要な役割を果たすと考えられる。しかし，最近では，家庭での親子のふれあいが少なくなるなど，親子の関係が希薄になってきていることも指摘されている。また，自分の子どもが飲酒，喫煙などの不良行為を行っていたとしても，そのことを知らなかったり，黙認していたりする親も見受けられる。いずれにしても，親自身の規範意識，善悪の区別，社会のルールを守ることなど，幼児期からしっかりわが子に教え育てることで，非行や問題行動の要因を大きく左右することにもつながり，影響を及ぼすことになる。

3 問題行動の理解と子どもたちの心理を知る

令和4年（2022年）10月27日発表，令和3年度「児童生徒の問題行動・不登校等生徒指導上の諸課題に関する調査結果について（通知）」において，小学校，中学校，高等学校における暴力行為の発生件数は，約7万6千件である。全校種において前年度よりも発生件数が増加している。問題行動は，反社会的行動と非社会的行動とに大別できる。反社会的行動とは，先にも述べたように，社会生活におけるルールや社会規範から逸脱する行動のことをいう。言い換えれば，校則違反や他者への危害，集団の秩序を乱すなど，社会規範に背き，自分の感情やいらだちを外に向けた荒れを指し示している。具体的には，暴力行為，恐喝，喫煙，放火，家出，深夜徘徊などがあげられる。一方，非社会的行動とは，自己の内面に行動が向けられ，そのことにより社会的不適応を起こした場合をいう。具体的には，不登校，ひきこもり，無気力，拒食・過食症，緘黙，薬物依存，自殺などがあげられ，他者へ危害を加えることは少ないものの，自己の身体，健康を著しく損ない，精神的な発達を自ら阻害している厳しい状況である。

学校ストレッサーとストレス反応の関連でいえば，友人関係にかかわるストレッサーは，抑うつ，不安が最も多くの割合を占めており，やがてその感情が不機嫌・怒りへと変わり，長期にわたって孤独感を強く感じてくると，周囲の人間は，自分に苦痛を与える存在であり敵であると思えてきて，苦痛を受けている自分の存在がみじめで無力な者であるという認識が形成されていく。そうなると自分の存在を否定されたという強い不安と他者に対する憤りが衝動化・攻撃化・残虐化となり，今まさに報道されている少年の事件，事故の発生率，殺傷率をみても，何がこの子どもたちをそうさせるのか，子どもたちの心の状態と行動から教師は目をそらすことはできないのではないか。そう思えてならないのである。

以前，勤務していた中学校で，ある男子生徒が「自分の心がバラバラになるときがある」とポツンとつぶやいたことがあった。この男子生徒は，暴走族に入り，逸脱行為を頻繁に起こしては補導され，そのつど私は，警察に身柄を引き取りにいくことを繰り返していた。この時期の子どもは，自分の言動のよしあしはわかってはいても，他人の意思によって動かされることを極端にきらい，拒絶する言動を顕著にみせる。そして，一人前の大人であることを周囲に意識させようと，親や教師からの干渉を避け利己的なふるまいをする。

発達段階の視点でいえば，自我を発見し確立する時期であるので，このような状況がみられても当然であるが，この男子生徒の発言にあったように，自分の心が安定しないと感じるのは，学業のこと，友人関係，家族関係，自分の性格・生き方，人生観など，多少の個人差はあるものの，だれもがみな，自分の理想と現実のギャップ（隔たり）を自分が自分に突きつけては，悩み，苦しみもがいている。だからこそ，この時期の周囲の大人の存在，教師のかかわりがどうあるかが大きな影響を及ぼすのである。

4 大人・教師に対して抱いている感情・批判とは

ある高等学校の校長からこんな話をお聞きしたことがある。生徒指導担当の教師が問題行動を起こした生徒に対して，「何回，同じようなことを繰り返すのか。きみにはもう何も期待できないな」と嘆いていたところ，数秒の沈黙の後，その生徒は「先生，中途半端におれを見捨てるな！」と声を荒げてその教師をにらみつけたそうである。この生徒の発した言葉は，どんな意味をもっているのだろうか。

町田静雄が全国の中・高校生 1,800 名を対象に，人格の安定度を調査した結果をみると，「自分がどんな人間なのか，わからなくなって困ることがある」と感じている中・高校生が 4 割近くも存在している。また，「自分は周りからいつも見放されている気がする」「自分は，だれからも好かれていないのではないかと感じる」と自分に対する不確実感を抱き，自分の足でしっかり地面を踏みしめて立っていられない心の不安定さが，大人や教師への批判という形で表出されている。したがって，その批判は，未熟で依存的で現実的ではないことを主張しているのも，うなずけるところである。

ここで注目したいのは，この言葉の心理，心の葛藤は何らかの原因・背景があること，そして，その子どもの言い方や態度などに対していらだちを教師が感じたとき，「この生徒は，いままで他者に対して，どう接したらいいのか十分学習できていなかったのではないか？（未学習）」「間違って理解してしまっているのではないか？（誤学習）」，または「いままで他者から認められた体験・経験がきわめて少なかった（獲得できずにいた）のではないか？」と，子どものこれまでおかれていた状況を認知すれば，教師の姿勢が変わり，生徒に対する接し方や言葉のかけ方が違ってくる。このとらえが，教師の「心の容量」となり，生徒を理解しようとする心の柔軟性と粘り強さにつながっていくのである。

さらにつけ加えると，教師に対する生徒の欲求のおもなものとして，こんな気持ちがあげられる。

○自分たちの気持ちを理解してほしい。
○誠実で公平であってほしい。
○話を最後まで聞いてほしい。
○人生の先輩として，多くの話を聞かせてほしい。
○よき相談相手になってほしい。

このように，教師に求めているものは，教師から受ける人格的な感化,すなわち人間性,価値観であり，教師の自己開示を真に求めていることが，手に取るようにわかる。

2 カウンセリングマインドの指導を重視した生徒指導をめざして

私と生徒指導との出会いは，私が新規採用教諭として赴任した中学校であった。先にもふれたが昭和50年代後半の校内暴力で荒れ狂うその真っただ中に,何もわからない私は,教員生活をスタートさせたわけである。一日たりとも窓ガラスが割れないことはなく，40枚が一気に割れることもあった。私のような新任教員は，割れたガラスを掃除して，セメントをこねて，パテを使って新しいガラスを上手にはめ込んでいく作業の毎日であった。活字だけの知識ではなく，真の生徒指導の対応の仕方と，子ども一人一人の心の叫びを知ることができたこの時代の経験があったから，いまの動じない自分があるように思っている。もちろん，当時と比べていまの時代は社会の変化が激しく，それと同時に人々の価値観も多様化しているので，子どもたちの考え方，物の見方，感じ方はさまざまである。また，子どもたちもおかれている状況も確実に異なっていて，子ども自身が抱えている課題の内容にも大きな違いがある。

しかし，生徒指導の視点からみると，人生の目標の乏しさ，将来への展望の不透明さからくる道徳的な混乱や自暴自棄から起こす問題行動は，いまも共通する部分がある。したがって，子どもにどのようにかかわっていくかについては，問題行動の対処に追われるのではなく，一人一人の子どもの心の揺れ動きに気づき，受けとめていくことには変わりない。

ここでは，2つの非行少年の事例を紹介する。規範意識の低下，集団離れや自己中心的言動，反社会的行動などを繰り返す子どもに対して，正対するとはどういうことなのかを教えられた私の教職における指導姿勢を価値づけた貴重な事例となったものである。

1 自分の心を見つめ，自分とうまくつき合っていける力を身につける

まず最初に，われわれ教師は，子どもたちに，自分自身としっかり向き合って，自分がどう生きていくのか多くの体験や経験を通して自分で選択・決定し，責任を担って行動していく「自分づくり」の力を育てていくことが大切である。「育てる」というのは，子ども自身がもっている自分を援助し，支えつづけることである。

(1) 自己肯定の力

非行や問題行動を繰り返す子どもたちの多くに,自分で自分を認める力が育っていない,あるがままの自然体の自分を受け入れ，「いまの私」を自分で肯定することができなくなっているように思えてならない。一見，彼らのそぶりからはうかがいしれなくても,「どうせ，自分は何をやっても……」「だれも認めてくれていない」という自分を否定してしまう結果が，ストレス，虚無感を蓄積して突発的な問題行動に走らせてしまう。このことを受けて，子どもたちに自分を認め，あるがままの自分を受け入れ，いまのままの自分で

OK なんだと自己肯定する機会を学校教育のさまざまな場面において実感させる必要があると考える。

(2) 自己決定の力

この力を育てていくには，教師の指導支援の根底に，「自分の人生は自分のもので，自分の責任で引き受けなくてはならないものである」ということを伝えたいという強い信念が必要である。このあたりまえの事実を学ばせる教師の気概が大切である。

(3) 自己責任の力

自分がこうすると決めたからには，自分で責任をもつという行為が伴うことを教える。責任をもった行動がとれるようになれば，個に信頼され，集団の中において自分の所属感ができることを実感させられるように，さまざまな場面において教師が仕組んでいくことが求められる。

事例１「ガラスを割ったＫくん」

◆「ムカつく」という言葉を発して不快感・不適応感を抱えている生徒への対応

ある日，保健室で休んでいたＫくんは，養護教諭から「チャイムが鳴ったから，授業に行きなさい」と厳しい口調で言われた。また，Ｋくんが行動に移そうとしたそのとき，「あなたといつも一緒に行動している○○くんは，がんばっているよ」と仲のよい友達の名前を背後から言われた。養護教諭は，叱咤激励の意味で発したつもりであったが，Ｋくんは友達と比較されたことに感情をコントロールすることができず，完全に「キレる」状態になってしまった。Ｋくんは，立てつづけに養護教諭に対して暴言を吐き，近くの窓ガラスを腕で割ってしまった。近くにいた男性教諭から，かなり厳しい指導を受けた。その周辺は教師や生徒たちで騒然となり，Ｋくんは，壁をける，暴言を吐き散らすなど，状況はエスカレートした。

しかし，以前のＫくんなら，そのまま学校を飛び出してしまうのだが，必死になって担任の私を探していたのである。私は急いでその場に駆けつけた。私の姿を見たＫくんは，自分の真意がわかってもらえない悔しさと，自分のとった言動のまずさを伝えたいことが私にはすぐにわかった。個室に移動したＫくんは，涙をいっぱい流して私に語った。そのＫくんの言葉から，私はいくつか指導のポイントがあることに気づいたのである。

①「○○くんと比較された」

この言葉をＫくんから聞いて，私は自分をＫくんにおき換えて考えてみた。そして，「そうか，自分を信じてもらえなくてすごく腹が立ったんだね」と友達と比較されたときの感情を言葉にして返し，すぐに「その感情は言い換えれば，自分はちゃんとできるということが言いたかったんだね」と確認すると，Ｋくんは，私をしっかり見て目を大きく開いて2，3回うなずいたのである。

②「悔しかったから，窓ガラスをたたいてしまった」

ガラスをたたいて割ったＫくんの行為は，決して許されることではない。しかし，ここでそのような正論を言っても，Ｋくんの心を整理していく作業にはつながらない。私は「よほどの思いがあって，やりきれなくてガラスにあたったんだね」「けがしなかった？」「でも，よく自分をコントロールしたね」とＫくんの顔を見て話した。すると，Ｋくんはワッと泣き出したのである。私には，「たたいてしまった」とＫくんの言葉の裏に「とても悪いことをしてしまった」という反省や後悔の気持ちが込められていることが，十分伝わったのである。そして，「自分をよくコントロールできたね」の言葉を聞いたＫくんは「なぜガラスを割ってほめられるん？」と不思議そうに私に尋ねた。「ガラスをたたいてしまった……の言葉に，あなたのごめんなさいの気持ちが先生には伝わってきたよ」と言うと，小さくうなずいて再び涙を流した。

③先生との約束は守る

これまでＫくんは，気に入らないことがあると，すぐに教室を飛び出して無断で校外へ出てしまうことが多かった。そのつど，家庭を訪れ，一緒に問題解決していく姿勢を積み上げていった。担任は，自分の最大の理解者である，裏切ってはいけないという思いが今回の自分の行動に規制がかけられたのである。

Ｋくんは，教師はどの生徒にも真剣に耳を傾け，一個の人格をもった人間として対応していく姿勢を貫くこと，そして教師自身にも，それ相当の自己責任を問うという厳しさを負いながら，生徒と真剣に向き合った生徒指導の大切さを教えてくれた，かけがえのない生徒である。

事例２「正面から自分を見つめ直したい」

◆暴力行為を繰り返すＡ子とかかわって

この事例は，人間関係の希薄さや，将来展望の欠如などさまざまな要因から自己規制ができず，暴力行為を繰り返すＡ子の指導記録である。

①Ａ子について

Ａ子は，明るい性格で中学校入学当初からもちまえの行動力を発揮し，クラスではリーダー的役割を果たしていた。また，部活動では陸上競技部に所属し，充実した中学校生活を送っていた。しかし，２学期になって遊び仲間ができ，友達と一緒に町外に出て行動することが多くなった。２学期後半あたりから，遅刻，無断欠席，早退，欠課など，怠惰傾向が頻繁にみられるようになった。あれだけ打ち込んでいた部活動も休みがちになり，再三にわたって，部活顧問と話し合いをもったが，退部することになった。３学期に入ると，風紀違反，校内外での喫煙，問題行動はますますエスカレートしていった。１月のある日，同級生のＭ子をカラオケに呼び出し，「ムカツク」「はがゆい」といって，一緒に行動していた男女生徒，上級生とともに，部屋に監禁して長時間にわたって暴行を加えた。被害届に伴って警察で指導を受けるが，この時点では，年齢が13歳のため，厳重注意で終わった。数日後，町外に転居し，しばらくは区域外通学で中学校に通っていた。

２年生に進級と同時に通学区域にある中学校に転校したが，１学期後半ごろ，Ａ子が再び戻ってくるのではないかと元の中学校の生徒たちがうわさをするようになった。その話を聞いたＭ子は，また自分がターゲットにされ，暴力を振るわれるのではないかと不安になり，その思いを数人の生徒に話していた。そのころのＡ子は，転校先の中学校で「なまいき」を理由に女子生徒から執拗な暴行を受けていた。Ａ子は，中学校にあまり登校せず，以前の仲間や市内の暴走族に所属している少年たちと常に行動を共にし，生活は完全に乱れていった。

２学期の９月，Ａ子は仲間を引き連れて，元の中学校の運動会に姿を見せた。このとき，Ａ子は「この中学校に戻ってくるから」と私に告げた。

運動会に来たとき，Ｍ子が自分のことを「わずらわしく思っている」と話していることをＭ子の友達から聞いた。Ａ子は，早朝にＭ子を呼び出し，仲間と２人で暴行を加えた。全身と顔面にかなりの打撲を受けたＭ子は，二度めの被害届を出した。Ａ子は，自宅で警察署員に暴行傷害および恐喝事件として逮捕された。その後，少年鑑別所に送致された。その間，Ａ子の母親が元の中学校に転入届を提出し，10月から再び在籍生徒となった。

10月中旬，家庭裁判所で審判が行われ，Ａ子は，暴行傷害罪・恐喝罪で「処分保留」「試験観察処分」と言いわたされた。審判の翌日から登校したが，何とか中学生らしい服装・行動をしたのは３日程度で，以前仲がよかった女子数人と夜間徘徊，無断外泊を頻繁にするようになった。

また，上級生や近くの高校生と接するうちに，暴走族レディースの結成に向けて，中心的役割を担うメンバーをそろえていく動きを始めた。さらにＡ子は，いつも一緒に行動するＢ子を入会させるかどうかを，メンバーの前で行うＡ子とＢ子の１対１の勝負で決めることにした。その結果，Ｂ子の入会はメンバーに許可されたが，翌日Ｂ子が入会を断ってきたことにメンバー全員が激怒し，同日の夜，Ｂ子を呼び出し集団で暴行を加えた。Ｂ子は被害届を提出した。このことから，試験観察処分中にもかかわらず，再度，暴行傷害事件を起こしたＡ子を私は家庭裁判所へ連れていった。同日，中間審判の結果，少年鑑別所での身柄拘束となり，その後，所内で逮捕。12月，本件における結審で少女院送致となった。

第１日目：９時，Ａ子と保護者で登校。前日「処分保留」「試験観察処分」の審判を受け，本日から中学校において健全な学校生活を送るために，校長室で話し合う。Ａ子は，少年鑑別所に入所している間に，再び本校の生徒になったことの喜びと再出発する決意を話した。
①まじめに学校生活を送る ②服装を整える ③遅刻をしない

第２日目：８時10分登校。朝のあいさつ運動で正門に立っていたら，Ａ子は女子生徒３人で登校。鞄を持ち，頭髪も黒に染めていたのでほめると大変うれしそうに教室に入っていった。放課後，担任と交換ノートをしていくことを決める。この日は，第１回家裁面接。

第３日目：８時13分登校。赤のマニュキアをしていたので，除光液で落とすように指導する。素直に従う。その後通常通り授業を受ける。

第４日目：Ａ子本人から「寝坊したので遅刻します」との連絡。９時30分登校。連絡したことをほめる。

第６日目：10時10分登校。直接職員室に来て遅刻の理由を報告する。母親とトラブルがあったことを興奮気味に担任に訴える。話を聞いていくと少し落ち着く。Ａ子の気持ちを担任が母親にしっかり伝えることを約束する。

第９日目：９時30分登校。週末から再三にわたり母親と口論になったことを暗い表情で話し，まったく元気がない。放課後，教育相談室で時間をかけて話を聞く。第２回家裁面接。

第10日目：８時15分登校。化粧をしているので指導。素直に直す。母親の自分に対する干渉がわずらわしいことや，母親が夜外出することに憤りをもっていることが自分の問題行動の要因であることを伝える。

第14日目：文化祭初日。合唱祭でクラス合唱に参加し，一生懸命歌う。

第15日目：文化祭２日目。欠席。学校付近を女子３人で原付バイクに乗っているところを目撃される。

第16日目～（５日間）無断外泊。家出。捜索願を提出する。

第21日目：第３回家裁面接であったが，母親のみ面接にいく。同日夜，暴行傷害事件発生。

第22日目：９時ごろ，Ａ子から担任に町内の公衆電話から「先生，疲れた……」と小声で電話が入る。迎えにいき，中学校に連れて帰る。同日，家庭裁判所において中間審判。少年鑑別所に身柄拘束される。

②指導記録から

上の記録は試験観察処分を受け，中学校に再度通い，12月の逮捕までの，わずか22日間ではあったが，Ａ子と担任である私との正対したかかわりを記録したものである。

③Ａ子とのかかわりを通して

◆Ａ子の心に入って受容・理解し，教師に戻って指導支援する

Ａ子は，中学校入学当初から，自分の意見をもち行動力があり，また，心のやさしい思いやりのある生徒でもあった。しかし，幼少のころ，母親が生活を支えていくために，家庭を顧みず多忙な毎日を送っていたことが，A子にとって，母親への慕情，欲求などの感情を抑え，我慢し生きていくしかできなかったのである。人間はだれもが自分のことを認められたいと願う。A子は今日まで，何度も母親に「自分を見つめてほしい」と叫んだに違いない。

中学校に入ってみられた一連の問題行動の背景・要因には，他人に流されるというより，自己抑制力の乏しさから，むしろ周りを取り込んでいく言動が多くみられた。A子は少年鑑別所に入所中，14通の手紙を担任に送った。その中にこんな文章が綴ってある。

・「うちは，少年院に入って不思議に思ったのは，あんなによくしてくれた先生を裏切ってしまったのに，先生はどうして笑顔で面会に来てくれるの？　情けないよねうちは……。ごめんね，先生……（1通め）」
・「うちは，前のままではダメよね，周りがダメってことは自分がダメなことだから。他人のせいではなくて自分が変わらないといけないよね……（5通め）」
・「先生とした約束は守れなかったのもあるけど，守っていて本当によかったと思う。薬物の授業を受けて，やらないでよかったって。誘われたけど，先生がいろいろな話をしてくれて，断ってよかったとつくづく思う……（8通め）」
・「部屋の窓からチューリップが見えるよ，赤とピンクの。何でかな，それがすごくうれしい気持ちになるよ。早く先生に会っていっぱい話がしたい……（10通め）」
・「先生，将来の夢，やりたいことがみつかったよ。保育士の資格を取って，養護施設の先生になりたい……（12通め）」

自分の心と葛藤しながら，人間は他者とのかかわりのなかで生きていること，そしてそのなかから，自分の存在と価値を見いだしていく努力をしていくことを，A子は少しずつわかってきたのではないだろうか。

A子との出会いは，私に「教えきる・かかわりきる・育てきる」姿勢を不動の教育として実感させてくれたのである。

3　いま，学校がなすべきこと

1　型を教える

(1) 指導方針・基準の明確化

①生徒指導規程の作成と改善

暴力行為をはじめとする問題行動や非行に対しては，あらかじめ定められた指導方針に基づき，「社会で認められないことは，学校でも認められない」「社会に通用する子どもを育てる」という共通認識のもとに指導を進めていく必要がある。

そのためには，各校における指導方針や行動規範を示した「生徒指導規程」を作成し，それを事前に子どもたちに示したうえで，問題行動が生起した場合には，毅然とした指導を行っていく必要がある。

また，この規程は，学校や子どもの実態に即したものにするため定期的に評価・改善していくことも重要である。

②生徒指導規程の周知

生徒指導規程が効力を発するためには，あらかじめその方針や内容を子どもたちや保護者に周知しておかなければならない。年度当初に学級活動や集会などを利用し，子どもたちに指導するとともに，懇談会などを通じて保護者にも説明し，その趣旨や内容について保護者の理解と協力を求める必要がある。

③「特別な指導」の実施

暴力行為，窃盗・万引きや飲酒・喫煙，器物破損などの違法・触法行為を行った子どもに対しては，その場の説諭にとどまることなく，事実確認を行ったうえで，自らの行為の「何がいけないのか」，「なぜいけないのか」を子ども自身に振り返らせる必要がある。

そのためには，一定期間（約一週間程度）他の子どもたちとの接触を避け，静かに自己をみつめる場や機会を設けて個別の指導を行う，いわゆる「特別な指導」を実施するのが効果的である。この「特別な指導」を効果的なものにできるかどうかは，何よりも保護者の理解と協力にかかっている。単に罰として受けとめられることのないよう，平素から保護者ときめ細かに連携し，相互の信頼関係を構築しておくことが「特別な指導」を成功させるうえでの前提となる。

(2) 型を示すこと

①率先垂範

家庭教育力の低下が叫ばれて久しいが，近年の子どもたちは，従来当然できていたことができなくなっていることが多い。あいさつを例にとってみても，ただ単に「あいさつをしなさい」と指導するだけでは，場面や相手に応じた適切なあいさつをすることができない。「やってみせる」「やらせてみる」「ほめる」という３つのステップを，段階を追っててていねいに指導していくことが必要である。そのためには，まず，指導者が範を示すことである。

本校では，生徒と朝出会ったときに，まず教師が立ち止まり，笑顔で「おはようございます」と教師の側からていねいに礼をしながらあいさつする。そうすれば，最初は躊躇（ちゅうちょ）していた子どもも，少しずつ自然にあいさつしようとし始める。

そして，次の段階では，「型」を指導する。「立ち止まろう」「腰から礼をしよう」「相手に聞こえるように声を出そう」といった指導を，一つ一つ時間をかけてていねいに指導していく。また，指導どおりにできた子どもには，「いまの礼の仕方はよかったね」「気持ちが込もっていたね」など，タイミングよくほめていく。そうすれば，「またほめられたい」という思いが動機づけとなり，「次回はもっとよいあいさつを心がけよう」となる。

②一点突破

非行や問題行動に走る子どもは「服装や頭髪が乱れる」「時間が守れない」「授業中に私語が多い」など，往々にしてこれらのことができていないことが多い。教師の側からみれば，気になることや指導すべきことが山ほどある。しかし，それらのことをすべて指導しようとしても，なかなかすぐには改善できない。それよりも，どれか１つ，特に改善したい課題に絞り込み，その課題が解決されるまで「指導しきる」ことが重要である。そうすれば，「できるようになった」という子どもの自信につながるとともに，指導者の側も自分の指導効果が実感でき，次への取組みの意欲づけにもなるのである。

③学校内の環境整備

子どもは，周囲の環境によって大きく変化する。環境とは，大きくは「人的環境」と「物的環境」の２つを意味する。

ここで述べる「人的環境」とは，おもに教師の使用する言語環境を意味する。普段の生活において，教師自らがどのような言葉を使っているのか振り返ってみる。子どもに対する言葉かけ一つ一つをていねいなものに変えていくだけでも，子どもたちは確実に変容していくものである。「子どもたちは教師の背中を見て育っている」ということを，指導者の側は常に意識しておかなければならない。

また，物的環境の果たす役割もきわめて重要である。「割れ窓理論」からも，子どもたちは，周囲の物的環境に大きく左右される。例えば，花を廊下に飾ってみる。最初は，問題傾向のある子によっていたずらをされたり，場合によってはへし折られたりすることがあるかもしれない。しかし，あきらめてはいけない。何度も繰り返して同じ場所に花を生けてみる。そうすれば，徐々にいたずらをする子どもがいなくなり，その環境が当然となっていくのである。

このように，学校内の環境を整えることは，ちょうど漢方薬を調合するかのごとく，最初は効果がみえなくても，少しずつではあるが着実に子どもたちの心に影響を与えるのである。

(3) かかわりあう「気づかせる」
～教師と生徒の信頼関係～

①人間的なふれあい

教師といえども，決して完成された人格者ではない。子どもたちと接する際にも，自らが生き方をみつめ直そうと努力していることや自分の内面を開いていくことが，子どもたちの共感を呼ぶことにつながる。

子どもたちとの信頼関係を築いていくためには，日ごろの人間的なふれあいを大切にし，子どもたちの人格を尊重するとともに，一人一人の個性を伸ばしていこうと努力することが大切である。

そのためには，日ごろから子どもたちに「目をかける，気をかける，声をかける」ことにより，子どもたちを理解していこうとしている姿勢をもつことが大事である。

②生徒相互の信頼関係

○学級や学年集団のなかで

子どもが，自分自身でその良さを伸ばそうとするためには，学級や学年集団づくりがきわめて重要である。相互に援助や協力のできる人間関係づくりを進め，子どもたちどうしのかかわり合いをもたせるなかで，自分自身をみつめていくことができるようにしていくことが必要である。

学級や学年集団のなかに，「認め合い，助け合い，学び合い」といった「合い」のある場や機会を，日ごろから積極的につくっていくよう努力していくことが大切である。

○異学年集団や社会とのつながりのなかで

同じ年齢の集団だけでなく，生徒会活動の充実や部活動の活性化により，異学年間の交流を図ることは，子どもたちの望ましい人間関係をつくる機会を広げることにもなる。学校行事など学年を超えた「縦割り集団」により活動する機会を積極的に設けるのも効果的である。

また，子どもたちに地域のさまざまな人々とのかかわりをもたせることで，自分をみつめる機会をさらに充実させていくことができる。

奉仕体験活動や福祉体験活動などを積極的に推進し，子どもたちに「自分が人の役に立てた」という喜び（自己有用感）をもたせることができる。

このように，さまざまな人々とかかわりあう機会を積極的につくっていくことも重要である。

(4) 自己指導能力を育てる

子どもたちに，望ましい生き方を身につけさせるためには，子どもたち自らが判断し，行動し，その結果に責任をもつという自己指導能力を育成していかなければならない。

自己指導能力を育成するためには，生徒指導の三機能を，あらゆる教育活動に生かすことが重要である。

①生徒指導の三機能を生かした授業

○自己存在感を与える

子どもたちはかけがえのない存在であり，一人一人の存在を大切にする指導のことである。また，自己存在感は，他者とのかかわりやふれあいのなかで見いだされることもあるため，望ましい学習集団づくりが重要である。

○自己決定の場を与える

子ども自身が決められたルールを守り，自分自身で責任がとれる範囲内で，自らが行動を選択し，その結果に責任をとる機会を与えることである。

〇共感的人間関係を基盤とする

よりよき授業をつくっていくためには，先に述べたように，教師と子どもおよび子どもどうしが，相互に尊重し共感的に理解し合う人間関係を，学校生活のさまざまな場において，他者とのつながりときずなが実感できる人間関係づくりを意図的に仕組む方法で育てていくことが大切である。

子どもたちの学校生活の大半は日々の授業にある。したがって，これらの3つの機能を生かした授業づくりを進めることが何よりも大切である。そのためには，教師の一方的な説明中心の授業から，グループ活動やペア活動など，子どもたちが互いの思いや考えを交流し表現し合えるような子ども主体の授業へと転換を図っていくことが重要である。

②問題解決能力の育成

近年の子どもたちは，よりよい人間関係をつくっていくための基本的なスキルや，さまざまな問題に直面した際にそれらの問題を解決するための能力が十分身についていないことが多い。そのために，それらのスキルや能力を，意図的・計画的に教育活動のなかに位置づけなければならない。

Q-U などを活用し，個と集団における子ども一人一人の実態把握を的確に受けとめ，客観的に理解するよう努めるとともに，構成的グループエンカウンター（以下 SGE と表記）などを年間指導計画の中に意図的・計画的に取り入れ，ソーシャルスキルやアサーションといった問題解決能力を育成していかなければならない。

そのためには，まず指導者の側が，Q-U の活用の仕方をしっかり理解するとともに，SGE の効果性について，実際に指導者自らが実感してみることが大切である。

第19章 いじめ

大友　秀人　　佐藤　節子

毎年のように，マスコミで痛ましいいじめが報告されているが，いじめは，あってはならないことであることはだれもが承知していることである。

われわれ教育者は，いじめの現状を認識し，いじめにあった子どもへのケアを誠心誠意しなければならない。まずは，早期発見・早期対応が第一である。それと同時に，どんなクラスでも，いじめは起こり得るという前提で，予防に努めるべきである。開発的・予防的な部分を得意とする教育カウンセラーは，これからもいじめに対して，積極的に取り組んでいただきたい。

1 いじめの定義と現状

「いじめ防止対策推進法」(2013年施行)で，いじめは以下のとおり定義されている。

「児童等に対して、当該児童等が在籍する学校（※）に在籍している 等当該児童等と一定の人的関係にある他の児童等が行う心理的又は物理的な影響を与える行為（インターネットを通じて行われるものを含む。)であって、当該行為の対象となった児童等が心身の苦痛を感じているもの」

※小学校、中学校、高等学校、中等教育学校及び特別支援学校（幼稚部を除く）

2006年度（平成18年度）の文部科学省の定義では，「『いじめ』とは，『当該児童生徒が，一定の人間関係のある者から，心理的，物理的な攻撃を受けたことにより，精神的な苦痛を感じているもの。』とする。なお，起こった場所は学校の内外を問わない」とされている。また，これには「個々の行為がいじめに当たるか否かの判断は，表面的・形式的に行うことなく，いじめられた児童生徒の立場に立って行うものとする」というただし書きがある。つまり，いじめられている側がいじめと認識していれば，いじめなのである。

2006年度以降の文部省の定義は，1991年度の定義「自分より弱いものに対して一方的に，身体的・心理的な攻撃を継続的に加え，相手が深刻な苦痛を感じているものであって，学校としてその事実を確認しているもの」では，いじめが正しく報告されていないとの批判があり，修正されたものである。さらに2013年度(平成25年度)以降は，推進法に従って定義が変更されている。

文部科学省の定義に基づいて小・中・高のいじめ発生件数が，毎年文部科学省から「児童生徒の問題行動等生徒指導上の諸問題に関する調査」で報告されている。

いじめの実態は，森田洋司らが，1999年に金子書房から出された『日本のいじめ――予防・対応に生かすデータ集』に，いじめられた手口として，小学生・中学生では，悪口・からかい（88.3％）（85.2％），無視・仲間はずれ（60.0％）（54.2％），たたく・ける・おどす（39.8%）（33.3%）と報告している。文部科学省の令和3年（2021年）度の報告では，「冷やかしやからかい，悪口や脅し文句，いやなことをいわれる」小学生（57.0%）中学生（62.2%），「仲間はずれ，集団による無視をされる」（12.46%）（9.6%），「軽くぶつかられたり，遊ぶふりをしてたたかれたり，けられたりする」（25.0%）（12.5%）であり，いじめられた手口は，森田らが報告した10年前の内容と同じような傾向を示している。

近年の傾向としては，増加をたどる「ネットいじめ」で，「パソコンや携帯電話などで，誹謗中傷やいやなことをされる」は高校生で17.3%である。中学生では10.0%であることから，明らかに，携帯所有率と関係があると考えられる。LINE，ツイッター，Instagram，TikTokなどのソーシャル・ネットワーキング・サービス（SNS）は，10代の子どもたちの使用率も高く，生活から切り離せないものとなっている。見えにくいいじめが起き得る場となっていることが考えられる。

1994年11月に起きた愛知県の中学2年生のいじめを苦にした自殺から端を発し，いじめが大きな社会問題化され，同年の12月「いじめ対策緊急会議」での緊急アピールで「社会で許されない行為は子どもでも許されない」との強いメッセージが出されている。しかし，2011年10月，滋賀県大津市の中学2年生がいじめを苦に自宅マンションから飛び降り自殺した事件がマスコミで騒がれたように，毎年のように問題になっている。

いじめ自殺事件はもとより，パソコンや携帯電話などのいじめは，犯罪として認識し直されなければならないのではないか，いじめとひとことで認識するのには限界があるのでないかというのが，筆者の考えである。

2 いじめのおもな研究トピック

森田（1994）は「いじめの四層構造論」を明らかにした。この研究により，いじめっ子・いじめられっ子の2者関係として理解されていた関係が「加害者」「被害者」「観衆」「傍観者」の四層構造で理解されるようになった。いじめ抑止介入の視点として「観衆」と「傍観者」の存在は，いじめを抑止したり，助長したりする重要な要因と指摘された。この研究からは，学級づくりで，ルールとふれあいの2大原理（大友，2009）を用いながら，「観衆」と「傍観者」の存在を減らし，「調停者」の存在を増やしていくことの大切さが示唆されている。

日本以外では，ノルウェーのダン・オルウェーズ（1995）が，具体的な内容として，①学校レベルの対策「アンケートなど」②クラスレベルの対策「いじめ防止のためのルールとして，私たちは他の生徒をいじめない，私たちはいじめられている生徒を助ける。私たちはひとりぼっちになりやすい生徒を仲間に入れる」③個人レベルとしての対応「教師といじめ両当事者との突っ込んだ話し合い」などを提示し，イギリスのピーター・K・スミス（1996）が，具体的な内容として，①授業では，いじめを扱った劇を見て討論，②小グループでは，被害者の心を理解させる話し合い，③個別には，自己主張できるように訓練などのいじめ防止プログラムの実践を紹介している。

いじめは，エスカレートする前の早期発見・早期介入が大事な対応となる（大友，2002）が，防止する際には，予防的な取組みを教育活動のなかに取り入れたい。特に，いじめが起きる要因として，子どもの対人関係の希薄さ（東京都立教育研究所，1995）がある。そのなかで，「いじめの背景や原因についてどのように考えていますか」という質問について「子どもどうしの人間関係が築かれていない」が第1位で，小（70%），中（58%），高（56%），教員（65%），保護者（47%）であった。すなわち，集団が個を育てる機能が弱まり，いじめを抑制する力が弱くなったと考えられる。

近年，いじめは学校や学級などの集団のなかで起こりやすい（文部科学省，2007）という指摘を受けて，河村・武蔵（2008）が学級集団といじめの関係で，管理型，慣れあい型，荒れ始め型の学級集団でいじめが多発し，満足型学級でいじめが少ないことを明らかにしている。

3 いじめの予防の方向性

いじめの衝動が発生する原因として，

①心理的ストレス（過度のストレスを集団内の弱い者への攻撃によって解消しようとする）

②集団内の異質な者への嫌悪感情（凝集性が高まった学級集団などにおいて基準からはずれた者に対して嫌悪感や排除意識が向けられる）

③ねたみや嫉妬感情

④遊び感覚やふざけ意識

⑤いじめの被害者となることへの回避感情などが，2022年に出された文部科学省の『生徒指導提要』で指摘されている。その指摘を頭に入れながら，今後，いじめに対して，集団のなかでの教師に対処方法を求められることが予想される。しかし，2021年の文部科学省の調査結果においても，いじめの発見のきっかけは，「学級担任が発見」（9.5%）であり，知られたくないといういじめを発見するのには，あらゆる角度からのアプローチが必要である。2003年の中教審答申では，いじめや校内暴力については「5年間で半減をめざす」という数値目標が掲げられたときがあったが，2012年の文部科学省で，緊急調査を受けての取組みにおいて「教育評価をいじめの有無やいじめの件数の多寡だけに着目して評価しない」となり，いわゆる成果主義に対しての歯止めをかけようとしている。いじめに対しては，今年は増えたとか減ったとかで一喜一憂することなく，問題が起きる前に，対処していかなければならない。

いじめは前述した先行研究が示唆するように人間関係（ふれあい）の欠如に由来していると考えられるので，問題発生後の対処方法だけに追われるのではなく，開発的・予防的に学級経営や授業の中で，教育課程のなかに組み込んで子どもの人間関係を育てることが重要である。最近，いじめ対応教諭の配置も検討されているようだが，単なる「モグラタタキ」の対症療法に終始せず，教育課程のなかに組み込むこと，すなわち，ガイダンスプログラムの作成が急務と考えられる。そのためには，まず，教師自身がグループでのふれあい体験をし，子どもたちにとって立ち居ふるまいの模倣対象となることが必要だと考えられる。特に，子どもに，ふれあいのある人間関係を育てるには，教師自身が構成的グループエンカウンター（以下SGE）のシェアリングの体験学習を通して，人間関係の展開方法を知ることが望ましいと考えられる。

いじめは，子どもの世界に限られたことではない。いま，社会的な不安のなか，大人社会にいても，パワハラやセクハラなどさまざまないじめが起きている。逆に，大人社会のゆがみが，子どもに反映しているともいえよう。子どもたちの良好な人間関係づくりには，大人の良好な人間関係が予防の1つになる。つまり，うちの先生方は，こんなに仲がよいよと子どもたちに見せつけることである。

その視点で，SGE，ソーシャルスキルトレーニング，グループワーク，ピア・サポート（ピアヘルパー）などをいじめの予防に効果的な人間関係づくりや社会的スキルを促進する手だてとして，また，教師自身の成長のために積極的に体験していただきたい。

SGEの目的は，ふれあい体験と自他発見である。対人関係の希薄さを量（ふれあい体験の回数）と質（自己疎外感から自己発見することにより，自己肯定感が増す）の両面から補えると考えられる。日本教育カウンセラー協会では，いじめ予防のためのエクササイズが開発されている。そのなかでの１つのキーワードは「被受容感」である。他者から受け入れられているといういごこちの良さを感じとれるような学級づくりが望ましい。いじめは，学級が変わるなどグループが変動する時期に発生しやすい（大友，2002）ので，学級開きや夏休み明けなどに，自己肯定感が増すようなエクササイズを行うとより効果的である。

4　予防の具体的展開

1　重点目標への位置づけ

生徒指導部や保健体育課の目標や方針のなかにいじめを予防するための手だて，いじめが起こったときの対策を位置づけ，いじめ対策委員会を設置する。いじめはどこの学校にもあるという認識に立てば，避難訓練の実施案と同様に予防策をたてたい。

2　児童・生徒，保護者に明確に伝える

①私たちの学校では，いじめはひきょうなこととして許されない。

②私たちの学校では，いじめの被害者は徹底的に守られる。

③私たちの学校では，どの先生に相談してもよい。

④私たちの学校では，暴力など，犯罪行為については，厳正に対処する。

以上のことを，校長はじめ，すべての職員が明確に話す。

3　教室に民主主義を育てる

教室の中に民主主義を育てる。正しいと思っていることが言え，話合いのできる風土である。そのために，日々の授業の中で，教師がとっている言動がまずモデルとなることはいうまでもない。

質問に上手に答えられた子どもには教師が笑顔で称賛し，期待に添わない発言をした生徒の話は無視したりがっかりした顔で聞き，次の質問へと進めていく。忘れ物の多い子どもに対して，教師の反応が冷たい，このようなクラスでは子ども間に序列がつきやすい。

・どの子の発言も平等に取り上げる。
・結果よりもプロセスでの努力を認める。
・失敗が許される。むしろ失敗は学びを深める機会ととらえている。
・マイナスの感情も受け入れる。
・授業の中で，生き方や人間関係を学ぶ。

教師のこのような態度が，教室に上下関係をつくりにくくし，自尊感情を高め，他者へのやさしさをはぐくむ。

4　授業や学校全体にケア機能を

子どもたちは，さまざまなストレスを抱えて登校してくる。朝，怒鳴られるようにして家を出た子もいるかもしれない。家庭内の不和を感じて心を痛めている子もいるだろう。しかし，学校に来るとほっとするような雰囲気をつくりたいものだ。

学校生活のほとんどの時間は授業である。授業の中で一人一人の子どもの気持ちが尊重され，学ぶ喜びや達成感を味わっていくこと，子どもたちのさまざまな悩みや葛藤がケアされていくような満足感を味わえる授業や学校生活を提供することができれば，それが究極

のいじめ予防となる。

5 早期発見と児童・生徒理解

①観察から

安全な学校をめざして校内の安全点検をするように，子どもたちにいじめがないかを教師はアンテナを高く早期発見したい。

・集会のとき，ある子どもの周りの空間が大きいと感じる。
・休み時間にうろうろしている。
・授業中，ある子が発言しても周囲の反応がない。冷ややかな反応。
・給食の配膳時，ある子の盛りつけの食品を食べない。
・作品や写真へのいたずら。
・ある子どもの物が頻繁になくなる。
・衣服の汚れが目立つ。
・保健室への頻回来室。

このようなときは，何かあると心にとめ，慎重に観察する。「ちょっとしたからかいだと思った」「仲よく遊んでいるように見えた」「よくあること」ととらえてしまうのは危険である。かすかな違和感を大事にし，子どもについての情報を職員室で遠慮なく話したい。

②定期的なアンケートの実施

文部科学省2021年「児童生徒の問題行動等生徒指導上の諸問題に関する調査」によると，いじめの発見のきっかけは，本人からの訴えが18.2%，アンケート調査など学校の取組み54.2%，学級担任が発見9.5%，該当児童生徒の保護者からの訴えが10.7%となっている。

アンケート調査による発見は54.2%と大きく有効である。適応感や人間関係を理解するうえで市販のアンケート・心理テストを活用したい。また短いスパンで定期的に，困りごとや相談したいことを書くことも有効である。さまざまな方法で子どもたちの実態をとらえたい。困りごと相談アンケートの最後に，個別相談などの対応を必要としているかチェックする欄も設けるとよい。

6 情報交換のシステム化

担任が知らない間にいじめが起きていることは多いし，目が届かない空間や時間はたくさんある。職員間の情報交換ができるシステムをつくる。具体的には，職員会議や職員打ち合わせなどの時間の最後に，児童・生徒に関する情報交換の時間を設定する。毎朝，校門に立って子どもたちを迎える校長や生徒指導担当の先生の情報，学校の職員さんからの情報，保健室の情報が漏れなく入るようなシステムづくりである。

7 教職員の研修会

理論をもち，連続性のある校内研修会を実施したい。それが学校の教育目標を具現化に進める研修につながるだろう。

いじめについての認識の仕方や，対応例，そして自殺につながった重い事例などを知り，いじめの心理や対応，そして予防のために，自分たちの学校ではどのようにするかを，グループワークなどで話し合うことだけでも，有意義な研修である。グループワークをすると研修を通して，職員間の親和性が高まり，話しやすい雰囲気も出てくる。

いじめにかかわらず，よい人間関係をつくるための校内研修を実施すると学校経営全体の質が向上する。

・子どもの話を反映的に聴く技術
・問題解決への援助の仕方
・教師の思いを伝えるアイ（I）メッセージ
・子どもを勇気づける言葉
・子どもの問題を悪循環させない見方

など，児童・生徒や保護者との信頼関係をつくるためのコミュニケーションスキルを学ぶ。

8 保護者への啓蒙

まずは，いじめのない学校をつくろうとする学校の方針を知ってもらうことである。いじめをしない児童・生徒を育てるためには自己肯定感を高め，よりよい人間関係を築いていくことが大切で，家庭のバックアップが基本となることをお願いする。

また。近年のいじめは，インターネットや携帯電話を介したものが多く，それらの使用についてのモラルやルールが大きな課題になっている。子どもの言動の何に注目したらいいか，そして困ったことを相談し合える親子関係についての研修会を行うといいだろう。以下は，保護者に見てほしいポイントの例である。

・受信した電子メールをこそこそ見る。無言電話などがある。
・衣服に汚れや破れ，手足や顔などにすり傷や打撲のあとがある。
・学校に行きたくないと言い出したり，通学時間になると腹痛など身体のぐあいが悪くなったりする。
・宿題や課題をしなくなる。成績が低下する。
・家庭から品物，お金がなくなる。使途のはっきりしないお金を欲しがる。

情報モラルや青少年の犯罪に詳しい外部機関（警察など）から講師を招き，子どもたちの研修も含めて実施すると効果がある。

5 教育課程のなかでの具体的展開

教育カウンセラーは，いじめ発生の予防のためにより力を発揮したい。いじめが起きないような学級づくり・人間関係に取り組むことである。いじめが起きないような学級集団とはどのような集団か。河村ら（2008）の研究にもあるように，学級満足度の高い集団である。集団にルールとリレーションのある学級である。

「いじめは許されない」とお題目を唱えただけでは，ストレスを抱えている子どもたち，自己評価が低くだれかを傷つけずにはいられない子どもたちの心には届かない。いじめを予防するための体験的な学びや，人間尊重についての学びを，プログラムを組んで実施したい。代表的なものはSGEであり，それを学級づくりに生かし，自他理解を深め互いに認め合う集団を育てることである。

①授業の中の人間関係づくり

授業の中で，一人一人が大事にされ，かかわり合って学び合うこと，主体的に学ぶ授業を大切にする授業をめざしたい。ほめたり叱ったりしてコントロールするのではなく，子どもたちどうしが互いの良さを認め合い尊重し合う関係である。努力の過程や一生懸命していることを認めること，学級のメンバーの役に立っているという肯定感をもたせること，存在を認める「勇気づけ」が大切である。

②被受容感を高めるSGE

人に受け入れられる体験や感情が，人とのあたたかい関係づくりや人を支える力になる。新学期直後から継続的にSGEを展開する。「聴き合う」「他者紹介」からはじまるさまざまなエクササイズを学級活動やホームルームで活用していきたい。大事なことは，エクササイズ後のシェアリングである。感じたこと・気づいたことを聴き合うことによって，被受容感が高まる。

③学校全体で取り組む「ピア・サポートプログラム」

ピアとは，「仲間」を意味する言葉であり，サポートとは，「支援」「支える」という意味である。ピア・サポートとは，「仲間による支援活動」となる。1996年，いじめ問題への対応としてピア活動に取り組んでいたイギリスのアクランド・バリー校の実践（BBC）をNHKが放映した。これが日本に紹介された初めてのピア・サポート活動である。カナダでは30年以上の実績があり，教育課程に位置づけられている学校も多いと聞く。わが国では，イギリスやカナダなどのピア・サポート先進国に学びながらも，日本の学校システムに合う形で発展してきた。

日本ピア・サポート学会では，ピア・サポートプログラムを次のように定義している。

> ピア・サポートプログラムとは，学校教育活動の一環として，教師の指導，援助のもとに，子どもたちが互いに思いやり，助け合い，支え合う人間関係をはぐくむために行う学習活動であり，そのことがやがては思いやりのある学校風土の醸成につながることを目的とする。

実施方法は，まず，ピア・サポーターを組織する。児童・生徒委員会や学年，学校で取り組んだり，募集をしたりして，ピア・サポート委員会を立ち上げたりする。あるいは，学年や学級の集団全員をサポーターの対象にすることもある。

次に，サポーターへのトレーニングを行う。トレーニングは，①自己理解と他者理解，②コミュニケーションスキル，③問題解決，④対立解消などを目的にして体験的に行う。

次はプランニングである。プランニングは，「学校にはどんな解決課題があるだろうか」「解決のために自分または自分たちは何ができるだろうか」を考え，実行計画を立てることである。例として，中学生が小学校に行って相談にのる，1日入学のときお世話をする，孤立しがちな友達に声をかけ一緒に遊ぶなど，子どもたちの発想と学校の実情に合わせて計画する。

実践の場面では，計画に従ってトレーニングを生かしサポート活動をしていく。

最後にフォローアップのスーパービジョンをして，活動のまとめを行う。ピア・サポートプログラムは包括的なプログラムである。話の聞き方・アサーショントレーニング・メディエーション（仲裁）までさまざまなコミュニケーションスキルを学び，実際に役に立てていく。

④人間関係づくりのためのさまざまな手法から

人間関係づくりに役に立つ理論には，SGEを代表としていくつかあるので，教師はそれらを体験的に学び指導に役立てたい。関係づくりのための方法を紹介する。

【年度はじめのリレーションづくり】

・ネームトス（あいさつ・自己紹介）

学級開きに実施したい。全員で丸くなって立つ。「ぼくの名前は，〇〇〇です。〇って呼んでください。よろしく」と名乗って，教師が用意したバトンになるものを渡す。もらった人は別の人のところに行って同じように名乗る。自分が人にどう呼ばれたいかを自分で決めるところがポイントである。教師がデモンストレーションし，やり方がしっかり伝わってから実施する。全員が1回は終わったら，手渡す物の数を次第に増やしていき，たくさんの人にあいさつをするようにしても楽しい。

・1ペーパーでの自己紹介

A4の紙を2回折って，4つの枠を作る。その4つの窓に，自己紹介することを短く書き，グループ内で自己紹介する。内容は，状況に合わせて工夫する。紙を見ながらの紹介なので，わかりやすく，また，後で担任が把握することができる。内容やメンバーを変えると何度も短時間に実施できる。保護者会などでもとても有効な自己紹介の方法である。

名前	楽しいとき
いいところ	こんなクラスにしたい

・じゃんけんインタビュー

2人組をつくりじゃんけんをして，勝ったら相手に1つ質問することができる。負けた人は端的に答える。答え終わったら，またじゃんけんをして勝った人が質問する。時間は1～2分。ねらいは，「質問をすることによって相手と仲よくなる」「相手の良さを引き出す」こと。短時間でできるので，何度も実施し，クラス全員と一度は話したことがあるという状態をつくっていく。じゃんけんをしてから質問をすることによって，気持ちがほぐれ話しやすくなる。

・クラスのハート

大きな紙に大きくハートを描く。ハートの中にはこのクラスでたくさん起こったらいいなあと思うやりとりや，このクラスで交わしてほしいと願う言葉を書き入れる。ハートの外側には，このクラスで起こってほしくないことや言ってほしくない言葉を書き入れる。全員が一度に書くと混雑になる場合は，紙を4等分し，4つのグループになって書き入れるとよい。後で貼り合わせ，全員で囲んで確認し掲示する。クラスで問題が起こったときは，ハートを囲んで解決方法を話し合う。またうれしかったことはハートの中に書きたしていく。

・言われてうれしい言葉

言われてうれしい言葉をブレインストーミングでたくさん出し，黒板に書いていく。その中から自分が最も言われてうれしい言葉を各自1つ選ぶ。クラスで2重円になり向き合い相手の名前を呼んでから，自分が選んだ言葉を相手に伝える。外側の人が右へ一歩ずれ，違う相手にまた同じ言葉を伝える。あるいは，自分が言ってほしい言葉を紙に書き，見えるように持ち，向かい合った人の言葉を，名前を呼んでから伝える。

以上，リレーションを豊かにし自他理解を深める理論と方法に教育カウンセラーはなじんでおきたい。

6 いじめへの対応

いじめへの対応にはスピードが求められる。しかし双方を呼んで注意して終わるような安易な解決では，こじれ，より陰湿化し，双方の不信感をあおることにもなりかねない。納得感を大事にした対応が再発を予防する。

1 いじめ対策委員会の設置

日ごろから，いじめの発生時のためのいじめ対策委員会などを組織し，対応を明確にしておく。メンバーは管理職・学年主任・学級担任・生徒指導担当・教育相談担当・特別支援コーディネーター・養護教諭・スクールカウンセラーなどで組織する。

2 発見者は情報を伝える

いじめを認識したら，まず同僚・管理職に話すことである。1人で解決しようとしたり，見て見ぬふりをしたりしてはならない。まず，周囲に情報を流し，いじめ対策委員会，場合によってはいじめ緊急対策委員会などで組織的に対応していくようにはたらきかける。

3 対応の基本方針を決める

①いじめ問題についての組織としての共通理解をするとともに，この委員会の目的を明確にする。

②事実確認のための方法と役割を決める。

4 実際の対応

①被害児童・生徒に対して

最優先は，いじめにあっている児童・生徒の支援である。つらさや苦しさを反映的に聴き，受けとめる必要がある。「あなたが悪くていじめられたのではない」「いじめられたらだれでもつらい。そう感じることは弱いからではない」ことを伝える。そして，解決するまで必ず守り通すことを伝える。事実は話せる範囲で聞き，本人の意思を尊重しながら一緒に考える。カウンセラーとの面談や医療機関への受診が必要なときもある。

②加害児童・生徒に対して

中立の立場で冷静に話を聴く。非難めいた口調にならないように冷静に聴く。

児童・生徒が複数の場合は，一人一人の話を同時に聴き，休憩に指導者は事実を確認し，さらに話を聴いていく。暴力や恐喝の場合は，外部機関に相談することを冷静に伝える。

・事実を聴く
・いじめの意図を確認する
・そのときの思いや気持ちを聴く
・謝罪と今後の決意について
・長所を再認識させ，それを生かす生活のあり方ついて確認する

③周囲の児童・生徒に対して

傍観者を調停者に育てることがいじめ対応の鍵である。見て見ぬふりをしていること（傍観者）は，いじめに加担しているのと同じことであることを教える。いじめられている児童・生徒のつらい気持ちを考えさせるとともに，いじめの卑劣さを理解させる。とめられなかったことについて一人一人が内省し，とめられる集団になるためにはどうしたらよいかを担任は自己開示しながら話し合っていく。

④保護者への対応

ア．被害児童・生徒の保護者への連絡

被害児童・生徒に無断で伝えるのではなく，この問題を解決するために一緒に考えてもらうことを伝える。知らなかった保護者はショックである。その気持ちを十分に受けとめる。その後「ご心配をかけて申し訳ありません」と謝罪の気持ちを伝えたい。

さらに，今後の指導方針を具体的に説明する。いじめた相手の児童・生徒への対応，安心して学習できる学級にするための対応を具体的に説明する。最後に，このつらい状況を乗り越えるために，本人の気持ちに寄り添ってほしいことを伝える。

イ．加害児童・生徒の保護者への連絡

確認したいじめ行為の事実について正確に伝える。保護者と1対1ではなく，複数で話し合う。もし，感情的になったときに，冷静に対応できるようにするためである。

いじめたことは許しがたいことであるが，今後，いじめの行為をやめるために，学校や家族はどのように支援をしていけばよいのかについて共に考えたい。

ウ．すべての保護者へ

場合によっては，学年や学校全体の保護者会を開催する。いま起きている事実と今後の学校の取組みを説明し，支援と協力を求める。

5 出席停止について

暴力などの犯罪性がある場合には児童相談所や警察と連携する。被害児童・生徒を守るためにやむを得ず出席停止の措置をとることもある。

6 経過観察といじめ解決の確認

「いじめのサインはないか」「友達関係はどうか」「意欲的に学校生活を送っているか」などについて，本人・保護者との面談で聴き取り，現状を確認しながら対策を講じていく。

解決したと判断できるかどうかは多角的に慎重に検討していく。

再発防止，予防的な取組みをひき続き行っていくことが肝要である。

7 おわりに

さて，2022年に「生徒指導提要」が12年ぶりに改訂された。

生徒指導提要とは，文部科学省HPによれば，「生徒指導の実践に際し，教員間や学校間で教職員の共通理解を図り，組織的・体系的な生徒指導の取組を進めることができるよう，生徒指導に関する学校・教職員向けの基本書として，小学校段階から高等学校段階までの生徒指導の理論・考え方や実際の指導方法等を，時代の変化に即して網羅的にまとめたもの」である。

今回の生徒指導提要においても，いじめ防止推進法が「学校は，いじめを早期に発見するため，児童生徒に対する定期的な調査などを講ずる義務があります（16条1項）。また，学校は，児童生徒，保護者，教職員がいじめについて相談を行うことができる体制を整備することが求められています（16条2項）」と謳うように，「早期発見」が重要なキーワードとされていることには変わりがない。

さらに，同法の「いじめが全ての児童等に関係する問題であることに鑑み，児童等が安心して学習その他の活動に取り組むことができるよう，学校の内外を問わずいじめが行われなくなるようにすることを旨として行われなければならない」との基本理念に基づいて，以下の内容が盛り込まれている。

①各学校の「いじめ防止基本方針」の具体的展開に向けた見直しと共有。②学校内外の連携を基盤に実効的に機能する学校いじめ対策組織の構築。③事案発生後の困難課題対応的生徒指導から，すべての児童生徒を対象とする発達支持的生徒指導及び課題予防的生徒指導へのシフト。④いじめを生まない環境づくりと児童生徒がいじめをしない態度や能力を身につけるような働きかけ。

制度としていじめの解消に向けた取組みが進む一方で，未だにいじめを背景とする自殺などの深刻な事態の発生は後を絶たない状況である。いじめを生まない環境づくりと共に，適切かつ迅速な対応を行うことにより，いじめを重大事態に発展させない学校の体制づくりが求められる。

同法や改訂された生徒指導提要により，さらに，いじめに対して教師・保護者・地域の大人の教育環境の重要性が明確になったが，本協会が設立以来行ってきた開発的・予防的プログラムが学校現場のいじめ予防の具体的手だてとして活用されることを強く願ってペンを置きたい。

第20章
不登校

明里　康弘

「不登校」は，わが国では1960（昭和59）年ごろに紹介された現象である。現代では大きな社会問題となっている。

不登校のことを，学校との関係だけでみるのではなく，子どもが社会回避している行動や気持ち，身体感覚の変容，発達障害のある子どもが多い事実等，多くの視点で捉え，子どもの多様性にどう対応してくかが重要となる。

そして，不登校を，「学校に行けば解決」とかたづけるのではなく，「大人になるための大切な通過点」と捉えていく視点が必要である。

1　不登校とは

1　不登校の定義

文部科学省は，「不登校児童生徒とは，何らかの心理的，情緒的，身体的あるいは社会的要因・背景により，登校しない，あるいはしたくともできない状況にあるため年間30日以上欠席した者のうち，病気や経済的な理由によるものを除いたもの」と定義している。年間30日未満の欠席については，教育上，看過できないほどの欠席日数と考えていない。

1992（平成4）年以前は，一般的に「登校拒否」という言葉を使っていたが，それ以降は，「不登校」という言葉を使っている。

「不登校」とは，登校しないという意味だが，「欠席」という用語が1日単位で用いられるのに対し，不登校という語は，ある不特定の時期に使われることが多い。

2　基本的な考え方

不登校について，基本的な考え方として次のようにとらえたい。

①「登校拒否」という言葉は，「自分の意志で学校に行くことを拒否」という意味が強く，「学校へ行きたくても行けない」の意味が伝わりにくく正しく理解されにくい。

②不登校は，学校に登校したくてもできない状態にあることである。学校外の生活面では普通であり，特に変わったようすはみられない。学校という場面だけにみられる状態である。

③不登校は，急激な社会変動による現代の子どもを取り巻く環境（社会，学校，家庭）の変化により増加している。

④不登校と怠学は区別しにくい。学校に適応できない子どもの反応の表れ方が，内側へ逃避する形をとったもの，外側への反抗の形をとったものなど，表れの違いであっても本質的な違いはあまりないと考える。よって，基本的な援助や指導方法も，大きな違いはないと考える。

⑤不登校をタイプ別に区別しにくい。神経症的傾向，怠学的傾向，混合的傾向等，不登校の状態の分類は非常にむずかしい。よって，あまり類型化することにこだわらず，その子どもに合った指導・援助方法を考える。

不登校と同じような現象として「ひきこもり」がある。「ひきこもり」の定義を厚生労働省は次のようにしている。

「ひきこもり」とは「自宅にひきこもって学校や会社に行かず，家族以外との親密な対人関係がない状態が 6 か月以上続いており統合失調症（精神分裂病）やうつ病などの精神障害が第一の原因とは考えにくいもの」と定義している。現在 100 万人いるといわれている。つまり，厚生労働省は，「自宅療養を必要とする病気をもっていない」者で外出しようと思えばできるにもかかわらず，長期間にわたって外出しないものを「ひきこもり」と言っている。

2　不登校の実態

1　不登校児童生徒数の推移

全国の小学校，中学校における不登校（30 日以上）の総数は，令和 3 年度，文部科学省の学校基本調査によると，244,940 人で昨年の 196,127 人より 24.9%増加した。

図 1 を見ると，不登校者数は，9 年連続で増加し，令和 3 年度は過去最多となった。学校，教育機関，相談機関などでさまざまな対応をとっているが，根本的な解決や対応となっていない。

不登校者数は，中学生になると急増し，中学 2，3 年生が特に多い。また，不登校者の約半数が昨年の継続であり，55%が 90 日以上欠席している。

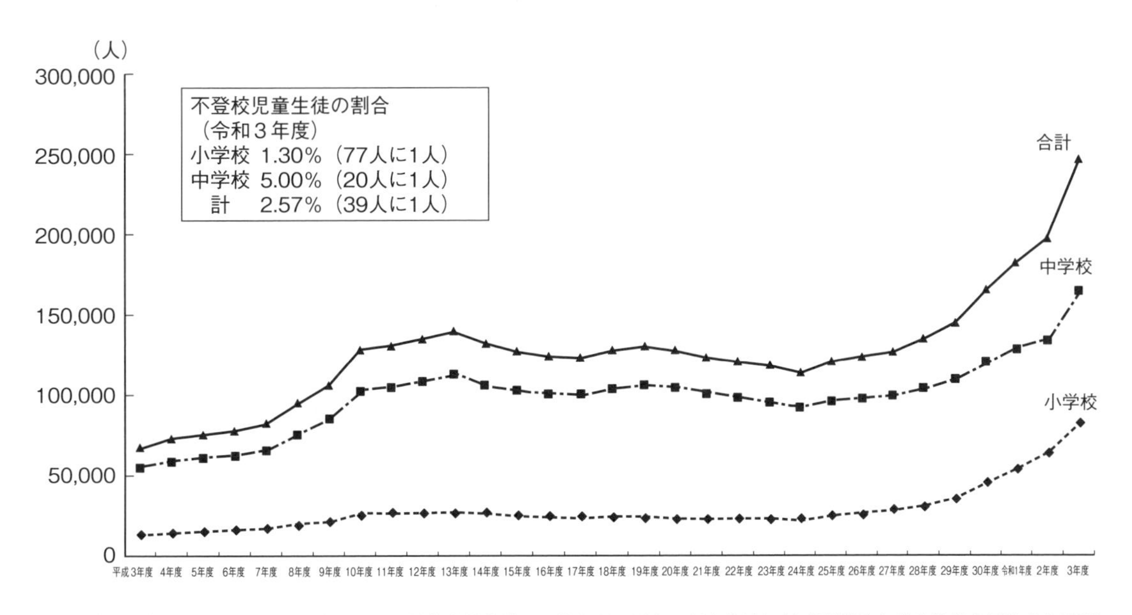

出典：「令和 3 年度 児童生徒の問題行動・不登校等生徒指導上の諸課題に関する調査結果」（文部科学省初等中等教育局児童生徒課）

●図 1　不登校児童生徒数の推移

3 不登校の原因

1 不登校のきっかけ

文部科学省の調査では，不登校の要因として考えられるものを次のようにあげている。（「令和３年度 児童生徒の問題行動・不登校等生徒指導上の諸課題に関する調査結果」文部科学省初等中等教育局児童生徒課 令和４（2022）年10月27日発表『不登校の主たる要因を１つ選択』より）

①「本人に係る状況」は61.4％。そのなかでも，無気力・不安49.7％が多い。

②「学校に係る状況」は17.9％。過半数を，いじめを除く友人関係をめぐる問題9.7％が占めている。

③「家庭に係る状況」は15.6％。そのなかでは，親子の関わり方8.0％が多い。

調査では主たる要因を１つ選択としているが，原因やきっかけは１つではなく，複数の原因やきっかけが複雑に絡み合って不登校になっているとみるのが妥当である。

よって，１つのきっかけを排除すれば登校に結びつくと考えるのは安易である。学級担任は，子どもが登校しぶりをしたり不登校になると，すぐ原因探しに走りがちである。もちろん，きっかけや原因を知ることは大切であるが，それだけにこだわると解決につながりにくい。

学校に関することだけでなく，親子関係，生活面，また，その子どもの性格面でなど，あらゆる面から情報を収集し，その子どもの全体像をみることが必要である。

2 近年の不登校

不登校者数は，９年連続で増えつづけ，過去最多となっている。不登校の大きな要因に次のことがあげられる。

①家庭・学校・社会が「学校へ行くべきである」という姿勢が弱くなった

以前は，「学校へ行くべきである」という考えが強かった。しかし，現代は，価値観の多様化が進み，「学校に行かないのも１つの方法である」「無理に学校へ行かなくてもよい」などの風潮がある。よって，不登校になっても，学校へ行かないことへの罪悪感が以前と比べて少ない。

②子どもの人間関係づくりが未熟である

核家族，少子家族など，地域の交流，子どもの生活スタイルの変化，遊びの変化，食事の仕方など，子どもを取り巻く社会が大きく変化し，子どもの人間関係づくりが身につけにくくなった。また，社会全体が，「個性を大切に」や，「個の尊重」などを強調し子どもの協調性や忍耐力などが身につきにくい。

③学級集団としての機能が弱くなった

学級集団が集団としての機能を果たしにくくなった。学級集団の機能が正常に働くためには，教師と子ども，子どもどうしの信頼関係が基本である。そして，互いに楽しくかかわることである。

近年は，学級担任が子どもたちとかかわるチャンスを意図的につくらないと，学級集団がストレスを感じる場所になったり，いやがらせをする子どもが出たりする。先生や友達との関係がうまくいかないと，不安を感じたり無気力になりやすい。それが大きな不安感になり，情緒的な混乱を起こし不登校になりやすい。また，そのような学級ではいじめを止める力もなく，集団の良さが生かされずマイナス面が出やすい。

④発達障害の子どもは学級へ適応しにくい

発達障害を抱える子どもの特徴は，不注意が多い，落ち着きがない，待つことが難しくすぐ行動してしまう，相手の気持ちを察することができない等，集団での活動が苦手で学級内ではわがままに見えたりする。友達とのトラブルも多い。学級や集団への不適応を起こしやすいため，自然と学校へ行きたがらなくなる。

3 不登校傾向の兆候

不登校になる子どもは次のような兆候が見られる。

〈学校で表れる兆候〉

①欠席・遅刻・早退が目立つようになる。
②学習・部活動への意欲が急に低下する。
③極端に表情が暗くなる。反応がなくなる。
④ 1 人でいることが多くなる。
⑤無口になる。

〈家庭で表れる兆候〉

①朝，登校時間になると，頭痛，腹痛，発熱など身体症状を訴えるようになる。
　気持ち悪い，だるいなど
②登校時間になると，元気がなくなる。
③保護者に学校や友達についての不満を訴えるようになる。

4 不登校を出さない基本

1 心の居場所

不登校を出さないためには，学級に「心の居場所」つくることである。それは，学級の中に，大きく次の 3 つがあるとよい。

①良好な人間関係がある

学級の友達どうし，先生と子どもの間に良好な人間関係がある。良好とは，あいさつができる，ホンネで話し合うことができる，相手を気づかう言葉がけができるなどである。安心感があることである。

友達関係がうまくいかないとは，子どもの言葉でいうと「なんか，浮いた感じがする」となる。そうなると, 不安がふくらみ, 徐々に自己防衛するようになる。

②存在感がある

学級の中に自分の存在感を感じることができる状態である。声をかけてくれる友達がいる，助けてくれる友達がいる。自分がこの学級に役立っていると思える。また，勉強がわかる，わからないときは，教えてくれる先生や友達がいるなど，学級の中でやりがいを感じることである。反対は，何をやってよいかわからず無力感を感じてしまう状態である。

③楽しい

学級での活動が楽しいと感じる。楽しいのは，何かができたりするだけでなく，友達と一緒にいると楽しい，先生とうまくいっている，勉強ができるときである。学校で安心した生活を共にすると満足感や充実感を感じる。

これら，①②③がないと，不安感，無力感，不満足感などがふくらみ，気が重くなり学校に足が向かない状態になりやすい。

今の時代，家には楽しいゲームがある。勉強は，学校より上手に楽しくわかりやすく個を大切にしながら教えてくれる塾や家庭教師，IT がある。

友達関係は，スマホ，テレビゲーム等で好きな部分でつながり，面倒くさい部分ではつながらない。これにまさる学校の魅力がないと，学校へ行く気がしないだろう。

5 不登校の支援

1 支援の基本

(1) 一人で抱え込まない

今の不登校は，複雑多様化している。子どもは，「きっかけは，友達や担任，学校行事」と言う場合が多いが，本人の発達課題，親子関係など，多くのことがからんでいる場合が多い。

大切なことは，『一人で抱え込まない』で，誰かに相談することである。特に担任は自分の学級の子が不登校になると，責任を感じて抱え込んでしまうことがある。

あらゆる角度から情報収集をして多角的にその不登校を診断する。支援する人も一人ではなくたくさんの人がかかわり支援することを考える。支援方法もたくさん考えていく必要がある。

スクールカウンセラーも守秘義務を守りながら，まずは，管理職や担任に報告することで，新たな情報が入り支援が進む場合がある。

まず，誰かに話してみること。人に話すことにより，何が問題か整理できる。

実際の対応は担任がすることになっても，ケース会議など，多くの意見や情報を得ながらチームで進めていく。

(2)　診断，見立て

不登校になった子どもをどうとらえるか，「診断，見立て」をする。

「不登校」問題は，登校すれば解決と考えがちである。しかし，よく観察すると，その子自身の問題や発達課題であったり，家族や所属する集団の問題であったりする。また，その子にとって，現在所属している学級集団に復帰することよりも，他の場所に移る方がその子にとってよい場合もある。どのような方向へ進むのがよいか見極める必要がある。それは，すぐ動いて決まることもあるし，少しずつ動くなかでみつかることもある。

不登校の子の現時点（どのような状況か）と目標地点（どうなればよいか）のめやすを立てるとよい。学校復帰にこだわりすぎると，何も進展しないことが多い。最終目標は，社会へ出ることであり自立することである。

(3) 子どもの成長や発達課題の問題

子どもの成長や発達の問題ととらえるとわかりやすい場合が多い。発達段階に応じて心理的な成長・発達を促し援助することである。心理的な成長・発達がなされたとき「結果として登校する」と考える。単に，登校すれば解決したとはいえない。

(4) 原因追求に固執しない

いままで多くみられた不登校対応の「原因論」「段階論」「類型化」は，理解する一方法ではある。しかし，あまりあてはまらない場合もあった。現段階では，うまくいく指導法，特効薬，即効薬はない。不登校の子どもの学校，学級，担任，家庭が一人一人違うのだから，家庭，学校で何をすべきかを明確にし，その子に合った具体的な方策を考える必要がある。

(5) 復帰段階は，学校との綿密な連携

不登校の子どもが，学校へ復帰するには学校とのパイプ（連携）がないとなかなかうまくいかない。不登校の子どもと学級担任，友達との人間関係が大切である。学校との連携とは「人間関係」である。学校側はこれをもっと重視したほうがよい。

(6) 共に考える姿勢

不登校の子ども，家庭，そして学校が「共に考える姿勢」が基本である。

よく，保護者が甘いから，家庭の問題だ，学校は何もしてくれない，友達が悪いからなど，だれかの責任にしたり攻撃をすることがあるが，それをしても進まない。

学校と子ども，また学校と保護者の関係がなかなかつくれない場合は，相談機関を活用する方法もある。基本は，学校と家庭をつなぐことを考える。

(7) 環境を整える

ともすれば，目の前の不登校の子どもを動かそう（登校させる）と考えがちだが，周りの人を動かすと，案外不登校の子どもが動く場合もある。人的環境を整えることである。

例えば，不登校の子どもと一緒にトランプをする，給食を食べる等である。

6　具体的支援

1　聴く基本姿勢

不登校予防・対策マニュアル『不登校とその親へのカウンセリング』p226 ～ 228（編集代表：諸富祥彦，ぎょうせい）を参考にした。

(1) まずは，訴えをよく聴く

不登校の子どもや保護者との面接は，訴えに対して十分聴く姿勢が最も大切である。学級担任が不登校の子に「原因は何か」と聴くと，子どもはそのときにいやだと思ったこと，例えばいじめ，学級や部活動での人間関係，宿題の多さなどを言う場合が多い。しかし，それらはきっかけであって真の原因と違う場合が多い。そうであってもまず，本人の訴えを聴くことである。

特に保護者に対して，子どもが学校を拒否しているわけではない，病気（いわゆる精神障害）ではない，怠けているわけではない，具体的な障害があって登校できないわけではないなどを理解してあげることである。

(2) 感情を共感する

不登校の子どもは，漠然とした不安を訴える場合が多い。なんとなく行きたくない。朝になると，「おなかが痛い」「気持ち悪い」「だるい」など，身体不調や気分的な訴えが多い。それを，保護者も教師も大人は，具体的に言わせようとする。この段階では「そうか，いま気持ちが悪くて動きたくないんだ」「言いたいんだけど何て言っていいかわからないんだ」など，おうむ返しをすることにより，感情を受けとめてあげる。不安を受けとめることが解決の方向へ進む。いちばん悪いのが「不安をもつな」「何を言いたいかわからない」と否定したり，受け入れないことである。

2　本人にとって必要な時期

保護者が心配して聴いても，子どもは何も答えないことがある。また，家にいてパジャマを着替えずゴロゴロしている。本人もどう答えたり何をすればいいかわからないことがある。何もしないように見えるが本人にとっては重要な意味のある時期である。待つことも大切である。

3　子どもの育て方

「私の育て方が悪かったから，不登校になった」と，保護者自身が，過去の自分の養育態度を責めることがある。そのようなときは，必要以上に責めないように配慮する。過去に戻ることはできないし，過去の事実を消すこともできない。どのように育ててきたかを知ることは大切であるが，必要以上に責めないような周りのアドバイスがほしい。教師も保護者の養育態度を責めるのではなく，これからどんな親であってほしいか，どんな家庭にしたいか一緒に考えていきましょう，と進めたい。

4　親や家庭へのアドバイスの原則

不登校になれば子どもは 24 時間家にいる。そうなると，親や家族の不登校の子どもとのかかわり方が大切である。親や家族の不登校の子どもへのかかわり方へのアドバイスは次のとおりである。

(1) 感情を聴く，受けとめることに全力を傾ける

不登校になって家にいる子どもと一緒に生活するとき，感情を聴くことを大切にする。一緒に生活すると，子どもの気持ちを受けとめることより，親の価値観を押しつけてしまいがちである。その価値観の方が合理的だし理にかなっている場合が多い。しかし，まずは，不登校になっていちばん大変な思いをしている子どもの言い分を聴くことに徹したい。「先生に差別をされて腹が立った」という言葉に対して，「あなたが悪いことをしたからでしょう」と正しいことや事実を言い返

すのではなく,「そうか腹が立ったのか。いやな思いをしたんだね」など,まず,子どもの気持ちを受けとめそれをきちんと言葉で返す。

(2) 自主性を育てる

不登校の子どもは,不安で自信がない。だから,本人に選択させたり決断させることにより,自主性を育てていく。簡単でどうでもよいことから決めさせる。例えば見たいテレビ番組を決める。夕食に食べたいものを決めさせる。子どもが「何でもいい」と言っても自分で決めさせる。二者択一にしてでも自分で決めさせる,ハンバーグとカレーなど。そして,子どもが自分で決めたことを確認し認めていく。

(3) 家族全員の共通理解

不登校になった子どもに対して家族全員が共通理解をして対応する。母親と不登校の子どもだけでなく,父親や祖父母にもきちんと伝え協力してもらう。この時期は,自主性を育てるために「自分で選択する」を重視するとしたら,家族全員がそれを共通理解して,子どもにも選択させ,家族全員でそれを進めるようにしたい。例えば,「夕食は何にする?」「何でもいい」「○○ちゃんは何を食べたい」「肉がいい!」「(祖母が) 肉は昨日食べたじゃないか,魚にしたら」「うん,そうする」とならないようにする。そのときに配慮することは,

・ホンネでつきあう。
・正論でせまらない。正しいことを言われると言い返せない。
・経験談を押しつけない。お母さんはできたことであっても,子どもは母親と違う存在である。
・夢は夢として十分聴く。かないそうもないと思っても,聴いてあげる。「そうなるといいね」「その夢すてきだね」等。
・前置きをして,話さなくてはならないことは話す。言いたいことだけをストレートに伝えるのではなく,周りの状況や母親の思いを伝える。

(4) 現在の様子を点検・確認する

次にあげたことを確認することにより,いまの全体像をつかむ。

・外出できるか(1人で?,何時ごろ,何の用事で)。
・毎日の生活リズムはどうか(起床時間,就寝時間,着替えるか,食事はだれといつ)。
・家の手伝いができるか(家族の一員として扱う)。
・退屈し始めていないか(退屈そうに見えたら,次の段階に進める)。
・学習机,教科書,制服のことを気にしていないか(=学校のことを気にしているか)。
・学校の話,友達の話を自分から話してくるか(自分から,こちらから話してもいやがらないか)。

(5) 登校刺激

過去に,「登校刺激はいけない」と言われた時があったが,ある一定の時期が経ち,退屈そうに感じたときは,勉強や友達のことなどを話題にしてもよい。それが「登校刺激」である。「今日,買い物のとき,○○さんのお母さんに会ったら,誕生会を開くので来ないか? って」などである。それに対して,話にのれば進めてもいい。無視したりいやそうな顔ならば,「まだ早い」と引っ込めるとよい。

5 登校する前に

学校に行けそうな気配がするが,子どもに何から話したらよいかわからない。そのようなときは,「すぐ学校」ではなく,登校の準備話をもちかける。そして,学校や学級担任に連絡しておく。

①登校の準備をやってよいか本人に確認する。
②プログラムは本人と話し合って決める。

本人の気持ちを大事にしながら進める。

③スモールステップで。細かすぎると思うくらい細かくする。そして1つできてから次へ進む。

④最終目標がみえる全体像をつかんでおく。

⑤担任や学校に応援してもらいたいことは，具体的に伝える。例えば，昇降口でなら会ってもよい。○○さんとなら会える等である。

6 学校の受け入れ体制

登校するとは，最終的には学級へ入ることである。しかし，場合によっては，特別教室や保健室を経由して教室へ入るという場合もある。基本は学級担任だが，できるだけチームを組み，登校しやすいようにする。学級担任の仕事は次のことである。

(1) 学級の子どもに話す

不登校の子どものことを学級に話しておく。例えば，「病気ではなく本人は学校に来ようと思っている。体が動かない，あたたかく見守ってほしい」などである。

そうすることにより「今ごろ来て」「給食のときに来て」など，他の子どもからの不用意な言動を防ぐことができる。ただ，不登校本人や保護者の要望もあるので，確認してから話す。

(2) 不登校の子どもが，いつ登校してもよい環境をつくる

不登校が長くなっていても，その子が教室にいるものとして進める。席替えや係，運動会のプログラムに名前を載せるなどである。この学級の一員であることを意識させる。

7 再登校の段階

子どもが再登校するようになると，学級担任と教科担任は次の配慮が必要である。

(1) 再登校しても無理をさせない

すぐ友達ともうち解け，明るく元気に過ごすことができる子どもがいる。教師はその明るさにつられて要求をどんどん大きくしてしまいやすいが，本人は背伸びをしていると思ってよい。最初に約束したとおりで進める。

例えば，3日間は午前中で給食前に帰るとしたら，本人が「大丈夫」と言っても無理させない。

(2) 周りの子にも配慮

最初は，みんなが声をかけたり気をつかってくれるが，だんだんと気をつかわなくなる。以前仲のよい友達であっても，不登校で休んでいる間に友達関係が変わっている場合がある。そのあたりも教師が配慮して声をかけるようにしていく。

8 学校における指導援助体制

(1) 校内体制を確立する

うまくいっているからと，担任だけに任せるのではなく，学校内で定期的に会議を開き，担任負担が大きくならないようにアドバイスする。

学校全体で不登校の子どもを見守る体制をつくる。

(2) 教職員に共通理解を図る

基本的なことは，生徒指導部会や教育相談部会などで方針を話したり経過を報告する。また，全職員に共通理解を図る。

9 専門機関との連携

必要に応じて専門機関と連携をとる。不登校が深刻化する前に対応する。

①いろいろな専門機関がある。それぞれの専門機関の特徴を知り，どの機関が適当であるか前もって情報を得ておく。

②専門機関任せにならないよう適時情報を交換する。

③事態が進展しない場合は，リファー（※）する勇気も大切である。「家に引きこもって動かないからそのままにしている」ではなく，行政の「子ども支援課」や「放課後等デイサー

ビス」等を活用して，『家から外に出す』環境をつくってあげることが重要である。
（※）リファー：相談者の抱える問題が，カウンセラーの能力や技術を超えて十分な対応ができない場合，問題解決に適した専門機関を紹介したり支援を依頼したりすること。

7 文部科学省の不登校児童生徒への配慮

2016（平成28）年12月14日に「義務教育の段階における普通教育に相当する教育の機会の確保等に関する法律」（以下「教育機会確保法」）が公布された。これを受けて，2017（平成29）年3月に改訂された小中学校の「学習指導要領」に，初めて「不登校児童生徒への配慮」の記載がなされた。

この主旨は，①不登校の子どもに「（自宅等での）休養の必要性」を認める，②「教育を受ける機会」を十分に確保するものである。

また，「教育機会確保法」には，「児童生徒の意志を十分に尊重して支援が行われるよう配慮する」「不登校というだけで問題行動があると受け取られないように配慮する」と，付帯決議が付されている。

文部科学省は，これまで以上に不登校の子どもの社会的自立をめざした支援を行うとともに，学校に指導方法や指導体制の工夫改善を強く求めている。

「学習指導要領」（総則）では，コンピュータや情報通信ネットワークなどの情報手段の活用や，これらを適切に活用した学習活動の充実を図ることが推奨されている。自宅等にいる不登校の子どもに対しても遠隔授業を行うなど，教育を受ける機会の拡充につながっている。

私たち教育カウンセラーは，学校と連携しながら，①休養を適切にとることができる，②教育を受ける機会を確保できるよう，推進して行きたい。

8 おわりに

筆者は，1970年代後半，学級担任時登校拒否の子どもと出会った。その後，不登校児童生徒の適応教室，教育センター相談部，退職してからスクールカウンセラー，放課後等デイサービスで不登校の子どもや保護者とかかわってきた。

不登校の子どもたちとかかわって痛感することは、行きしぶりが見えたとき，すぐ対応することである。このとき，ぐずぐずして気がつくと，完全な不登校になってしまった，という場合が多い。厳しすぎるでもなく強引でもなく，「見守りましょう」でもなく，不登校の子どもと，かかわることだと思う。不登校問題は，初期対応が大切だと痛感する。

不登校の子どもが中学校を卒業しても，ときどき会ったり手紙で交流したりする子ども（いまは大人）もいる。太い関係ではなく，細く長い関係でずっとかかわっている人もいる。

中学校の時，不登校になり元の中学校に帰らず適応指導教室で卒業し，元気に高校へ行き，その後まったく会わない子どももいる。こちらから連絡を取ることはしない。これも大事なことだと思う。不登校の子どもを指導したからといって，こちらの都合で会うのはどうかな？と思う。子どももその親も「あれは一時期のこと，忘れてしまいたい」と思っている人も多い。私は一生懸命応援したからといって，支援した人の都合で会うのは，不登校だった人の人権を無視していると思う。

不登校の支援とはこういうことである。

第 21 章

教室で行う特別支援教育

曽山　和彦

特別支援教育が法的な改正を伴い，正式な形でスタートを切ったのは 2007（平成 19）年である。

本章では，「特別支援教育の理念，および対象となる障害」「通常学級における特別支援教育推進のポイント」「教室で行う特別支援教育の具体的実践」の 3 点について整理して伝えたい。

1　特別支援教育の理念，および対象となる障害

「特別支援教育とは，小中学校，高等学校の通常学級における発達障害児童・生徒への指導・支援」という誤解の声が耳に届くことがある。そのような誤解を生まないよう，以下，特別支援教育の理念，および対象となる障害について説明する。

1　特別支援教育の理念

文部科学省（2007）は，特別支援教育の理念について次のように示している。

> 特別支援教育は，障害のある幼児児童生徒の自立や社会参加に向けた主体的な取組を支援するという視点に立ち，幼児児童生徒一人一人の教育的ニーズを把握し，その持てる力を高め，生活や学習上の困難を改善又は克服するため，適切な指導及び必要な支援を行うものである。
> また，特別支援教育は，これまでの特殊教育の対象の障害だけでなく，知的な遅れのない発達障害も含めて，特別な支援を必要とする幼児児童生徒が在籍する全ての学校において実施されるものである。

また，文部科学省（2012）は，「共生社会の形成に向けたインクルーシブ教育システム構築のための特別支援教育の推進（報告）」の中で，「基本的な方向性として，障害のある子どもと障害のない子どもが，できるだけ同じ場で共に学ぶことを目指すべき」とする「インクルーシブ教育システム」構築に向け，特別支援教育の着実な推進が不可欠であることも示している。

2　対象となる障害

2007 年以前の特殊教育では，特殊教育諸学校（盲・聾・養護学校），特殊学級，通級指導教室において，7 障害が対象であった（次ページ参照）。2007 年以降の特別支援教育では，7 障害に加え，知的遅れのない発達障害をも対象に含めることになった。

発達障害とは，発達障害者支援法（2004 制定，2016 改正）の第 2 条において「自閉症，アスペルガー症候群その他の広汎性発達障害，学習障害，注意欠陥多動性障害その他これに類する脳機能の障害であってその症状

が通常低年齢において発現するもの」と定義されている。一方で，2013年に発行された米国精神医学会のDSM-Ⅴ(精神疾患の診断・統計マニュアル第5版，日本語版は2014年発行）では，自閉症的な子どもには臨床として同じ対応が考えられることから，連続した一続きのもの（連続体；スペクトラム）とみる「自閉スペクトラム症／自閉症スペクトラム障害」の診断名が用いられている。また，学習障害に関しては「限局性学習症／限局性学習障害」，注意欠陥多動性障害に関しても「注意欠如・多動症／注意欠如・多動性障害」と診断名の変更がなされている。

このように，教育，医療，福祉における用語の違いはあるが，本章では混乱を避けるため，「自閉症スペクトラム障害」「注意欠如・多動性障害」「学習障害」として記す。

「知的遅れのない」とは，WISC, 田中ビネー検査などの個別式知能検査の結果が，平均から2標準偏差以上離れていないかどうか，つまりIQ（知能指数）70以上であるかどうかが現在ほぼ同意を得ている基準点である。それゆえ，知的障害と考えるかどうかのIQのカッティングポイントは70～75の幅をもってみるのが一般的である。また，教育的分野では2標準偏差の低さ（IQ70）から1標準偏差の低さ(IQ85)のレベルを「境界線（ボーダー）児」と呼ぶことがある。

＊IQ（知能指数）について

知的発達水準を示す指標であり，正規分布曲線として示される。平均値を100，1標準偏差を15として設定されている。

〈特殊教育対象障害（7障害)〉
視覚障害，聴覚障害，知的障害，肢体不自由，病弱・身体虚弱，情緒障害，言語障害

〈特別支援教育対象障害〉
上記障害に，知的遅れのない発達障害を含める
学習障害，注意欠如・多動性障害，自閉症スペクトラム障害など

新しい時代の特別支援教育の在り方に関する有識者会議資料「日本の特別支援教育の状況について」(2019）によれば，義務教育段階の全児童生徒数に占める在籍率として，特別支援学校;0.7%，小中学校の特別支援学級;2.4%，通級指導教室；1.1%，計；4.2%という数値が示されている。また，「通常の学級に在籍する特別な教育的支援を必要とする児童生徒に関する調査」(文部科学省，2022)によれば，小中学校の通常学級在籍者のうち，知的遅れのない発達障害の可能性がある児童・生徒の総数の占める割合は約8.8%である。

なお，高等学校においても，2018（平成30）年度から通級による指導が制度化されている。しかしながら，文部科学省（2021）による調査から「令和元年度，国公私立の高等学校等において通級による指導が必要と判断した生徒数2485人。うち実際に指導を行った生徒数1006人」という結果が示されているように，今後，指導体制の確保が求められることである。

2 通常学級における特別支援教育推進のポイント

2007年以前の特殊教育推進のなかで，盲・聾・養護学校，特殊学級，通級指導教室における実践・研究は全国各地で積み上げられてきた。2007年以降の特別支援教育を進めるうえで，それらの知見は，特別支援学校，特別支援学級，通級指導教室における実践・研究においても同様に生かすことができる。一方，新たに加わった小中学校の通常学級における実践・研究は全国各地で試行錯誤を繰り

返しながら展開中である。

以下，各地の優れた実践をもとに，通常学級における特別支援教育推進のポイントを抽出，整理して伝える。

1 特別支援教育推進の土壌をつくる

研修・巡回相談などを通して，「他校に伝えたい」と感じる実践は共通して「特別支援教育推進の土壌」をもっている。具体的には，「特別支援教育コーディネーター」「校内委員会」「個別の指導計画」の 3 本柱が機能している。この 3 本柱については，全国の小中学校に関してはほぼ整備された状況にある（文部科学省，2010）。しかしながら，気になる子の支援のために実質的に機能しているかどうかという問いに，自信をもって「Yes」と答えられる学校ははたしてどれくらいあるだろうか。各校ともにチェックが必要である。

3 本柱が機能するためのポイントは次のとおりである。

- 特別支援教育コーディネーター：管理職と連絡･調整を密にしながら体制づくりを進める。
- 校内委員会：気になる子についての相談の必要が生じた場合，できるだけ早い時期に，短時間でも開催する。
- 個別の指導計画：学習面，行動面の現状と短期･長期目標が示された使いやすい書式を工夫する。

2 気になる子の理解

学級に気になる子が在籍する場合，発達障害に関する理解，子どもを取り巻く家庭環境などの状況理解は欠かせない。特別支援教育の本格実施から十数年を経た現在においても，「自分は特別支援教育の専門家ではないからわからない」という教師の声を耳にすることがある。そうした声に対しては，次の 2 つの言葉を届けたい。

- 「息子の障害について理解してもらえない先生が多かったことがいちばんつらかった。障害児教育が専門ではない先生方に多くの指導を求めていたわけではない。ただ息子を理解して接してほしかった」（義務教育 9 年間を通常学級で過ごした自閉症スペクトラム障害生徒の母）。
- 「教育を行う者が，教育を行う子どもについて無知のまま教壇に立つことは，子どもに失礼きわまりない」（杉山，2005）。

発達障害を誤解しないため，そして，支援のヒントを得るため，まずは「気になる子を理解する」という一歩を踏みだしてほしい。

以下に，おもな発達障害を取り上げ，定義と支援の具体例を整理する。

(1) 学習障害（LD = Learning Disabilities）

「学習障害児に対する指導について(報告)」（文部省，1999）の中で示された定義は次のとおりである。

> 学習障害とは，基本的には全般的な知的発達に遅れはないが，聞く，話す，読む，書く，計算する又は推論する能力のうち特定のものの習得と使用に著しい困難を示す様々な状態を指すものである。
>
> 学習障害は，その原因として，中枢神経系に何らかの機能障害があると推定されるが，視覚障害，聴覚障害，知的障害，情緒障害などの障害や，環境的な要因が直接の原因となるものではない。

一方，医学領域で使用される LD は，「Learning Disorders」の略である。特異的な学習能力の障害（読字障害，書字表出障害，算数障害）があるとされ，19 世紀よりディスレキシア（難読症，読み書き障害）として注目されてきた障害である。

言語性LD，非言語性LDと分類されることもあるが，他の障害との関連で混乱が生じることがある。言語性LDは医学的LD，非言語性LDは後述のASDとほぼ同様の障害特性を示すとする考え方もある。

〈LD支援の具体例：読みの困難に対して〉

文字を順に追うことが困難な場合，読み飛ばしや読み間違いを起こしやすくなる。読んでいく部分を強調させたり，テープを聞かせたりして視覚的，聴覚的な補助手段を活用する。

- 読む部分だけを見せたり，ラインを引かせたりして強調する。
- 文字を指で追いながら読ませる。
- 子どもの読みに合わせて指導者が追読したり，範読に合わせて読ませたりして，読みに変化をもたせる。
- 文字が大きく，文字数の少ない文章で，文節ごとに分けて書いてある本を選んで読ませる。
- 一文読みから二・三文読みへと少しずつ長文に導く。
- 音読のまずさを指導するよりも内容理解に指導の重点を置く。

(2) 注意欠如・多動性障害（AD/HD = Attention -Deficit/Hyperactivity Disorder）

「今後の特別支援教育のあり方について（最終報告）」（文部科学省，2003）の中で示された定義は次のとおりである。

> 年齢あるいは発達に不釣り合いな注意力，及び又は衝動性，多動性を特徴とする行動の障害で，社会的な活動や学業の機能に支障をきたすものである。また，7歳以前に現れ，その状態が継続し，中枢神経系に何らかの要因による機能不全があると推定される。

「/」（スラッシュ）の意味は，「および，または」ということ。「不注意」「多動性」「衝動性」の3つの症状すべてを示す子どももいれば，「不注意」のみ，「多動性」・「衝動性」のみという子どももいる。

AD/HDとは，不注意，多動性，衝動性の3つの問題がみられるセルフコントロールの発達障害であり，「ある課題をいまここで，どう順序立てて実行していくか」ということに必要な脳の実行機能が未成熟と考えられている。実行機能がうまく作用するためには，課題遂行の間，情報を記憶としてとどめる必要がある。この記憶を「ワーキングメモリー（作業記憶）」という。それゆえ，AD/HDは実行機能障害，ワーキングメモリー障害といわれることもある。

セルフコントロール，実行機能に重要な役割を果たす領域が脳の前頭葉にあり，神経伝達物質のドーパミンなどが豊富に分泌される場所でもある。AD/HDは，脳の血流検査などから前頭葉の活動が不活発であることがわかっている。それゆえ，神経伝達物質を増加させる中枢神経刺激剤（メチルフェニデート）が使用される。これまでは中枢神経刺激剤を含む医薬品として，睡眠障害などの治療薬であるリタリンが処方され，AD/HD改善に効果を生むケースが多くみられたが，乱用などの危険防止のため慎重な処方が求められるようになった。2007年10月，同じく中枢神経刺激剤を含む医薬品であるコンサータが日本初のAD/HD治療薬として厚生労働省認可を受けたが，18歳未満限定薬である。

〈AD/HD支援の具体例〉

- ごほうび（シール，スタンプなど）で行動をコントロールする。
- 注意や叱責の対象を限定する。
- 注意や叱責は直後に短く明確に（興奮しているときは落ち着いてから諭す）。
- 一時待避の場を設ける（クールダウン）。
- 注意や叱責の何倍もの称賛をする。
- 明確な役割と存在感を与える（係活動，行事などは応用しやすい）。
- 改善すべき行動について，本人とよく話し合う（信頼関係ができると約束を守ることがある）。

(3) 自閉症スペクトラム障害（ASD = Autism Spectrum Disorder）

DSM-Ⅴでは，2領域（社会的コミュニケーションの制限，反復性の行動・興味）における軽度（L1）～重度（L3）の能力低下という連続体（スペクトラム）を示す障害として定義されている。

なお，参考までに「今後の特別支援教育のあり方について（最終報告）」（文部科学省，2003）の中で示された高機能自閉症に関する定義は次のとおりである。

> 3歳くらいまでに現れ，他人との社会的関係の形成の困難さ，言葉の発達の遅れ，興味や関心が狭く特定のものにこだわることを特徴とする行動の障害である自閉症のうち，知的発達の遅れを伴わないものをいう。
>
> また，中枢神経系に何らかの要因による機能不全があると推定される。

〈ASD支援の具体例〉

- カードや手順表により，視覚的にイメージできる工夫をする（登校後の動きを文字化して貼るなど）。
- 予告を頻繁に行う（○時になったら，漢字練習を終わりにして音読をしますなど）。
- 特定の場所を特定の学習に使う（プリント学習はA教室など）。
- 具体的な言葉をかける（○時までにこのページの計算をすべてやります，など）。
- 友達のいやがることを気づかずに言ってしまう場合，ロールプレイで適切な対処方法を学ばせる。
- 否定語（ダメ，いけません）ではなく肯定語（○○しよう）による言葉をかける。
- 「文化」（感覚過敏性，字義性，相手の表情を読み取りにくい，など）に寄り添う。

これまでの実践・研究の知見から，それぞれの発達障害には，「最も正統的な道」という意味での「王道」支援が明らかになっている。まずは，気になる子とともに「王道」を歩きたい。

3 学級集団の理解

通常学級における特別支援教育推進のための次の一歩は，学級集団の状態を理解することである。

「学級がどの子どもにも居場所となるにはルールとふれあいが必要」（河村，2007）という指摘は，多くの教師にとって経験的に納得のいくものであろう。「ふれあい」は言葉を換えると「リレーション，ホンネの交流」のことである。「プラスとプラスの感情交流」を示す概念であるラポートを超え，「ときにはマイナス感情交流も含む感情交流，互いに構えをとった感情交流」を示す概念である（國分康孝・國分久子，1984）。

学級集団にルールが定着すると，そこに安心感が生まれる。安心感をベースに，教師と子ども，子どもどうしの間にふれあいが促され，学級所属感や個々の承認感が高まる。マズロー（1987）は，人間の基本的欲求について，基底層の「生理的」欲求についで「安全」「所属と愛」「承認」欲求が先立って満足された場合に，最高次の「自己実現」欲求が出現するという階層説を提唱した。居場所となる学級集団づくりに不可欠な，「ルール」「ふれあい」の２条件は，マズローの仮説に当てはめても説明可能であろう。

教師は，学級集団の「ルール」「ふれあい」状態を，日常的な観察によってある程度把握することは可能である。しかし，子どもによって，あるいは思春期段階などの発達段階によっては，「顔で笑って心で泣いて」のように観察だけではとらえきれないケースもある。それゆえ，子ども自身の声を拾い上げる質問紙調査の併用も必要であろう。学級診断尺度Q-U（河村，1999a）は，その１つである。深沢（2007）の研究では，公立小学校の4・5・6年生（127学級，3694人）を対象に，特別支援教育対象児および周囲の児童の学級適応状態についてQ-Uを活用した調査を行ったところ，「学級全体の状態が良好であれば，特別支援教育対象児の学級適応状態もよい」ということが明らかに示されている。

4 学級すべての子どものソーシャルスキルと自尊感情の育成

現代は，テレビ，スマートフォン，パーソナルコンピューター，携帯ゲームなど，子どもたちの周囲に便利で，楽しい「モノ」があふれている時代である。プラスもマイナスも含め，子どもは大人以上に「モノ」の影響を受けやすい。これらの「モノ」はさまざまな豊かさを提供するとともに，子どもから大切な機会を奪い去りつつあるのではないかという懸念がある。その機会とは，人と人がかかわり合う機会である。

人とのかかわり不足のなかで生きる現代の子どもを把握するヒントとして次の２つの指摘がある。

「核家族化と少子化による現代家庭のなかで，昔の子どもたちが自然に学んできた対人関係を学んでいない。それゆえ，唯一長い時間集団生活を送る学校という場でさまざまな問題が噴出する（河村，1999b）」「人間関係のトラブルにきわめて弱い。耐性が低いうえ，経験が少ないためトラブル処理に必要な技能も学んでいない。人間関係でもまれることも少ないため，プライドだけは高いまま，何かがあるとポキンと折れやすい（諸富，1996）」。

この指摘から浮かび上がるのは，「対人関係を円滑に行うソーシャルスキル」「自己評価の感情である自尊感情」が乏しい子どもの姿である。

通常学級における特別支援教育推進のためのさらなる一歩は，学級に在籍するすべての子どものソーシャルスキルと自尊感情をはぐくむことである。学級における気になる子の存在がクローズアップされる現状は，発達障害の診断を受ける子どもが増えてきているという理由によるものではない。さまざまな「モノ」にあふれた環境の変化により，ソーシャルスキルや自尊感情が十分にはぐくまれず，「発達障害のようにみえる」気になる子が増えてきているのではないかと考えられる。

ある小学校4年の学級にAD/HDを疑われる子どもがいた。日常的な暴言により子どもどうしのトラブルが絶えなかったが，やがて気になる子の状態が改善された。改善理由は，担任が気になる子だけにとらわれることをやめ，周りの子を育てることに力を入れた点にあった。それまで，周りの子が，気になる子にちょっかいを出し，暴言がひどくなることも多くあったため，子どもどうしの関係づくりを意識したソーシャルスキルトレーニングや自尊感情をはぐくむほめ言葉・認める声かけを繰り返したのである。

周りの子どもが育つことで，気になる子も育つ。やさしい言い方ができる，自分に自信をもてる子どもが学級に増えてくれば，学級はすべての子どもの居場所となる。気になる子が学級集団に溶け込む学級は，学級すべての子どものソーシャルスキルと自尊感情をはぐくむことで生まれてくるだろう。

以下に，ソーシャルスキル，自尊感情をはぐくむための具体的なアプローチを紹介する。

①グループアプローチを活用する

教師が使いやすい集団カウンセリング理論・技法として，ソーシャルスキルトレーニング（SST：Social Skills Training），構成的グループエンカウンター（SGE：Structured Group Encounter）などがある。

②伝わる言葉をかける

子どものソーシャルスキル，自尊感情をはぐくむために伝わるように言葉をかける必要がある。以下に，カウンセリング理論を参考に「伝わる言葉」を整理する。

a）いいところ探し

子どものいいところを心の中に貯金しておくとよい。「いいところ」＝「すごいところ」（走るのが速い，勉強がよくできる，など）だけではなく，「あたりまえにみえること」（学校に毎日来る，朝ご飯を食べてくる，など）を貯金しておくことで，「今日も元気に学校に来たね」「朝ご飯いっぱい食べてきた？」などの言葉をかけることができる。

学級のすべての子どもが教師から「ほめてほしい，認めてほしい」と思っている。教師として，子どもが構えるグローブに，「ほめる・勇気づける・認める」言葉のボールをたっぷり投げたい。

＊「ほめる」「勇気づける」の違い

よく使われるほめ言葉である「偉いね」「すごいね」「上手だね」などは，文脈に「あなた」が入るユーメッセージであり，心地よく相手に伝わる肯定的メッセージでもある。しかし，年齢や発達段階によっては，それらのほめ言葉がなじまず，ほめればほめるほど自尊感情が下がる子どももいる（「僕がダメだからほめるんでしょ」など）。そこで，ほめ言葉だけではなく，アドラー心理学の一概念である勇気づけの言葉もかけたい。子どもたちが勇気をもって日々成長していけるよう，「ありがとう，うれしい，助かった」などの言葉をかけたい。これらの言葉は，文脈に「私」が入るアイメッセージであり，ほめ言葉同様，相手に心地よく伝わる肯定的メッセージでもある。

b）対決アイメッセージ

例えば，授業中，私語が止まらない子どもへの「静かにしなさい」という注意は，文脈に「あなた」が入るユーメッセージであるとともに否定的メッセージでもある。いつも注意を受ける子どもは，周りから「ダメな子」というレッテルを貼られる可能性がある。そこで，「きみがしゃべっていると（行動）」「授業が進まなくて（影響）」「困るんだ（感情）」と伝えてはどうだろうか。「私」のネガティブな感情を相手に伝える「対決アイメッセージ」である。子どもがハッとして口をつぐんだら，「ありがとう」と肯定アイメッセージをかけていく。「対決アイメッセージ」は，「話を聴く」というソーシャルスキルを教えたり，気づかせたりするアプローチとして効果を発揮する。ただし，自閉症，あるいはその傾向がある子どもは，相手の心情を察する弱さがあるため，アイメッセージが届きにくい。具体的に視覚情報なども提示しながら「話を聴く」ことの大切さを教える必要がある。

c）リフレーミング

フレーム（枠）を再構築するということであり，子どもの短所も見方を変えると長所になるものがある。「飽きっぽい→好奇心が旺盛」「おしゃべり→言葉が豊富」「おせっかい→人が好き」など。このリフレーミングは，カウンセリング理論の１つ，論理療法の骨子，「考え方しだいで悩みは消える」に重なる。見方を変えるとハッピーになる，自分に自信をもてる子がきっと増えてくる。

d）例外探し

子どもの気になる言動を前にすると，問題が100%を占めている感覚に陥ることがある。しかし，暴言が多い子どもは，口を開けば暴言だけかといえば決してそんなことはない。ときにはていねいな言葉を使うこともある。うまくやれていることを，ブリーフセラピーでは「例外」として定義している。気になる言動の例外をみつけた後は「なぜ，その例外が生まれたのか」を推測してみる。この作業を「例外の責任追及」という。「ふだん，暴言が多い子どもがていねいな言葉を使ったのは，私が名前を呼んでゆっくりと語りかけるときだ」と気づくこともある。そうしたら，次の機会にも，「名前を呼んで……」とはたらきかければうまくいく可能性が高くなる。つまり，支援のヒントがみえてくるということである。

3 教室で行う特別支援教育の具体的実践

巡回相談・校内研修の機会に各地の学校・学級を参観すると，「特別支援教育推進の土壌」「気になる子の理解」「学級集団の理解」「ソーシャルスキル・自尊感情の育成」などのポイントを押さえた実践に出会うことがある。以下，「これならできるおすすめ実践」を紹介する。「インクルーシブ教育システム」構築に向けた具体的な実践として参考にしてほしい。

 A小学校「授業づくり３原則」

Ａ小学校は，５年間におよぶ特別支援教育に関する研究成果を，以下「授業づくり３原則」としてまとめた。

１．学習規律

「机上には何も出さず，そのとき必要な物を必要なときにすばやく用意する」「必ず発表者のほうを見て聴く」「友達の発表に対して反応をする」「クラスで決めたハンドサインを使用する」など。

２．リズムとテンポ

集中と参加を図るために一定のリズム，テンポが必要。「授業の流れのパターン化（ルーティン）」「音読の効果的な配置と音読パターンの多様化」「短冊使用による板書のテンポダウン防止」「タイマーを活用し，学習活動切り替えにメリハリ」など。

３．１指示１動作

１つの指示に対して１つの動作を合わせるようにする。例えば，「教科書を持っていすも持って前に来てね」と，一呼吸で指示をするのではなく，「教科書を持つ」「いすを持つ」「前に来る」の指示を一つ一つ切って，言葉をかける。教師の明確な言葉，わかりやすい指示などは，「わかる授業づくり」に欠かせない。

発達障害があるなどの気になる子も含め，学級のすべての子どもが学びを楽しむことができる授業スタイルは，若い教師や転任してきた教師の授業の中にも継承されている。

本実践の詳細は，曽山・堅田（2012）による「発達障害児の在籍する通常学級における児童の学級適応に関する研究」を参照されたい。

2 B小学校「SSTタイム」

B小学校は，子どもどうしの関係づくりに焦点を当て，「SST（ソーシャルスキルトレーニング）タイム」というオリジナルな取組みを生み出した。SSTタイムとは，毎週金曜日の朝の15分を使い，各学年の実態に応じたSSTを行うものである。発達障害のある子どもは，ソーシャルスキルが乏しい場合が多く，日常的なトラブルを抱えやすいのは確かである。しかし，周りの子どもを見回すと，彼らのソーシャルスキルも「おや？」と，疑問符がつくことが多い。そこに，学級全体で取り組むSSTタイム実践の意味がある。B小学校の実践から整理された学校・学級で行うソーシャルスキルトレーニングのポイントは以下のとおりである。

1. 全校体制で取り組む・発表の場（公開研究会など）を設定する。
2. 年間計画を立てる。
3. 無理せずに取り組む。
4. 楽しい雰囲気のなかで取り組む。
5. 日常に広げる。

B小学校の実践は，週1回の短時間・継続実践だからこそ，全校体制として取り組みやすく，日々の授業場面などにもソーシャルスキルを上手に使いこなす子どもの姿がみられるようになったのであろう。B小学校実践の詳細は，曽山（2010）による「ときどき，“オニの心”が出る子どもにアプローチ　学校がするソーシャルスキルトレーニング」にまとめてある。参考にしてほしい。

3 C小学校「授業を止めない」

C小学校は，気になる子どもが在籍する学級の担任教師が孤立しないよう，校内支援体制が整っていた学校である。ASDの診断のある子どもが在籍する学級を参観した際，対象児の存在が周囲にうまく溶け込んでいるように感じた。担任による学級全体，対象児への具体的な支援は次のとおりである。

- 対象児が離席してもすぐに声をかけたり，連れ戻したりするのではなく，様子を見る。
- 周りの子どもには，対象児に注意したり，連れ戻したりすることをやめ，「先生の話を聴いてね。○くんには先生が注意するからね」と言葉をかけ，授業を止めないようにする。
- 周りの子どもが黒板をノートに写しているときなどに，机間巡視を行いながら対象児にもさりげなく着席を促す言葉をかけたり，手を引いたりして働きかける。
- 対象児が着席して，周りの子どもと一緒に授業に参加しているときを見逃さず，ほめたり，勇気づけたり，認めたりしながら，言葉を多めにかける。

気になる子どもの言動に対して，担任教師，周りの子どもが敏感に反応しすぎると，「授業が止まる」「注意や指示，命令などの厳しい言葉が飛び交う」などが頻繁になる。やがて，学級全体にギスギスしたいごこちが漂いはじめ，多くの子どもにとっていごこちの悪い教室が生まれる。C小学校の実践には，教室内に「あたたかく，おおらかな空気」が漂っているのである。その空気をつくりあげているのは，担任教師の日々の言葉かけである。

4 D中学校「○○の練習中」

D中学校は，発達障害理解の研修をていねいに行っている学校である。AD/HD傾向の子どもが在籍する学級を参観した際，対象児は，授業中，ボーッとして話を聴いていないことが目立っていた。担任教師が授業の中で留意していたのは，学級全体への指示をした後，対象児に対し，再度，個別に復唱させることであった。これは，短期記憶をつかさどるワーキングメモリー（作業記憶）の弱さが推測される生徒に対する基本的な支援方策といえるものである。担任教師は，日々，学級の生徒全員に対し，対象児が話を聴くことの「練習中」であることを繰り返し伝えており，周りの生徒は対象児をあたたかく見守ることができるようになっていた。

別の機会に，担任の授業（数学）を参観したときのことである。担任が板書の間違い（数式の間違い）をしたことを生徒たちは一切とがめず，「先生，ドンマイ」「先生，お客さんが来ていて緊張してるんでしょ。落ち着いて」などの声が次々にかかることに驚いた。人の失敗に対して，瞬時にこのような言葉がかかる生徒たちであるがゆえに，AD/HD傾向の対象児に対しても寛容で，あたたかな態度で接することができるのである。

5 E高校「ユニバーサルデザイン」

E高校は，2007・2008年の2年間，文部科学省の「高等学校における発達障害支援モデル事業」のモデル校としての指定を受けた。E高校では，発達障害の診断の有無にかかわらず，学業不振や問題行動のある生徒も支援を必要とする生徒であるととらえ，「ユニバーサルデザインによる一斉指導のあり方」を追究した。ユニバーサルとは「普遍的」という意味であり，ユニバーサルデザインの授業を「個への支援が全体の支援につながる授業」ととらえ，全教師が共同歩調で取り組んだ。具体的には，

①教室環境づくり：「掲示物は4か所をきちんととめる」「黒板には授業以外のことは書かない」「連絡はホワイトボードに書く，ホワイトボードに書くときは青色をメインに使う」など。

②授業：「チョークは白・黄色をメインに使い，赤を補助線程度に使う」「教科書や問題集のどこをやっているのかを板書提示する」「字は大きめ・行間は広めにを意識する」などであった。また，ソーシャルスキルトレーニングの一環として，職員室などの「入室の作法」を掲示し，繰り返しの指導を展開した。高等学校における特別支援教育の推進に向けた研究や実践は，今ようやく緒についた感がある。それゆえに，E高校の実践知見は，高等学校における特別支援教育の推進に向け，多くの示唆が盛り込まれたものであるといえよう。

第 22 章

保護者対応

藤川　章

学校では，保護者を指して PTA という表現を使うことがあるが，PTA はいわずとしれた保護者（Parent）と教師（Teacher）の会（Assosiation）の略である。しかし，最近では教師たちの多忙さからますます P たちだけの会の様相を示してきている。学校側は，せいぜい校長，副校長が役員会や実行委員会に参加する程度で，一般の教員たちが日常的に保護者たちと協同作業する場面は非常に少ない。

そういうこともあって学校が主催する保護者会では，若い教師たちは堅苦しい一方通行の話に終わり，この会に苦手意識をもってしまう。そして，教師と保護者の心理的距離が縮まらないなかで何かトラブルが起こると，保護者は教師にとって「クレーマー」として映ってしまい，これではなかなか問題解決にいたらない。

本稿では，学校＝教師と保護者の間に協働関係を築き，さらに地域が加わって，共に子育てに当たるために，何ができるかを考えていきたい。

1　現代保護者事情

1　希薄化する近所づきあい

日本の社会全体で人口流動が激しくなったために，近所づきあいが希薄化する現象が起きている。地域の異年齢集団や，家族どうしの緊密なつきあいがかつてとは比較できないほど弱くなったために，いろいろな子どもの問題が起きているともいわれる。

マンションなどの集合住宅や一戸建ての新興住宅地が，各地でどんどん増加していく。形式的な自治会組織は生まれても，「向こう三軒両隣」という相互扶助の慣習がすぐに生まれるわけではない。それにつられて町や村にあった伝統的な祭りも，続けることが困難になるケースもみられる。

祭りばかりではない。例えば，地域の防災訓練などを開催しても，集まるのは 60 代・70 代の方たちばかりであったり，地域の子ども会も徐々に衰退する運命にあるようだ。

こういう傾向のなかで，地域の若い大人たちが集う最大の場所が学校である。子どもの保護者どうしが人間関係をつくる絶好の場面である。一年間にあるいろいろな学校行事には，多くの保護者が参加する機会がある。

2　保護者がつながる必要性

開かれ方しだいでは，たくさんの保護者が参加する可能性があるのが学校である。

しかし，一方で価値観の多様化という社会を反映して，せっかく集まっても互いの存在へは無関心で，ましてやめんどうなことにはかかわらないようにしようという雰囲気すらある。PTA の役員選出が年々困難になっていっているのも，その一例だといえよう。

保護者がバラバラの教育観をもったままでは，子どもたちが成長の過程でぶつかるトラブルや行きづまりを解決するのはむずかしい。だから，保護者どうしが同世代の大人として，そして子育てをする親として，本音と本音で向きあうことが大切になるのである。そういう雰囲気を，教師と保護者が協力してつくり上げていくことは，子どもたちの成長に役立つばかりではない。問題に向き合い考えを交流させ，互いのできることを工夫し努力することを重ねることで，教師は教師として，保護者は保護者として，成長していくことが可能である。

3 子どもの親から地域の一員へ

教師と保護者が成長していくための人間関係として，まず第一に教師と保護者の関係づくりを考えていく。立場は異なっても，まずはパーソナルな人間関係づくりから始めることは協力体制をつくるうえでとても大切だからだ。といっても，ではまず飲み会をしましょう，という話ではない。日常的な教育活動を通じて結びつきをつくることである。

次に，保護者どうしの人間関係づくりを考えていこう。学校の荒れは，昔ながらの共同体がある地域に大きな新興住宅地ができて，互いが交わり合わない場所で起きるといわれる。ギャップを越えて新しい関係づくりをめざす必要がある。

三番めに，いわゆる予防的・開発的な保護者との関係づくりをしていても，トラブルは発生する。その場合に心がける問題解決の留意点について，ふれてみたい。

最後に，保護者による学校サポートを通じて，地域との関係づくりまで発展することを考えたい。学校づくりのために，また子どもの教育を共通の話題にすることにより，大人たちの交流の場面が活発化され，地域の活性化につながる可能性があるからだ。「学校づくりは，まちづくり」という発展的な姿勢で保護者対応を考えてみたい。

2 信頼される教師であるために

1 教師のイメージをポジティブに

現在の保護者たちが，学校の先生を権威として圧迫感を覚えることは少ないと思う。しかし，「子どもを人質にとられている」から自由に言えない，遠慮するという意識は多少はあるのであろう。さらに，どこか潜在的に，男の先生には自分の「父イメージ」を，女の先生には自分の「母イメージ」をダブらせて，萎縮したり，内心では反発を感じているということがある。これらは，コンプレックスを刺激させられる心理機制がはたらいていると解釈できよう。

一方で，自分と教師の年齢や学歴，キャリアを比較して，対抗心をもってしまうという場合もあるであろう。「シブリング・ライバルリィ」と呼ばれる心理機制である。

いずれの場合も，保護者はホンネを隠して，表面的に社交辞令を使った交流を教師とすることになる。

これに対して教師のほうはどうか。教師のほうも似たような心理機制がはたらいている。「あの家庭は父親の姿が見えない」とふだん言っていながら，いざ父親が学校に来るとなると警戒心を覚えて，身構える。また，学級懇談会は気が重いと敬遠する教師もいる。この緊張感は保護者たちにも伝わるので，互いに本音を隠した表面的な交流となり，「また来たい，参加したい」という気持ちにはならないのである。

2 自己開示する教師

では，どんなときに，保護者は教師に対し

て親しみを感じ，信頼感をもつのか。わが子が，先生のことを好きであることがまず第一である。そして授業のうまさや，行事や部活動の指導への熱心さ，相談的な態度，トラブル時の誠意のある対応，があることだ。

これらを総合した結果として，学級がまとまっている，子どもたちが仲がよい，という状態があると，担任は信頼できるとなるのであろう。

どの場合も，子どもを間に挟んだ間接的な信頼関係である。子どもを挟まない直接的な場面で，教師と保護者がふれあい，信頼関係を築くことはできないか。最初の保護者会が鍵になる。

●ジョハリの窓

	自分の知っている自分	自分の知らない自分
他者の知っている自分	A 自他にオープンな領域	B 自己盲点の領域
他者の知らない自分	C 人に隠している秘密の領域	D 自他が知らない無意識界

	自分の知っている自分	自分の知らない自分
他者の知っている自分	A	フィードバック → B
他者の知らない自分	自己開示 ↓ C	D

有名な「ジョハリの窓」を取り上げ，なぜ自己開示するかについて，説明するとよいだろう。自他の知らないDの領域が狭ければ狭いほど，その人の人格は健全になり，そして人間関係は深まる。だから，「自己開示しましょう，それに対するフィードバックをしましょう」と解説し，まずモデルとして教師がデモンストレーションを行うのである。

やりかたは，定番の自己紹介的なものから，レクリエーション的な色彩の濃いエクササイズまで多彩であるが，「教師を知るイエス・ノークイズ」などがおすすめである。

F先生を知る
イエス・ノークイズ　班　　名前

次の文章を読み，正しいと思うものには○，間違っていると思うものには×を，□の中に書きなさい。	解答欄
問1　私の出身地は鹿児島県である。	1 □
問2　私の家は7人家族である。	2 □
問3　私の小学校時代のあだ名は，「おやじ」である。	3 □
問4　私は中学校時代に陸上部でカモシカと呼ばれ，国立競技場で走ったことがある。	4 □
問5　私が高校時代からずっと続けていたスポーツは少林寺拳法である。	5 □
問6　私は高校時代に仲間6人と，九州一周の無銭旅行をしたことがある。	6 □
問7　私がいま家で飼っている生き物はハムスターである。	7 □
問8　私は教師になる前に某大企業で営業マンをやっていたことがある。	8 □
問9　私は少年漫画のモデルになったことがある。	9 □
問10　私の特技はターザンの物まねである。	10 □

学年が3学級程度なら，合同の保護者会にして，クイズも担任や管理職を合わせた問題シートを作成して実行すると大好評である。

教師にもいろいろなタイプがある。そこから話しやすい，取っつきにくい，という印象の違いが出てくる。この差を乗り越えて，保護者たちがどの教師に対しても，遠慮なく，また批判的・攻撃的にならずにホンネで相談してもらえるようでありたい。そのために，最初の保護者会で，SGE を使ったリレーションづくりをしておきたいのだ。そこで，教師が勇気をもって自己開示し，人柄，考え方，感情を理解してもらう。まずは教師が，余計な防衛を解いてホンネで向き合う。それが，信頼関係の第一歩である。

3 「チームとしての学校」の説明責任と情報提供

チーム学校の時代である。保護者からの信頼は，教師個人だけではなく，学校組織全体への信頼が望ましい。そのために必要になるのが，説明責任と情報提供である。

(1) 説明責任

学校の教育目標は学校が設定する。これに基づいて，年度当初に全校の保護者に向けて，校長が学校経営方針を明らかにする。

この経営方針を大元にして，専門性に基づくチームの一員として，教師たちは学級経営計画や行事計画，教科指導計画を立てるのである。これが矛盾せずにつながっていればこそ，保護者は「チームとしての学校」を信頼する。

学級経営方針では，育てたい子ども像が中心になるが，これに基づく学級経営は学年の発達段階を考えた目標設定になる。

例えば学校の教育目標が，「自主・自律・共生」であったとしよう。自主的な生徒を 3 年間かけて育てるために，1 年生では学級の係活動を自主的に，2 年生では学年の行事を自主的に，3 年生では全校行事を自主的に行えるよう指導することを，学級経営方針における目標とする，などである。

そして，大切なポイントに，学習の評価の問題がある。評価基準，評価場面を明らかにし，何をどのようにがんばれば，よい評価になるかを，児童・生徒だけでなく，保護者にもしっかりと説明することが，厚い信頼のもとになる。

(2) 情報提供

開かれた学校づくりが実現され，学校は常に公開されるようになったが，保護者が実際に学校に来られる回数は限られている。

そこで，居ながらにして学校の様子がよくわかることが，子どもの学校生活について安心していられるもとになる。

学級便りや連絡帳などがこれにあたるが，一方的な通信に終わらせない工夫が大切である。学級便りの名称の公募から始まり，行事や授業参観，子どもの作文への感想などを，学級便りに定期的に掲載し，それに対する担任のコメントも載せる。相互交流の様子が他の人々にも伝わり，学級としての集団意識が育つようになる。

これだけ，ICT（情報通信技術）が進んだ時代である。個人情報の厳重なチェックをしたうえで，学級ホームページやツイッターの活用なども今後考えられるであろう。

3 保護者どうしのつながりを求めて

1 保護者の自己成長を促す

子どもたちの保護者は，同時に社会人として広い体験をもって，父親となり母親となっている。しかし，近所づきあいが少なくなり，核家族が多くなったぶん，かつてのように日常的な家庭生活の場で，年長者からさまざまな生活の知恵を教えてもらう機会が非常に少なくなってしまった。

かつての農村にあった結（ゆい）と呼ばれる相互扶助組織では，田植えや稲刈り，屋根ふき，道普請などを共同で行った。互いに生活を助け合い，支え合うことによって，先人の知恵や技術を受け継いでいくことができた。この地域社会のなかで，人は地域の一員として成熟していくことができたのである。

そういう意味で，現代人の多くは，地域の

なかで学び，成長する機会や場面をほとんど失ってしまっているといえる。結のような相互扶助組織が行っていた共同作業の大部分が，機械化，産業化してその存在意義を失ったからである。人口の流動という事情とあいまって，都市部ほどこの傾向は強い。

当然，「子育て」という知恵と技術も，地域で受け継がれることがむずかしくなり，家庭のなかで親が孤立して悩んでいるケースが多いのであろう。子どもの虐待が増加してきている一因であると考える。

かつての結が担った作業のなかで，「子育て」という作業だけは，いまも多くの人が集って，助け合い，支え合いながら進める必要性が大きい作業であるに違いない。

「教育は学校の仕事」「学力アップのために塾に行かせる」ではなく，家庭教育と学校教育が手を結んで子育てを進めるために，保護者は親として成長する必要があるのだ。

まず，保護者どうしが同じ親としてつながり，子育ての悩みを分かち合い，知恵を交換し，「自分だけが悩んでいるわけではなかった」と孤立感を脱するだけでも，虐待は減少していくのではないか。

そして，子育てという共同作業を通して，親も地域の一員として成熟していく，一個の人間として自己成長を果たすことができると考えたい。保護者自身が自己成長する過程で，自己肯定的な考え方を身につけると同時に，他者肯定的な見方や考え方を身につけることにより，子どものことも「わが子はこんなによい子だったんだ」とみつけていけるようになるはずである。

2 ペアレント・ピア・ヘルプ

同じ子育ての悩みを共有する仲間がいることを知るだけでも，安心感は生まれる。そこに，少し先輩のお母さんが加わると，直近の経験のなかから，具体的なアドバイスや今後の見通しを受けることができる。

祖父母から代々受け継がれるわが家の「子育て」法の代わりに，学校や地域に集まったグループの中で，親としての子育てスキルを習得することを提案したい。

場面は，保護者会やPTAの「家庭教育講座」とか「成人教育講座」などの機会を利用する。

では，具体的な子育てのスキルをどう考えるか。ここではカウンセリングマインドという態度と面接の基礎的技法を，親子の関係を築き維持するための態度とスキルとして参考にしよう。

(1) カウンセリングマインド

①共感的理解

「先生ったら，僕の言い分を聞かずに一方的に怒るんだもん。いやになっちゃったよ」というわが子の愚痴に対して，「その前にあなたが悪いんだから仕方ないでしょ」とたしなめると，そこで親子の会話は止まる。そして，次からは子どもは言わなくなってしまう。

ここで親の返し方のコツは，そのときの子どもの感情に焦点を当て，感情を受け入れることである。「そう，それで悔しい思いをしたんだね」と。感情ではなく，事実に焦点を当て，「その先生ひどいな」と応答してしまうと，家庭と学校の信頼にヒビが入る。

②自己開示

子どもに聴くとき，一方的に聴きだすのではなく，自分のほうも自己開示的に伝える。伝える内容は，事実，感情，思考の3種類がある。「今日は暑かったなぁ。思わず居眠りが出そうになっちゃったよ。きみはどうだった？」のように切りだせば，子どもも話しやすくなるというものである。

③自己主張

「私メッセージ」といってもよい。いけないと思う子どもの行動について，「わたし」を主語にして，自分の感情を率直に伝えるのである。「あなた」を主語にすると非難のメッセージになるが，「わたし」を主語とすると自分の気持ちを述べるので，子どもが受けとめやすくなるのである。「おまえのその言い方はなんだ」を「いまの言い方は，私は（お父さんは）いやな感じがしたな」に変えるだけで，受けとめ方が変わってくるものである。

(2) 面接の基礎的技法

①受容

受容は，あらゆるスタイルの面接に活用されるものである。子どもの話に「うん，うん」とか「なるほど，そうか」「そうなんだ，それで」とあいづちを打ちながら聞く。よいタイミングのあいづちで話を促すだけで親身さが伝わり，もっと話してみようかなという気持ちが出てくる。

②繰り返し

繰り返しは，「○○なんだね」と子どもの話をそのまま繰り返す。そして，話の区切りのところで「なるほど，○○ということだね」と要点をまとめる。これで，親身さと理解されている感じがよく伝わる。

③明確化

明確化は，子ども自身がうすうす気がついているけれど，まだはっきり意識化できていないところを言語化することである。

「お母さんはいつも忙しそうだね」という子どもの言葉の裏を読み取って，「うん，何か話したいことでもあるの？」と応じてあげるなどである。ただし，先回りしすぎると抵抗が生じる。

④支持

支持とは，子どもに対し言語的，非言語的に肯定や承認を与えることである。せっかく話しにくいことを言ってくれたのだから，受容から一歩進んで，「それは大変だったなあ」とか「よく我慢したね」と，子どもを応援する気持ちを積極的に伝えることをしたい。

⑤質問

質問には，「閉ざされた質問」と「開かれた質問」がある。最初から「今日学校どうだった？」という開かれた質問では，「別に」とか「いつもと同じだよ」という返答で終わってしまう。

「今日の体育は何だったの？」「サッカーだよ」「寒かったでしょ？」と「閉ざされた質問で会話をつなげてから，「ほかは，どうだった？」と開いた質問に移れば返答しやすくなる。

以上のマインド，基礎的技法を，保護者会や家庭教育講座の場面を利用し，エクササイズとしてロールプレイするのである。体験し，訓練し，身につけるのである。

さまざまな話題をもとに，ロールプレイを繰り返しながら，しだいに互いの信頼感を築いていきたい。そして，自分の悩みごとを具体的に聞いてもらい，共感していき，子育ての悩みを軽減させていくのがペアレント・ピア・ヘルプである。

4 保護者とともに問題解決を

1 問題が起きやすい学校事情

(1)「教育改革」の推進

矢つぎばやに，かつたし算的に教育施策が打ち出され，常に新しい教育課題への対応に迫られているのが現代の学校である。そうしたなかで，教師に「ゆとり」がなくなり，教師が疲弊しているといわれて久しい。

そのために，保護者が感じている不安を察知できない。だから対応が遅れる。不安は放っておくと不満となり，やがて不満は不信に育っていくものである。

(2) 教職員の不祥事

加えて，教師による体罰や痴漢，セクハラなどの破廉恥行動，またいじめへの不適切な対応があり，これがマスコミにより過剰報道されれば学校不信はますます大きくなっていく。

(3) 子どもの生育環境の悪化

さらに，家庭や子どもの側にも大きな変化があり，塾や稽古ごとによる生活リズムの乱れや携帯電話の普及，あふれる有害情報など，問題が生じやすい状況が拡大している。

こういった子どもを取り巻く環境の変化に，十分な対応ができないと問題解決は困難になる。

2 問題発生時の保護者への初期対応

(1) 保護者の思いをアセスメントする

子どもが問題に巻き込まれたとき，保護者が学校に出してくる要求には，さまざまなレベルがある。まずはしっかりと聴き，アセスメントする必要がある。次の３段階がある。

①「**要望**」

保護者が求めていることが，学校や教師が当然やるべきまっとうな要求

②「**苦情**」

保護者の求めていることが，学校がある程度は対応すべき要求

③「**無理難題要求**」

保護者が求めていることが，本来学校にはどうにもできないような要求

(2) 保護者対応の第一ステップ

①傾聴する（傾聴の基本技法）

「苦情が来た」という姿勢で対応すると，必要以上に防衛的になりがちである。しかし，いちいち言い訳がましい返答をすると，かえって攻撃的になるのが困っている人の心情である。かたくなな態度はより悪い結果につながる。

したがって，ここは◇3◇の**2**で述べたようなカウンセリングマインドと面接の基本的技法をフルに活用するとよい。

②事実を把握する

傾聴的に対応するときの留意点は，カウンセリングマインドの「共感的理解」で述べたように，相手の感情に焦点を当てることである。しかし，この段階で聴いていることは，あくまでもその人の言い分であり，客観的な事実を把握するためには，聴き取った内容をもとにさらに多方面から確認する必要がある。

安易に「それは，○○先生（さん）が悪いですね」と言ってしまうと，「あのとき，あなたも認めたじゃないですか」と態度を変えたことを非難されることになる。

聴いたことをもとに，詳しく調べて報告することを約束することが重要である。

③具体的な行動や改善策を提案する

後で調べる必要もなく，聴いた段階で納得できる内容については，その場で「誠意」を見せることが大切である。

「この点は，すぐに～のように改善します」とか，「では，私は○○をすぐやります」「お母さんなら，どうお考えですか」「ほかに私ができることが何かありますか」などの対応である。

④保護者の言動を具体的に詳細に記録し，管理職に報告

聴き取った内容は，その場で具体的に詳細に記録をする。その際に「後で間違わないようにノートに書きますね」と相手に理解を求めて記録するほうがていねいである。

記録をとった内容や約束した内容は最後に両者で確認したほうがよい。誠意を見せながらも，冷静な対応をしているほうが，信頼感をもてるものである。

面談後できるだけ速やかに管理職に報告し，指示を仰ぐことを忘れないことである。

⑤必要以上に下手にならない

相手の苦情や要求に対して，卑屈になり，あいまいにしていると，要求の肥大化を招き，保護者をクレーマーにしてしまう。必要以上に下手にならないほうがよい。

ここでは，カウンセリングマインドの自己開示や自己主張を念頭において対応するとよい。自己開示には「事実の自己開示」「感情の自己開示」「価値観の自己開示」の３種類がある。

当然のことであるが，時間割や週案などをもとに，保護者の言っていることと異なる事実があればはっきりと伝えておくことが必要である。「また，そもそも○○という考え方がおかしい」という指摘に対しても，学校の教育目標や教育方針に基づいた考え方についてはしっかりと自己主張しておきたい。

(3) 保護者対応の第二ステップ

①迅速な対応

保護者の要望を受けて，とにかく迅速な対応をすることである。当該の子ども，関係する子どもから聴き取りを行い，客観的な事実を早く把握することが大切である。

②チーム対応

次に，担任が１人で抱え込まないことである。管理職への報告とともに，指示を仰いで，生徒指導主事や養護教諭，スクールカウンセラーと対策会議を開いて対応策を決め，役割を分担しチームで動く。

チームで対応すること，その見通しを保護者に述べることで，まず学校へ任せようという信頼が生まれる。

(4) 協働体制をつくるための留意点

①保護者と協働関係をつくる－１

まず基本的なことであるが，保護者とは顔を合わせて話すことである。電話を受けて，簡単な用件と思い話しているうちに，30分～１時間たってしまい，内容も深刻な訴えであったということがある。

「会ってお話をうかがわせてください」と提案し，場所と時間をできるだけ保護者の希望を優先して決めたい。遅い時間，休日でもかまわないという申し出は，教師に対する信頼を得る一歩になる。

その際，だれが会うのか，人数とその役割も，あらかじめ伝えておきたい。

②保護者と協働関係をつくる－２

保護者も混乱し，感情的になっていることが多い。だから既述のように，受容的な態度のなかにも冷静な判断が必要である。さらに，親を十分ねぎらうことも大切である。ことに母親の場合は，養育態度やしつけに問題があると家庭内で評価されていることがある。次いで，いくつかの留意点をあげておく。

・悪者探しをしない
・子どもの気持ちを置き去りにしない
・学校への要望を聞く
・子どもの変化を親に伝えて励ます

③専門機関をすすめるときの留意点

保護者が子どもの問題を深く心配し，真に何とかしたいと思っている場合は，専門機関との相談をすすめやすい。ここでいう専門機関とは児童相談所や警察，心療内科などを指す。信頼関係ができていないのに専門機関をすすめると「担任から見捨てられた」とか，「うちの子を問題児扱いにして」と受けとめられやすい。

次に述べるようなステップを踏んで紹介するとうまくいきやすい。

ⅰ．まず，この場を，教師と保護者が対等な関係で意見を述べ合う作戦会議の場とする。

ⅱ．子どもに対する理解の確認をする。いま，問題になっていることは何か（因果的理解）。子どもの気持ちは理解できているか（共感的理解）。子どもの育て方はどうであったか（発達段階的理解）。

ⅲ．子どもの問題を解決するにはより専門的なかかわりや治療が必要なので，一度専門機関に話を聞きにいってほしい旨を謙虚に提案する。

その際に，「私たちも，専門家から

学校では何をすればよいかアドバイスがほしい」と，保護者と同じ立場に立つことを言うとよい。

iv．原則として，専門機関での初回面接には，担任あるいは相談係が同行するつもりがあることを告げる。学校側も先方と会っておくと，その後の連携がしやすい旨を話す。

5 学校をサポートするコミュニティスクール

1 予防的・開発的な協働体制

コミュニティスクール（学校運営協議会制度）は，全国公立学校のおよそ 33％で導入されるようになった（2021 年度）。地域と学校の連携・協働体制の構築はますます進んでいる。

学校の教員がもつ専門性と，保護者や地域の人たちのもつ専門性がコラボレーションすることで，従来不可能であった教育活動が，継続性をもって実施することが可能になっている。これは，問題が発生する前の予防的・開発的な協働体制による教育活動である。

学校の内外を問わず，「子育て」する大人たちの協力はあたりまえであると考えたい。そうすれば，学校や地域を舞台に，教師や保護者，地域の方々が「子育て」について本音で交流することを積み重ねていくことは可能である。すると，ここに相互に強い信頼関係が生じ，やがて人を育てる地域の文化が生まれる。大人たちもそのなかで成長するようになる。

地域社会には，伝統的な文化や新しい文化が，相互に無関係に混在している。その文化が，教育という共通テーマのもと，集う場所として学校がある。

初めは学校のサポーターとして，保護者や地域の方々に，日常的に学校へ来られるような場面をつくる。その次に，学校を舞台にして，PTA 行事が盛んになり，さらに地域の文化祭として，俳句教室や詩吟の会，太極拳教室，アフリカン太鼓教室など，さまざまな短期講座，集中講座が，中学生を含む地域の人に開放される。学校に文化が集まり，学び，発表する場になる。

このような土壌をつくっていくことが，予防・開発的な保護者対応の例である。以下に，段階を追って，その実例を紹介する。

2 保護者が危機介入する

かつて中学校に「おやじの会」が結成された背景には，校内暴力の嵐が吹き荒れて，生徒の身の安全を守るためには，保護者の力を借りなければならないという切実な必要があった。いま，昔のように校舎を破壊して回るような荒れはないが，子どもが教室を飛び出したり，教室内でウロウロしたりする落ち着きのなさが，学習の大きな妨げになっていることがある。

そこで，保護者が常時サポートに入る状況が出てきている。特定の学級に張りついたり，家庭科や理科などの授業に入ったり，校舎内を巡回するなどが一般的な危機介入サポートの形態である。

ここで気をつけなければいけないのは，教師が自分の授業を監視されているという意識をもつことである。また，保護者の巡回に拒否感を覚える生徒の訴えに対して，教師が「まあ，しょうがないから，我慢してよ」と児童・生徒に迎合してしまうとせっかくの協働体制をくずすことになる。

「開かれた学校」として，サポートはあたりまえの風景である，教師と保護者の協力体制で生徒を守り，授業を大切にするという意識をもっていなければならない。教師が協力してくれる保護者に対して拒否的にふるまえば，かえって荒れは悪化する。

3 安全に向けての関係づくり

必要が生じてから，いかにも監視に来ましたというサポートは，子どもから拒否感が出るのはある意味あたりまえである。せっぱつまってから応援をしてもらうのではなく，予防的・開発的なサポートを考えていなければならない。おじさんやおばさんと通学中や，学校で会うことに，ごく自然な形で慣れていたい。

「地域パトロール隊」のような組織が，町内会でつくられていることがある。地域の小学生，中学生の登校，下校時の安全を見守るために，通学路のあちらこちらの家の前で，パトロール隊のお年寄りと一緒に，小中学校の保護者の人たちが立っていて,「お早う」「こんにちは」の声かけをする。それだけで，交通事故の危険性は減り，不審者の出没も抑えることができる。そして何より，わが町のお年寄りやおじさん，おばさんたちと顔見知りになり，あいさつし合う関係が生まれるのである。

校門では，教師とPTA役員，委員が協力して，定期的に「朝のあいさつ運動」を実施する。一週間続けると，はじめは返ってこなかったあいさつが，しだいしだいに戻ってくるようになる。継続は力である。継続的に取り組んだことがいったん根づけば，自主的にあいさつが出てくるようになるものである。

4 日常の学習支援（ゲストティーチャー）

小学校では，けん玉やこま回し，竹とんぼづくりなど，昔遊びに地域のお年寄りを招く授業がよくみられる。加えて，教科や総合的な学習の時間にも，地域学習として昔の様子を伝える授業であったり，長年培った技術を紹介する授業であったり，ゲストティーチャーとして，多くの保護者の方に参加していただく時代になった。

小学校に比較して，中学校での保護者の学習サポーターは進んでいないようだ。しかし，これも設定しだいである。例えば，国語の古文・詩歌の暗唱テストなどを，一斉に行う（検定）ようなときに，保護者に検定員として協力してもらうと，どういう風景が生まれるか。百人一首を暗唱する生徒の真剣な表情を,「この子がこんなに必死になってる」とかわいく感じるのだそうだ。そして，思わず「がんばって。ほら，もう少し」と応援しているお母さんたちがいる。体育大会や合唱コンクール，部活動の試合を応援するときに，わが子の真剣な姿に親は感動する。しかし，サポーターとして直接生徒の支援をするときに，こんなにも間近に子どもの姿にふれて感動することもできる。この気持ちは，相手をしている生徒にも通じているはずである。

5 地域の祭りで

学校の校庭や体育館を舞台にして地域の祭りが開催されることがある。例えば，盆踊りやどんど焼きのような伝統的な祭りであったり，地域の文化祭であったりする。この祭りを大人が企画し運営するだけだと，子どもの参加を期待してもなかなか思うようにならない。特に中学生の場合は，部活の練習，試合や塾などで忙しいのである。

そこで，この祭りの企画運営に中学生を参画させるようにしたい。もちろん大人がお膳立てする必要があり，その手間は大人だけで進めるよりも大変になるが，しかし子どもたちの参加はけた違いに多くなる。

子ども実行委員会が，企画・広報・準備などを担当し，この実行委員会に大人を含めた参加団体が登録していく。吹奏楽やダンスの舞台発表や，作品展，フリーマーケット，模擬店，歌声広場など，地域の人々の中に，小中学生や保護者，教師が一緒になって楽しむことができる。大人と子どもがともに企画・運営し，祭りを成功させた一体感は，その後の日常の関係のなかでも生きてくる。

第 23 章
教師のメンタルヘルス

諸富　祥彦

1 教師のメンタルヘルスの現状

教師のメンタルヘルスの悪化が指摘されて久しい。まず，現状をみてみよう。

「令和２年度公立学校教職員の人事行政状況調査について」（文部科学省）によれば，在職者数 920,011 人のうち，精神疾患による休職者数は 5,180 人で，在職者に占める精神疾患による病気休職者の割合は 0.56％である。令和元年度（5,478 人）から 298 人減少している（図 1）。

わずかに減少してはいるものの，平成 13 年度から平成 22 年度の 10 年間で約倍増した（2,503 人→ 5,407 人）後，ほぼ横ばいが続いている。また，学校の教師でうつ病にかかる者の割合は，一般企業の 2.6 倍にも上るといわれている。

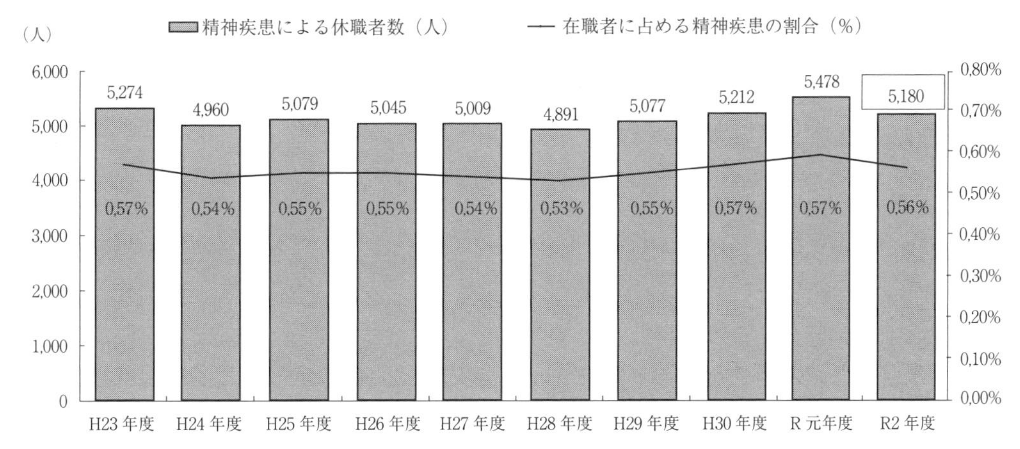

（※）「教職員」は公立の小学校，中学校，義務教育学校，高等学校，中等教育学校，特別支援学校における校長，副校長，教頭，主幹教諭，指導教諭，教諭，養護教諭，栄養教諭，助教諭，講師，養護助教諭，実習助手及び寄宿舎指導員（総計920,011（令和2年5月1日現在））。

出典：「令和２年度公立学校教職員の人事行政状況調査について」（文部科学省）

●図 1　教職員の精神疾患による病気休職者数

1 教師受難の時代

では，なぜ，教師にはうつ病がこれほど多いのか。

筆者は，90年代後半，年間に30～50校，要請に応じて全国の学校を訪問し，コンサルテーションを行ってきた。そこで実感されたのは，教師という仕事が，格段に困難な仕事になりつつある，ということであった。

学級崩壊，ADHDなど発達障害を抱える児童・生徒への対応，対教師暴力など，児童・生徒の質が変わり，従来の指導が通用しなく

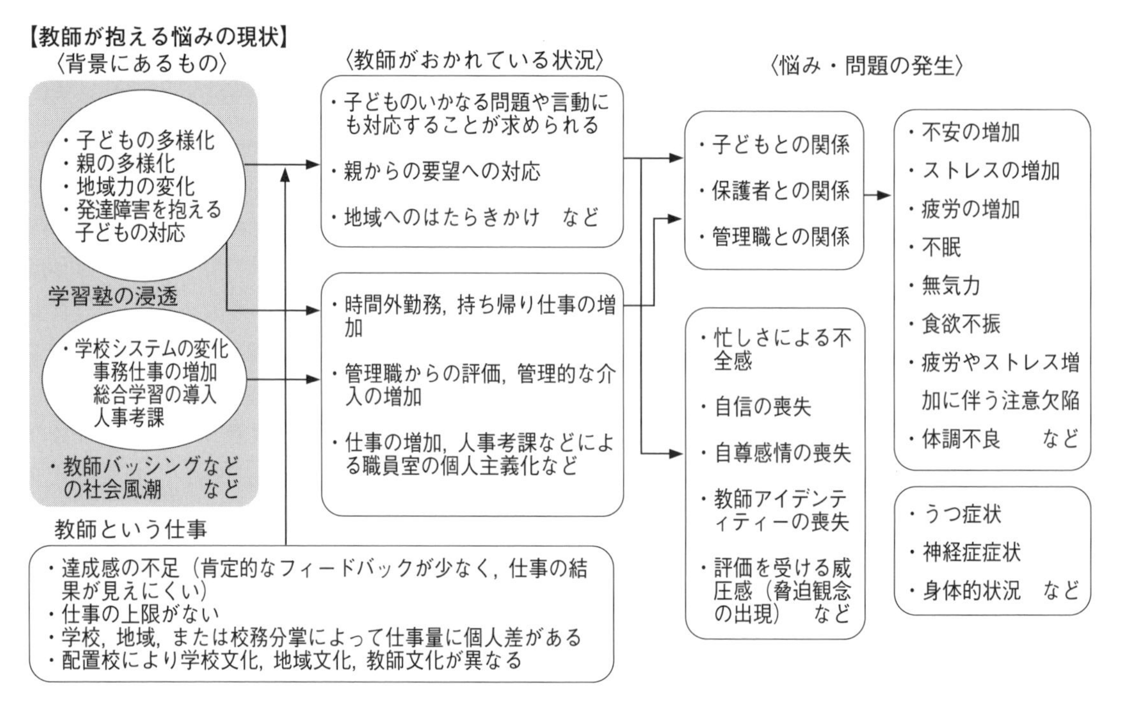

●図２　教師のおかれた現状（大竹，諸富，2004）

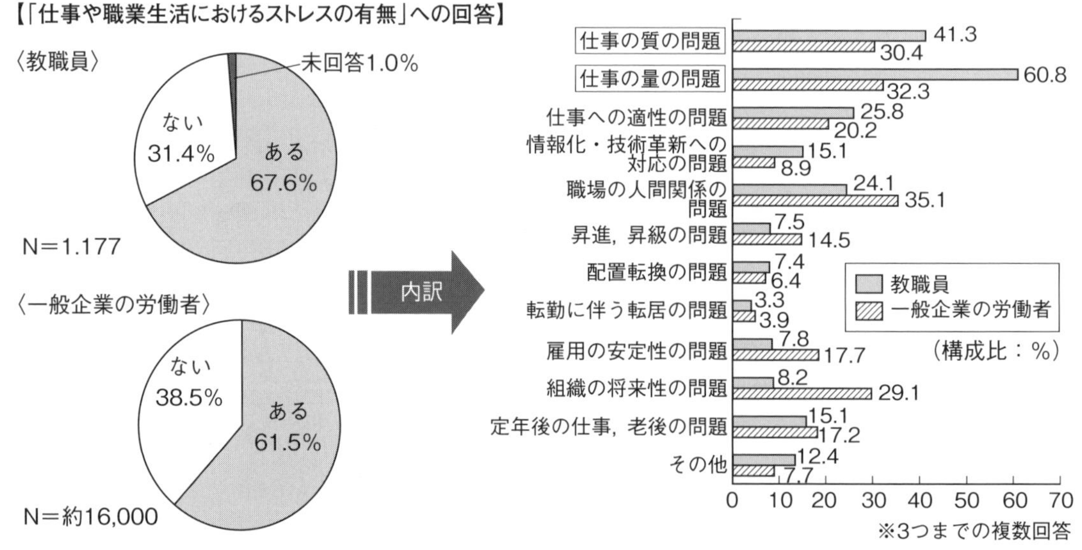

出典：「教員のメンタルヘルス対策および効果判定」（平成20年10月，東京都教職員互助会，ウエルリンク株式会社），「平成14年労働者健康状況調査」（厚生労働省）

●図３　教師の疲労度

なってきた。保護者の質も変容した。

児童・生徒の教育のパートナーであったはずの親たちは，ことあるごとにクレームをつけ，攻撃してきては，問題解決を妨げる存在になった。同僚や管理職との関係も希薄になり，頼れる存在ではなくなりつつある。教師という仕事はむずかしい。これは自分にはとても務まらない。それが実感であった。

2 教師を追い込む４つの要因

教師のメンタルヘルスの悪化には，次の４つの要因が相互に絡み合っている。

①多忙さ
②学級経営，生徒指導の困難
③保護者対応のむずかしさ
④同僚や管理職との人間関係のむずかしさ

それぞれの要因に目を向けてみよう。

図３は，一般企業に比べ，教師の疲労度がどれほど高いかを示したものである。「仕事や職業生活におけるストレス」が教師は一般企業の労働者よりも高いことがわかる。

また，「仕事の質の問題にかかわるストレス」があると答えた人が一般企業に比べると，1.4倍も多く，「仕事の量の問題」についても一般企業に比べると約２倍も多いことが注目すべき点である。つまり，教師のストレスの原因は，仕事の質（特に人間関係の煩雑さ）もさることながら，何と言っても圧倒的な仕事量によるところが大きいのである。ここ数年，「教師の働き方改革」への取組みが種々提案・実行されているが決め手に欠けるのが現状だろう。私見では，仕事の絶対量の削減につながる改革でなければ実効性には乏しいと言わざるを得ない。

「学級経営や生徒指導の困難」と「保護者対応のむずかしさ」は分かちがたい問題である。教師の厳しい叱責に耐えられない「傷つきやすい子ども」が増えている。教師の叱責に傷つき，「あの先生が怖いから，もう学校に行きたくない」と子どもが言う。するとそれを聞いた保護者から，「担任が子どもを不登校に追いやるとは何事か」とクレームが発せられる。「傷つきやすい子ども」の背景には，「傷つきやすい保護者」が存在しており，その傷つきやすさは，激しい攻撃性へ転化して，教師を追いつめていくのである。

逆にこうもいえる。保護者からのクレームを恐れて，厳しい指導ができなくなったため，教師と生徒の関係が軟化した。それにより，生徒に振り回されやすい状況に教師がおかれた。これはストレスフルな状況である。

「同僚や管理職との関係のむずかしさ」も，世間からのまなざしの厳格化とかかわっている。ミスを犯した部下を管理職が擁護することがむずかしくなっている。教師の「自己管理」「自己責任」がより強く求められるようになり，教師どうしの支え合う関係づくりがむずかしくなっている。しかし，職場の働き心地を左右する最大の要因が，職場の人間関係である点は学校現場も同じであり，教師どうしの支え合える関係づくりが，教師のメンタルヘルスの鍵を握っている。

3 典型的な相談例

小学校５年生の担任（50代の女性教師）は，学級の荒れと保護者の攻撃に苦しんでいる。

学級の荒れは，１人の多動傾向をもつ児童が中心となって引き起こされていた。児童は昨年の学級担任も休職に追い込まれていたことから「おまえも，教師辞めたいのか。病気になるぞ。○○みたいに」と担任を威嚇（かく）する。教師が厳しく叱責すると，「人権無視だ」「暴力教師」「クビになるぞ」といってくる。この児童の指示命令に，ほかの児童は逆らうことができず，思いのままである。

教師が本児を厳しく叱責した翌日，母親から校長と教育委員会に電話がかかってきた。「うちの子は，すごく傷ついていて，学校には行きたくないといっています。あの先生の指導には，問題があります」といったように。

虚言癖のある児童の発言に母親はいいように振り回される。母親は，場合によっては，署名運動を行うとまで宣言する（児童の身体にはいくつかの傷跡が絶えずあり，虚言の背景には，児童の母親による虐待に近い，暴力的なかかわりがあると推測される）。

校長は，教育委員会からの連絡があったこともあり，担任と連絡を取り，事実関係を確認した。しかし事なかれ主義の校長はその後，「とにかく保護者といい関係を築くように」とだけ指示をして，相談にものってくれない。保護者対応を引き受けてもくれない。

母親は家庭でも教師を非難しているようであった。児童は「お母さんも，先生はうそつきだからいうことなんか，きかなくてもいいっていってた！」と学級で騒ぎ，学級の混乱はますます大きくなった。他の児童の保護者からも「学級が荒れていて，勉強できないといっています。うちの子の成績が落ちたらどうしてくれるんですか！」と非難されるようになった。校長からは，まず担任を降り，翌年は別の学校に赴任するように勧告された。

学級の荒れへの対応に疲れ切り，保護者からの攻撃で自尊心を切り裂かれ，管理職からも突き放された教師は，うつ病になり，休職を考え始めた。メンタルクリニックで抗うつ剤などによる投薬治療は受けている。

4 教師は人間関係のプロとしての力が求められる

教師の悩みは，このようにして，①多忙感を基底にもち，それに加えて，②児童・生徒との関係，③保護者との関係，④同僚や管理職との関係という3種類の人間関係が複合的に絡み合って形成されている。

筆者が，研修会などで，常々伝えているのは「教師の仕事は，子どもとの関係，保護者との関係，同僚や管理職との関係と多様な人間関係に絶えずかかわる仕事である。教師は，教科指導のプロである以前に，人間関係のプロでなくてはならない」ということである。

2 援助希求と「支え合える職員室」

1 「支え合える職員室」を

教師の抱える悩みが，最初は子どもとの関係や保護者との関係などによって生み出されたものであったとしても，それだけで退職や休職に追い込まれるケースは少ない。退職や休職に追い込まれた教師の少なからずが，その直接のきっかけとして，同僚や管理職との関係の悪化およびそれによる教師集団での孤立を指摘する。

次の図4のように，教師は，一般企業の労働者と比べると，「仕事や職業生活におけるストレスを相談できる相手」がいる人の割合が，約半分しかいない。一般企業の労働者は「相談相手がいる」と90％近くの人が答えたのに対し，教師のうち「相談できる相手がいる」と答えたのは，半数にも満たないのである。

特に「上司・同僚」に相談できる人がいる，と答えたのは，一般企業では60％以上いたのに対して，教師では約14％である。「管理職や同僚に相談できる相手がいない」と感じている教師も約86％いて，学校現場において教師がいかに孤立しているかがよくわかるデータである。

こうした現状のなか，求められるのは，「互いが互いを支え合う職員室」づくり，「弱音を吐ける職員室」づくりである。筆者が幾多の学校現場に足を運んできて最も強く感じたことの1つは，管理職によって職場の雰囲気はこれほどまでに大きく影響されるのか，ということであった。

ある学校の教頭は，かつて担任だったとき，クラスが崩壊した経験がある。神経症を患い，神経科クリニックに通院していた。

彼は言う。「私はクラス担任を責めようとは思いません。いまはこれだけ教育が大変な

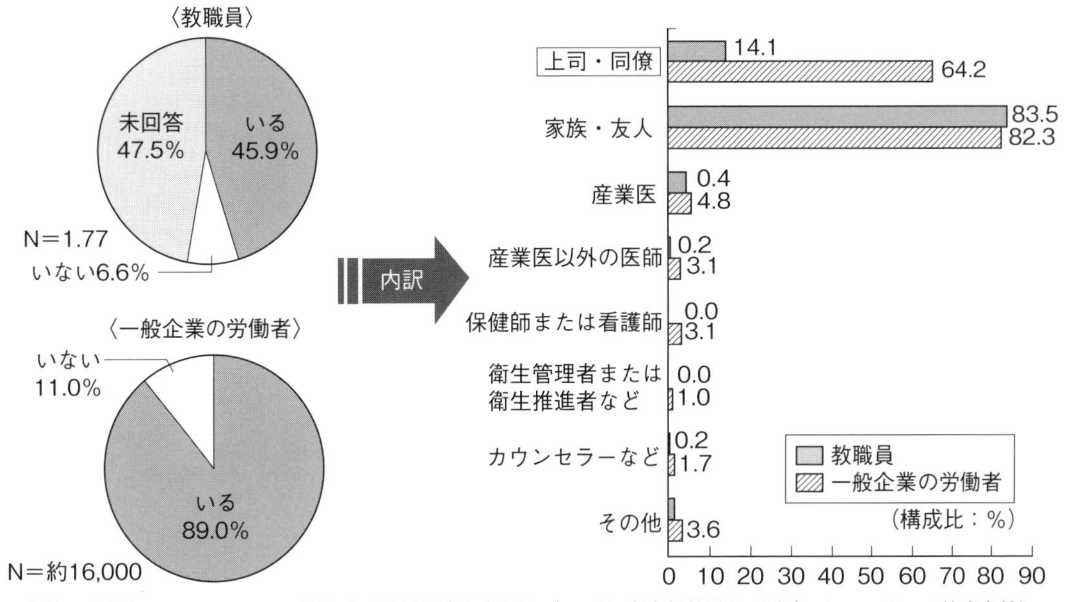

出典：「教員のメンタルヘルス対策及び効果判定」（平成20年10月，東京都教職員互助会，ウエルリンク株式会社），「平成14年労働者健康状況調査」（厚生労働省）

●図４　教師の相談相手の有無

んだから，何十年も教員をしていて，一度や二度，ノイローゼやうつ病にならないほうが不思議なくらいです。だから，担任の先生方には，みんな抱え込まずに支え合っていきましょう，と口をすっぱくして言ってるんです」。自らのつらい経験に基づいて，管理職になったいま，担任教師が助けを求めやすい雰囲気づくりに努めているのである。

また，ある小学校の校長はこう語った。

「うちの学校では，研究指定校になるといった，高い目標はめざしません。いまは，これだけむずかしい時代。うちの学校がめざすのは『1人の教師も，退職，休職，精神疾患に追い込まれない学校』です」。

「弱音を吐ける職員室」であることが，互いが互いを支え合う職員室をつくる。学級崩壊のような危機的状況にあっても，その問題をみんなで共有できる学校では，一人一人の教師が成長していけるのである。

2 「援助希求」――困ったとき，だれに，どのように援助を求めるか――

教師には，クラス経営の失敗をさらすのは恥である，といった意識がなお根強い。しかし，担任が問題を抱え込むと，保護者との関係の悪化など，二次的，三次的な問題が生じる可能性が高い。このような悪循環を防ぐために必要なのは早期発見，早期対応であり，その意味でも教師には「助けを求める能力」＝「援助希求力」が求められる。問題を抱え込まず，援助を求めていくことは，これからの教師に求められる「能力」なのである。

次の表で，自分にどれくらい「援助希求力」があるか，チェックしてみていただきたい。

メンタルヘルスの不調をきたした教師の多くは，「私は学校で孤立しています」「だれも私の苦しみをわかってくれる人はいません」という。筆者は「だれか1人でもいい，職場のなかで何でも話せる人を見つけましょう」としばしば助言する。

しかし，不運にも勤務校にそうした相談相手がいない場合には，1人悶々と悩みを抱えることなく，外部の仲間や専門家に助けを求めることである。

かつての同僚，かつての管理職，初任研のときの同期の仲間，大学時代の仲間，教師のサポートグループやセルフヘルプグループ，

●表１　「援助希求力」チェックシート

※よくあてはまる項目にチェックをつけてください。

援助されることについての思い

		チェック
1	困っていることを解決するために，同僚や管理職からの助言や援助がほしい。	
2	自分が困っているときには，話を聞いてくれる人がほしい。	
3	困っていることを解決するために，自分と一緒に対処してくれる人がほしい。	
4	自分はよほどのことがないかぎり，人に相談することがない。	
5	何事も同僚や管理職を頼らず，自分で解決したい。	
6	同僚や管理職の援助や助言は，あまり役に立たないと思っている。	
7	今後も自分の周りの人に助けられながら，うまくやっていきたい。	

援助されることについてのためらい

		チェック
8	人は誰でも援助を求められたら，わずらわしく感じると思う。	
9	自分が困っているとき，同僚や管理職はそっとしておいてほしい。	

学習指導について

		チェック
10	自分の学習指導について，だれかに話を聞いてほしい。	
11	自分の学習指導について，他者から適切な指導がほしい。	
12	学習指導にまじめに取り組む自分に対して，同僚・管理職からの励ましがほしい。	

学級経営・子どもとのかかわり方について　チェック

		チェック
13	学級経営または子どもとのかかわり方について，だれかに話を聞いてほしい。	
14	学級経営または子どもとのかかわり方について，他者からの適切な助言がほしい。	
15	学級経営または子どもとのかかわり方について，まじめに取り組む自分に対して，同僚・管理職からの励ましがほしい。	

教員としての自尊感情について

		チェック
16	少なくとも人並みに,価値のある教員である。	
17	教員としてのいろいろなよい資質・能力をもっている。	
18	教員として，敗北者だと思うことがある。	
19	教員としての仕事を，人並みにはうまくやれる。	
20	自分には教員として自慢できるところがあまりない。	
21	教員としての自分を肯定的に見ている。	
22	教員としての自分に，だいたい満足している。	
23	自分はまったくだめな教員だと思うことがある。	
24	何かにつけて，自分は役に立たない教員だと思う。	

診断結果：（1〜9）1・2・3・7の４項目にチェックが多いほど「助けられ上手」。4・5・6・8・9の５項目にチェック数が多いほど「助けられ下手」。（10〜15）チェック数が多いほど，必要に応じて援助を得たいと考えている。（16〜24）16・17・19・21・22の５項目にチェック数が多いほど自尊感情が高く，自信がある。

田村修一『教師の被援助志向性に関する心理研究』（風間書房）をもとに一部改変

研究会で知り合った仲間など。

こうした「援助資源」（援助してくれ力になってくれるかもしれない人たち）の中から，１人でもいいので「何でも言える人」「わかり合える仲間」が見つかった教師は，回復をみせていく場合が多い。「支え合える仲間」の存在こそが，教師が幾度かの不調を乗り越えながらも，数十年の教師人生をまっとうしていくうえでの最大の支えとなる。

以下に，表２「教師のための援助資源リスト」（吉満・諸富 2009）をあげておく。問題に直面した折に，参考にしながら「だれにどのように援助を求めていけばいいのか」考えていく手がかりとしてご活用いただきたい。

●表２　教師のための援助資源リスト

あなたとの関係性	味方になってくれる人の名
同じ学年の先生	先生
同じ学校の先生	先生
校長や教頭	先生
保護者	さん
恩師	先生
前に一緒に働いていた先生	先生
かつての校長や教頭	先生
研修や勉強会で出会った先生方	先生
同期の仲間	先生
友人や知人,恋人	さん
夫や妻,親	
ネット上の相談相手	さん
特別支援教育コーディネーターの先生	先生
スクールカウンセラー	さん
教育センター	—
教育委員会	—
病院・診療所の医師など	—
心理士や弁護士などの専門家	—
その他	

3 うつは「教師の勲章」という視点

「教師受難の時代」ともいうべき環境の劣悪化，そして教師自身のもつ固有の特性（硬直した信念と柔軟性の欠如）という２つの理由により，教師のメンタルヘルスが悪化しやすい状態にある。

いま求められるのは「うつ病になったら大変だ」「うつ病になったら教師を続けられない」という「うつを恐れる姿勢」から，「この厳しい時代に，一度や二度はうつになるのがあたりまえ」と「うつを恐れない姿勢」への転換であろう。「責任感の強い教師ほどうつ病になりやすいし，うつ病になったとしても，早期に薬物療法や十分な休養，カウンセリングを受けるなどの適切な対応をすれば，十分に教師生活を続けられる」という柔軟な考えを多くの教師がもつことが求められる。ある小学校教師はうつ病になった折り，管理職から「教師にとって厳しいこの時代，まじめに教師をやっていれば，一度や二度はうつ病になってあたりまえ。うつ病になったのはむしろ，真剣に仕事をやっていた証拠。うつ病は教師の勲章だよ，きみ」という言葉をもらい，それを支えにして回復していった。うつ病に対する教師の見方の転換（リフレーミング）が求められているといえるだろう。

3　若手教師を支える

教師の心の健康が守られる学校とは，どのような学校であろうか。それは，ひとことでいえば「援助希求」がしやすい雰囲気の学校，ということになるであろう。

「援助希求」というのは，help-seeking の訳語であって，help-seeking attitude は「援助希求性」「援助希求態度」「被援助志向性」「被援助性」などとさまざまに訳されている。

教師が「援助希求」しやすい職場環境づくりが求められている。

わかりやすくいえば，同僚どうしの関係や管理職との関係のなかで「助けを求めることができる職場」「弱音を吐くことができる職場」づくりをしていくということである。

「弱音を吐ける職員室」「支え合える職員室」をつくっていくことが，教師のメンタルヘルスを保っていくうえで不可欠の課題になっているのである。

それでは「支え合える職員室」づくりをしていくうえで重要なことは何か。

まず1つは「同じ学年どうしの人間関係」，次に「管理職との人間関係」だろう。

1　学年主任に期待される「援助的リーダーシップ」

教師にとって，自分の所属する「学年」でのいごこちが，職場での働きやすさに直結するほど大きな影響力をもっていることはいうまでもない。では「学年でのいごこち」を決めるものは何か。

筆者の研究室で，小学校の教員が同じ学年の職員と「互いに支え合ったり，苦境に陥ったときに援助希求ができる関係」をもつことができるようになるためには何が重要か，面接調査をもとに質的な研究を行ったことがある（吉満・諸富 2009）。

そこでわかったことは「学年主任」の果たす役割の大きさである。学年主任が管理的な態度をとるとき，学年の職員どうしの援助希求の度合いは低くなり，逆に，学年主任が，自分自身の直面している困難を自己開示するなどして，互いに支え合う雰囲気を学年職員の間につくることができると，その学年の教師の援助希求性は高まっていったのである。

どのような人材を学年主任に充てるかは，学年全体の相互援助性を高め，互いに支え合える学年教員集団をつくるうえできわめて大きな意味をもっている。ただ，年齢が上だからというだけで学年主任を任せる風潮のある地域もいまだに見受けられるが，若手教師が急増しているこの時代にあって，このような安直な学年主任の配置はときとして壊滅的なダメージをもたらす。若手教師が問題を抱え込みがちになり，抱え込まれた問題はいずれ肥大化して爆発するからである。

学年で生じた問題の早期発見・早期解決を可能にするためにも，学年主任の役割はきわめて大きなものになってくる。学年教師間の相互援助性を高め，「支え合える学年職員集団」をつくるためにも，学年主任には，自ら抱えている問題を自己開示し，同じ学年職員の語る悩みを傾聴し支えていくという「援助的リーダーシップ」の発揮が期待される。

2 若手教師の心を支えることができる管理職になるには

傷つきやすい若者が増えているといわれる。一般企業においても上司からの叱責によって自尊心が傷つき，「上司はわかってくれない」と訴え，非難しながら意欲を失っていく若手社員の存在が話題になっている。いわゆる「新型うつ」の問題である。

従来型うつの患者が自分を責めて意欲を低下させていくのに対して，「新型うつ」の患者は，上司の無理解を責めながら意欲を低下させていく。「新型うつ」にならない者でも，同様の心理を抱えて「この職場は自分を受け入れてくれない」と感じ離職する20代，30代が増えている。

多くの地域に若手教師が急増しているなか，学校管理職には，若手の意欲を減退させないようなかかわり方が求められている。

そのポイントは，若手教師の「自尊感情に配慮した接し方」をすることである。具体的には，以下のような点が求められるだろう。

①ほかの大勢の職員や子どもの前で，若手教師を大声で叱責しない。

②若手教師に何か具体的な変化を求めるときには「どうしてあなたは○○できないんだ」と叱るのではなく，「私は，あなたなら○○できると思う。そうしてくれると私はうれしい。期待しているよ」と勇気づけをする。

③若手教師の困惑感に寄り添い，悩みを傾聴する（若手教師は管理職に「わかってほしい」という気持ちを強く抱いている）。

④「あなたのことをこの学校では必要としている」というメッセージを送る（若者は，自分の所属集団で「必要とされているかどうか」に敏感である）。

⑤若手教師の具体的ながんばりに目を向け，具体的な行動を評価し承認する（若手教師は，上司に「ちゃんと見てもらえているかどうか」に敏感である）。

 メンタルヘルスをチェックして，うつの早期発見・早期対応へ

1 自分のメンタルヘルスをチェックする

これまで，おもに予防的な見地から，さまざまな人間関係の改善の必要性を述べてきた。

しかし，メンタルヘルスに不調をきたした場合には，速やかにメンタルクリニックを受診したり，カウンセリングを受けるなどの対応をすることが必要である。

ほかの病気と同じように，早期発見・早期対応がメンタルヘルス改善の近道である。

そのためには，自身のメンタルヘルスを絶えずチェックしておく姿勢が必要である。

次に，自分自身のメンタルヘルスをチェックするための項目をあげておく。自分にどのような面でどの程度，メンタル面での不調が生じているか，チェックしてみよう。

また，自身のメンタルヘルスを守るために，うつ病をはじめ，統合失調症，パーソナリティ障害，不安障害など，さまざまな精神疾患について知っておかなくてはならない。ここでは教師が最もかかりやすい「うつ病」のおもな症状を以下にあげる（大野　2000）。

「ただの落ち込み」とうつ病のいちばんの違いは，睡眠障害を伴っている点である。

睡眠障害には，寝つきが悪い（入眠障害），深夜目が覚めてしまう（熟眠障害），朝早く目が覚めるようになってしまった（早朝覚醒），の3つがある。

また，胃の調子がどうも悪く，胃腸科でレントゲンをとって調べてもらったが特に何も悪いところはない，という場合，自覚のない「隠れうつ」であることも少なくない。

●表３　教師のためのストレス・セルフチェック表

※以下にあげる項目のうち，最近１か月の間にあてはまる項目にチェックをつけてください。

□最近，食欲があまりない。あるいは逆に食べすぎることが増えた。
□たばこやコーヒー，お酒の量が増えてきた。
□最近，なんだかとても疲れやすい。
□夜，寝つきが悪かったり，夜中に目が覚めることが多くなった。
□めまいや動悸を感じやすくなった。
□朝から頭や体が重い。
□通勤途中にイライラしやすくなった。
□児童・生徒と話すのがおっくうだ。
□職員室での会話が減った。
□クラス担任として学級経営をするのが重荷になってきた。
□児童・生徒の考えを聞く余裕がなくなった。
□授業を工夫するのがめんどうくさくなってきた。
□イライラして，児童・生徒をどなってしまうことが増えた。
□保護者に連絡するのがめんどうになってきた。
□同僚教師の欠点ばかりが目につくようになった。
□校長や教頭と話すのを避けたい。
□学校行事の準備が前よりもめんどうになってきた。
□テスト採点のミスが増えた。
□職員室の自分の机が散らかってきた。
□教材研究をしたり，研修で自分を磨こうとする意欲がわかない。

0〜5……ストレスコントロール良好
6〜10……ストレス予備状態（要注意）
11〜15……ストレスコントロール不良（要休養）
16〜20……ストレスによる不適応状態（要相談）

（中島，1997）をもとに改変

●表４　うつのおもな症状

①抑うつ気分：「憂うつだ」「悲しい」「なんの希望もない」といった抑うつ気分やイライラした感情にかられる。午前中に強く，午後に改善してくることが少なくない。

②興味や喜びの喪失：これまで楽しんでやってきた趣味やレジャー活動などに興味をもてなくなる。

③食欲の減退または増進

④睡眠障害：不眠はうつ病の代表的な症状例である。「食欲がなく眠れない」といった状態が２週間以上続いた場合は，専門医の診察が強く望まれる。

⑤精神運動の障害（強い焦燥感・運動の制止）：身体の動きが遅くなったり，口数が減ったり，声が小さくなる。逆に，しつこくせき立てられるように執拗に話しつづけることもある。

⑥疲れやすさ・気力の減退

⑦強い罪悪感

⑧思考力や集中力の低下

⑨死への思い

（大野，2000）をもとに作成

心の面での不調は，身体に大きく反映されるのである。

自身のうつ傾向について表5を用いてチェックしてみよう。

2 新型うつ病（非定型うつ病）

最近では，30代以下の若い世代の教師に「新型うつ病」（非定型うつ病）も増えている。従来型のうつ病は「自分はダメな人間だ。何をやってもダメ。人に迷惑をかけている」と自責の念が強いのに比べて，新型の場合は，人間関係でトラブルが生じると，「あいつが悪い，校長が悪い」と他者を責めるのが特徴的である。また，従来型は時間や場所は関係なく継続して気分が落ち込むのに対して，新型は浮き沈みが激しくなり，会社で仕事などいやなことでは意欲が低下する。自分が好きなことや興味があることには元気で活発に行動ができるので，勤務が終わった後や休日は元気になるところが異なる。

また，食欲と睡眠についても，従来型は味覚を感じなくなったり，食べる意欲がなくなるために食欲不審で体重が減ったり，不眠になったりするのに対して，新型はスナック菓子や甘いものを手元に置いて常に口を動かしていることが多く，体重が増える場合が多いようである。また，従来型とは逆に，睡眠は過眠気味になる傾向がある。

従来型のうつ病になった教師は，「ほかの先生に迷惑をかけてしまってはだめだ」という気持ちから休みたがらないが，新型の場合は遠慮なく休みをとる。なかには休職中にも

●表５　うつチェックリスト

（諸富,2009）

質問項目	回答			
	1点	2点	3点	4点
1. 気持ちが落ち込みがちだ	いいえ	ときに	たいてい	いつも
2. 夕方よりも朝のほうが調子がいい	いつも	たいてい	ときに	いいえ
3. なぜか涙がこぼれてくる	いいえ	ときに	たいてい	いつも
4. 寝つきが悪かったり，途中で目が覚めてしまう	いいえ	ときに	たいてい	いつも
5. 食べるのが楽しみだ	いつも	たいてい	ときに	いいえ
6. 体重が最近減ってきた	いいえ	少し	かなり	たいへん
7. すぐ疲れる	いいえ	ときに	たいてい	いつも
8. 自分に自信がある	いつも	たいてい	ときに	いいえ
9. 私の人生には希望がある	おおいに	かなり	少し	ない
10. ものごとをすぐに決断することができる	いつも	たいてい	ときに	いいえ
11. 自分は人の役に立っている	おおいに	かなり	少し	いいえ
12. 自分なんて，死んでしまったほうがいいと思うことがある	いいえ	ときに	たいてい	いつも

【採点】
・0点～18点未満：安全圏
・18点以上～24点未満：やや注意が必要
・24点以上～30点未満：要注意
・30点以上：専門医に相談を

かかわらず，海外旅行や自分の趣味に没頭する人もいる。

これらの点から，新型うつ病にかかった教師を見て「これは，どうみても病気ではない。怠けだ」と考えた管理職が厳しく指導することがある。しかしこのような管理職の叱責は，新型うつ病の教師の被害感を強めるばかりで，病態を悪化させ，管理職への不信感や攻撃性を強めてしまう可能性が高いので，注意が必要である。

また，従来型のうつ病に対しては，服薬，休息，カウンセリングの３つが代表的な対応であるのに対し，新型の場合は，薬があまり効かず，生活を整える指導やマインドフルネスの姿勢を重視した心理療法やカウンセリングが有効であることが少なくない。

3　同僚や部下のメンタルヘルスをチェックする

メンタルヘルスの維持には，周囲の人や同僚，管理職が部下の教師に精神的な不調の兆しはないか，気を配っている必要がある。

以下にチェックリストを紹介するので「最近元気がないな」「前は提出物の期限も守られていたし，ミスもなかったのに，最近は期限を守らなくなったし，ミスも増えてきた」「最近，すごくやせている」といった変化がみられる場合には，うつ病の兆候はないか，チェックしてみよう。

また図５をみると，教師のメンタルヘルスの不調は，勤務校の移動があった後，２年くらいのうちに起きることが多い。新しく赴任してきた先生は，これからその学校で人間関係を新たに構築しなくてはならない，というプレッシャーにさらされている。管理職を中心に，新しく移動してきた教師のメンタルヘルスに注意を配っておく必要があるだろう。

4　うつ病治療の基本は，休息，投薬，カウンセリングの３つ

うつ病の治療の基本は，まず，「十分な休息」である。睡眠時間の確保をはじめ，できる限りゆったりとした気持ちですごすのがいい。

睡眠導入剤や抗うつ剤などを飲むことに抵抗があり，そのために治療を受けるのが遅れ，症状も悪化していく場合が少なくない。以前と比べてこうした薬の副作用もかなり抑えられるようになっている。

「うつ病になったらおしまいだ」などと考え込まずに，早めに，そして気楽にメンタルクリニックを受診しよう。精神神経科を受診することに抵抗がある場合には，心療内科の受診でもかまわない。治療の開始が遅れれば遅れるほど，治療にも時間がかかることを肝に銘じて，早めに受診しよう。

地域のメンタルクリニックに通うのは，保護者や同僚とクリニックの待合室で会ってしまってはきまずい思いをしてしまう，との懸念から，受診が遅れるケースも少なくない。もしこうした点が心配なのであれば，隣県の

●表 6　同僚のメンタルヘルス・チェックシート（大野　2000）をもとに改変

勤務面で

項目	チェック
遅刻や早退,無断欠勤が増えた	✓
教育活動における「うっかりミス」が目立つようになった	✓
仕事への責任感が低下し，他人任せにするようになった	✓
教育活動への意欲・やる気が感じられなくなってきた	✓
机の上をはじめ，整理整頓や後片づけをしなくなった	✓
提出書類などの期限を守らないことが増えた	✓
同僚との会話が減った	✓
保護者をはじめ，外部からのクレームが増えた	✓
児童生徒に感情をぶつけることが増えた	✓
仕事を「やめたい」などと言うようになった	✓

言動面で

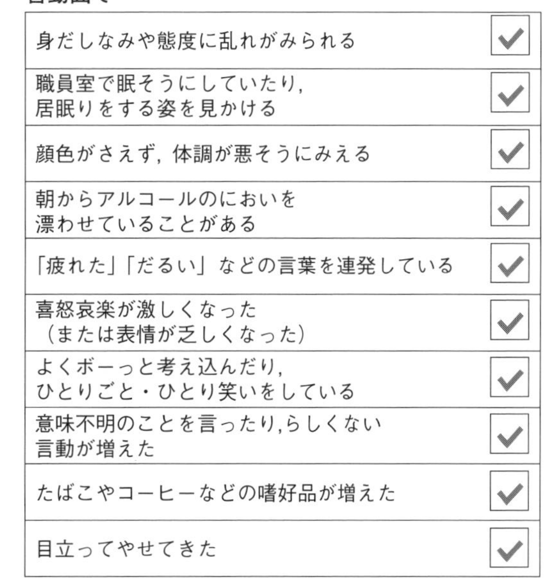

項目	チェック
身だしなみや態度に乱れがみられる	✓
職員室で眠そうにしていたり，居眠りをする姿を見かける	✓
顔色がさえず，体調が悪そうにみえる	✓
朝からアルコールのにおいを漂わせていることがある	✓
「疲れた」「だるい」などの言葉を連発している	✓
喜怒哀楽が激しくなった（または表情が乏しくなった）	✓
よくボーっと考え込んだり，ひとりごと・ひとり笑いをしている	✓
意味不明のことを言ったり,らしくない言動が増えた	✓
たばこやコーヒーなどの嗜好品が増えた	✓
目立ってやせてきた	✓

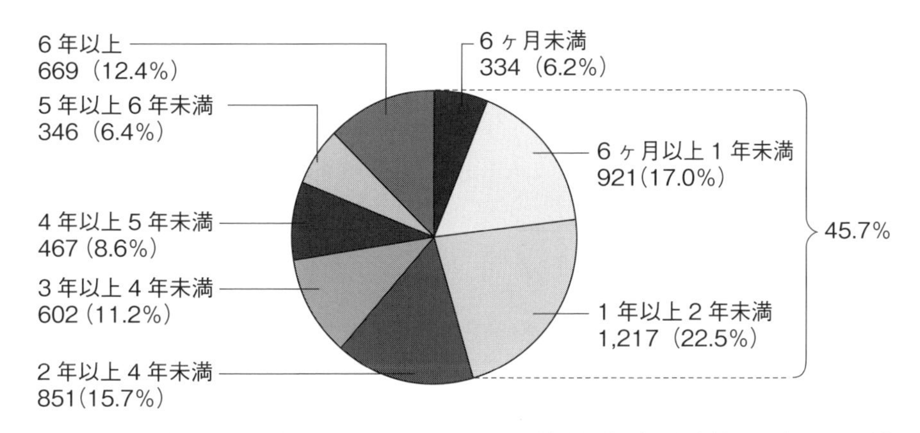

●図 5　精神疾患による休職発令時点の所属校での勤務年数（公立学校，平成 22 年度）

クリニックを受診するのも一案であろう。

5 復職のポイント

うつ病などで休職していた教師に対して，過度に気を遣いすぎる必要はない。いつもと変わらない姿勢でかかわり，語りかけたりするのがいちばんであろう。

しかし，復職後は体力，気力の両面で，職場適応に苦労している場合も少なくない。

この折り，やはり重要なのは，管理職をはじめとする教員たちの意識である。ふつうに接するのがいちばんであるが，やはりまだ完全復活するのは無理そうだ。そうした場合は，本人に尋ねて，どの仕事であれば無理なく自分ですることができるか,あるいは逆に，どの仕事は当面は無理だと思うか，本人の意思と状態を確かめてから，部分的な負担を軽減することもやはり必要であろう。

一見，すごく元気なようにみえて，内心は追い込まれていることも少なくない。

本人の気持ちを十分に確認しながら，接し方や仕事の量を微調整していこう。

周囲の教員の受け入れ体制が十分に整ったうえでの復帰を試みたいものである。

引用・参考文献

●1章

國分康孝　2009　教育カウンセリング概説　図書文化社

スクールカウンセリング推進協議会（編著）2011　ガイダンスカウンセラー入門　図書文化社

片野智治　2013　ガイダンスカウンセリング　図書文化社

●2章

文部科学省　小学校学習指導要領(平成29年3月告示)

文部科学省　中学校学習指導要領(平成29年3月告示)

文部科学省　生徒指導提要（2023改訂版）

●3章

新井邦二郎（編）1997　図でわかる発達心理学　福村出版

新井邦二郎ほか（著）2009　教育心理学　培風館

ボウルビィ, J.　1969　黒田実郎ほか（訳）1976　母子関係の理論Ⅰ愛着行動　岩崎学術出版社

エリクソン, E. H.　1950　仁科弥生（訳）1977　幼児期と社会Ⅰ　みすず書房

ハーロウ, H. F. 浜田寿美男（訳）1978　愛のなりたち　ミネルヴァ書房

ヌーバー, U.　1995　丘沢静也（訳）1997　傷つきやすい子どもという神話　岩波書店

ピアジェ, J.　1955　大伴茂（訳）　臨床児童心理学　同文書院

トーマス，A., チェス，S. & バーチ, H. G.　1968　本明寛（訳）　人格はどのように形成されるのか　別冊サイエンス　日本経済新聞社　pp.91 ～ 100

（作者不明　2011　菅原裕子（訳）ひび割れ壺　二見書房）

●4章

中央教育審議会　2010　児童生徒の学習評価の在り方について（報告）(平成22年3月24日，中央教育審議会 初等中等教育分科会 教育課程部会)

石隈利紀　1999　学校心理学　誠信書房

神村栄一　1999　中島義明・安藤精志・子安増生・坂野雄二・繁桝算男・立花政夫・箱田裕司（編集）心理学辞典　内田＝クレペリン精神作業検査　有斐閣

梶正義・藤田継道　2006　通常学級に在籍する LD・ADHD 等が疑われる児童への教育的支援：通常学級担任へのコンサルテーションによる授業逸脱行動の改善　特殊教育学研究，44，243 ～ 252.

河村茂雄　2004　応研レポート NO.70　財団法人応用教育研究所発行

河村茂雄　2006　学級づくりのための「Q-U 入門」　図書文化社

國分康孝　2008　カウンセリング心理学事典　誠信書房

中澤潤・大野木裕明・南博文（編著）1997　心理学マニュアル観察法　北大路書房

奥田健次　2006　不登校を示した高機能広汎性発達障害児への登校支援のための行動コンサルテーションの効果：トークン・エコノミー法と強化基準変更法を使った登校支援プログラム　行動分析学研究，20，2 ～ 12.

冨田久枝　2008　國分康孝監修　カウンセリング心理学事典　第Ⅳ章 アセスメント　誠信書房

●5章

米国スクール・カウンセラー協会　中野良顯（訳）2004　スクール・カウンセリングの国家モデル―米国の能力開発型プログラムの枠組み　学文社

C・キャンベル & C・ダヒア　中野良顯（訳）　2000　スクールカウンセリングスタンダード　アメリカのスクールカウンセリングプログラム国家基準　図書文化社

國分康孝（監修）清水井一（編）2007　社会性を育てるスキル教育35時間（小学1～6年）　図書文化社

文部科学省　2023　生徒指導提要（改訂版）

横浜市教育委員会　2010　児童生徒の社会的スキル横浜プログラム　個から育てる集団づくり51　学研教育みらい

八並光俊・國分康孝（編）2010　新生徒指導ガイド　開発・予防・解決的な教育モデルによる発達援助　図書文化社

八並光俊　成長促進型生徒指導と学級経営・ホームルーム経営－ガイダンスカリキュラムの特色と教育効果－　日本生徒指導学会編　生徒指導学研究　第11号　学事出版 19 ～ 24

●6章

A. S. ニイル　霜田静志（訳）　1982　人間育生の基礎　誠信書房

國分康孝　1982　カウンセリングと精神分析　誠信書房

國分久子　2001　精神分析的カウンセリング（現代カウンセリング事典）　金子書房

國分康孝　2010　精神分析理論（カウンセリング理論第二章）誠信書房

A. S. ニイル　堀真一郎（訳）　2009　問題の子ども　黎明書房

土居健郎　1971　甘えの構造　弘文堂

長尾　博　2013　精神分析ガイダンス　創元社
國分久子　1988　精神分析的カウンセリング（松原達也編：カウンセリング入門第六章）　ぎょうせい

●7章

國分康孝　1980　カウンセリングの理論　誠信書房
國分康孝（編）1990　カウンセリング辞典　誠信書房
國分康孝（監修）2001　現代カウンセリング辞典　誠信書房
諸富祥彦　1997　カール・ロジャーズ入門　自分が“自分”になるということ　コスモスライブラリー
諸富祥彦　2010　はじめてのカウンセリング入門（上巻：カウンセリングとは何か　下巻：ほんものの傾聴を学ぶ）　誠信書房
渡辺三枝子　2002　新版　カウンセリング心理学　ナカニシヤ書房

●8章

アトキンソン, R. L.・アトキンソン, R. C.・スミス, E. E.・ベム, D. J.・ノーレン＝ホークセマ, S.（著）内山一成（監訳）2002　ヒルガードの心理学　ブレーン出版
鹿取廣人・杉本敏夫（編著）　2004　心理学〔第2版〕　東京大学出版会
スタラード, P.（著）　下山晴彦（監訳）2006　子どもと若者のための認知行動療法ワークブック　金剛出版
杉山尚子・島宗理・佐藤方哉・マロット, R. W.・マロット, M. E., 1998　行動分析学入門　産業図書

●9章

國分康孝　1998　カウンセリング心理学入門　PHP 新書
國分康孝　1996　カウンセリングの原理　誠信書房
國分康孝　1981　カウンセリングの理論　誠信書房
國分康孝　1979　カウンセリングの技法　誠信書房
アレン, E. アイビイ（著）福原真知子, 椙山貴代子, 國分久子, 楡木満生（訳編）1985　マイクロカウンセリング　川島書店

●10章

W.T. アンダーソン（著）伊藤博（訳）1998　エスリンとアメリカの覚醒－人間の可能性への挑戦－　誠信書房
國分康孝　1981　エンカウンター　誠信書房
片野智治　2009　教師のためのエンカウンター入門　図書文化社
片野智治　2007　構成的グループエンカウンター研究－SGE が個人の成長におよぼす影響－　図書文化社
エーリッヒ・フロム（著）1990　鈴木晶（訳）愛するということ　紀伊國屋書店
國分康孝・片野智治　2001　構成的グループ・エンカウンターの原理と進め方－リーダーのためのガイド－　誠信書房
大友秀人　2001　構成的グループエンカウンターにおける全体シェアリングの体験過程　東京成徳大学心理学研究科　博士論文
大友秀人　合宿制 SGE のエクササイズとしての全体シェアリングにおけるメンバーの発言内容の変化の研究　教育カウンセリング研究第3巻第1号　pp.37 ～ 47.
福原眞知子・A. アイビイ・M. アイビイ　2004　マイクロカウンセリングの理論と実践　風間書房
岡田弘　2009　構成的グループエンカウンターが小学校学級集団における凝集性, 所属感, 自己開示に及ぼす効果　東京成徳大学心理学研究科　博士論文
岡田弘　2010　児童用自己開示尺度の構成　教育カウンセリング研究第3巻第1号　20 ～ 25.
國分康孝（監修）　國分久子・片野智治・岡田弘・河村茂雄・吉田隆江（編集）2001　國分カウンセリングに学ぶ, コンセプトと技法－教育現場からの報告－　瀝々社
國分康孝・國分久子・片野智治・岡田弘・加勇田修士・吉田隆江（著）2000　エンカウンターとは何か－教師が学校で生かすために－　図書文化社
國分康孝・國分久子監修・片野智治著　2013　ガイダンスカウンセリング　図書文化社
國分康孝（編）1998　サイコエジュケーション－育てるカウンセリング全書2　図書文化社

●11章

國分康孝（代表編集）　片野智治・小山望・岡田弘（編著）1998　サイコエジュケーション「心の教育」その方法　学級担任のための育てるカウンセリング全書2　図書文化社
米山正信　1985　文学作品に学ぶ心の秘密　誠信書房
篠塚信・片野智治（編著）1999　実践サイコエジュケーション　図書文化社
國分康孝・國分久子（編著）　片野智治（著）2013　ガイダンスカウンセリング　図書文化社
國分康孝（編）1998　サイコエジュケーション－育てるカウンセリング全書2　図書文化社

●12章

文部科学省　2004　キャリア教育推進に関する総合的調査協力者会議の報告書

文部科学省　2022　小学校キャリア教育の手引き
文部科学省　2022 「キャリア・パスポート」Q&A について
中央教育審議会　2011 「今後の学校におけるキャリア教育・職業教育の在り方について」答申
文部科学省　2017・2018・2019　改訂学習指導要領（小中高等学校）
文部省　1994　中学校・高等学校進路指導の手引き－中学校学級担任編（三訂版）　日本進路指導協会
渡辺三枝子・E. L. ハー　2001　キャリアカウンセリング入門　ナカニシヤ書房

●13章
新井肇　1999　教師崩壊－バーンアウト症候群克服のために　すずさわ書店
犬塚文雄（編）2006　社会性と個性を育てる毎日の生徒指導　図書文化社
G・オールポート　今田恵（監訳）　1968　人格心理学（上・下）　誠信書房
押切久遠　2001　非行予防エクササイズ　図書文化社
川端久詩・住本克彦・山下みどり（編）2010　エンカウンターで不登校対応が変わる　図書文化社
門脇厚司　1999　子どもの社会力　岩波書店
C・キャンベル，C・ダヒア，中野良顯（訳）2000　スクールカウンセリング・スタンダード　図書文化社
國分康孝（編）1990　カウンセリング辞典　誠信書房
國分康孝（編）2001　現代カウンセリング事典　金子書房
坂本昇一　1990　生徒指導の機能と方法　文教書院
全米教育協会（NEA）（編）伊東博（訳）1976　人間中心の教育課程　明治図書
詫摩武俊（編）1978　性格の理論（第二版）　誠信書房
J・デューイ　杉浦宏（訳）1968　教育における道徳原理　未来社
中野民夫　2001　ワークショップ　岩波書店
B・ブルームほか（編）梶田叡一・渋谷憲一・藤田恵璽（訳）1973　教育評価ハンドブック－教科学習の形成的評価と総括的評価　第一法規
文部科学省　2010　生徒指導提要　教育図書
渡辺弥生　2001　VLF による思いやり育成プログラム　図書文化社

●14章
1節・3節
河村茂雄・藤村一夫（編著）2004　授業スキル　学級集団に応じる授業の構成と展開　図書文化社
尾崎勝・西君子（共著）1996　授業に生きるカウンセリング・マインド　教育出版株式会社
松原達哉　1998　カウンセリングを生かした授業づくり　学事出版
小野瀬雅人　國分康孝（編集）1998　授業づくりに生かす育てるカウンセリング　図書文化社
諸富祥彦　斉藤優（編集）2004　カウンセリングテクニックで極める教師の技　授業づくりの技を極める4のコツ　教育開発研究所
國分康孝・大友秀人　2001　授業に生かすカウンセリング－エンカウンターを用いた教育　誠信書房
八並光俊　2008　新生徒指導ガイド－開発・予防・解決的な教育モデルによる発達援助（八並光俊・國分康孝）図書文化社
水上和夫　2012　授業に生かすカウンセリングに関する研究（7）－学習活動づくりのスキル習得による学び合いの授業力向上の検証－第10回日本教育カウンセリング学会発表論文集
水上和夫　2019　自主シンポジウム「非認知能力（社会情緒的能力）を育てる対話のある授業　第17回日本教育カウンセリング学会研究発表大会発表論文集
水上和夫編著　2022　作戦シートでスタートダッシュ！えがめぢ学級づくり　図書文化社
水上和夫　2015　自主シンポジウム「対話のある授業とアクティブ・ラーニング」第13回日本教育カウンセリング学会研究発表大会発表論文集
2節
大友秀人　2004　シェアリングの目的，構成的グループエンカウンター事典　図書文化社
國分康孝・大友秀人　2001　授業に生かすカウンセリング　誠信書房
國分康孝　2009　教育カウンセリング概説　図書文化社
大友秀人　2012　教育カウンセリングとイノベーション　三恵社
●15章
Beidel DC; Turner SM; Taylor-Ferreira JC, 1999. Teaching study skills and test-taking strategies to elementary school students The Test Busters Program. *Behavior Modification* 23, 630 ～ 646.
Boyle, J. R. 2010. Note-taking skills of middle school students with and without learning disability. *Journal of Learning Disabilities*, 43, 530 ～ 540.
Dickinson, D. J. & O'Connell, D. Q., 1990. Effect of quality and quantity of study on student grades. *Journal of Educational Research*, 83, 227 ～ 231.

藤澤伸介　2002　ごまかし勉強〈上〉学力低下を助長するシステム　新曜社
伊藤崇達　2009　自己調整学習の成立過程：学習方略と動機づけの役割　北大路書房
川上弘純・山口栄一　2011　書字困難の生徒に対するノートテイキングの支援と効果－キーワードマップを用いた2年間のノートの分析－　論叢　玉川大学教育学部紀要　113～131.
小林敬一　2000　共同学習におけるノートティキング・ノート見直し　教育心理学研究　48，154～164.
Kobayashi, K. 2006. Combined effects of note-taking/reviewing on learning and the enhancement through interventions: A meta-analytic review. *Educational Psychology*, 26, 459～477.
河野義章　1987　内的統制・外的統制と中学生の試験準備行動　第51回日本心理学会大会発表論文集　808.
河野義章　1995　学習スキルと学習意欲　下山剛（編著）学習意欲と学習指導－生きた学力を育てる－　学芸図書　pp.101～120.
河野義章　2004　学業発達　日本教育カウンセラー協会（編）教育カウンセラー標準テキスト中級編　図書文化社　pp.139～148.
河野義章　1997　中学生の英語の予習復習の学習スキル　東京学芸大学紀要　第1部門　教育科学　48，173～181.
河野義章　2009　授業研究の要因　河野義章（編著）授業研究法入門　図書文化社　pp. 6～14.
河野義章　2010　学校の直面する問題　菊池章夫・二宮克美・堀毛一也・斉藤耕二（編著）　社会化の心理学／ハンドブック　川島書店　pp.183～196.
河野義章　2013　大学における授業振り返りシート導入の試み　生活心理研究所紀要15，11～20　昭和女子大学
河野義章・古屋真　2008　中学生の「本の読み方」の方略　第50回日本教育心理学会総会発表論文集 171.
河野義章・根恵美子　1984　競争と二種類の不安　福島大学教育学部論集 教育･心理部門　36，1～7.
櫻井眞治　2009　板書記録を配布する　河野義章（編著）　授業研究法入門　図書文化社　pp.153.
Sarason, S.B., Davidson, K., Lighthall, F. and Richard W. R., 1958. A Test Anxiety Scale for Children. *Child Development* 29, 105～113.
篠ケ谷圭太　2022　予習の科学　図書文化社
豊田弘司　2007　中学生における学習習慣と学業成績の関係に関する実践的研究　教育実践総合センター研究紀要　16，1～5.
梅田多津子・河野義章　2011　上手な授業の受け方尺度2010の開発（2）日本教育カウンセリング学会第9回研究発表大会発表論文集　128～129.
梅田多津子・河野義章　2012　上手な授業の受け方尺度2010の開発（3）日本教育カウンセリング学会第10回記念研究発表大会発表論文集 80～81.
小野寺謙・野呂文行　2008　小学校4年生の授業準備行動を促す試み：折れ線グラフによる遂行フィードバックを用いて　日本行動分析学会年次大会プログラム・発表論文集　26，87.
松尾直博　2009　学習者の課題従事の研究　河野義章（編著）授業研究法入門　図書文化社　pp. 154～164.
道城裕貴・松見淳子・井上紀　2005　通常学級において「めあてカード」による目標設定が授業準備行動に及ぼす効果　行動分析学研究 19（2），148～160.
Millman, J., Bishop, H.I., & Ebel, R., 1965 An analysis of test wiseness. *Educational and Psychological Measurement*, 25（1）, 707～726
Nasir, M. & Kono, Y. 2004 Development and Validation of a Constructivist Learner Scale（CLS）for Elementary School Science Student. *Educational Technology Research*, 27, 1～7.
西村咲子　2013　中学生における親子関係，人間関係及び社会的自己制御が問題行動に及ぼす影響　昭和女子大学大学院生活機構研究科修士論文（未発表）
下山剛ほか　1982　学習意欲の構造に関する研究（1）－児童用質問紙の作成－　東京学芸大学紀要　第1部門　33，129～143.
吉田かよ　1991　学習スキルに関する研究－家庭学習の分析－（福島大学卒論）福島心理学雑誌　2，63.
山崎茂雄　2009　学習スキル教育の研究　河野義章（編著）授業研究法入門　図書文化社　pp.176～186.

●16章

学級経営研究会　1998　学級経営の充実に関する調査研究（中間まとめ）
河村茂雄　2001　グループ体験による学級育成プログラム　小・中学校編　図書文化社
河村茂雄　2002　教師のためのソーシャル・スキル　誠信書房
河村茂雄　2010　日本の学級集団と学級経営　図書文化社
河村茂雄　2012ｂ　学級集団づくりのゼロ段階　図

書文化社
河村茂雄・武蔵由佳　2008 a　学級集団の状態といじめの発生についての考察　教育カウンセリング研究　2, 1～7.
河村茂雄・武蔵由佳　2008 b　一学級の児童生徒数と児童生徒の学力・学級生活満足度との関係　教育カウンセリング研究　2, 8～15.
河村茂雄　2011　教育委員会の挑戦　図書文化社
河村茂雄　2012 a　科学研究費助成事業（科学研究費補助金）研究成果報告書「児童の学習・友人関係形成・学級活動意欲を向上させる学級集団形成モデルの開発」基盤研究（C）課題番号 21530703
根本橘夫　1991　学級集団過程の規定要因と学級集団の発達段階に関する試論　心理科学 13（1），1～11
三隅二不二　1984　リーダーシップ行動の科学　有斐閣
沢柳正太郎　1909/1975　沢柳正太郎全集 1　実際的教育学　国土社
中央教育審議会　2006　今後の教員養成・免許制度の在り方について（答申）
全国連合小学校長会　2006　学級経営上の諸問題に関する現状と具体的対応策の調査

●17 章

Vandenbos, R. G. 2006 APA dictionary of psychology American Psychological Association.
今野喜清・児島邦宏・新井郁男　2003　新版学校教育辞典　教育出版
融道男・小見山実・大久保善朗・中根允文・岡崎祐士　2005　ICD－10 精神および行動の障害－臨床記述と診断ガイドライン　医学書院
Smith, E.E., Nolen-Hoeksema, S., Fredrickson, B.L., and Loftus, G.R. 2003 Atkinson & Hilgard's Introduction to Psychology 14th edition Thomson Wadsworth.
松尾直博　2012　問題の問題　さいこ路地－子どもと大人のための「こころの相談室（第 4 回）」道徳教育　2012 年 7 月号　pp.70～72　明治図書
チャールズ・A. ラップ（著）　田中英樹（翻訳）2008　ストレングスモデル－精神障害者のためのケースマネジメント　金剛出版

●18 章

國分康孝（監修）　2003　現代カウンセリング事典　金子書房
警視庁生活安全局少年課　2013　少年非行情勢
國分康孝・中野良顯（編著）　2000　教師の育てるカウンセリング　東京書籍
文部科学省　2022　令和 3 年度児童生徒の問題行動・不登校等生徒指導上の諸課題に関する調査結果について（通知）　文部科学省初等中等教育局児童生徒課

●19 章

河村茂雄・武蔵由佳　2008　学級集団の状態といじめの発生についての考察　教育カウンセリング研究　2（1），1～7.
國分康孝・國分久子（監修）米田薫・岸田幸弘・八巻寛治（編著）　2003　育てるカウンセリングによる教室課題全書 5 いじめ　図書文化社
教育カウンセラー協会（編）　2004　教育カウンセラー標準テキスト中級編
文部科学省　2007　いじめを早期に発見し，適切に対応できる体制づくり－ぬくもりのある学校・地域社会をめざして－　子どもを守り育てる体制づくりのための有識者会議のまとめ（第 1 次）参考資料いじめ対策 Q&A　初等中等教育局児童生徒指導室
文部科学省　2012「いじめに関する児童生徒の実態把握並びに教育委員会及び学校の状況に係わる緊急調査」を踏まえた取り組みの徹底について
文部科学省　2022　令和 3 年度児童生徒の問題行動・不登校等生徒指導上の諸課題に関する調査結果について　文部科学省初等中等教育局児童生徒課
文部科学省　2022　生徒指導提要
森川澄夫（監修）　菱田準子（著）　2002　すぐ始められるピア・サポート　ほんの森出版
大友秀人　2002　いじめの生態学的研究－高等学校での 12 年間のケース分析より　学校心理学研究第 2 巻　第 1 号　19～25.
大友秀人　2009　学級づくりの 2 つの原理　児童心理 4 月号臨時増刊　P18～23.
相馬誠一・佐藤節子・懸川武史（編著）　2012　入門いじめ対策　学事出版
諸富祥彦（編集代表）伊藤美奈子・明星康弘（編著）2004　不登校とその親へのカウンセリング　ぎょうせい

●20 章

文部科学省　2022　令和 3 年度児童生徒の問題行動・不登校等生徒指導上の諸課題に関する調査結果について　文部科学省初等中等教育局児童生徒課
諸富祥彦（編集代表）伊藤美奈子・明里康弘（編著）2004　不登校とその親へのカウンセリング　ぎょうせい
齊藤万比古（監修），2013　ひきこもり・不登校から抜けだす！　日東書院本社
会沢信彦・諸富祥彦・大友秀人（編著），2020　不

登校の予防と対応　図書文化社
諸富祥彦，2020　学校に行けない「からだ」 図書文化社

●21章

A.H.マズロー　小口忠彦（訳）1987　人間性の心理学　産業能率大学出版部　56～72.
深沢和彦　2007　特別支援対象児の学級適応感と学級状態との関連　河村茂雄・高畠昌之　特別支援教育を進める学校システム　図書文化社　36～39.
河村茂雄　1999 a　Questionnaire-Utilities（Q-U）図書文化社
河村茂雄　1999 b　学級崩壊に学ぶ　誠信書房　21.
河村茂雄　2007　データが語る①学校の課題　図書文化社　74.
國分康孝・國分久子　1984　カウンセリングQ&A1　誠信書房　132.
文部省　1999　学習障害児に対する指導について（報告）
文部科学省　2003　今後の特別支援教育の在り方について（最終報告）
文部科学省　2007　特別支援教育の推進について（通知）
文部科学省　2010　国公私立別・幼小中高別・項目別実施率－全国集計表　平成21年度特別支援教育体制整備状況調査調査結果
文部科学省　2011　平成23年度学校基本調査
文部科学省　2012　共生社会の形成に向けたインクルーシブ教育システム構築のための特別支援教育の推進（報告）
文部科学省　2019　新しい時代の特別支援教育の在り方に関する有識者会議資料（3-1）「日本の特別支援教育の状況について」
文部科学省　2021　高等学校及び中等教育学校における「通級による指導」実施状況調査の実施について（結果）
文部科学省　2022　通常の学級に在籍する特別な教育的支援を必要とする児童生徒に関する調査結果について
諸富祥彦　こころの教育の進め方　教育開発研究所　152.
杉山登志郎　2005　アスペルガー症候群と高機能自閉症～青年期の社会性のために～　学習研究社　14.
曽山和彦　2010　時々，“オニの心”が出る子どもにアプローチ　学校がするソーシャルスキル・トレーニング　明治図書
曽山和彦・堅田明義　2012　発達障害児の在籍する通常学級における児童の学級適応に関する研究～ルール，リレーション，友達からの受容，教師支援の視点から　特殊教育学研究第50巻第4号

●22章

國分康孝ほか（監修）　片野智治ほか（編）　2009　エンカウンターで保護者会が変わる　図書文化社
國分康孝ほか（監修）　藤川章ほか（編）　2003　非行・反社会的な問題行動　図書文化社

●23章

諸富祥彦　1999　学校現場で使えるカウンセリング・テクニック（下）問題解決編　誠信書房
諸富祥彦　2000　悩める教師をサポートする　指導と評価542号　30～33.
諸富祥彦　2007「教師のサポートグループ」の実践　明治大学心理臨床学研究第2号
諸富祥彦　2007　モンスターペアレント　親バカとバカ親は紙一重　アスペクト
諸富祥彦　2009　教師の悩みとメンタルヘルス　図書文化社
諸富祥彦　2009　教師のサポートグループ「悩める教師を支える会」の実践　高松里編　サポート・グループの実践と展開　金剛出版
諸富祥彦　2012　プロカウンセラー諸富祥彦の教師の悩み解決塾　教育開発研究所
諸富祥彦　2012　メンタルヘルスにいきる教師の悩み相談室　音楽之友社
諸富祥彦　2012　教師の悩みとそのメンタルヘルスの援助－サポート・グループ「教師を支える会」での実践をもとに－　学校メンタルヘルス学会紀要　学校メンタルヘルス
諸富祥彦 2020 教師の悩み ワニブックスPLUS新書
諸富祥彦 2020 いい教師の条件 SB新書
諸富祥彦・教師を支える会（編著）　2000　教師がつらくなった時に読む本　学陽書房
諸富祥彦・教師を支える会（編著）　2021　教師が悩んだときに読む本　図書文化社
中島一憲　1997　こころの休み時間　教師自身のメンタルヘルス　学事出版
大野裕　2000「うつ」を治す　PHP新書
大竹直子・諸富祥彦　2002　教師の人間関係の悩みとその対応策　教育と医学　第50巻3号　23～30　慶応義塾大学出版会
大竹直子・諸富祥彦　2004　教師の悩みとその支援－「教師を支える会」の活動から－　日本学校教育学会　学校教育研究第19号　50～63.
高松里（編）　2009　サポート・グループの実践と展開　金剛出版

索 引（あいうえお順）

【サ行】

■初級編執筆者一覧（執筆順）

國分　康孝	東京成徳大学名誉教授
石黒　康夫	桜美林大学教授
新井邦二郎	筑波大学・東京成徳大学名誉教授
鹿嶋　真弓	立正大学教授
八並　光俊	東京理科大学大学院教授
國分　久子	元青森明の星短期大学客員教授
渡久地政順	沖縄キリスト教学院短期大学名誉教授
相良陽一郎	千葉商科大学教授
石﨑　一記	東京成徳大学教授
吉田　隆江	元武南高等学校教育相談主事
片野　智治	元跡見学園女子大学教授
海藤　美鈴	早稲田大学教職アドバイザー
犬塚　文雄	横浜国立大学名誉教授
大友　秀人	北海商科大学教授
水上　和夫	対話のある授業みらい研究所所長
河野　義章	東京学芸大学名誉教授
河村　茂雄	早稲田大学教育・総合科学学術院教授
松尾　直博	東京学芸大学教授
齋藤美由紀	清水ヶ丘高等学校校長
佐藤　節子	元山形市公立小学校校長
明里　康弘	元千葉市公立中学校校長
曽山　和彦	名城大学教職センター教授
藤川　　章	一般社団法人日本スクールカウンセリング推進協議会理事
諸富　祥彦	明治大学教授

◆編集協力者

新井邦二郎	筑波大学・東京成徳大学名誉教授
八並　光俊	東京理科大学大学院教授
相良陽一郎	千葉商科大学教授
岸　　俊彦	明星大学名誉教授

◆編集事務

北條博幸　　NPO 日本教育カウンセラー協会事務局

※ 2023 年 3 月現在

新版二版 教育カウンセラー標準テキスト 初級編

2013 年 8 月 1 日　新版初版第 1 刷発行
2023 年 5 月20日　新版二版第 1 刷発行
2024 年 1 月20日　新版二版第 2 刷発行

編　集　特定非営利活動法人
日本教育カウンセラー協会Ⓒ
発 行 人　則岡秀卓
発 行 所　株式会社 図書文化社
〒 112-0012　東京都文京区大塚 1-4-15
Tel. 03-3943-2511　Fax. 03-3943-2519
http://www.toshobunka.co.jp/
装　幀　本永惠子デザイン室
組　版　株式会社 さくら工芸社
印刷製本　株式会社 厚徳社

ISBN978-4-8100-3777-7　C3337